Hartmut Klein-Schneider (Hrsg.)

Interner Arbeitsmarkt

HANDBÜCHER FÜR DIE UNTERNEHMENSPRAXIS

Hartmut Klein-Schneider (Hrsg.)

Interner Arbeitsmarkt

Beschäftigung und Personalentwicklung in Unternehmen und Verwaltungen

Bund-Verlag

Bibliografische Information Der Deutschen Bibliothek
Die Deutsche Bibliothek verzeichnet diese Publikation in der Deutschen Nationalbibliografie; detaillierte bibliografische Daten sind im Internet über http://dnb.ddb.de abrufbar.

Herstellung: Birgit Gast
Umschlag: Angelika Richter, Heidesheim
Satz: Libro, Kriftel
Druck: MediaPrint, Paderborn
Printed in Germany 2003
ISBN 3-7663-3489-1

www.bund-verlag.de

Vorwort

Das Handbuch »Interner Arbeitsmarkt« richtet sich an Personalverantwortliche in Unternehmen und Verwaltungen, an Betriebs- und Personalräte und an Interessierte aus Gewerkschaften, Verbänden, Institutionen, Wissenschaft und Praxis. Mit Ideen und innovativen Beispielen aus der Praxis werben wir für den Ausbau und die Weiterentwicklung der internen Arbeitsmärkte.

Interne Arbeitsmärkte, Arbeitsmärkte innerhalb von Unternehmen, Konzernen und Verwaltungen, sind ein Instrument unternehmerischer Beschäftigungspolitik. Ihre Wirksamkeit und ihr Nutzen werden häufig verkannt. Ausgebaute interne Arbeitsmärkte können leistungsbereite Beschäftigte an das Unternehmen binden, ihnen berufliche Perspektiven und Entwicklungsmöglichkeiten bieten, sie motivieren, sie orientieren auf Verbesserung des produktiven Personaleinsatzes und Nutzung höherer Verdienstchancen sowie frühzeitig auf kommende Beschäftigungsprobleme aufmerksam machen und die Betroffenen veranlassen, nach zukunftsträchtigen Einsatzfeldern für ihr Arbeitsvermögen zu suchen.

Interne Arbeitsmärkte sind ein Instrument zur Optimierung des Personaleinsatzes, zum Ausgleich von Personalbedarfen und -überhängen als Folgen des Strukturwandels oder technischer und organisatorischer Innovationen sowie zur sozialverträglichen Gestaltung des Beschäftigungsabbaus. Interne Arbeitsmärkte können Flexibilität und Sicherheit miteinander vereinbar machen.

Beispiele ausgebauter interner Arbeitsmärkte finden wir in großen internationalen Konzernen, Klein- und Mittelbetrieben und in der öffentlichen Verwaltung. Große Konzerne bieten den hochqualifizierten Spezialisten mit dem internen Arbeitsmarkt die Chance, ihren Neigungen und Fähigkeiten entsprechende Einsatzgebiete zu finden. Kleinere Unternehmen verbinden sich zu unternehmensübergreifenden Arbeitsmärkten und können saisonal schwankende Personalbedarfe und -überhänge ausgleichen. Große öffentliche Verwaltungen lassen ihre Beschäftigten neue Aufgaben durch Praktika kennen lernen. Banken setzen Beschäftigte, deren Arbeitsplätze entfallen sind, intern als Zeitarbeiter in Projekten ein.

Bedanken möchten wir uns bei allen Autorinnen und Autoren dieses Bandes, den Praktikerinnen und Praktikern, den Wissenschaftlern, den Vertretern aus Verbänden und Unternehmen, die sich die Mühe gemacht haben, neben ihrer täglichen Arbeit Beiträge zu verfassen, ihre Erkenntnisse, Einschätzungen und Erfahrungen darzulegen und der Diskussion zu stellen. Dank zu sagen ist auch Frau Claudia Beer, die sich unermüdlich und unerschütterlich durch die Korrekturen des Herausgebers durchgearbeitet und um die Gestaltung des Buches verdient gemacht hat. Verschiedene geplante Beiträge sind den aktuellen Entwicklungen in den Unternehmen zum Opfer gefallen: Die Belastungen durch gerade jetzt notwendige instrumentelle Erweiterungen der internen Arbeitsmärkte ließen in einigen Fällen keinen Raum für die Beschreibung der bereits gewonnenen Erfahrungen.

Die Leserinnen und Leser mögen selbst beurteilen, welche Ansätze sie für überzeugend und zukunftsweisend halten und welche ihnen als Leitlinie und Beispiel für eigene Gestaltungen dienen können.

Inhaltsverzeichnis

Abkürzungsverzeichnis

a.a.O.	am angegebenen Ort
ABM	Arbeitsbeschaffungsmaßnahme
Abs.	Absatz
AG	Aktiengesellschaft
AÜG	Arbeitnehmerüberlassungsgesetz
BA	Bundesanstalt für Arbeit
BAT	Bundes-Angestelltentarifvertrag
BBS	Bayer Business Service
BetrVG	Betriebsverfassungsgesetz
BR	Betriebsrat
bspw.	beispielsweise
BT	Bundestag
BWL	Betriebswirtschaftslehre
bzw.	beziehungsweise
ca.	circa
DB	Deutsche Bank
d. h.	das heißt
DR	Deutsche Reichsbahn
DZA	Dienstleistungszentrum Arbeit
ebd.	ebenda
EDV	Elektronische Datenverarbeitung
etc.	et cetera
EU	Europäische Union
e.V.	eingetragener Verein
evtl.	eventuell
f./ff.	folgende
FB	Fachbereich
ggf.	gegebenenfalls
GPM	Ganzheitliches Prozessmanagement

HBS	Hans-Böckler-Stiftung
HRM	Human Resource Management
Hrsg.	Herausgeber
HVB	HypoVereinsbank
IAB	Institut für Arbeitsmarkt- und Berufsforschung
i.d.R.	in der Regel
IPV	Interne Personalvermittlung
Kfz.	Kraftfahrzeug
KG	Kommanditgesellschaft
KMU	Kleine und mittlere Unternehmen
LT-Raten	Labour-Turnover-Raten
MAG	Mitarbeiteragentur
Mio.	Million/en
MIT	Mobilitätsinitiative Telekom
MP	Mitarbeiterprofil
Mrd.	Milliarde/n
NAV	Normalarbeitsverhältnis
Nr.	Nummer
o.a.	oder andere
o.Ä.	oder Ähnliche(s)
o.g.	oben genannte
ÖPNV	Öffentlicher Personennahverkehr
PA	Personalanforderung
PC	Personal Computer
PCT	Personal-Consult und -Transfer
PSA	Personalserviceagentur
R-Abt.	Restrukturierungsabteilung
s.	siehe
S.	Seite
SGB	Sozialgesetzbuch

sog.	so genannt(e)
s.u.	siehe unten
tsd.	tausend
TTC	Telekom Training Center
TzBfG	Teilzeit- und Befristungsgesetz
u. a.	unter anderem/und andere
usw.	und so weiter
vgl.	vergleiche
v.H.	von Hundert
v.a.	vor allem
VW	Volkswagen
WSI	Wirtschafts- und Sozialwissenschaftliches Institut in der Hans-Böckler-Stiftung
z. B.	zum Beispiel
Ziff.	Ziffer

1. Der interne Arbeitsmarkt – eine Aufgabe für Führung und Interessenvertretung

(Hartmut Klein-Schneider, Hans-Böckler-Stiftung)

1.1 Begriff und Funktion interner Arbeitsmärkte

Angesichts einer über lange Jahre hohen Arbeitslosigkeit und immer neuer Ankündigungen umfangreichen Personalabbaus aus großen, manchmal sogar aus prosperierenden Unternehmen, scheint der interne Arbeitsmarkt ein fragwürdiger und die wirtschaftliche Realität eher verklärender Begriff. In der aktuellen Diskussion taucht er zudem selten auf, er ist nicht Bestandteil moderner Konzepte des Human Resource Management.

»Ein Ausbau der internen Arbeitsmärkte schafft doch keine neuen Arbeitsplätze.« Diese scheinbar plausible Behauptung wird gegen Bestrebungen zum Ausbau interner Arbeitsmärkte ebenso angeführt wie gegen die Vorschläge der Hartz-Kommission zur Verbesserung der Vermittlungsleistungen der Arbeitsämter im Jahr 2002. Tatsächlich zeigen empirische Untersuchungen, dass durch bessere Vermittlung, durch effizienteren Einsatz von Menschen und ihrem Arbeitsvermögen wirtschaftliche Dynamik, Produktivität und Innovation gesteigert werden können. Die wirtschaftliche Dynamik führt zu Wachstum, zu mehr Beschäftigung insgesamt und damit auch zur Entstehung neuer Arbeitsplätze.

Was ist ein interner Arbeitsmarkt? Ohne den folgenden Beiträgen vorzugreifen, verstehen wir interne Arbeitsmärkte pragmatisch als Arbeitsmärkte innerhalb von Betrieben, Verwaltungen, Unternehmen oder Konzernen. Sie sind der Ort oder die Stelle, an denen das Arbeitsangebot und die Arbeitsnachfrage aufeinandertreffen, die innerhalb der Betriebe, Verwaltungen, Unternehmen und Konzerne entstehen. In der Realität der Arbeitswelt moderner Industrie- und Dienstleistungsgesellschaften ist die Abgrenzung interner Arbeitsmärkte nicht einfach.

Zunächst scheint es leicht, den Arbeitsmarkt juristisch abgegrenzter

Unternehmen, Verwaltung oder Konzerne von regionalen, nationalen oder von Sektor-, Branchen- und Facharbeitsmärkten zu unterscheiden (vgl. Abbildung unten). Die Grenzen der Unternehmen, Verwaltungen und Konzerne verändern sich häufig durch Reorganisation, Zusammenschlüsse, Verkäufe von Unternehmensteilen oder Outsourcing. Durch die Konzerngrenzen überschreitende Zusammenarbeit in Zulieferketten, Arbeitsgemeinschaften, Entwicklungspartnerschaften, Joint Ventures und anderen Formen stellt sich die Frage der Abgrenzung interner Arbeitsmärkte immer neu. Es können auch auf solche Kooperationen bezogene eigenständige, intermediäre Arbeitsmärkte entwickelt werden. Alte Beschäftigungsformen wie befristete Arbeitsverträge und Saisonarbeit und neue Beschäftigungsformen wie Zeit- und Leiharbeit, Projektarbeit und der Einsatz von Selbständigen oder von Beschäftigten aus Beratungs- und Zulieferunternehmen innerhalb der Organisation des »Kunden« oder »Auftraggebers« machen die Abgrenzung zunehmend schwieriger.

Abgrenzung interner Arbeitsmärkte

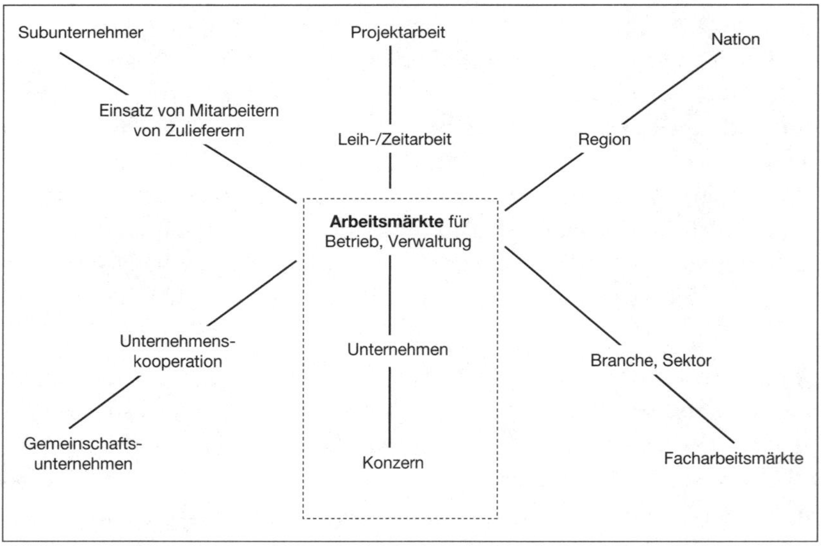

Als Markt haben interne Arbeitsmärkte die Aufgabe, Angebot und Nachfrage zusammenzubringen. Über die Preisbildung steuert der Markt, so die Theorie, als unsichtbare Hand den optimalen Faktoreinsatz (sog. Allokationsfunktion). Optimal hier im – eingeschränkten – betriebswirtschaftlichen Sinn höchster Produktivität und Wertschöpfung. Der (Arbeits-)Markt als ein sichtbarer oder virtueller Ort muss zur Preisbildung und Allokation zunächst Transparenz schaffen. Anbieter[1] und Nachfrager (von Arbeit) benötigen Informationen über Angebot und Nachfrage, um das eigene Verhalten daran zu orientieren.

Die Frage, ob die hier pragmatisch abgegrenzten internen Arbeitsmärkte die Kriterien eines Marktes erfüllen, also im ökonomischen Sinne als Markt bezeichnet werden können, wollen wir hier nicht abschließend untersuchen. Zu vermuten ist, dass die Marktteilnehmer nur über unvollständige Informationen über Angebot und Nachfrage verfügen. Damit ergibt sich die erste Aufgabe einer Ausgestaltung interner Arbeitsmärkte, die Gewährleistung zumindest ausreichender Informationen der Marktteilnehmer über das Marktgeschehen.

Von marktradikalen Ökonomen wird darüber hinaus die Preisbildung auf den nationalen und den internen Arbeitsmärkten in Abrede gestellt. Ob Tarifverhandlungen eine marktkonforme Art der Preisbildung sind oder aber eine marktliche Preisbildung verhindern, kann hier nicht ausdiskutiert werden. Hinzuweisen ist darauf, dass es Märkte ohne Marktordnung nicht gibt. Das Tarifvertragsgesetz und verschiedene andere gesetzliche Regelungen betrachten wir als Marktordnung. Darüber hinaus sind übertarifliche Zulagen, Arbeitsmarktzulagen, betriebliche Vereinbarungen zu Besitzstandswahrung und seiner Abschmelzung und die Einrichtung der Änderungskündigung Belege für eine – möglicherweise eingeschränkte – Preisbildung auf internen und externen Arbeitsmärkten.

1.2 Betriebliche Gestaltung interner Arbeitsmärkte

In Zeiten wachsender Wirtschaft und steigender Arbeitskräftenachfrage wurde der innerbetriebliche Arbeitsmarkt vor allem unter dem Gesichtspunkt des Personalmarketing gestaltet. Betriebsräte mussten darauf achten, dass – interne – Bewerbungen bei der Besetzung freier Stellen nicht benachteiligt wurden. Durch das betriebsverfassungs-

1 Mit Funktionsbezeichnungen sind Personen beiderlei Geschlechts gemeint. Allein aus Gründen der leichteren Lesbarkeit nennen wir nicht immer parallel die weibliche und die männliche Form.

rechtlich mögliche Verlangen interner Ausschreibungen und die Vereinbarung von Auswahlkriterien gelang es häufig, internen Bewerbungen einen Vorteil vor externen Bewerbungen zu verschaffen.

Die Personalbereiche der Unternehmen konnten diese Politik mittragen. Ein interner Arbeitsmarkt mit einem Vorrang interner vor externen Bewerbungen bei gleicher Qualifikation versprach den Beschäftigten berufliche Entwicklungsmöglichkeiten und die Aussicht auf Karriere. Gerade qualifizierte Nachwuchskräfte konnten mit diesen Perspektiven gewonnen und im Unternehmen gehalten werden. Zudem führte der Vorrang interner Bewerbungen bei wachsender Beschäftigung nicht zu einer Abschottung des internen Arbeitsmarktes. Vielmehr wurden am Ende der Kette der Wiederbesetzungen immer auch Stellen für externe Bewerbungen frei, die auf diesem Weg Zugang zum internen Arbeitsmarkt mit seinem Vorrang gewannen. Die Nachfrage nach qualifizierter Facharbeit machte es zudem möglich, dass Betriebsräte Besitzstandswahrungen für die Fälle durchsetzen konnten, in denen Beschäftigte aus gesundheitlichen oder betrieblichen Gründen auf Arbeitsplätze mit niedrigerem Entgelt versetzt wurden.

Bei stagnierendem Arbeitsmarkt wirkt der Vorrang für interne Bewerbungen nachteilig für Bewerbungen vom externen Arbeitsmarkt. Sie werden nun faktisch ausgeschlossen, da frei werdende Stellen häufig nicht wieder besetzt werden. Bei steigender Arbeitslosigkeit und sinkenden Wachstumsraten mussten sich betriebliche Interessenvertretungen und das Personalmanagement mit Beschäftigungsproblemen auseinandersetzen. Gerade in der Folge von Rationalisierung und Personalabbau galt es, die Beschäftigungsmöglichkeiten den vorhandenen Beschäftigten vorzubehalten. Leistungsgeminderte und Arbeitnehmer, die an ihrem bisherigen Arbeitsplatz nicht weiter beschäftigt werden konnten, mussten versorgt werden.

Vorrangig in der bundesdeutschen Stahlindustrie mit ihrer starken Montanmitbestimmung wurden Instrumente entwickelt und erprobt, mit denen Beschäftigung gesichert, die Betroffenen qualifiziert und neue Arbeitsplätze geschaffen werden sollten. Die Stahlstiftung im Saarland, Beschäftigungspläne, Gesellschaften für Beschäftigung und Strukturentwicklung, Projektgruppen zur Entwicklung von Ersatzarbeitsplätzen und die aktiven Arbeitsmarktinstrumente wie Arbeitsbeschaffungsmaßnahmen wurden eingerichtet (»Lieber Beschäftigung finanzieren als Arbeitslosigkeit!«).

Um Personalabbau sozialverträglich zu gestalten, nutzte das Personalmanagement die natürliche Fluktuation. Diese reichte bald für den umfangreichen Abbau nicht mehr aus. Zurücknahme fremdvergebener Arbeiten, später Insourcing genannt, Reduzierung der Tätigkeiten von Fremdunternehmen auf dem Betriebsgelände und Nichtverlängerung von befristeten Beschäftigungen wurden zu empfohlenen Instrumenten. In den dazwischenliegenden Phasen der wachsenden Beschäftigung verfuhren die Unternehmen sehr zurückhaltend mit unbefristeten Einstellungen. Zeitverträge, Leiharbeit, Arbeit auf Abruf wurden eingesetzt, um Handlungsspielraum bei später zu erwartendem Beschäftigungsabbau zu gewinnen.

Beschäftigungssicherheit gab es nur für die Stammbelegschaften. Die Stabilisierung ihrer Beschäftigung wurde erreicht durch Ausdehnung des Umfangs instabiler Beschäftigung der sog. Randbelegschaften oder peripheren Beschäftigten.

Aus dieser Stabilisierung der Beschäftigung durch Flexibilisierung und Abschottung interner Arbeitsmärkte wuchsen neue Probleme. Sozialauswahl stand – manchmal – gegen Auswahl nach Qualifikation und Leistungsfähigkeit. Den Unternehmen fehlte jüngerer Nachwuchs und ein »normaler« Personalaustausch mit neuen Ideen, frisch erworbenen Qualifikationen, Leistungsbereitschaft und Karrierestreben. Der gewaltige Strukturumbruch in Ostdeutschland nach der Vereinigung konnte mit Fluktuation und Frühverrentung nicht bewältigt werden. Zudem gelang es mit Abfindungs-Sozialplänen und den Beschäftigungs-, Qualifizierungs- und Vermittlungsgesellschaften häufig nicht, die Betroffenen in wirtschaftlich tragfähige Beschäftigung im ersten Arbeitsmarkt zurückzuführen.

Als Erfolg versprechend gelten heute die Outplacement-Beratung und die Transfergesellschaften, die mit sehr unterschiedlichen Methoden bei beruflicher Neuorientierung der Betroffenen helfen, sie schulen und unterstützen und zu eigener Aktivität und Verantwortungsübernahme für die Beschäftigungsfähigkeit (»Employability«) auffordern. Sie führen meist hinaus aus dem Unternehmen oder der Verwaltung und können nur einem erweiterten Verständnis des internen Arbeitsmarktes zugerechnet werden.

Die in diesem Band dargestellten Praxisbeispiele interner und intermediärer Arbeitsmärkte zeigen, dass diese Entwicklung an den Unternehmen nicht vorbeigegangen ist. In den Unternehmen werden mit unterschiedlicher Gewichtung verschiedene Ansätze verfolgt. Interne Arbeitsmärkte dienen der flexiblen Anpassung der Beschäftigung an den Personalbedarf. Sie sind ausgerichtet auf Förderung zukünftig benötigter Qualifikationen. Sie sorgen für einen produktiven Einsatz von Beschäftigten ohne Arbeitsplatz. Sie vermitteln qualitative und quantitative interne Arbeitsnachfrage und Arbeitsangebot. Sie unterstützen bei beruflicher Neuorientierung auch über die Unternehmens- oder Konzerngrenzen hinweg bis in selbstständige Erwerbsformen hinein. Sie betreiben Arbeitnehmerüberlassung und vermitteln wie private Arbeitsvermittler Arbeitsangebot und Arbeitsnachfrage auch auf dem regionalen oder Facharbeitsmarkt.

Instrumente interner Arbeitsmärkte

- Informationen über freie Stellen und Stellensuchende (Arbeitsangebot und -nachfrage)
- Beratung
- Qualifizierung
- Vermittlung
- Erprobung neuer Tätigkeiten
- Ausgleich befristeter Personalüberhänge und Personalbedarfe
- Flexibler Personaleinsatz, Zeitarbeit, Projektarbeit, Arbeitnehmerüberlassung

Gestaltet werden interne Arbeitsmärkte auf drei Ebenen: auf der nationalen Ebene durch gesetzliche Bestimmungen mit Einflüssen von Seiten der Europäischen Union, auf der Ebene der Sozialpartner durch Tarifverträge und auf der betrieblichen und Unternehmensebene durch Personalmanagement und Interessenvertretung, vor allem durch betriebliche Vereinbarungen (vgl. folgende Abbildung).

Gestaltung interner Arbeitsmärkte auf drei Ebenen

Nationale Ebene, supranationale Ebene, EU
gesetzliche Bestimmungen
beispielsweise durch Diskriminierungsverbot,
Tarifvertrags-Gesetz, Betriebsverfassungs-Gesetz

↓

Ebene der Sozialpartner
durch Tarifverträge
Beispiel: Rationalisierungsschutz-Tarifvertrag

↓

Betriebliche und Unternehmensebene
durch betriebliche Vereinbarungen
Beispiel: Einrichtung einer Job-Börse

↓

Bei der Ausgestaltung interner Arbeitsmärkte sind von der nationalen und supranationalen Ebene, z. T. auch von der Ebene der Bundesländer, das individuelle und kollektive Arbeitsrecht, das Sozialgesetzbuch III (Arbeitsförderung), das Tarifvertragsgesetz, das Grundgesetz mit der Koalitionsfreiheit, das Betriebsverfassungsgesetz und die Personalvertretungsgesetze der Bundesländer zu berücksichtigen. Die Sozialpartner gestalten interne Arbeitsmärkte durch Regelungen zur Eingruppierung und Umgruppierung bei Versetzungen in Manteltarifverträgen oder durch Tarifverträge zum Rationalisierungsschutz mit. Die entscheidende Gestaltung erhalten interne Arbeitsmärkte auf der Ebene der Betriebe, Unternehmen, Verwaltungen und Konzerne. Hier werden auch einige sehr innovative Ansätze intermediärer Arbeitsmärkte entwickelt. Instrumente dieser Gestaltung sind die Errichtung entsprechender Institutionen unter Berücksichtigung der betrieblichen Mitbestimmung und betriebliche Vereinbarungen von Rechten, Pflichten, Handlungsmöglichkeiten und Verfahren.

Aufgabe eines unternehmerischen Personalmanagements ist es u. a., Personal auszuwählen, Personal in seiner produktivsten Verwendung einzusetzen und das personale Potenzial weiterzuentwickeln. Unternehmen haben darüber hinaus Verantwortung für die Beschäftigung und Beschäftigungsfähigkeit ihrer Arbeitnehmerinnen und Arbeitnehmer. Sie müssen im eigenen und im Interesse der Beschäftigten das Arbeitsvermögen ebenso wie ihre technischen, organisatorischen oder finanziellen Potenziale entwickeln und damit die Grundlage für zukünftige Wertschöpfung und Gewinne schaffen. Besondere soziale Verantwortung obliegt ihnen gegenüber Beschäftigten, deren Arbeits- und Leistungsvermögen durch (Arbeits-)Unfälle oder andere arbeitsbedingte gesundheitliche Folgen beeinträchtig ist. Die Ausgestaltung interner Arbeitsmärkte allein vermag diese Aufgaben vielleicht nicht alle zur Zufriedenheit zu lösen. Sie kann aber ein wirksames Bündel von Maßnahmen und Instrumenten zur Verfügung stellen.

1.3 Betriebsverfassung und interne Arbeitsmärkte

Betriebs- und Personalräte sind die Interessenvertretungen der Beschäftigten auf der betrieblichen Ebene. Die Sicherung der Beschäftigung ist eines der wichtigsten Interessen. Mit der Novellierung des Betriebsverfassungsgesetzes vom 23. 7. 2001 ist die Förderung und Sicherung der Beschäftigten ausdrücklich in den Aufgabenkatalog der Betriebsräte aufgenommen worden (§ 80 Abs. 1 Nr. 8 BetrVG; vgl. *Heidemann* u. a. 2002). Zu den dort genannten Aufgaben zählt auch die Förderung der »Durchsetzung der tatsächlichen Gleichstellung von Frauen und Männern, insbesondere bei der Einstellung, Beschäftigung, Aus-, Fort- und Weiterbildung und dem beruflichen Aufstieg« (§ 80 Abs. 1 Nr. 2a BetrVG), der »Eingliederung Schwerbehinderter und sonstiger besonders schutzbedürftiger Personen« (§ 80 Abs. 1 Nr. 4 BetrVG) und der »Beschäftigung älterer Arbeitnehmer« (§ 80 Abs. 1 Nr. 6 BetrVG).

Dazu stehen den Interessenvertretungen eine ganze Reihe von Instrumenten zur Verfügung, von denen hier nur einige genannt werden sollen:

Der Betriebsrat kann die interne Ausschreibung von Arbeitsplätzen verlangen, die besetzt werden sollen (§ 93 BetrVG). Richtlinien über die personelle Auswahl bei Einstellungen, Versetzungen usw. bedürfen der Zustimmung des Betriebsrates; in Betrieben mit mehr als 500 Arbeitnehmern kann der Betriebsrat die Aufstellung solcher Richtlinien verlangen (§ 95 BetrVG). Der Betriebsrat hat Anspruch auf rechtzeitige Information und Beratung über die Personalplanung, er kann dem Arbeitgeber die Einführung und Durchführung einer Personalplanung vorschlagen (§ 92 BetrVG). Vor allem aber kann der Betriebsrat »dem Arbeitgeber Vorschläge zur Sicherung und Förderung der Beschäftigung machen. (...)« (§ 92a BetrVG).

Beziehen wir noch die Mitbestimmungsrechte bezüglich der betrieblichen Bildungsmaßnahmen (§§ 96 bis 98 BetrVG) ein, dann sind bereits die wesentlichen Instrumente eines internen Arbeitsmarktes angesprochen, wie sie oben (Abbildung Seite 26) in einem ersten Entwurf benannt wurden. Der interne Arbeitsmarkt ist also nicht nur der Ort, an dem internes Arbeitsangebot und Arbeitsnachfrage aufeinandertreffen und vermittelt werden. Er ist der Ort, wo das Arbeitsvermögen oder die Beschäftigungsfähigkeit durch Auswahlrichtlinien, durch Qualifizierung und durch konkreten, auch kurzfristigen Personaleinsatz entwickelt wird.

Über diese Handlungsmöglichkeiten hinaus kann der Betriebsrat (in Unternehmen mit regelmäßig mehr als zwanzig Beschäftigten) einer Einstellung, Eingruppierung, Umgruppierung und Versetzung die – erforderliche – Zustimmung verweigern, wenn diese Maßnahme zum Beispiel beschäftigte Arbeitnehmer benachteiligt, gegen vereinbarte Auswahlrichtlinien verstößt oder die verlangte Stellenausschreibung unterblieben ist (§ 99 BetrVG). Der Betriebsrat kann einer Kündigung widersprechen, wenn die/der betroffene Beschäftigte z. B. an einem anderen Arbeitsplatz im Unternehmen, nach zumutbaren Umschulungs- oder Fortbildungsmaßnahmen oder unter geänderten Vertragsbedingungen weiterbeschäftigt werden könnte (§ 102 BetrVG).

Auch hier zeigt sich: Der interne Arbeitsmarkt ist der Ort, an dem diese Mitbestimmungsrechte ausgeübt werden, nicht nur durch einen Widerspruch oder eine Zustimmungsverweigerung im konkreten Einzelfall. Die Vereinbarung von Auswahlrichtlinien, von Auswahl-, Stellenbesetzungs- und Versetzungsverfahren, von Regeln für die Eingruppierung und den Umgang mit erworbenen Ansprüchen nach Versetzungen, die Einrichtung paritätischer Kommissionen und vieles andere mehr versetzen die Interessenvertretung in die Lage, einen Beitrag zu leisten zur Förderung und Sicherung der Beschäftigung, zur Gleichstellung, zur Förderung beruflicher Entwicklung und persönlicher Entfaltung und zur Gewährleistung des besonderen Schutzes für bestimmte Gruppen von Arbeitnehmerinnen und Arbeitnehmern. Der interne Arbeitsmarkt ist ein Ort, an dem Arbeitnehmer- und Arbeitgeberinteressen zumindest teilweise gut zur Übereinstimmung gebracht werden können.

Die Novellierung des Betriebsverfassungsgesetzes im Jahr 2001 hat weitere Neuerungen gebracht, die für die Ausgestaltung interner Arbeitsmärkte bedeutsam sind: In Fragen der Sicherung der Beschäftigung kann der Betriebsrat – und der Arbeitgeber – Vertreter des Arbeitsamtes zu den Beratungen hinzuziehen (§ 92a BetrVG). Bei der Einführung von Maßnamen der betrieblichen Berufsbildung hat der Betriebsrat mitzubestimmen, wenn sich durch Maßnahmen des Arbeitgebers die Tätigkeiten von Arbeitnehmern verändert haben und ihre beruflichen Kenntnisse und Fähigkeiten nicht mehr zur Erfüllung der Aufgaben ausreichen (§ 97 Abs. 2 BetrVG). Im Zusammenhang mit der Beschäftigungssicherung ist schließlich das Recht des Betriebsrates sehr wichtig, auch über die Beschäftigung von Personen unterrichtet zu werden, die nicht in einem Arbeitsverhältnis zum Arbeitgeber stehen. Dabei ist an Arbeitnehmerüberlassung, Zeitarbeit, Beschäftigung von Fremd- oder Subunternehmungen und anderes zu denken.

1.4 Zu den folgenden Beiträgen

Um zu einer grundlegenden und umfassenden Ausgestaltung interner Arbeitsmärkte aufzufordern, um zu werben für die Nutzung innovativer Instrumente interner Arbeitsmärkte und um konkrete Ideen und Handlungshilfen für interne Arbeitsmärkte zu vermitteln, haben wir verschiedene Autorinnen und Autoren um Beiträge gebeten.

Zunächst beschreiben Vertreter der Sozialpartner aus ihrer Sicht Funktion und Gestaltungsmöglichkeiten sowie Kriterien für erfolgreiche interne Arbeitsmärkte. Ihnen folgen wissenschaftliche Beiträge zur Funktionsweise interner Arbeitsmärkte und zu Untersuchungen über die praktische Wirklichkeit und Wirksamkeit interner Arbeitsmärkte. Anschließend beschreiben drei Personalverantwortliche aus Unternehmen den Stellenwert des internen Arbeitsmarktes im Human-Resources-Konzept ihres Unternehmens. Aus der Praxis neuerer Bestrebungen zur Ausgestaltung interner Arbeitsmärkte haben wir Vertreterinnen und Vertreter aus 16 Unternehmen und Verwaltungen gewinnen können zu einer Beschreibung ihrer Zielsetzungen, Maßnahmen und Erfahrungen mit der Gestaltung interner Arbeitsmärkte. Wir wollen es unseren Leserinnen und Lesern überlassen, wie sie die Praxisbeispiele bewerten und welche Instrumente sie für ihre eigene Gestaltung nutzen wollen. Die Darlegung der Gestaltungsmöglichkeiten im letzten Kapitel zeigt auf, welche Lösungen in der Praxis zu wichtigen Gestaltungsaufgaben gefunden wurden. Leserinnen und Leser, die eigene und bessere Lösungen für die diskutierten Probleme entwickelt haben, sind gerne aufgefordert, uns ihre Erfahrungen mitzuteilen, um sie für die Weiterentwicklung interner Arbeitsmärkte zur Diskussion zu stellen.

2. Unternehmensinterne Arbeitsmärkte – Ansatzpunkte für eine beschäftigungsorientierte Personalpolitik

(Dr. Wilhelm Adamy, Deutscher Gewerkschaftsbund)

2.1 Betriebliche Kultur der Krise oder der Krisenbewältigung?

Struktureller Wandel und technische Innovation, neue Produktionsverfahren und Produkte sind zentrale Elemente einer dynamischen Wettbewerbswirtschaft. Dieser Wandel geht mit Änderungen der internen und externen Anpassungsfähigkeit der Unternehmen einher und stellt betriebliche Personalpolitik wie Beschäftigte vor neue Herausforderungen. Die Lebensqualität, die Wirtschaftskraft und letztlich die Standortqualität ganzer Regionen kann bei einem Verlust von Arbeitsplätzen gefährdet werden.

Abstrakt scheint Einigkeit zu bestehen, dass bei Betriebs- und Unternehmenskrisen alle Möglichkeiten zum Erhalt von Produktionskapazitäten und Arbeitsplätzen genutzt werden sollen. Die Chancen für den Erhalt von Arbeitsplätzen oder für den bruchlosen Wechsel auf einen anderen Arbeitsplatz im gleichen oder einem anderen Unternehmen sind größer, wenn beschäftigungsorientierte Personalpolitik frühzeitig einsetzt und gegenzusteuern versucht und die Spielräume für betriebsinterne Arbeitsmärkte voll genutzt werden.

Für Gewerkschaften und Betriebsräte ist dies keine leichte Aufgabe. Als Interessenvertretung der Beschäftigten wollen sie seit Jahren bei akut drohendem Personalabbau eingreifen und mit den zur Verfügung stehenden Mitteln die Arbeitnehmer möglichst vor Arbeitslosigkeit schützen. Wenn aber Kündigungen nicht verhindert werden können, kommt es darauf an, den Betroffenen die denkbar besten Hilfen für den Übergang in ein neues Arbeitsverhältnis zu eröffnen. Das Arbeits- und Sozialrecht betont denn auch mehr und mehr die Notwendigkeit der Vorbeugung im Betrieb. Häufig fehlt es aber noch an einer wirksamen personalpolitischen Umsetzung. Viel zu viele Unternehmen setzten und setzen der kurzfristigen Gewinnorientierung des Shareholder Value folgend vorrangig auf schnelle Kostenreduzierung und damit Personalabbau.

Neben den betriebswirtschaftlichen Aspekten darf die soziale Dimension von Unternehmenskrisen keinesfalls ausgeblendet werden. Unternehmenskrisen müssen als denkbare Gefahr bedacht und es müssen vorausschauend Instrumente zu ihrer Bewältigung genutzt werden. Die Bedeutung des Know-how und des Engagements der Beschäftigten für die Substanz und Wertschöpfungskraft des Unternehmens wird viel zu selten gesehen. Auch Unternehmensberater beklagen eine »kopflose Personalpolitik« vieler Unternehmen. Das Personalberatungsunternehmen *Gemini* gelangte gar zu der Einschätzung,

»die Arbeitslosenzahl könnte bei einer vorausschauenden Personalpolitik rund eine Million niedriger sein«.[2]

Die Unternehmensberatung *Mercer* ergänzt:

»Viele Unternehmen reagieren auf Konjunkturkrisen mit einseitigen Kostensenkungen und massivem Stellenabbau. Das ist Panikmache und kann die Glaubwürdigkeit kosten«.[3]

In einer Langzeitstudie mit 800 Firmen kommen sie zu dem Ergebnis, dass viele Unternehmen in einer anschließenden Wachstumsperiode Marktanteile verloren hätten, wenn sie sich zuvor vornehmlich auf Einsparungen und Personalabbau konzentrieren. Selbst Arbeitgeberpräsident *Dieter Hundt* appellierte an seine Unternehmens-Kollegen, bei der Bewältigung der Wirtschaftskrise mehr Fantasie zu zeigen[4] und Entlassungen möglichst zu vermeiden.

Vorausschauende, sich ihrer Beschäftigungsverantwortung bewusste Unternehmens- und Personalpolitik kann nicht nur soziale Folgeprobleme und negative Auswirkungen von Wettbewerb und technisch-wirtschaftlichem Wandel abmildern. Sie kann auch das Wertschöpfungspotenzial einer Region oder eines Unternehmens erhalten und als Grundlage neu zu erringender Wettbewerbsstärke ausbauen.

Zweifelsohne gibt es in der Praxis positive Beispiele. Doch von einer betrieblichen Kultur sozialverträglicher Krisenbewältigung kann (noch) nicht gesprochen werden.

---

2 dpa vom 18. 8. 2002.
3 dpa vom 6. 12. 2002.
4 dpa vom 6. 12. 2002.

2.2 Arbeitsmarktdynamik und berufliche Mobilität

Die Dynamik auf dem Arbeitsmarkt und die Mobilität der Arbeitnehmer ist viel größer als in der öffentlichen Diskussion wahrgenommen wird. Arbeitslosigkeit wie betriebliche Beschäftigung zeichnen sich gleichermaßen durch große Bewegungen aus. Jahr für Jahr müssen die Arbeitsämter rund 7 Mio. Neuzugänge in der Arbeitslosigkeit registrieren; etwa ebenso viele können innerhalb eines Jahres die Arbeitslosigkeit wieder beenden. Rund die Hälfte dieser jährlichen Zu- und Abgänge aus Arbeitslosigkeit kommt aus bestehenden Arbeitsverhältnissen oder mündet wieder in Erwerbstätigkeit ein.

So wichtig effiziente Arbeitsvermittlung und Arbeitsförderung sind, sie allein können das Problem der Arbeitslosigkeit nicht lösen. Arbeit und Arbeitslosigkeit entstehen im engen Zusammenhang mit betrieblichen Prozessen. Wer Arbeitslosigkeit vermeiden und verringern will, muss diesen Prozess zu beeinflussen versuchen. Die Hartz-Kommission hat einmal mehr diese Zusammenhänge hervorzuheben versucht. Sie fordert alle Unternehmen auf,

»ihrer Verantwortung für die Sicherung und Schaffung von Arbeitsplätzen gerecht zu werden und alle betrieblichen Atmungsinstrumente wie z. B. flexible Arbeitszeitmodelle zu nutzen«,

um Entlassungen zu vermeiden.[5] Nach wie vor kommt der betriebsexternen Flexibilität jedoch große Bedeutung zu. Rund 30% aller Einstellungen erfolgen im Westen befristet, im Osten gar fast jede zweite Einstellung. Zugleich sind Kündigungen des Betriebes der wichtigste Grund für Personalabgänge gefolgt von auslaufenden Zeitverträgen.[6]

Insgesamt haben 45% aller Erwerbstätigen ein oder zweimal den Betrieb gewechselt und ein Viertel bereits in vier oder mehr Betrieben gearbeitet.[7] Lediglich 29% sind noch bei ihrem ersten Arbeitgeber beschäftigt. Die Häufigkeit des Betriebswechsels wird dabei von der jeweiligen beruflichen Stellung der Erwerbstätigen beeinflusst. Relativ häufig sind Arbeitgeberwechsel bei un- und angelernten Arbeitern; sie

5 Moderne Dienstleistungen am Arbeitsmarkt, Vorschläge der Kommission zum Abbau der Arbeitslosigkeit und zur Umstrukturierung der BA, 2002.

6 Vgl. *Schäfer*, Aufholprozess in Ostdeutschland kommt nur schleppend voran, in: IAB Werkstattbericht 7/2002.

7 Vgl. *Hecker*, Berufliche Mobilität und Wechselprozesse, in: Beiträge zur Arbeitsmarkt- und Berufsforschung Nr. 231, Nürnberg 2000, S. 67 ff.

haben zu rund 40% den Arbeitgeber dreimal und mehr gewechselt. Aus Sicht der Arbeitnehmer und Arbeitnehmerinnen lohnt sich ein Betriebswechsel meist dann, wenn er auf eigenen Wunsch erfolgen kann; dann steigen die Chancen, die berufliche Situation verbessern zu können. Bei anhaltender Arbeitslosigkeit werden die betrieblichen Fluktuationsprozesse jedoch in stärkerem Maße durch die Betriebe bestimmt.

Betriebliche Personalumschichtungen laufen aber vorrangig noch über innerbetriebliche Prozesse und über den Generationsaustausch ab. Im Schnitt arbeiten die Arbeitskräfte bereits rund elf Jahre bei ihrem letzen Arbeitgeber. Je größer die Betriebe dabei sind, um so seltener finden Arbeitgeberwechsel statt. Dies gilt vor allem für Beschäftigte, bei denen langjährige Erfahrungen und Qualifikationen am Arbeitsplatz von besonderer Bedeutung sind. Insbesondere diese Personengruppen können innerbetrieblich einen beruflichen Aufstieg realisieren.

Den Veränderungs- und Wandlungsprozess der Arbeitswelt zeigt auch eine Erhebung von 1999, nach der 29% der Arbeitskräfte von Personalreduzierungen, Stellenabbau und Entlassungen innerhalb von zwei Jahren berichteten. Immerhin 12% gaben an, dass sie selbst davon betroffen waren. Umstrukturierungen im eigenen Unternehmen haben danach in einem Zwei-Jahres-Zeitraum fast zwei Drittel aller Arbeitskräfte von Großbetrieben (ab 1000 Beschäftigte) wahrgenommen und jeder Vierte war selbst davon betroffen.[8]

In einer solchen dynamischen und mobilen Wirtschaft ist es Aufgabe der Arbeitsmarkt- und Beschäftigungspolitik, die betroffenen Menschen und ihre Familien gegen die sozialen Risiken des Wettbewerbs und des Strukturwandels abzusichern. Arbeitsmarkt- und Beschäftigungspolitik zielt auf kurze, möglichst bruchlose Übergänge zwischen gewollter Nicht-Erwerbstätigkeit, Aus- und Weiterbildung und Erwerbstätigkeit und zwischen aufeinander folgenden Beschäftigungsverhältnissen. Sie fördert die schnelle Aufnahme neuer Erwerbstätigkeit und berufliche Qualifizierung.

8 Vgl. *Jansen*, Arbeitsbedingungen, Arbeitsbelastungen und Veränderungen auf betrieblicher Ebene, in: Beiträge aus der Arbeitsmarkt- und Berufsforschung Nr. 231, Nürnberg 2000, S. 61.

2.3 Phasen betriebsorientierter Arbeitsmarktpolitik

In den Zeiten der Vollbeschäftigung standen andere Probleme auf der Tagesordnung der Arbeitsmarktpolitik: Förderung der Beschäftigung von Leistungsgeminderten, Verbesserung der beruflichen Bildung, Ausgleich saisonaler Beschäftigungslosigkeit. Allzu lange gab es daher keine betriebliche Tradition des geförderten und begleiteten Arbeitsmarktübergangs. Auf betrieblicher Seite waren eher Ad-hoc-Aktivitäten zu beobachten, bei denen erst bei unmittelbar anstehenden Personalanpassungen Überlegungen angestellt wurden, wie diese sozialverträglich und kostengünstig realisiert werden könnten. Eine wirksame Einflussnahme unter sozialen Gesichtspunkten gelang zunächst nur bezüglich der Entlassungen unkündbarer Arbeitskräfte. Die Pflicht der Arbeitgeber, die der Arbeitslosenversicherung durch Kündigung dieses Personenkreises entstehenden Kosten an die Bundesanstalt für Arbeit rückzuerstatten, veranlasste sie offenbar zur Zurückhaltung bei Entlassungen gegenüber unkündbaren Beschäftigten. Betriebliche Interessenvertretungen konnten bei ihren Bemühungen zur Sicherung der Arbeitsplätze nur auf die Instrumente des Arbeitsrechts zurückgreifen.

Dabei war eine starke Diskrepanz im Umgang mit Personal- und Stellenabbau zwischen verschiedenen Branchen zu beobachten. Während der Personalabbau einiger Branchen für die betroffenen Personen und Regionen zu erheblichen Nachteilen und wirtschaftlichem Abstieg führte, gelang es vornehmlich in Branchen mit einer starken Interessenvertretung und Mitbestimmungskultur, individuell und gesellschaftlich (sozial-)verträglichere Formen des Personalabbaus zu entwickeln.

Zunächst wurde der Personalabbau in einigen Branchen durch Frühverrentung und durch Sozialpläne mit Abfindungszahlungen sozialverträglich gestaltet. Die Kosten dafür wurden zu einem erheblichen Teil von der Solidargemeinschaft der Sozialversicherung getragen. In Anbetracht der zunehmenden Lebenserwartung und gleichzeitig geburtenschwacher Jahrgänge wurde ab 1996 die Altersgrenze (Eintrittsalter) für die Rente wegen Arbeitslosigkeit stufenweise angehoben. Anschließend wurden Rentenabschläge eingeführt: Ein vorzeitiger Eintritt in Altersrente führt unter bestimmten Bedingungen zu einer Minderung der Rente. Um älteren Arbeitnehmern einen Anreiz zu bieten, im Austausch gegen die Einstellung eines jungen Arbeitsuchenden früher und stufenweise aus dem Erwerbsleben auszuscheiden, wurde Altersteilzeit ermöglicht.

Die Auszahlung von Versicherungsleistungen und die Arbeitsvermittlung erwiesen sich als unzureichende Instrumente. Arbeitsmarkt- und Beschäftigungspolitik entdeckten die Beeinflussung der Personal- und Einstellungspolitik der Unternehmen als neues Politikfeld. Unter den Schlagwörtern »Qualifizieren statt entlassen« und »Arbeit statt Arbeitslosigkeit bezahlen« wurden aktivierende und qualifizierende Elemente in die Arbeitsmarktpolitik eingeführt.

Mit den Veränderungen der Rahmenbedingungen war die Hinwendung zu einer proaktiven betriebsnahen Arbeitspolitik verbunden. 1998 wurden mit den Zuschüssen zu Sozialplanmaßnahmen und der Kurzarbeit in Verbindung mit Qualifizierung die arbeitsmarktpolitischen Interventionsmöglichkeiten bei absehbarem, aber noch nicht eingetretenem Arbeitsplatzverlust ausgebaut. Nach dem Willen des Gesetzgebers sollte damit

»ein Anreiz für die Betriebspartner gegeben werden, mehr als bisher Sozialplanmittel für beschäftigungswirksame Maßnahmen[9] einzusetzen«.

Die betriebliche Sozialplanpraxis sollte so möglichst umgesteuert werden. Für die betriebliche Interessenvertretung ist dies keine leichte Aufgabe. Während die Wirksamkeit beschäftigungsfördernder Maßnahmen bei ungünstiger Arbeitsmarktlage weiterhin unsicher ist, wird eine Abfindung von den Betroffenen häufig als (zumindest zeitweise) Existenzsicherung wahrgenommen.

Mit dem novellierten Betriebsverfassungsgesetz wurden 2001 die Chancen der Betriebsräte zur Beschäftigungssicherung und -förderung verbessert. Der Betriebsrat hat jetzt die Möglichkeit, bei organisatorischen und technischen Veränderungen am Arbeitsplatz betriebliche Qualifizierungsmaßnahmen für die betroffenen Arbeitskräfte einzufordern. Zugleich wird die Einigungsstelle bei einer Entscheidung über einen Sozialplan dazu angehalten, *»die Aussichten der betroffenen Arbeitnehmer auf dem Arbeitsmarkt«* und die Fördermöglichkeiten zur Vermeidung von Arbeitslosigkeit zu berücksichtigen. Auch die Möglichkeit, externen Sachverstand hinzuzuziehen, kann hilfreich sein.

9 BT-Drucksache 13/4941, S. 149.

Das Job-AQTIV-Gesetz erweiterte 2002 schließlich die Möglichkeiten der betriebsnahen Qualifizierung. In kleinen und mittleren Unternehmen wird die Weiterbildung älterer Arbeitnehmer gefördert, auch wenn deren Arbeitsplatz noch nicht konkret gefährdet ist. Weiter wurde Job-Rotation ermöglicht; das ist die finanzielle Förderung eines Ersatzarbeitnehmers, wenn der Betrieb seine Beschäftigten zu einer Weiterbildung entsendet. Zugleich setzten und setzen Gewerkschaften und Betriebsräte stärker darauf, die innerbetrieblichen Möglichkeiten zur Vermeidung von Entlassungen auszuschöpfen und betrieblich zu qualifizieren statt zu entlassen. In der Metall- und Elektroindustrie beispielsweise gibt es flächendeckende Tarifverträge zur Beschäftigungssicherung, die es ermöglichen, die Wochenarbeitszeit für einen gewissen Zeitraum auf bis zu 30 Stunden zu senken.

Weitere Initiativen gingen insbesondere von mitbestimmten Unternehmen aus: Vorruhestand, Stiftungen zur Qualifizierung (als Alternative zur Entlassung), Ersatzarbeitsplätze, Beschäftigungspläne, Beschäftigungs-, Qualifizierungs- und Vermittlungsgesellschaften, Personaleinsatzbetriebe und Personaltransfer sind einige der wesentlichen Entwicklungsstufen einer verantwortungsbewussten unternehmerischen Beschäftigungspolitik.

2.4 Beschäftigungswirksame Ansatzpunkte innerbetrieblicher Arbeitsmärkte

Zunehmende Geschwindigkeit und Schärfe des Wettbewerbs und des wirtschaftlichen Wandels ließen die Bemühungen und Förderinstrumente zum Erhalt von Arbeitsplätzen immer weniger aussichtsreich erscheinen. Wenn es nicht gelang, die Arbeitsplätze zu erhalten, musste es das Ziel sein, die Betroffenen unter Aufrechterhaltung des Beschäftigungsverhältnisses an neuen Arbeitsplätzen sinnvoll einzusetzen oder sie zu unterstützen, bruchlos in neue Beschäftigungsverhältnisse überzuwechseln. Es galt innerbetriebliche Handlungsmöglichkeiten auszubauen, um die Beschäftigungsverhältnisse der von Personalabbau Betroffenen zu erhalten.

2.4.1 Kurzarbeit

Traditionelles Instrument betriebsinterner Flexibilität ist die Kurzarbeit. Sie dient gleichermaßen den Interessen der Arbeitgeber wie den betroffenen Arbeitnehmerinnen und Arbeitnehmern. Die Arbeitgeber werden bei »vorübergehendem und unvermeidbarem Arbeitsausfall« während der Kurzarbeit von Personalkosten entlastet und die Beschäftigungsverhältnisse der Arbeitskräfte durch Verkürzung der Arbeitszeit gesichert oder deren Dauer zumindest verlängert.

Mit der Zunahme struktureller Umbrüche wurde dieses Instrument in den 90er Jahren auf strukturbedingte Personalanpassungen ausgedehnt. Kurzarbeit ist damit nicht mehr nur ein konjunkturelles Instrument, sondern kann auch bei sektoralen oder betrieblichen Krisen genutzt werden, wenn der Arbeitsausfall nicht nur vorübergehend ist und voraussichtlich Personal abgebaut werden muss.

Für die vom Arbeitsplatzverlust bedrohten Beschäftigten kann dies attraktiver und zumindest eine vorübergehende Alternative zur Arbeitslosigkeit sein; sie tauschen oftmals einen unbefristeten Arbeitsvertrag, der bereits aus betriebsbedingten Gründen gekündigt wurde, in eine befristete Beschäftigung ein, die aber über die Kündigungsfrist hinausweist. Durch diesen relativ freiwilligen Übergang kann im abgebenden Betrieb unter Förderung des Arbeitsamtes Beschäftigungsvolumen relativ problemlos befristet verringert und können zu erwartende rechtliche Auseinandersetzungen vermieden werden.

Die Qualifizierung während des Bezugs von Kurzarbeitergeld stellt eine positive Möglichkeit dar, drohenden Personalabbau beschäftigungswirksam zu nutzen und Investitionen in die berufliche Zukunft der Arbeitskräfte zu tätigen.

Im Dezember 2001 wurden rund 176 000 Kurzarbeiter gefördert, davon gut 27 000, die Strukturkurzarbeitergeld erhielten. Immerhin 541 Betriebe, die von einer Strukturkrise betroffen waren, haben zu diesem Zeitpunkt von dieser Regelung Gebrauch gemacht. In gut der Hälfte dieser Fälle ist dies auf Betriebseinschränkungen zurückzuführen und zu fast einem Viertel jeweils auf Teilstilllegungen und Stilllegungen. In rund einem Viertel aller Fälle gelang aus der strukturellen Kurzarbeit heraus die Aufnahme eines neuen Arbeitsverhältnisses auf dem regulären Arbeitsmarkt und 437 mal eine Arbeitsaufnahme auf dem geförderten Arbeitsmarkt. Kurzarbeit wurde offenbar vor allem für ältere Beschäftigte (über 50 Jahre) genutzt.

2.4.2 Transfer in andere Beschäftigung

Auch der Transfer in einen fremden Betrieb wird von den Arbeitsämtern unterstützt. Hierbei stehen Maßnahmen zum Erhalt oder zur Stärkung der Beschäftigungsfähigkeit im Mittelpunkt, um möglichst während der Kündigungsfristen eine Vermittlung zu ermöglichen. Die Aktivitäten reichen von Qualifizierungsanstrengungen bis zur Förderung von Existenzgründungen. Die Arbeitsämter können derartige Aktivitäten sowohl über strukturelles Kurzarbeitergeld wie auch über Zuschüsse zu Sozialplanmitteln fördern. Zuschüsse zu Sozialplanmaßnahmen eignen sich insbesondere bei kurzfristigen Maßnahmen, während sich das Strukturkurzarbeitergeld eher in Verbindung mit längeren Qualifizierungsmaßnahmen anbietet.

Leider greifen die Betriebe nur unzureichend auf das Instrument der Sozialplanzuschüsse zurück, das durchaus mit Strukturkurzarbeit kombiniert werden kann. In 2001 konnten lediglich 134 Betriebe mit 7400 Arbeitskräften gefördert werden.

Die kurzfristigen Outplacement-Maßnahmen zur beruflichen Eingliederung zeigen bei Aufnahmefähigkeit des regionalen Arbeitsmarktes gleichfalls Erfolge. Den Beschäftigten wird ein Coach an die Seite gestellt, der ihnen hilft, sich aktiv um eine neue berufliche Perspektive zu kümmern sowie Enttäuschung und Wut zu verarbeiten. Dies kann auch ein Element einer Beschäftigungs- oder Qualifizierungsgesellschaft sein. Die Wirklichkeit sieht häufig noch anders aus. Nicht alle auf diesem Gebiet tätigen Beratungsunternehmen sind seriös. Manche konzentrieren ihre Dienstleistungen auf die gut qualifizierten, am Arbeitsmarkt nachgefragten Arbeitskräfte und vernachlässigen ältere, leistungsgeminderte oder schwer vermittelbare Arbeitnehmerinnen und Arbeitnehmer.

Zunehmend werden Beschäftigungsgesellschaften nicht nur als eigenständige Organisationseinheiten innerhalb des Betriebes, sondern als selbständige Gesellschaften organisiert. Immerhin 85% der vom Arbeitsamt geförderten Betriebe, die in einer betriebsorganisatorisch eigenständigen Einheit Strukturkurzarbeit durchführten, sind rechtlich selbständig und nur 15% sind unselbständige Einheiten eines Unternehmens. Sie erhalten dann den Auftrag vom abgebenden Unternehmen, Arbeitnehmerinnen und Arbeitnehmern Hilfestellung beim Weg in neue Beschäftigungsverhältnisse anzubieten.

Dazu gehört auch das strategische Outsourcing. In diesem Fall werden komplette Betriebseinheiten, die nicht zum Kerngeschäft des Unternehmens gehören, zu selbständigen Einheiten geformt, die ihrerseits als Gewerbebetrieb auftreten und in der Regel dauerhaft oder für eine Überbrückungsphase Aufträge des ehemaligen Unternehmens oder Konzerns erhalten.

2.4.3 Flexible Arbeitszeiten

An vorderster Stelle zur Erhöhung der betrieblichen Anpassungsfähigkeit stehen flexible Arbeitszeiten. Das betriebliche Beschäftigungsniveau soll über Kurzarbeit hinaus (oder noch vor Einführung von Kurzarbeit) so stabilisiert werden, dass eine bessere Anpassung der Arbeitszeit an Nachfrageschwankungen eröffnet wird. Bei entsprechender Ausgestaltung der Arbeitszeiten und der Einrichtung von Arbeitszeitkonten wird es weitgehend kostenneutral möglich, Arbeitszeitvolumina zu verschieben oder zu flexibilisieren. Die Zahl dieser Arbeitszeitkonten ist in jüngster Zeit stark angestiegen, zwischenzeitlich sind für gut ein Drittel aller Arbeitskräfte Arbeitszeitkonten eingerichtet. Sie bestehen insbesondere für Überstunden und für Gleitzeiten. Vielfach wird ihnen eine beschäftigungsstabilisierende Wirkung zugeschrieben, zum Teil werden auch zusätzliche Einstellungen darauf zurückgeführt. Von den Betrieben, in denen Überstunden geleistet werden, werden diese in rund 50% der Fälle durch Freizeit ausgeglichen. Etwa jedes vierte Unternehmen praktiziert sowohl den finanziellen wie den Freizeitausgleich.

Betriebe mit Überstunden, Überstundenbezahlung bzw. -ausgleich im Jahr 2000 in v. H.

	West in %	Ost in %
Anteil der Betriebe mit Überstunden	45	48
davon:		
– generell ausbezahlt	12	10
– ausschließlich Freizeitausgleich	48	56
– sowohl bezahlt als auch Freizeitausgleich	30	24
– weder Vergütung noch Freizeitausgleich	10	10
Summe	100	100

Quelle: IAB-Werkstattbericht 7/2002, S. 51.

Das Altersteilzeitgesetz sowie das neue Teilzeit- und Befristungsgesetz können gleichfalls positive beschäftigungspolitische Auswirkungen haben. So geht das IAB davon aus, dass

»knapp 50% der Maßnahmen des Teilzeitgesetzes beschäftigungswirksam waren und zu zusätzlichen Einstellungen und vermindertem Personalabbau geführt haben«.[10]

Die beschäftigungspolitischen Erwartungen an das Altersteilzeitgesetz haben sich in der ersten Phase zwar nicht erfüllt, doch zwischenzeitlich hat sich die Inanspruchnahme deutlich erhöht. So wurden von den Arbeitsämtern im vergangenem Jahr mit 674 Mio. € rund 160 Mio. € mehr zur Förderung der Wiederbesetzung von Stellen zur Verfügung gestellt als ein Jahr zuvor.

2.4.4 Betriebliche Weiterbildung

Innerbetriebliche Weiterbildung ist ein strategisches Instrument zur Sicherung von Beschäftigungsfähigkeit und Arbeitsplätzen. Vor allem Unternehmen, die sich im Qualitätswettbewerb befinden, müssen die Kompetenz ihrer Beschäftigten entwickeln. Mit gut ausgebildetem Personal können die schnell wachsenden Anforderungen des Marktes leichter bewerkstelligt werden. Insbesondere zur Ausweitung der internen Flexibilität ist aus betrieblicher Sicht eine stärkere Qualifizierungspolitik notwendig. Zugleich kann die berufliche Umorientierung

10 IAB Kurzbericht Nr. 23-2002, S. 3.

und ein Arbeitsplatzwechsel außerhalb des Betriebes unterstützt werden. Gut jeder dritte Betrieb führt innerhalb eines Jahres berufliche Weiterbildungsmaßnahmen durch. Diese unterliegt jedoch ganz anderen Handlungszwängen als öffentlich geförderte oder individuelle Weiterbildung. Betriebliche Bildungsmaßnahmen werden bevorzugt den höher qualifizierten Kernbelegschaften angeboten, während den gering Qualifizierten nur wenig Chancen zu formalem betrieblichen Lernen eröffnet werden. Die Betriebsgröße hat einen markanten Einfluss auf die Weiterbildungsaktivitäten.

Betriebe mit formal organisierter Weiterbildung 1997–2001 in v.H.

Jahr*	West in %	Ost in %
1997	37	39
1998	38	42
1999	36	40
2000	36	40
2001	36	37

*jeweils 1. Halbjahr
Quelle: IAB-Werkstattbericht 7/2002, S. 66.

Der Lern- und Qualifizierungsbedarf ist weitaus höher als bisher angenommen oder ausgesprochen wurde. In den Unternehmen mit einer arbeitsplatznahen Qualifizierung liegt ein zentraler Hebel, der am schnellsten Abhilfe schaffen und berufliche Umorientierungen fördern könnte. Die neuen Möglichkeiten der Arbeitsämter zur Förderung von Weiterbildung im Betrieb haben leider noch nicht auf die betriebliche Praxis ausstrahlen können. Job-Rotation konnte bundesweit innerhalb des letzten Jahres nur 630 mal gefördert werden und die Fördermöglichkeiten zur Qualifizierung älterer Arbeitnehmer in ungekündigter Stellung wurden nur 50 mal genutzt.

2.4.5 Innerbetriebliche »Arbeitsvermittlung«

Mitbestimmte Großunternehmen sowohl im Industrie- als auch im Dienstleistungssektor schließen mehr und mehr in Verträgen oder Konzern-, Gesamt- und Betriebsvereinbarungen sowie in Interessenausgleichen und Sozialplänen betriebsbedingte Kündigungen als Mittel der Personalanpassung aus. Die »Gegenleistungen« der Arbeitnehmerseite sind dabei sehr unterschiedlich. In der Regel bedeutet dies grundsätzliche Zustimmung zu angestrebten personellen Einzelmaßnahmen wie Versetzung und Umsetzung sowie höhere Flexibilität und Mobilität, neue Schneidung von Betriebsratsgrenzen in Zuordnungstarifverträgen etc.

Das Personal, das nun nicht mehr in den externen Arbeitsmarkt entlassen werden kann, wurde früher vielfach in Beschäftigungspools versetzt. Aus diesen Pools heraus wurden bestimmte sinnvolle, aber nicht unbedingt betriebswirtschaftlich notwendige Tätigkeiten organisiert. Außerdem werden die Beschäftigten aus den Pools für Tätigkeiten eingesetzt, die vorher von Fremdfirmen wahrgenommen worden waren, Tätigkeiten, die wieder ins Unternehmen zurückgeholt werden (strategisches Insourcing).

Bei unternehmensinternen Vermittlungsgesellschaften steht nicht der Personalabbau im Vordergrund, sondern die konsequente Weitervermittlung der Arbeitnehmerinnen und Arbeitnehmer aus Bereichen, in denen ein Personalüberhang existiert, in andere Bereiche, in denen Arbeitskräfte gesucht werden. Personalbedarfe in einigen Abteilungen und Personalüberhänge in anderen Bereichen stimmen häufig weder von der Zahl noch von den Qualifikationen und Anforderungen her überein. In vielen Großunternehmen und Konzernen ist es Aufgabe der internen Arbeitsvermittlung, Personalbedarfe und Personalüberhänge quantitativ und qualitativ zur Übereinstimmung zu bringen. Eine solche konzernweite Arbeitsvermittlung soll dabei wie ein »externes Arbeitsamt« außerhalb des Konzerns arbeiten. Sie erfasst in einer Job-Börse die freien Arbeitsplätze. Die Job-Börse steht in der Regel allen Arbeitnehmerinnen und Arbeitnehmern des Konzerns zur Verfügung, insbesondere denen, die sich im Überhang befinden und mit Hilfe von Beschäftigungs- und Qualifizierungsgesellschaften einen neuen Einsatz suchen.

Das Aufgabenspektrum geht weit darüber hinaus, den internen Stellenmarkt transparent zu machen. Diese Konzernarbeitsvermittlung geht dabei aktiv – und insofern anders als die Arbeitsverwaltung auf dem externen Arbeitsmarkt – auf die Konzerneinheiten zu, die einen Personalbedarf gemeldet haben. Durch konzerninterne Richtlinien werden Bereiche mit Personalbedarf verpflichtet, nach dem Prinzip »first offer – last call« nach Vergleich der Arbeitskräfteangebote bei gleicher Qualifikation dem internen Angebot den Vorrang zu geben. Diese »Abnahmeverpflichtung« stellt einen großen strategischen Vorteil für die konzerninterne Arbeitsvermittlung dar. Sie darf aber nicht dahingehend falsch verstanden werden, dass man sich auf diesem Vorteil »ausruht«. Die konzerninterne Arbeitsvermittlung steht im Wettbewerb zum externen Arbeitsmarkt, entlastet ihn aber zugleich.

Die neueste Entwicklung ist die Nutzung des Instruments »Arbeitskräfteverleih« oder »Arbeitnehmerüberlassung«. Die interne Arbeitsvermittlung und die o.g. Transfergesellschaften verleihen Beschäftigte aus einem Personalüberhang konzernintern, häufig aber auch über die Konzerngrenzen hinweg, an dritte Unternehmen. So hat beispielsweise die Deutsche Bahn ein hauseigenes Verleihunternehmen gegründet ebenso wie die Telekom; eine ähnliche Entwicklung findet sich auch bei VW.

Finanzielle Förderung der Betriebe durch die Arbeitsämter 2002

Instrument	finanzielles Volumen in Mio. €	Veränderung zum Vorjahr in Mio. €
1. Förderung interner Flexibilität		
– Kurzarbeitergeld	603,5	+ 188,4
– Zuschüsse zu Sozialplanmaßnahmen	44,1	+ 21,7
– Job-Rotation	4,5	+ 4,5
– Weiterbildung Älterer	4,0	+ 4,0
– Wiedereinstellung nach dem Altersteilzeitgesetz	673,6	+ 160,0
2. Lohnkostenzuschüsse	1654,4	+ 116,3
3. Förderung der Selbständigkeit	1005,9	+ 201,3

Quelle: Eigene Berechnungen auf der Basis des BA-Haushalts.

2.5 Anforderungen an beschäftigungsorientierte Personalpolitik

In der Praxis finden wir einige positive Beispiele und Ansatzpunkte, wie durch den Ausbau (unternehmens-)interner Arbeitsmärkte Personalanpassung sozialverträglich und unter Sicherung der Beschäftigung gestaltet werden kann. Vielfach fehlt es aber immer noch an einer vorausschauenden Personal- und Qualifizierungspolitik. Oftmals wollen Betriebe (kurzfristig) nicht ausgelastete Arbeitskräfte schnell von der Personalliste bekommen; selbst die zahlreichen Beratungsleistungen und Finanzierungshilfen der Arbeitsämter werden selten genutzt. Dabei ist es durchaus im Interesse der Betriebe, qualifizierte und eingearbeitete Mitarbeiter und Mitarbeiterinnen auch im Konjunkturabschwung an Bord zu halten, um bei einer wirtschaftlichen Besserung nicht wieder händeringend Fachkräfte suchen zu müssen.

Die negativen Folgen von Personalabbau werden von den Unternehmen oftmals unterschätzt. Zusätzlich zu den sozialen Folgen für die unmittelbar Betroffenen, für ihre Familien und für die Region werden auch die verbleibenden Mitarbeiter verunsichert, wird das Vertrauen in die Führungsmannschaft beschädigt. Das Betriebsklima verschlechtert sich, Motivation, Leistungs- und Innovationsbereitschaft sinken. Dort, wo die Betriebe die Hilfen der Arbeitsämter zur Bewältigung betrieblicher Krisensituationen nutzen, lassen sich hingegen meist positive beschäftigungspolitische und unternehmenspolitische Auswirkungen nachweisen. Einen stark positiven Einfluss auf die Umsetzung von Reorganisationsmaßnahmen haben ebenso Mitbestimmungsregelungen. Arbeits- und sozialrechtliche Änderungen müssen daher auf eine bessere Verzahnung von betrieblichen und überbetrieblichen Interventionsmöglichkeiten zielen, die es zu nutzen gilt. Regelungen in Betriebsverfassungs- und Arbeitsförderungsrecht wollen gleichermaßen die betriebliche Vorbeugung ausbauen. Dabei sollen die Arbeitsämter beratend unterstützen. So sollen die Arbeitgeber

»im Rahmen ihrer Mitverantwortung für die Entwicklung der beruflichen Leistungsfähigkeit der Arbeitnehmer zur Anpassung an sich ändernde Anforderungen sorgen«, und »vorrangig durch betriebliche Maßnahmen die Inanspruchnahme von Leistungen der Arbeitsförderung sowie Entlassungen von Arbeitnehmern vermeiden« (§ 2 Abs. 2 SGB III).

Die Umsetzung dieses Konzepts wird durch eine Verständigung zwischen den Tarifvertragsparteien und dem Betriebsrat wesentlich erleichtert. Statt in den Fragen der Überwindung wirtschaftlicher Schwierigkeiten in Zusammenarbeit mit den Interessenvertretungen die für die Menschen und das Unternehmen am wenigsten schädliche Lösung zu suchen und externe Hilfe und Unterstützung dabei anzunehmen, scheint die Gangart von Arbeitgebern und Dienstherrn gegenüber Betriebsräten und Personalräten teils sogar härter zu werden.

Vor welche Fülle von Problemen Betriebsräte gestellt sind, verdeutlicht die Tabelle auf Seite 48.

Wenn Personalpolitik in Unternehmen und Verwaltungen auf ein besseres Krisenmanagement und die Ausschöpfung interner Flexibilität hinwirken möchte, gilt es insbesondere folgende Aspekte einzubeziehen: Vor allem in Großbetrieben ist eine Verständigung über mittelfristige Personalkonzepte und betrieblichen Qualifizierungsbedarf erforderlich. Angesichts der Notwendigkeit und Bedeutung permanenten Lernens ist es nicht ausreichend, wenn nur knapp ein Drittel der betrieblichen Weiterbildungsmaßnahmen auf verbindlichen Grundlagen wie Branchentarifverträgen oder Betriebsvereinbarungen erfolgen. Hierzu zählt auch die Verständigung darüber, wie den bisherigen Polarisierungsmustern in der Weiterbildung wirksam entgegengewirkt werden kann.

Immer noch ist die Systematik, Zukunftsorientierung und Qualität betrieblicher Weiterbildungskonzepte von der Einsicht und Bereitschaft des Arbeitgebers abhängig. Diese Bereitschaft von Arbeitgebern oder Geschäftsführungen ist häufig dann am geringsten, wenn die Notwendigkeit systematischer Personalentwicklung und Qualifizierung am größten ist. Generelle Anspruchsrechte, verbunden z. B. mit individuellen Lernzeitkonten, könnten zu einer deutlichen Entlastung des Arbeitsmarktes führen. Durch solche Anspruchsrechte würden im Sinne des Subsidiaritätsprinzips nur die Unternehmen verpflichtet, die die wirtschaftliche und beschäftigungspolitische Notwendigkeit systematischer Qualifizierung nicht erkennen.

Regelungsgrundlagen für betriebliche Weiterbildungsinitiativen nach Betriebsgröße im Jahr 2000 in v.H. für Westdeutschland:

Regelungsgrundlagen in % der Betriebe der Betriebsgrößenklassen					
Betriebsgröße nach Zahl der Beschäftigten					
	bis 19	20–199	200–499	500 u.m.	insges.
Tarifvertrag und Betriebsvereinbarungen	3	4	7	13	3
Tarifvertrag	5	4	8	8	5
Betriebsvereinbarungen	6	11	15	26	7
Regelungsabsprachen	4	16	21	20	6
Einzelvertragliche Regelungen	2	2	3	3	2
Informelle Absprachen	5	9	7	6	5
keine Regelungen	74	54	38	23	71
Summe	99	100	99	99	99

Quelle: WSI Mitteilungen 2/2002, S. 46.

Betriebliche Entwicklungen und Probleme aus Sicht der Betriebsräte (Auswahl)

Betriebliche Entwicklungen und Probleme aus der Sicht der Betriebsräte (Auswahl)	**1998–1999 in %**	**1994–1997 in %**
Personalabbau	57	67
Änderung der Arbeitsorganisation	54	50
Altersteilzeit	51	./.
mehr Überstunden	50	37
Fort- und Weiterbildung	46	18
Ausgliederung von Betriebsteilen	37	34
Sozialplan	35	36
Kündigungsschutzfragen	33	32
Verhärtung AG-Haltung gegenüber BR	30	25
Fusionen	21	–
Schließung/Verkauf von Betriebsteilen	17	16
Kurzarbeit	12	16

Quelle: WSI Betriebs- und Personalrätebefragung 1999/2000 und 1997/1998, in: WSI-Mitteilungen 2/2001, S. 70.

Vereinbarungen zur variablen Arbeitszeitgestaltung können gleichfalls einen positiven Beitrag leisten, soweit nicht nur das innerbetriebliche Flexibilisierungspotenzial erweitert, sondern auch den Beschäftigten neue Handlungsspielräume eröffnet werden. Die gesetzlichen und tariflichen Regelungen zur Arbeitszeit, zur Teilzeit- und zur Altersteilzeitarbeit stellen eine Vielzahl von Gestaltungsmöglichkeiten bereit, die in Abstimmung mit den Betriebs- oder Personalräten genutzt werden können.

Erklärte Absicht eines jeden größeren Betriebes müsste es sein, keine Mitarbeiterin und keinen Mitarbeiter in die Unsicherheit zu entlassen. Begrüßenswert sind Verträge und Vereinbarungen, die betriebsbedingte Kündigungen auszuschließen versuchen und den Möglichkeiten des internen Arbeitsmarktes einen Vorrang einräumen. Zur Stabilisierung der Beschäftigung und – wenn nicht vermeidbar – zu einer sozialverträglichen Gestaltung, Verlangsamung oder Begrenzung von Personalabbau steht eine große Zahl von Instrumenten und Handlungsmöglichkeiten zur Verfügung.

Nach Ausschöpfung interner Möglichkeiten sollten Perspektiven außerhalb des Unternehmens und der Branche gesucht werden. Potenzielle Spannungen zwischen Beschäftigungssicherung und Transfermaßnahmen müssen erkannt und durch sinnvolle Ergänzung weitgehend vermieden werden. Ein zu langes Warten und »In-Sicherheit-Wiegen« im Vertrauen darauf, Beschäftigungsprobleme intern lösen zu können, kann gefährlich sein. Erstrebenswert ist ebenso wenig, vorschnell auf die Suche nach internen Lösungsmöglichkeiten zu verzichten und die Probleme nach außen auf den Arbeitsmarkt und die Sozialversicherung zu verlagern. Es bietet sich an, nach einem Stufenplan vorzugehen, dessen erstes Ziel die Erhaltung des Arbeitsplatzes ist. Ein relativ langer Schutzzeitraum lässt sich dabei erreichen, wenn die Arbeitsverhältnisse durch ein Hintereinanderschalten verschiedener Sicherungsformen geschützt werden. Beispielsweise kann man auf Unternehmensebene Vereinbarungen über eine Rangfolge von Maßnahmen für Krisen schon in Zeiten wirtschaftlichen Aufstiegs treffen: Überwindung saisonaler oder konjunktureller Absatzprobleme durch Flexibilisierung der Arbeitszeit, Erhalt von Arbeitsplätzen durch Hereinnahme zusätzlicher Produktionen, Erhalt von Beschäftigungsverhältnissen durch Qualifizierung und Ausgleich von Personalüberhängen und Personalbedarf, Förderung und Unterstützung freiwilliger Arbeitszeitreduzierung oder freiwilligen Ausscheidens aus dem Unternehmen. Sowohl das Unternehmen wie auch die Betroffenen gewinnen dadurch Zeit und Handlungsmöglichkeiten.

Für größere Unternehmen sind zusätzliche Initiativen zur Schaffung neuer Arbeitsplätze und zum Aufbau neuer Beschäftigungsfelder in der Region einzubeziehen. Wie das Beispiel VW zeigt, können beschäftigungs- und regionalpolitische Aktivitäten großer Unternehmen auch in schwierigen Zeiten positiv auf den regionalen Arbeitsmarkt ausstrahlen. Die Unternehmen müssen die Zusammenarbeit mit dem Arbeitsamt verbessern und die verschiedenen Möglichkeiten und Mittel der Arbeitsämter für den Erhalt und die Sicherung der Beschäftigung und des Wertschöpfungspotenzials der Unternehmen in betrieblichen Krisensituationen einbeziehen. Personalabbau kann für die betroffenen Arbeitnehmerinnen und Arbeitnehmer und ebenso für das Unternehmen in eine Abwärtsspirale führen. Personalabbau schwächt das Arbeitsvermögen und personelle Potenzial und zerstört so möglicherweise die Basis zukünftiger Wettbewerbsfähigkeit. Drohen Massenentlassungen, muss das frühzeitig dem Arbeitsamt angezeigt werden. Diese Anzeigepflicht wird in der Praxis von den Betrieben leider oftmals unterlaufen. Zu prüfen ist, wie die Unternehmen veranlasst werden können, beschäftigungssichernde Maßnahmen zu ergreifen und die Transferhilfen des Arbeitsamtes in Anspruch zu nehmen. Ein Ausschluss der rückwirkenden Zustimmung des Arbeitsamtes zu Massenentlassungen und die Verlängerung der Entlassungssperre, die das Arbeitsamt als Sanktion verhängen kann, könnten dem Arbeitsamt das notwendige Durchsetzungsvermögen verschaffen.

Betriebsräte können ihre rechtlichen Möglichkeiten zur Beschäftigungssicherung voll nutzen und eigene Initiativen unter Einbeziehung der Fördermöglichkeiten der Arbeitsämter entwickeln. Einer Verlagerung von Kosten des Personalabbaus auf die verschiedenen Systeme der Sozialversicherung muss entgegengewirkt und bei Auffanglösungen auf die Durchführung von Qualifizierungsmaßnahmen hingewirkt werden, die die Beschäftigungsfähigkeit erhalten und verbessern. Die Einflussmöglichkeiten der Interessenvertretung auf die arbeitsmarktbezogene Förderung bei Personalanpassungsmaßnahmen sollte gestärkt werden. Wenn ein Betriebsrat Vorschläge macht, muss der Arbeitgeber sie unverzüglich prüfen und mit der Interessenvertretung beraten. Ablehnungen müssen in Betrieben mit mehr als 100 Beschäftigten schriftlich erfolgen. Soweit ein Wirtschaftsausschuss möglich ist, muss er versuchen, konkreten Einfluss zu nehmen.

Die Beschäftigungsberatung der Arbeitsämter kann ausgebaut und gestärkt werden. Dies gilt vorrangig in Bezug auf Klein- und Mittelbetriebe. Größere Betriebe verfügen eher über ein professionelles Personal- und Organisationsmanagement, das für eine erfolgreiche Reorganisation des Betriebes erforderlich ist. Insbesondere in kleineren und mittleren Betrieben können und müssen die Arbeitsämter mithelfen, Lösungen und Verbundprojekte zu entwickeln, die den Betrieben neue Möglichkeiten eröffnen, betriebliche Probleme auf eine Weise zu lösen, die nicht in die Arbeitslosigkeit führt. Diese Beratungsleistung muss sich über das Arbeitsförderungsrecht hinaus möglichst auf das Arbeitsrecht und die Gestaltung betrieblicher Arbeitsbedingungen erstrecken. Neben sozialrechtlichen Kenntnissen ist Zusatzwissen im Arbeitsrecht und im betrieblichen Personalwesen notwendig. Hoher Wert ist ebenso auf soziale Kompetenz zu legen, da nur so Arbeitgeber- und Arbeitnehmerseite für Lösungen gewonnen werden können, die über einzelbetriebliche Interessen hinaus für den Standort oder die Region gesellschaftlich sinnvoll und effektiv sind. Zur besseren Unterstützung von Klein- und Mittelbetrieben in Krisensituationen ist auch eine Förderung regionaler Stiftungen zu erwägen.

Durch die Erstellung von Beschäftigungsbilanzen sollen – dem Hartz-Konzept folgend – die

»Unternehmen ihre soziale Verantwortung zum Ausdruck (bringen)«.

Soziale Verantwortung heißt hier: Beschäftigung schaffen und sichern. Eine solche Bilanz soll Aufschluss geben über Struktur und Entwicklung der Belegschaft, Stellenwert von externer und interner Flexibilität sowie zentraler Aspekte des betriebsinternen Arbeitsmarktes und die Nutzung arbeitsmarktpolitischer Förderungsmöglichkeiten. Daten und Kennziffern zu Personalplanung und innerbetrieblichen Qualifizierungsanforderungen sind ebenso notwendig, damit diese Bilanz der Unternehmen Ansatzpunkte für die Beschäftigungsberatung der Arbeitsämter aufzeigt. Beschäftigungsbilanzen können wesentlich dazu beitragen, die Wechselwirkung von internem und externem Arbeitsmarkt besser zu erkennen und gesamtgesellschaftlich sinnvolle Hilfen und Interventionsmöglichkeiten wirksamer zu gestalten.

Peter Hartz gelangte durch seine Erfahrungen bei VW zu der Einschätzung, dass sich mit atmenden Unternehmen

»etwa 90% der Beschäftigungsprobleme kostenorientiert lösen lassen, ohne zu entlassen«.[11]

11 *Hartz*, in: Moderne Dienstleistungen am Arbeitsmarkt.

Daher der Optimismus der Kommission, durch verantwortungsvolles unternehmerisches Handeln möglichst keinen »Nachschub für Nürnberg« zu liefern. Doch bis dahin ist noch ein weiter Weg. Viel zu viele schöpfen die bestehenden tarifpolitischen und arbeitsmarktpolitischen Handlungsmöglichkeiten zur Beschäftigungssicherung und sozialverträglichen Personalanpassung nicht einmal aus. Es fehlt nicht an Instrumenten, sondern an ihrer ungenügenden Nutzung bei drohenden Unternehmenskrisen. Nur wenige Großunternehmen wie VW können bisher als personalpolitisch innovativ bezeichnet werden. Ziel muss es sein, öffentliche und betriebliche Mittel und Instrumente so zusammenzuführen, dass sie mehr und besser in den Dienst der Beschäftigung gestellt und Mitnahmeeffekte weitgehend ausgeschlossen werden können.

3. Der Stellenwert unternehmensinterner Arbeitsmärkte in einer dynamischen Wettbewerbswirtschaft

(Rainer Schmidt-Rudloff, Bundesvereinigung der Deutschen Arbeitgeberverbände)

3.1 Kennzeichen der dynamischen Wettbewerbswirtschaft und ihre Herausforderungen für die Unternehmen

Unternehmen bewegen sich in einem Umfeld, das sich in den letzten zwei Jahrzehnten grundlegend gewandelt hat. Die zunehmende Tertiärisierung, Informatisierung und Internationalisierung neben der steigenden Qualifizierung und Individualisierung kennzeichnen diese Entwicklung.[12] Heute sehen sich die Betriebe auf der einen Seite einem enormen weltweiten Wettbewerb ausgesetzt, nutzen jedoch auf der anderen Seite globale Standortvorteile oder Beschaffungsmärkte. Diese Entwicklungen führen zu einer Verschärfung und Dynamisierung des Wettbewerbs. Permanente Innovation, Schnelligkeit, Marktgröße und Flexibilität sind zentrale Gebote für erfolgreiche Unternehmen und ihre Mitarbeiter.[13]

Unternehmen stellen sich dieser Herausforderung und unterliegen deshalb oft einem permanenten Veränderungsprozess. Nicht nur die Organisation der Unternehmen muss flexibel und anpassungsfähig sein – auch auf die Mitarbeiter[14] kommen in diesem Zusammenhang neue Herausforderungen zu und sie nehmen eine erfolgsentscheidende Schlüsselrolle ein. Modelle wie das des atmenden Unternehmens[15] oder Prinzipien wie die der lernenden Organisation sind heute Leit-

12 Vgl. *Kleinhenz*, Zum Wandel der Organisationsbedingungen von Arbeit – Eine Einführung, 1998, S. 406.

13 Vgl. *Mangold*, Strategien für internationale Dienstleistungsunternehmen, 2001, S. 25–31.

14 Männliche Form aus Verständlichkeitsgründen, meint immer auch Mitarbeiterinnen.

15 Vgl. *Hartz*, Das atmende Unternehmen, 1996.

bilder für die zukünftige Entwicklung von erfolgreichen Unternehmen.

Während Unternehmen gelernt haben, durch flexible Strukturen sich permanent an die neuen Umfeldbedingungen anzupassen, bildet sich, die starren rechtlichen Rahmenbedingungen betreffend, ein starker Widerspruch heraus. Auf der einen Seite bewegen sich die Betriebe in einem hochdynamischen Wettbewerbsumfeld und auf der anderen Seite unterliegen sie in Deutschland den Regeln eines sehr unflexiblen Arbeitsrechtsrahmens. Dieses starre Korsett verhindert oft notwendige Flexibilität und beeinträchtigt die internationale Wettbewerbsfähigkeit der Unternehmen nachhaltig.

Wissen wird zum erfolgsentscheidenden Faktor für die Innovations- und Wettbewerbsfähigkeit von Betrieben. Wissens- und Erfahrungsträger sind die Mitarbeiter, die in dieser Hinsicht eine Schlüsselstellung einnehmen. Aufgrund der demografisch bedingten abnehmenden

»Wissenszufuhr durch die ins Erwerbsleben eintretenden zahlenmäßig schwächer werdenden Jahrgänge«[16]

müssen Unternehmen Strategien entwickeln, die den Verlust an zeitgemäßem Know-how verhindern.

Sowohl die Quantität als auch die Qualität des Humankapitals, die sich die Unternehmen nachhaltig erschließen können, werden ihre Wettbewerbsfähigkeit maßgeblich beeinflussen. Der unternehmensexterne Arbeitsmarkt als traditionell bedeutendste Bezugsquelle von Humanvermögen wird sich jedoch in Zukunft stark verändern.

3.2 Aktuelle und zukünftige Entwicklungen auf dem externen Arbeitsmarkt

Die Erschließung der Human Ressourcen erfolgt sowohl auf dem externen als auch dem internen Arbeitsmarkt. Den Unternehmen stehen verschiedene Möglichkeiten offen, ihr neues Personal über den externen Markt zu beziehen: durch den Einkauf von Dienstleistungen, durch Zeitarbeitskräfte oder Personaleinstellungen. Diese externen Beschaffungsmöglichkeiten werden in Zukunft begrenzt sein. Denn

16 *Kleinhenz*, 1998, S. 407.

der Arbeitsmarkt in Deutschland bzw. ähnlich in Europa wird sich in den kommenden Jahren durch folgende Entwicklungen auszeichnen:

- trotz anhaltend hoher Arbeitslosigkeit wird es – wie in Teilbereichen schon heute feststellbar – zu einem Fachkräftemangel kommen,
- das Erwerbspersonenpotenzial wird aufgrund der demografischen Entwicklung abnehmen,
- große regionale Arbeitsmarktunterschiede bleiben weiter bestehen.

Die Diskrepanz zwischen Bedarf und Angebot an Qualifikationen sowie die abnehmende Zahl der Erwerbsbevölkerung in fast ganz Europa sind besonders gravierende Entwicklungen. Die in der PISA-Studie schonungslos aufgedeckten Qualitätsdefizite im Bildungssystem sowie eine zu starre Regulierung des Arbeitsmarktes und die steigende Abgabenbelastung verstärken für die Wirtschaft die negativen Effekte.[17] Schon heute sind einige Branchen mit einem enormen Fachkräftemangel konfrontiert, der sich negativ auf die Wachstumspotenziale der Betriebe in Deutschland auswirkt. Durch die zu erwartende Erhöhung der Erwerbsquote von Frauen, die Verlängerung der individuellen Erwerbsbiographien und die Zuwanderung ausländischer Arbeitskräfte können diese Defizite zukünftig nur zum Teil kompensiert werden.

Für Unternehmen wird es zunehmend schwierig, dringend benötigte Fachkräfte vom externen Arbeitsmarkt zu rekrutieren. Dadurch wird die zukünftige Relevanz der internen Arbeitsmärkte zur Erschließung von Qualifikationen und Kompetenzen besonders deutlich.

3.3 Die Bedeutung interner Arbeitsmärkte steigt

Arbeitsmärkte haben grundsätzlich die Funktion des Ausgleichs zwischen Arbeitskräfteangebot und -nachfrage sowie der Verteilung von materiellen und immateriellen Faktoren.[18] Dies gilt in gleicher Weise für unternehmensinterne Arbeitsmärkte, die als Teilarbeitsmärkte des Gesamtarbeitsmarktes betrachtet werden können und aus unterschiedlich vielen und verschieden großen Organisationseinheiten bestehen.[19]

17 Vgl. *Eichhorst/Thode*, Strategien gegen den Fachkräftemangel, 2002, S. 22 ff.
18 Vgl. *Oechsler*, Personal und Arbeit, 1994, S. 122.
19 Vgl. *Oechsler*, a.a.O., S. 124.

Der interne Arbeitsmarkt stellt dem Unternehmen benötigte Arbeitskräfte zur Verfügung und absorbiert nicht mehr benötigte Arbeitskräfte. Man spricht von der Bereitstellungs- und Pufferfunktion des Arbeitsmarktes.[20] Zusammenfassend lassen sich vier Hauptziele des internen Arbeitsmarktes anführen:[21]

- Vorrecht für im Unternehmen Beschäftigte bei Stellenbesetzungen,
- Schaffung eines betrieblichen Ausgleichs zwischen weg fallenden und neuen Arbeitsplätzen,
- Besetzung der Arbeitsplätze mit den jeweils geeignetsten Mitarbeitern,
- Angebot optimaler Entwicklungsmöglichkeiten und Förderung des Interesses am Ausbau ihres Beschäftigungspotenzials.

Der oft zitierte *»war for talent«*[22] meinte nur indirekt den Kampf der Unternehmen um die besten Köpfe auf dem externen Arbeitsmarkt. Ursprünglich ging es in der Studie um Talent Management und Personalentwicklung innerhalb der Unternehmen. Die Studie untersuchte den drohenden Mangel an Top Executives in den Firmen, also auf dem internen Arbeitsmarkt. Viele Hinweise aus dieser Untersuchung des Mangels an Führungskräften können auf andere Mitarbeitergruppen übertragen werden. Insbesondere vor dem Hintergrund des in vielen Bereichen und auf verschiedenen Arbeitsebenen existierenden Fachkräftemangels.

Die zentrale Rolle der Personalentwicklung

Der Unternehmenserfolg wird durch die Leistungsfähigkeit und die Leistungsbereitschaft des Personals nachhaltig geprägt. Daher kommt der unternehmerischen Personalpolitik eine zentrale Bedeutung zu. Die verschiedenen Handlungsfelder des Personalmanagements zielen aus diesem Grund natürlicherweise auf den internen Arbeitsmarkt, nämlich die Mitarbeiterinnen und Mitarbeiter: Aus- und Weiterbildung, Personalentwicklung, Personaleinsatzplanung, Nachfolgeplanung etc. werden von den Unternehmen bedarfsgerecht und konsequent umgesetzt.

---

20 Vgl. *Scholz*, Personalmanagement, 1994, S. 278.

21 Vgl. *Herrwig*, Personalentwicklung und interner Arbeitsmarkt, in: Oechsler (Hrsg.), Leitfaden Systematisches Beschäftigungsmanagement, 2001, S. 246.

22 *Chambers* et. al., in: McKinsey quarterly, 1998.

Dennoch existieren diese Instrumente nicht flächendeckend und sind sehr unterschiedlich ausgeprägt. Während z. B. eine quantitative Personalplanung bei fast allen Unternehmen selbstverständlich ist, wird der qualitativen Personalplanung teilweise noch zu wenig Bedeutung beigemessen. Dies hängt vielfach mit begrenzten Kapazitäten z. B. bei kleineren Unternehmen oder kurzfristigen Planungshorizonten zusammen. Bisher setzten sich eher größere Unternehmen systematisch mit Personalentwicklung und dem internen Arbeitsmarkt auseinander. Wegen der oben beschriebenen Entwicklungen auf dem externen Arbeitsmarkt wird die Thematik auch für kleine und mittlere Unternehmen aktuell.[23]

Die Personalentwicklung ist das zentrale Element eines strategisch orientierten und integrierten Personalmanagementsystems. Ihr geht es um den Erhalt und den Ausbau unternehmenswichtiger Zukunftsqualifikationen. Sie versetzt die Mitarbeiter in die Lage, auch in einem sich ändernden Unternehmensumfeld erfolgreich arbeiten zu können und den Markt- und Kundenanforderungen gerecht zu werden.[24]

Die Stärkung der Handlungskompetenz der Mitarbeiter zur Sicherung des Unternehmenserfolgs unter Berücksichtigung der Qualifikationen, Potenziale und Interessen der Mitarbeiter ist die notwendige Voraussetzung für ein bedarfsorientiertes Arbeitsangebot auf dem unternehmensinternen Arbeitsmarkt. Es wird jedoch in Zukunft verstärkt notwendig sein, die individuell unterschiedlich entwickelten Fach-, Methoden- und Sozialkompetenzen zu identifizieren und zu analysieren, um sie entsprechend optimal einzusetzen. Ein suboptimaler Personaleinsatz wird in Zukunft noch viel teurer als heute. Die zentrale strategische Herausforderung des internen Arbeitsmarktes ist die optimale Allokation von Kompetenzen und Wissen im Unternehmen und damit die Vermeidung von qualifikatorischen Opportunitätskosten.

Die Mitarbeiter müssen in Zukunft noch qualifizierter, motivierter und flexibler sein, um die notwendigen Veränderungen in der Organisation erfolgreich umzusetzen. Dabei wird die Eigenverantwortung der Mitarbeiter zunehmen. Das Unternehmen zieht sich damit nicht

23 Vgl. *Herrwig*, Personalentwicklung und interner Arbeitsmarkt, in: Oechsler (Hrsg.), Leitfaden Systematisches Beschäftigungsmanagement, 2001, S. 213.

24 Vgl. *Wollert*, Führen-Verantworten-Werte schaffen, 2001, S. 153.

aus seiner sozialen Verantwortung zurück sondern erkennt den Mitarbeiter in seiner Individualität als Verantwortlichen an.[25]

Dies erfordert ein Umdenken gleichermaßen bei Mitarbeitern und Führungskräften und stellt hohe Anforderungen an die Flexibilität der Rahmenbedingungen von internen Arbeitsmärkten.

Kennzeichen unternehmensinterner Arbeitsmärkte
Unternehmensinterne Arbeitsmärkte zeichnen sich durch unterschiedlichste betriebsspezifische Rahmenbedingungen aus. Maßgeblich ist vor allem die Größe des Unternehmens. Der unternehmensinterne Arbeitsmarkt eines weltweit agierenden Konzerns unterscheidet sich grundlegend vom unternehmensinternen Arbeitsmarkt eines regional operierenden Mittelständlers. Daraus ergeben sich enorme Unterschiede, was die Möglichkeiten aber auch die Effizienz oder die Funktionalität des jeweiligen internen Arbeitsmarktes betrifft. Beim Kleinbetrieb mit fünf Beschäftigten kann nur theoretisch von der Existenz eines internen Marktes ausgegangen werden. Der interne Arbeitsmarkt eines international tätigen Großunternehmens besteht dagegen aus mehreren internen nationalen oder fachlichen Teilarbeitsmärkten.

Neben der Größe bestimmen also auch die Heterogenität des Marktes hinsichtlich Qualifikation, Geografie oder Alter seine Wirkungsweise. Während wir in Deutschland beim externen Arbeitsmarkt in der Regel vom regionalen oder nationalen Arbeitsmarkt ausgehen, sind international operierenden Unternehmen darauf angewiesen, sich am europäischen oder weltweiten Arbeitskräftepotenzial zu orientieren. Das Drängen der Wirtschaft auf die Einführung der Greencard hat diesen Zusammenhang unterstrichen. Unternehmensinterne Arbeitsmärkte können deshalb sehr international sein, wenn ein Konzern weltweit Mitarbeiter beschäftigt und einen globalen Mitarbeiteraustausch und -einsatz fördert.

Personalentwicklung kann nicht losgelöst von der Organisationsentwicklung betrachtet werden. Den strukturellen Rahmen des internen Arbeitsmarkts bilden die Unternehmens- und Arbeitsorganisation. Traditionelle starre Organisationsformen können das dynamische globale Umfeld nicht mehr unternehmensintern abbilden. Die zunehmende Markt- und Kundenorientierung brachte aus diesem Grund

25 Vgl. *Bensel*, 2001, S. 35.

neue flexiblere Organisationsformen hervor. Am weitesten verbreitet ist die Projektorganisation, die andere Strukturen wie Linienorganisation oder Matrixorganisation ersetzt oder ergänzt. In Projekten ergeben sich neue Aufgabenfelder, die zu einer Erweiterung der internen Beschäftigungschancen beitragen. Projektorganisationen sind jedoch in Form, Zusammensetzung und Dauer sehr variabel und dadurch oft unübersichtlich. Diese Komplexität kann die Effizienz von internen Arbeitsmärkten beeinflussen.

3.3.1 Die Effizienz interner Arbeitsmärkte und ihre Einflussfaktoren

Die Aufdeckung der Manipulation der Vermittlungszahlen der Bundesanstalt für Arbeit hat die Diskussion über die Effizienz des (externen) Arbeitsmarktes und der öffentlichen Arbeitsvermittlung endlich auf die politische Tagesordnung gesetzt und deren Schwächen offenbart. Die Bundesvereinigung der Deutschen Arbeitgeberverbände hatte seit langem – auch in den Gremien der Bundesanstalt – wiederholt auf die Schwächen in der Arbeitsverwaltung hingewiesen und den suboptimalen Mitteleinsatz angeprangert. Der externe Arbeitsmarkt in Deutschland ist durch eine über Jahrzehnte angewachsene Bürokratie zunehmend ineffizient geworden. Die Bundesanstalt für Arbeit verwaltet seit Jahren eine konstant hohe Arbeitslosigkeit, statt die Vermittlung von Arbeit effizienter zu gestalten.

Die durch die Hartz-Kommission entwickelten Vorschläge und die daraus resultierenden »Gesetze für moderne Dienstleistungen am Arbeitsmarkt« zielen folgerichtig auch auf die Effizienzsteigerung des externen Arbeitsmarktes: schnellere und zielgenauere Vermittlung, Entlastung der Arbeitsvermittler von sachfremden Aufgaben, Bündelung der Kompetenzen und Informationen in Job-Centern. Das sind geeignete Instrumente, um die Vermittlung von Arbeitslosen in Arbeit zu verbessern. Dennoch kann die in den genannten Gesetzen erfolgte partielle Umsetzung der Vorschläge der Hartz-Kommission nicht zu der versprochenen Trendwende auf dem Arbeitsmarkt führen. Dazu fehlt es an der notwendigen grundlegenden Neujustierung der sozialstaatlichen Anreizstrukturen und der konsequenten Schärfung des arbeitsmarktpolitischen Instrumentariums.

Interne Arbeitsmärkte zeichnen sich gerade dadurch aus, dass sie aufgrund weniger Vorschriften und größerer unternehmerischer Freiheit deutlich flexibler, praxisgerechter und bedarfsorientierter sind. Es liegt im Interesse des Unternehmens, Voraussetzungen für einen funktionierenden und effizienten internen Arbeitsmarkt zu schaffen.

Dennoch sind interne Arbeitsmärkte nicht völlig regelfrei. Vorschriften des Betriebsverfassungsgesetzes regeln Aspekte des internen Arbeitsmarktes, wie z. B. interne Stellenausschreibungen (§ 93 BetrVG) oder die Mitbestimmung bei personellen Einzelmaßnahmen (§ 99 BetrVG). Die Ausweitung der Mitbestimmung durch die Reform des Betriebsverfassungsgesetzes im Jahr 2001 führte zu mehr Bürokratie und beeinträchtigt dadurch die Effizienz interner Arbeitsmärkte. Nur ein hohes Maß an unternehmerischer Freiheit bei der Ausgestaltung der Personalpolitik bietet die Chance, interne Arbeitsmärkte effizient und bedarfsorientiert zu organisieren.

3.3.1.1 Führung und Unternehmenskultur

Den Führungskräften kommt im unternehmensinternen Arbeitsmarkt eine entscheidende Rolle zu. Sie müssen mit ihrem unternehmerischen Spielraum verantwortungsbewusst umgehen. Sie sind Personalentwickler vor Ort,[26] also diejenigen, die für die Identifizierung und Kommunikation des Potenzials der Mitarbeiter und dessen Förderung verantwortlich sind. Der Beitrag von Führungskräften ist aus diesem Grund erfolgsentscheidend, um die Transparenz und Funktion des Arbeitsmarktes sicher zu stellen. »Abteilungsegoistisches« Führungsverhalten kann unternehmensweit betrachtet kontraproduktiv wirken. Es müssen Anreize geschaffen werden, die Akzeptanz einer gewissen internen Fluktuation zu erhöhen. Führungskräfte sollten die berufliche Entwicklung, die Karriere und den Aufstieg gerade ihrer besten Mitarbeiter fördern, selbst wenn sie dadurch die Leistungsträger ihres Bereiches verlieren. Die Bereitschaft dafür wird dann am höchsten sein, wenn sich solche Prozesse unternehmensweit in einem ausgeglichenen Verhältnis bewegen und von der Personalabteilung unterstützend flankiert werden.

In modernen Unternehmenskulturen sieht sich die Führungskraft zu-

26 Vgl. *Wunderer*, Ein Blick in die Zukunft, 2000, S. 35.

nehmend als Coach und die Mitarbeiter fühlen sich für ihre individuelle berufliche Entwicklung mitverantwortlich. Mitarbeiter handeln konsequenterweise als Akteure des internen Arbeitsmarktes. Sie werden an ihre eigene interne berufliche Entwicklung die selben Kriterien anlegen wie bei einer Stellenentscheidung auf dem externen Markt. Die entscheidungsrelevanten Aspekte sind z. B. mögliche berufliche Perspektiven oder eine herausfordernde interessante Tätigkeit mit eigenverantwortlichem Handlungsspielraum in einem attraktiven Arbeitsumfeld.

Personalabteilungen gestalten in der Regel das Management des internen Arbeitsmarktes und stellen ein bedarfsgerechtes Angebot an flankierenden personalpolitischen Führungs- und Entwicklungsinstrumenten bereit. Mit diesen Maßnahmen kann auch die Unternehmenskultur gesteuert und verbreitet werden. Dabei sind regelmäßige strukturierte Gespräche zwischen Mitarbeitern und Führungskräften von zentraler Bedeutung. Daneben ist es notwendig, den Mitarbeitern in ihrer neuen selbstverantwortlichen Rolle Hilfestellung zu geben. Dies können neben dem individuellen Coaching durch die Führungskraft Seminare zur persönlichen Entwicklungsplanung sein, die den Mitarbeitern helfen, ihre Stärken, Schwächen und beruflichen Perspektiven zu analysieren. Aus den gewonnenen Ergebnissen lassen sich anschließend für Mitarbeiter und Unternehmen realistische individuelle Entwicklungsziele ableiten.

3.3.1.2 Transparenz

In der Theorie stellt Transparenz eine wichtige Prämisse für das effiziente Funktionieren von Märkten dar. Auch für unternehmensinterne Arbeitsmärkte gilt dieses Kriterium. Die im Betriebsverfassungsgesetz gelegten Grundlagen führen oft zu erheblichem bürokratischen Aufwand und sind deshalb häufig kontraproduktiv. Große Unternehmen nutzen oft die Möglichkeiten moderner Kommunikationstechnik und unterhalten intranet-gestützte Datenbanken mit offenen Stellen. Sie sind in der Regel betriebsübergreifend und bieten den Mitarbeitern die Möglichkeit, sich online über freie Stellen zu informieren. Zusätzliche Optionen wie das Hinterlegen eines Lebenslaufs für wechselbereite interne Bewerber können die Funktionsweise ergänzen. Auf diese Weise kann der unternehmensinterne Arbeitsmarkt in Form von freien

Positionen und Stellen suchenden Kandidaten bedarfs- und zeitnah abgebildet werden. Dennoch ist die Pflege solcher komplexen Datenbanken sehr anspruchsvoll und gewisse Spielregeln sind notwendig, um die Funktionsweise und damit die Akzeptanz im Unternehmen nicht zu gefährden. Eine intranet-gestützte Job-Datenbank ist nur ab einer gewissen Größe und bei entsprechend vorhandener EDV-Infrastruktur sinnvoll anwendbar. Außerdem sollten interne Stellenbörsen in den Gesamtkontext der Personalentwicklung eingebunden sein. Deshalb werden zunehmend Datenbanken wichtiger, die Informationen über im Unternehmen vorhandene Qualifikationen und Kompetenzen enthalten. Unter den Stichworten Skill- oder Wissensmanagement können über Datenbanken existierende Qualifikationen identifiziert und verfügbar gemacht werden. Diese werden anschließend mit den geforderten Kompetenzen verglichen, um daraus für notwendige Qualifizierungen oder Versetzungen die richtigen Schlüsse zu ziehen.

Kleine Unternehmen zeichnen sich generell durch hohe Transparenz und überschaubare Karrierewege aus und bieten in dieser Hinsicht gute Voraussetzungen für den internen Arbeitsmarkt. Diese Vorteile und die Optionen der Projektorganisation sollten gerade von kleinen und mittleren Unternehmen genutzt werden, um quantitativ geringere Entwicklungsmöglichkeiten der Mitarbeiter auf dem internen Arbeitsmarkt auszugleichen.

3.3.1.3 Beschäftigungsfähigkeit, Mobilität und Vereinbarkeit

Oft steht für eine Position ein hervorragend geeigneter Bewerber auf dem internen Arbeitsmarkt zur Verfügung und es kommt trotzdem nicht zu einer Besetzung, weil die Stelle in einer anderen Stadt liegt oder die Arbeitszeiten der neuen Position am selben Standort unterschiedlich sind. Mobilität und Vereinbarkeit sind in diesen Fällen ausschlaggebend, ob der interne Arbeitsmarkt funktioniert. Die Frage, ob ein möglicher interner Stellenwechsel auch mit privaten und familiären Interessen vereinbar ist, wird immer häufiger gestellt. Bleiben die Antworten aus Mitarbeitersicht darauf unbefriedigend, wird die Bereitschaft zur Mobilität auf dem internen Arbeitsmarkt nur schwach ausgeprägt sein.

Die geographische Mobilität vor dem Hintergrund der Internationalisierung der Wirtschaft spielt auch unternehmensintern eine zunehmend wichtige Rolle. Jedoch wird auch die berufliche Mobilität der Mitarbeiter zu einer wichtigen Voraussetzung seiner Beschäftigungsfähigkeit. Derjenige Mitarbeiter, der an seinem einmal erlernten Beruf festhält und nicht bereit ist, ähnliche, verwandte oder neue Aufgaben zu übernehmen, schränkt seine Chancen auch auf dem internen Arbeitsmarkt langfristig erheblich ein. Auf dem internen Arbeitsmarkt muss gelten: Die Mitarbeiter übernehmen für ihre berufliche Weiterentwicklung zunehmend selbst Verantwortung. Unternehmen müssen in Zukunft noch stärker die Voraussetzungen schaffen, geeignete und zielführende Qualifikationsmöglichkeiten anzubieten. Das Lernen am Arbeitsplatz wird zur wichtigsten Lernform, nicht nur während der ersten Berufsjahre sondern entlang der gesamten Erwerbsbiografie.

3.3.1.4 Seniorität

Viele existierende Entgeltsysteme unterstützen Senioritätsprivilegien. In der Regel steigt das Einkommen mit der Betriebszugehörigkeit unabhängig von der wahrgenommenen Funktion, Leistung und der wirtschaftlichen Situation des Betriebes. Mitarbeiter gehen bei einem internen Aufgabenwechsel mindestens von der Besitzstandswahrung und oft sogar von einer quasi automatischen Gehaltserhöhung aus. Interessierte Abteilungsleiter schrecken aus diesem Grund davor zurück, Mitarbeiter in ihre Teams aufzunehmen, die aufgrund von Senioritätsprivilegien weit außerhalb des gegebenen Gehaltsgefüges liegen. Flexible senioritätsunabhängige Gehaltsstrukturen auf der Basis von Funktion, Leistung und Unternehmenserfolg unterstützen deshalb die Effizienz unternehmensinterner Arbeitsmärkte. Starre personen- und altersbezogene Entgeltsysteme können dagegen deren Wirkungsweise erheblich einschränken.

3.3.2 Zeitarbeit als Brücke zwischen externem und internem Arbeitsmarkt

Die Verkrustung des Arbeitsmarktes in Deutschland hat dazu geführt, dass der Übergang von Arbeitslosigkeit in Beschäftigung – also der Wechsel aus dem externen in einen internen Arbeitsmarkt – für viele zur unüberwindbaren Hürde wird. Erfahrungen aus verschiedenen Ländern, zum Beispiel den Niederlanden, haben gezeigt, dass Zeitarbeit eine geeignete Möglichkeit ist, eine tragfähige Brücke zwischen internem und externem Arbeitsmarkt herzustellen. Im Jahr 2001 wurden in Deutschland rund 800 000 Zeitarbeitnehmer in den Betrieben beschäftigt.[27] Für die Betriebe bedeutet Zeitarbeit eine höhere Flexibilität und größere Handlungsspielräume, die über die Anpassungsfähigkeit des internen Arbeitsmarktes hinaus gehen. Dies gilt z. B. bei Personalengpässen durch Krankheitsausfälle oder wenn Auftragsspitzen zu überwinden sind. Im Jahr 2001 haben 444 000 Menschen in der Zeitarbeit einen neuen Arbeitsplatz gefunden. Entscheidend dabei ist, dass 60% davon zuvor ohne Beschäftigung waren und rund ein Drittel der Zeitarbeitnehmer im Anschluss einen dauerhaften Arbeitsplatz bei anderen Arbeitgebern fand.[28] Das aufgrund des noch niedrigen Zeitarbeitanteils hohe Wachstums- und Beschäftigungspotenzial von Zeitarbeit kann in Deutschland erst dann voll ausgeschöpft werden, wenn die bestehenden gesetzlichen Überregulierungen abgebaut werden. Die entsprechenden Regelungen in den »Gesetzen für Moderne Dienstleistungen am Arbeitsmarkt« reichen dazu nicht aus. Die Personalserviceagenturen (PSA), die im Auftrag der Arbeitsämter vermittlungsorientierte Zeitarbeitsplätze für Zielgruppen des Arbeitsmarktes anbieten sollen, können zwar einen sinnvollen Beitrag zur Integration schwer vermittelbarer Arbeitsloser leisten. Erforderlich ist jedoch eine klare Abgrenzung zum Betätigungsfeld der gewerblichen Zeitarbeit.

3.4 Vernetzung und Kooperation als Chance für kleine und mittlere Unternehmen: vom unternehmensinternen zum privaten Arbeitsmarkt

Funktionierende unternehmensinterne Arbeitsmärkte leisten einen wichtigen Beitrag zur Wettbewerbsfähigkeit von Unternehmen. Größere Unternehmen haben aufgrund ihres breiteren Angebots an Arbeitsorten und Funktionen in diesem Zusammenhang einen strategischen Vorteil gegenüber kleinen und mittleren Unternehmen. Das Management des größeren Arbeitsmarktes ist jedoch anspruchsvoller. Doch auch größere Unternehmen bilden zunehmend Zusammenschlüsse und Allianzen, um Entwicklungsmöglichkeiten Ihrer Mitar-

27 Quelle: Bundesverband Zeitarbeit Personal-Dienstleistungen e.V.

28 Quelle: Bundesverband Zeitarbeit Personal-Dienstleistungen e.V.

beiter zu vergrößern und Synergiepotenziale auszuschöpfen. So gibt es u. a. ein Netzwerk internationaler Unternehmen zur gegenseitigen Unterstützung und Förderung von internationalen Mitarbeiterentsendungen. Am Versetzungsort ansässige Mitgliedsfirmen des Netzwerks bieten gegenseitig für Partnerinnen oder Partner von beruflich versetzten Mitarbeitern Arbeitsmöglichkeiten vor Ort an.

Gerade für kleine und mittlere Unternehmen (KMU) bieten Kooperationen und Netzwerke auf dem Feld des Personalmanagements neue Perspektiven, die von diesen geprüft werden sollten. In der Region Soltau-Fallingbostel existiert eine Interessengemeinschaft mit dem Namen *Job-Forum-Nord*. Mit diesem *Job-Forum-Nord* wird ein virtueller interner bzw. privater Arbeitsmarkt geschaffen. Die beteiligten Unternehmen veröffentlichen in einem geschlossenem Internet nicht nur ihre offenen Stellen, sondern bieten auch Ihre freien Personalkapazitäten an. Damit können z. B. bei anderen Betrieben zeitlich begrenzte Arbeitsausfälle oder Produktionsspitzen kompensiert werden.[29] In eine ähnliche Richtung geht das Projekt *PERFLEX*. Dort haben sich sieben KMU aus dem Elektronikbereich zusammengeschlossen, um Formen und Strategien überbetrieblicher Personalflexibilisierung zu untersuchen.[30] Nur durch solche oder ähnliche Kooperationen erhöhen KMU ihre Chancen, langfristig als Wettbewerber um Fachkräfte auf einem immer enger werdenden Arbeitsmarkt gegenüber den großen Konzernen bestehen können.

Transfergesellschaften

Wenn unternehmensinterne Arbeitsmärkte in konjunkturell schwierigen Zeiten nicht mehr in der Lage sind, Arbeitsplatzverluste aufzufangen, kann es zu Personalabbau kommen. In diesem Zusammenhang können Transfergesellschaften ein kooperatives Instrument für die Lösung des Personalabbaus sein. Erfolgsentscheidend für die Transfergesellschaften ist ein angemessenes Verhältnis von Aufwand und Ertrag. Dabei ist das Unternehmen an einer kalkulierbaren und kostengünstigen Rückführung des Personals interessiert. Der Arbeitnehmer möchte eine Perspektive für die Zeit nach dem Arbeitsplatzverlust. Diese beiden Ziele müssen zusammengeführt werden. Im optimalen Fall sind die Transfergesellschaften bei richtiger Planung und Durchführung ein geeignetes Mittel zur Vermeidung von individueller

29 Vgl. Pressemitteilung von AF-Personalpartner vom 1. 11. 2002.

30 Vgl. *Döhl*, Strategien überbetrieblicher Personalflexibilisierung, Bielefeld 2002.

Arbeitslosigkeit. Arbeitsmarktpolitisch sind jedoch nur solche Modelle vertretbar, die zu einer schnellen Reintegration in den ersten Arbeitsmarkt führen.

3.5 Fazit

Unternehmensinterne Arbeitsmärkte werden in Zukunft stärker an Bedeutung gewinnen. Standardisierte Rezepte oder gar gesetzliche Regulierungen bilden keine tragfähigen Lösungsansätze für das Funktionieren interner Arbeitsmärkte, die sehr unterschiedlich ausgeprägt sein können. Individuelle unternehmensbezogene Konzepte liefern dagegen einen problemadäquaten Beitrag. Um unternehmensinterne Arbeitsmärkte effizient zu gestalten, kommt dem Personalmanagement die entscheidende Rolle zu.

Die betriebliche Personalpolitik und insbesondere die Personalentwicklung und Personaleinsatzplanung werden zu strategischen Erfolgsfaktoren. Ihre professionelle Ausgestaltung wird in Zukunft nicht nur die Effizienz von unternehmensinternen Arbeitsmärkten sondern damit auch langfristig die Wettbewerbsfähigkeit der Unternehmen maßgeblich beeinflussen. Transaktions- und Verwaltungskosten der Personalabteilungen können durch technisch unterstützte Effizienzsteigerungen gesenkt werden. Diese eingesparten Ressourcen können für die Professionalisierung von Personalentwicklung und strategischer Personalarbeit genutzt werden.

Dabei kommt einer vorausschauenden Personalpolitik vor dem Hintergrund der demografischen Veränderungen und dem Prinzip des lebensbegleitenden Lernens eine Schlüsselrolle zu. Der Schlüssel liegt in der Professionalisierung des Personalmanagements, der Personalentwicklung und dem optimalen Personaleinsatz. Unternehmen, besonders kleine und mittlere Unternehmen, werden sich in Zukunft überlegen müssen, wo für sie Kooperationen und Netzwerke im Personalbereich sinnvoll und zielführend sind. Überbetriebliche Personalentwicklung, private Arbeitsmärkte und auch Transfergesellschaften können in diesem Zusammenhang geeignete Instrumente für einen kooperativen Weg in der Personalpolitik sein.

Literaturhinweise

Bensel, N. (Hrsg.): Von der Industrie- zur Dienstleistungsgesellschaft. Herausforderungen an die Personalarbeit eines internationalen Dienstleistungsunternehmens, Frankfurt am Main 2001.

Chambers E. G. et. al.: The War For Talent, in: The McKinsey Quarterly, 1998.

Döhl, V.: Strategien überbetrieblicher Personalflexibilisierung, Bielefeld 2002.

Eichhorst, W./Thode, E.: Strategien gegen den Fachkräftemangel. Internationaler Vergleich, Gütersloh 2002.

Hartz, P.: Das atmende Unternehmen. Jeder Arbeitsplatz hat einen Kunden, Wolfsburg 1996.

Herrwig, I.: Personalentwicklung und unternehmensinterner Arbeitsmarkt, in: Oechsler (Hrsg.): Leitfaden systematisches Beschäftigungs-Management. Hilfestellung für ein modernes Personalmanagement, Gütersloh 2001.

Kleinhenz, G. D.: Zum Wandel der Organisationsbedingungen von Arbeit – Eine Einführung, 1998.

Mangold, K.: Strategien für internationale Dienstleistungsunternehmen, in: Von der Industrie- zur Dienstleistungsgesellschaft, Frankfurt am Main 2001.

Oechsler, W. A.: Personal und Arbeit. Einführung in die Personalwirtschaft, München 1994.

Scholz, C.: Personalmanagement, München 1994.

Wollert, A.: Führen, Verantworten, Werte schaffen. Personalmanagement für eine Neue Zeit, Frankfurt am Main 2001.

Wunderer, R./Dick, P.: Ein Blick in die Zukunft, in: Personalwirtschaft 27 (8/2000).

Quellenhinweise

Bundesverband Zeitarbeit Personal-Dienstleistungen e. V.

Pressemitteilung vom AF-Personalpartner vom 1. 11. 2002

4. Vision eines internen Arbeitsmarktes als Instrument unternehmerischer Beschäftigungspolitik

(Prof. Dr. Walter A. Oechsler, Universität Mannheim)

4.1 Interner Arbeitsmarkt, Wettbewerb um Humankapital und nachhaltige Beschäftigung

Prozesse des Wandels in der politischen, wirtschaftlichen und kulturellen Umwelt stellen Unternehmen hinsichtlich ihrer strategischen Positionierung vor immer neue Herausforderungen. So haben als Einflüsse aus der Umwelt vor allem die zunehmende Liberalisierung des Welthandels, der damit verbundene globale Wettbewerb und auch der gesellschaftliche Wertewandel dazu geführt, dass Unternehmen eine konsistente Gestaltung von Strategie, Struktur und Human Resource Management benötigen. Dies bedeutet, dass das Produkt-Markt-Konzept mit strategieadäquaten Strukturen und den humanen Ressourcen abgestimmt werden muss. Bei dieser Abstimmung kommt dem Human Resource Management mit Blick auf die Entwicklung zur Wissensgesellschaft immer mehr Bedeutung zu.

Integration von Strategie, Struktur und Human Resource Management[31]

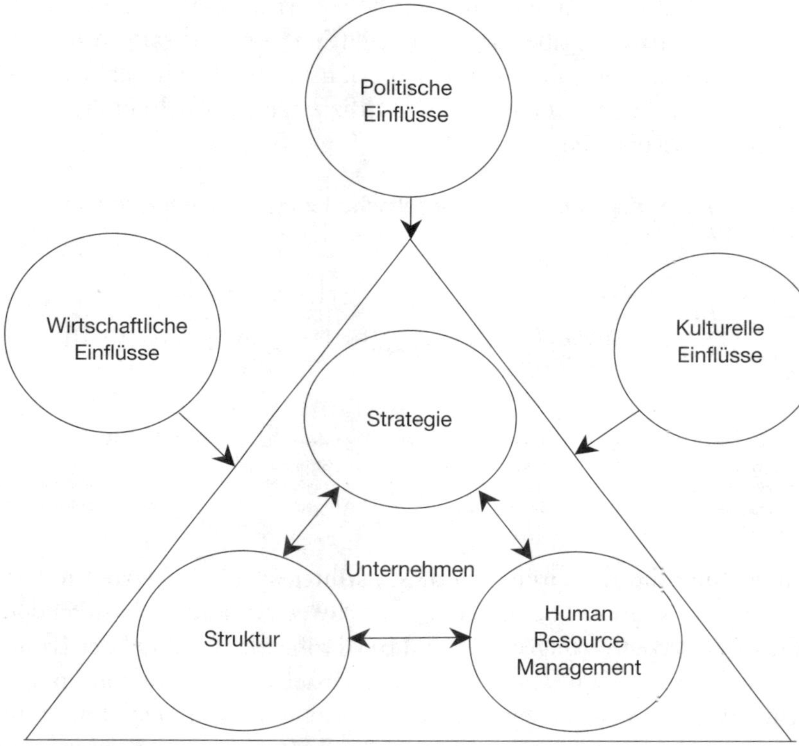

Mit der Informationstechnologie als neuer Schlüsseltechnologie und dem Aufkommen der sog. Wissensgesellschaft hat sich ein strategischer und struktureller Wandel vollzogen, der ganz neue Anforderungen an das Human Resource Management stellt. Dieser Wandel von der stabilen Industriegesellschaft in die flexible Informations- bzw. Wissensgesellschaft wird auch weiterhin andauern.

Die bis in die 80er Jahre dominierende Konstellation der stabilen Industriegesellschaft bestand tendenziell aus der Strategie der einförmigen Massenproduktion, verbunden mit einer arbeitsteiligen Produktion und stabilen Beschäftigungsverhältnissen. Weltmarktfähigkeit setzt heute jedoch die Strategie der flexiblen Spezialisierung in Verbindung mit teamorientierten Strukturen voraus. Diese Veränderungen in der Ausgestaltung von Strategie und Struktur bedingen ein neues Ver-

31 Vgl. *Liebel/Oechsler*, 1994, S. 7.

ständnis von Beschäftigung und Qualifikation. In der stabilen Industriegesellschaft waren aufgrund der hohen Arbeitsteilung tendenziell niedrig qualifizierte, aber stabil beschäftigte Arbeitskräfte erforderlich. Bei der Strategie der flexiblen Spezialisierung lassen sich Wettbewerbsvorteile nur mit einer hoch qualifizierten, flexibel einsetzbaren Belegschaft realisieren.

Wandel von der stabilen Industriegesellschaft zur flexiblen Informationsgesellschaft[32]

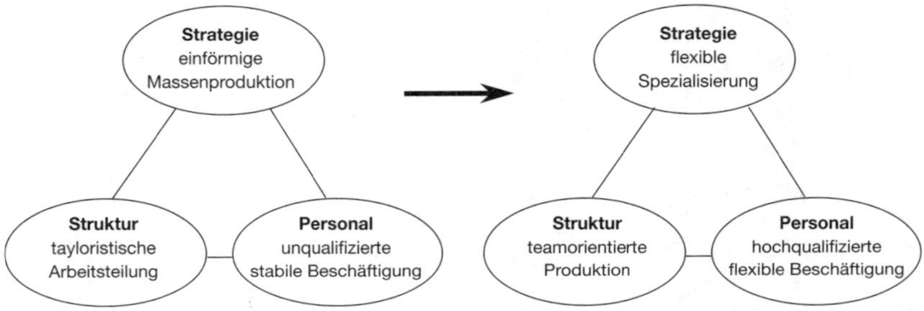

Zurzeit sind die Auswirkungen dieses strategischen und strukturellen Wandels zu spüren. Die »alten«, auf Schwertechnologie basierenden Industrien setzen vermehrt Personal frei, wobei der Großteil der Langzeitarbeitslosen eben aus niedrig qualifizierten Arbeitnehmern besteht. Weiterhin ist es bislang noch nicht gelungen, Flexibilität in den neuen dienstleistungsorientierten Beschäftigungsformen so zu etablieren, dass im »atmenden Unternehmen«[33] nachhaltige Beschäftigung möglich wird.

Gleichzeitig verändert sich jedoch das Angebot gerade an hoch qualifizierten Arbeitskräften wie beispielsweise an Facharbeitern oder IT-Fachleuten. Vor allem die demographische Entwicklung wird für die zukünftige Verknappung des Arbeitskräfteangebots in den für die Informationsgesellschaft bedeutsamen Bereichen verantwortlich gemacht. Die Unternehmen werden in Zukunft stärker darauf angewiesen sein, sich nicht nur als Anbieter von Produkten und Dienstleistungen, sondern auch als Arbeitgeber von der Konkurrenz abzuheben, um hoch qualifizierte Arbeitnehmer für das Unternehmen akquirieren und binden zu können. Vor dem Hintergrund dieser Entwicklungen spielt

32 Vgl. *Oechsler*, 2000a, S. 234.

33 Vgl. zum Begriff des atmenden Unternehmens grundlegend *Hartz*, 1996.

die Attraktivität des internen Arbeitsmarktes als Wettbewerbsfaktor eine zentrale Rolle.

Um diese beiden Herausforderungen der nachhaltigen Beschäftigung und des Wettbewerbs um Humankapital zentriert sich die Vision eines internen Arbeitsmarktes für eine systematische Beschäftigungspolitik.

4.2 System des Human Resource Management als Erfolgsfaktor des internen Arbeitsmarktes

Das System des Human Resource Management bezieht sich zum einen auf die gerade dargestellte strategische Einbindung von Personal und Beschäftigung und zum anderen auf die Unterstützung der Leistungsprozesse durch Instrumente des Human Resource Management. Mit Blick auf die operative, auf den Leistungsprozess bezogene Orientierung ist ein rudimentärer Kreislauf von Instrumenten des Human Resource Management (HRM) erforderlich.

Kreislauf der Human Resource Instrumente[34]

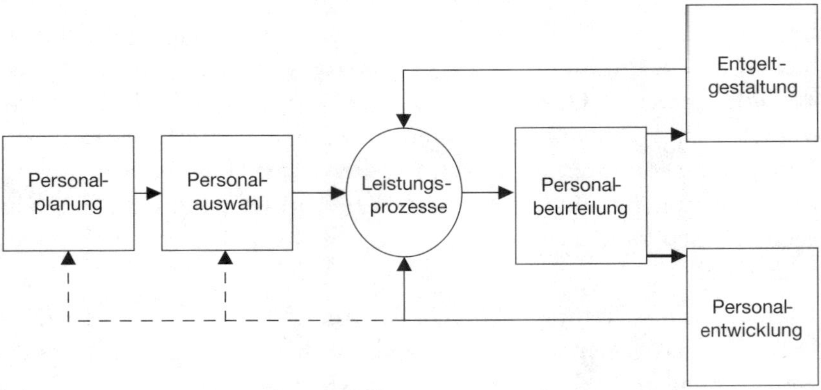

Bezogen auf die Ausgestaltung des internen Arbeitsmarktes müssen integrativ alle Instrumente des HRM auf die strategieorientierte Akquisition und Bindung von Mitarbeiterkompetenzen ausgerichtet werden. Der interne Arbeitsmarkt wird somit neben dem externen Ar-

34 Vgl. *Oechsler*, 2000a, S. 24.

beitsmarkt zum Handlungsfeld eines strategischen Human Resource Management.[35]

Im Gegensatz zum externen Arbeitsmarkt mit seinen unternehmensrelevanten Segmenten,[36] dessen Steuerung über gesetzliche Vorschriften (z. B. Sozialgesetzbuch III Arbeitsförderung, Kündigungsschutzgesetz) und teilweise über den Angebots-Nachfrage-Mechanismus erfolgt, wird im internen Arbeitsmarkt vor allem die Allokation und die Entlohnung von Arbeit durch rechtliche Regelungssysteme gesteuert.[37] Der Übergang von externer zu interner Regulierung von Arbeit wird damit erklärt, dass aufgrund unternehmensspezifischer Technologien spezielle Qualifikationen im Arbeitsprozess erworben werden, die einen Austausch von Arbeitskräften über den externen Markt nicht rentabel erscheinen lassen.[38] Aus transaktionskostentheoretischer Sicht resultieren aus der Substitution des Marktmechanismus durch Integration ins Unternehmen Effizienzsteigerungen, da die Steuerung über die Hierarchie als effizienteste Lösung der mit Arbeitsverhältnissen verbundenen Regulierungsprobleme gesehen wird.[39] Allerdings wird dieses Direktionsrecht des Arbeitgebers mit Blick auf die sozialverträgliche Ausgestaltung durch Mitwirkungsrechte der Arbeitnehmervertreter begrenzt. Die Tendenz zur Schaffung interner Arbeitsmärkte wird mit dem betrieblichen Interesse an einer autonomen Steuerung der Produktionsprozesse erklärt, wobei Aufbau und Pflege der erforderlichen Qualifikationen von Arbeitnehmern hierfür eine Voraussetzung bilden.[40] Der interne Arbeitsmarkt stellt somit eine Verlagerung von externen Marktprozessen in die Unternehmenssphäre dar, wobei die Begründungen für diesen Prozess in den verschiedenen theoretischen Modellen überwiegend humankapitaltheoretisch angelegt sind.[41]

Hieraus ergibt sich für das Human Resource Management als zentrale Frage, wie das gegenwärtig und in Zukunft benötigte Personal mit den entsprechenden Qualifikationen bereitgestellt und die vorhandenen Po-

35 Vgl. *Wiskemann*, 2000, S. 120.

36 Vgl. *Scherm*, 1990, S. 14 ff.

37 Vgl. grundlegend *Doeringer/Piore*, 1971; ferner *Sengenberger*, 1987, S. 55 ff.; *Osterman*, 1987, S. 46 ff.

38 Vgl. *Doeringer/Piore*, 1971, S. 13 ff.

39 Vgl. *Alewell*, 1993, S. 21 ff.; *Balzer*, 1987, S. 188 ff.

40 Vgl. *Lutz/Sengenberger*, 1974.

41 Vgl. *Keller*, 1981, S. 7.

tenziale mit Blick auf das Erreichen der strategischen Ziele des Unternehmens aktiviert, erhalten und weiterentwickelt werden können. Dabei wird auch deutlich, dass die externe Arbeitsmarktsituation nicht vernachlässigt werden darf, da diese die Schwerpunkte der Ausgestaltung der Instrumente des internen Arbeitsmarktes beeinflusst. So kommt in Zeiten einer angespannten Arbeitsmarktsituation den Instrumenten der Mitarbeiterakquisition und -bindung größere Bedeutung zu als in Zeiten hoher Arbeitslosigkeit, in denen Instrumente zur Flexibilisierung des Personalbestandes im Zentrum des Interesses stehen.

Die einzelnen personalwirtschaftlichen Teilfunktionen bilden dabei im Sinne eines strategischen Human Resource Management die Gestaltungsfelder des internen Arbeitsmarktes. In diesem Zusammenhang sind Hindernisse für die Nichtnutzung von humanen Erfolgspotenzialen, z. B. mit Hilfe der Instrumente der **Personalplanung**, zu eruieren und entsprechende Maßnahmen in den jeweiligen personalpolitischen Teilfunktionen zu ergreifen, um die Effektivität und Attraktivität des internen Arbeitsmarktes zu erhöhen. Die Personalplanung stellt die Verbindung der auf zentraler Ebene stattfindenden Integration von Strategie, Struktur und Human Resource Management mit den dezentralen Leistungsprozessen dar. Durch die Personalplanung ergibt sich die Chance, die Ausgestaltung des Produkt-Markt-Konzeptes aus der Sicht der humanen Ressourcen so zu beeinflussen, dass die vorhandenen Kernkompetenzen zum Ausgangspunkt der Strategiebildung werden. Damit wäre sichergestellt, dass strategische Vorhaben auf vorhandenen Kompetenzen der humanen Ressourcen fußen.

Im Rahmen der **Personalauswahl** werden die Rekrutierungsinstrumente auf die Anforderungen der Leistungsprozesse und auf die in Zukunft benötigten Schlüsselqualifikationen sowie die Erwartungen potenzieller Arbeitnehmer ausgerichtet. Im Zuge der Entwicklungen zur Informationsgesellschaft und der damit einhergehenden Veränderung der Arbeitsorganisation werden Qualifikationen wie z. B. Team- und Lernfähigkeit sowie Kreativität immer bedeutender.[42] Diesen veränderten Anforderungen muss bei der Gestaltung der Auswahlinstrumente Rechnung getragen werden, um eine mit den zur Realisierung der Unternehmensziele benötigten Qualifikationen ausgestattete Belegschaft aufzubauen. Bei der Rekrutierung vom externen Arbeits-

42 Vgl. *Oechsler*, 1999, S. 10.

markt müssen die Bedürfnisse potenzieller Arbeitskräfte und die Konkurrenzsituation beispielsweise bei der Prozessgeschwindigkeit oder der Auswahlinstrumente berücksichtigt werden. Für kurzfristige Spitzenbedarfe und insbesondere für Tätigkeiten, die kein betriebsspezifisches Know-how erfordern, wird inzwischen verstärkt das Angebot externer Dienstleister wie z. B. Zeitarbeitsunternehmen in Anspruch genommen. Die so entstehenden Randbelegschaften können heute schon durch das Ausnutzen von befristeten Beschäftigungsverhältnissen, Werkverträgen oder Zeitarbeit als flexible Ergänzung der Kernbelegschaft fungieren, die ohne den Verlust von betriebsspezifischem Know-how an die jeweilige Beschäftigungssituation angepasst werden kann. Die bereits zu erkennende Segmentierung der Belegschaft ist eine Folge des Flexibilisierungsdrucks und wird sich auch weiterhin als Herausforderung stellen. Durch die genannten flexiblen Formen der Beschäftigung ergibt sich auch die Möglichkeit, niedriger qualifizierte Arbeitnehmer und solche mit speziellen Motivationen (z. B. für Teilzeitarbeit) zu beschäftigen.

Die Ausgestaltung der **Leistungsprozesse** bietet eine Reihe von Ansatzpunkten, den internen Arbeitsmarkt gerade mit Blick auf intrinsische Motivationslagen attraktiv zu machen. Bei Leistungsprozessen werden statische Ordnungsvorstellungen von Stellen und deren Bewertungen überwunden und stehen Verfahrensherrschaft über Prozesse und teamorientierte Zusammenarbeit im Vordergrund. Ganzheitliche Arbeitsstrukturierung, Zusammenarbeit und gegenseitige Unterstützung werden dann ebenso zu kritischen Erfolgsfaktoren des Prozesses wie die erstellte und verwertete Leistung. Auch die Rahmenbedingungen der Leistungsprozesse werden immer stärker flexibilisiert. So haben mit Blick auf die Arbeitszeit flexible Modelle zu einer wirtschaftlichen Kapazitätsnutzung geführt. Inzwischen sind diese Modelle soweit verfeinert worden, dass über Zeit- und Geldwertkonten auch innerbetriebliche Märkte möglich werden, die gleichzeitig den Flexibilitätsinteressen des Unternehmens und der Beschäftigten dienen.[43]

Der Personaleinsatz im Leistungsprozess erfolgt über transparente Führungsmodelle. So sind in der Praxis vor allem Zielvereinbarungssysteme verbreitet, die als Führungsmittel und zur Personalbeurteilung dienen.[44] Über derartige Systeme lässt sich Transparenz über Leis-

43 Vgl. *Oechsler/Reichmann/Mitlacher*, 2003, S. 103.

44 Vgl. *Breisig*, 2001, S. 15 und S. 25.

tungserwartungen herstellen und eine Grundlage für die Leistungsbeurteilung schaffen. Für die Vereinbarung von Zielen sind Mitarbeitergespräche erforderlich, die Transparenz im Führungsprozess herstellen und insbesondere der Besprechung der Beurteilung und der daraus zu ziehenden Konsequenzen z. B. hinsichtlich der Vergabe von Leistungszulagen oder Maßnahmen der Personalentwicklung dienen.

Die Forderung nach der Beschaffung und Erhaltung von Kernkompetenzen setzt die rechtzeitige Diagnose der Beiträge und die Erfassung des Potenzials der Arbeitnehmer im Hinblick auf das Erreichen der strategischen Ziele voraus. Hieraus ergibt sich für die Personalentwicklung, dass gezielte Entwicklungsmaßnahmen durchgeführt werden müssen, die sich neben operativ notwendigen Qualifizierungsmaßnahmen auch auf die Vermittlung von strategisch wichtigen Schlüsselqualifikationen richten sollten. Die Ausgestaltung der Personalentwicklung hat dabei neben unternehmerischen Interessen die aus den unterschiedlichen Lebenslagen resultierenden Interessen von Arbeitnehmern zu berücksichtigen. Der Erhalt bestehender und die Entwicklung neuer Kompetenzen, die auf dem internen und externen Arbeitsmarkt honoriert werden, steht hierbei im Sinne einer »employability« (Beschäftigungsfähigkeit) im Vordergrund. Das systematisch an Mitarbeiterbedürfnissen (z. B. Schlüsselqualifikationen) und Unternehmenszielen (z. B. fachliche Weiterbildung) ausgerichtete Angebot solcher Fort- und Weiterbildungsmaßnahmen erhöht die Attraktivität des Unternehmens am externen, aber auch am internen Arbeitsmarkt und leistet einen wichtigen Beitrag im Hinblick auf die Personalbeschaffung und -erhaltung. Die im Rahmen der Personalentwicklung traditionell im Vordergrund stehende Laufbahnentwicklung hat im Zuge von flachen Hierarchien Modifikationen erfahren. Der Aufstieg im internen Arbeitsmarkt spielt zwar immer noch eine große Rolle, doch gewinnen aufgrund flacher Hierarchien neben Führungs- und Fachkarrieren Projektlaufbahnen und horizontale (oft internationale) Mobilität an Bedeutung.

Die Gestaltung der **Anreiz- und Entgeltsysteme** dient ebenfalls der Sicherung und Akquisition der benötigten Qualifikationen.[45] Tendenziell enthalten Entgeltsysteme neben fixen zunehmend variable Bestandteile, die sowohl von der individuellen als auch von der Leistung

45 Vgl. auch *Devanna/Fombrun/Tichy*, 1984, S. 44.

der organisatorischen Einheiten (beispielsweise Geschäftsbereiche, Gesamtunternehmen) abhängig sind. Hierbei steht die Entwicklung von Anreizkomponenten im Mittelpunkt, die Erfolgsfaktoren bei den Leistungsprozessen des Unternehmens als Grundlage für die Bemessung von Belohnungen betonen.[46] In diesem Zusammenhang sind für die erfolgsabhängige Entlohnung operative Indikatoren der Leistungsprozesse und Zielgrößen, z. B. in Form von strategischen Meilensteinen, zu identifizieren und in Zielvereinbarungen zu operationalisieren. So können Ziele zur Veränderung der Qualifikationsstruktur oder zur Einführung neuer Produktionsverfahren, aber auch Marktanteils-, Rendite- oder Umsatzziele vereinbart werden.[47] Auf diese Weise können individuelle Leistungen oder Teamleistungen honoriert werden. Die Kopplung variabler Entgeltbestandteile an die individuelle Leistung soll die Motivation und die Bereitschaft zum Qualifikationsaufbau fördern. Die Bezugsgröße muss dabei so flexibel sein, dass eine Anpassung an situative Erfordernisse ermöglicht wird.[48] Dies kann die Ermittlung wechselnder situations- und zielabhängiger Leistungskriterien erfordern. Die Leistungskriterien können z. B. in Form von erwarteten Leistungsstandards fixiert werden, wodurch auch die Rolle der Führungskraft als Prozessverantwortlicher gefördert wird.[49] Durch einen Zuschnitt der verschiedenen Entgeltkomponenten auf die individuellen Bedürfnisse und Präferenzen der Arbeitnehmer kann die Motivationswirkung erhöht und die Mitarbeiterbindung verstärkt werden. Die Eröffnung von Wahlmöglichkeiten, z. B. in Form von Cafeteria-Systemen,[50] trägt darüber hinaus sowohl Lebenslagen und Bedürfnisstrukturen einzelner Arbeitnehmer als auch Veränderungen im Zeitablauf Rechnung und erhöht die Attraktivität des internen Arbeitsmarktes.

Erfolgsabhängige Entgeltkomponenten haben den beschäftigungspolitischen Vorteil, dass sie in gewissen Grenzen eine Anpassung an Konjunktur- und Auftragsschwankungen ohne Personalbestandsänderungen ermöglichen.[51] Sie verschaffen dem Unternehmen Raum zum

46 Vgl. *Oechsler/Wiskemann*, 1998, S. 237 ff.
47 Vgl. *Becker*, 1991, S. 291 ff.
48 Vgl. *Marr/Kötting*, 1993, S. 224.
49 Vgl. *Vaanholt*, 1997, S. 40.
50 Vgl. zu Cafeteriasystemen im Allgemeinen *Langemeyer*, 1999; *Wagner/Grawert/Langemeyer*, 1993.
51 Vgl. *Franz* et al., 2000, S. 4.

»Atmen«, um Beschäftigung nachhaltig zu sichern. Um dem »Ultima Ratio-Prinzip« gerecht zu werden, sind weiterhin Maßnahmen der Personalanpassung der Personalfreisetzung vorzuschalten. In diesem Zusammenhang spielt die Belegschaftsstruktur eine wichtige Rolle. Neben der Kernbelegschaft lassen sich zur Vermeidung von Entlassungen temporär interne Stellenpools aufbauen, die nach wechselnder Bedarfslage intern eingesetzt werden können.[52] Die hierdurch zu erreichende Beschäftigungskontinuität der gesamten Belegschaft trägt zusätzlich zur Steigerung der Attraktivität des internen Arbeitsmarktes bei. Gleichzeitig werden durch eine attraktive Ausgestaltung des internen Arbeitsmarktes Anreize für die Stellenpools und auch Randsegmente gesetzt, durch Qualifizierung eine Übernahme in die Kernbelegschaft zu erreichen.

Die administrative Abwicklung der dargestellten personalwirtschaftlichen Teilfunktionen erfolgt zunehmend kostensparend durch den Einsatz von Informationstechnologie. Dies reicht von Online-Bewerbungen über die Bewerbungsadministration bis zu Self Service Systemen bei der Personalentwicklung.

4.3 Handlungsspielräume im rechtlichen Regelungsrahmen zur Gestaltung des internen Arbeitsmarktes

Entscheidungen über die Ausgestaltung des internen Arbeitsmarktes bzw. der genannten personalwirtschaftlichen Teilfunktionen und Instrumente finden innerhalb eines arbeitsrechtlichen Regelungsrahmens statt, der durch mehrere Regelungsebenen charakterisiert ist. Das deutsche System der Arbeitgeber-Arbeitnehmer-Beziehungen ist dabei durch eine relativ große Regelungsdichte auf den zentralen Ebenen in Form von Gesetzen und Tarifbestimmungen und auf dezentralen Ebenen durch Mitwirkungsrechte des Betriebsrats gekennzeichnet. Die Zentralisierungstendenz, die speziell durch den Tarifvorbehalt bei wesentlichen Mitbestimmungsrechten des Betriebsrats festzustellen ist,

52 Im Bankensektor wurde dies z. B. durch die Gründung interner Zeitarbeitsfirmen realisiert. Vgl. hierzu *Schenck*, 2002, S. 129 ff.; *Böhler/Landherr/Riedmaier*, 2000, S. 70 ff.

erschwert für tarifgebundene Unternehmen eine attraktive Gestaltung des internen Arbeitsmarktes.[53] Das System der Arbeitgeber-Arbeitnehmer-Beziehungen engt damit den Handlungsspielraum des Human Resource Management ein. So gelten z. B. für die Personalbeurteilung, die ein wesentliches Führungsinstrument darstellt, zunächst tarifvertragliche Bestimmungen. Nur wenn tarifvertragliche Öffnungsklauseln existieren, können diese Sachverhalte über eine Betriebsvereinbarung betriebsnah geregelt werden.[54] Problematisch sind dabei vor allem schematisch geregelte Verfahren der Leistungsbeurteilung, wie sie z. B. im Bereich der Metallindustrie anzutreffen sind.[55] Weiterhin wird auch die Gestaltung der Anreiz- und Entgeltsysteme maßgeblich von tariflichen Vorgaben und Bestimmungen beeinflusst.[56] Für einen tarifgebundenen Arbeitgeber gelten die Vorschriften des Tarifvertrages insofern zwingend, als von ihnen nicht abgewichen werden darf, selbst wenn diese Abweichung auch für den Arbeitnehmer günstiger wäre. Abweichungen zu Gunsten des Arbeitnehmers sind nur möglich, wenn der Tarifvertrag sie durch eine Öffnungsklausel ausdrücklich gestattet, wobei die Abweichungen sowohl zugunsten der Arbeitsvertragsparteien als auch der Betriebspartner ermöglicht werden können.[57] Dies verdeutlicht, dass bei der Gestaltung von Anreiz- und Entgeltsystemen relativ enge Spielräume für die Vereinbarung betriebsspezifischer Lösungen vorhanden sind.[58] Speziell mit Blick auf die Personalakquisition und -bindung ist eine Ausrichtung des Anreiz- und Entgeltsystems an den betriebsspezifischen Gegebenheiten und den Präferenzen der Mitarbeiter aber unerlässlich.

Diese Beispiele machen deutlich, dass zunächst beim Zusammenwirken von Tarif- und Betriebsebene Reformbedarf besteht, um betriebliche Lösungen zu ermöglichen. Die bisherige Praxis der Tarifvertragsebene ist dadurch gekennzeichnet, dass für eine Branche in bestimmten Tarifbezirken Pilotabschlüsse getroffen werden, die in den übrigen Tarifbezirken übernommen werden.[59] Hierdurch entstehen ergebnisorientierte und starre Flächentarifverträge, die kaum Flexibilität für

53 Vgl. *Oechsler*, 2000b, S. 503.
54 Vgl. *Löwisch/Rieble*, 1992, S. 270.
55 Vgl. *Oechsler*, 2000b, S. 501.
56 Vgl. *Oechsler*, 2001, S. 2; ferner *Reichmann*, 2002, S. 89.
57 Vgl. *Löwisch*, 2000, S. 91; *Löwisch/Rieble*, 1992, S. 270.
58 Vgl. *Wiskemann*, 2000, S. 55.
59 Vgl. exemplarisch *Schnabel*, 2000.

betriebliche Lösungen zulassen.[60] Hinzu kommt, dass jeder Regelungsinhalt (z. B. über Entgelt, Arbeitszeit oder Urlaub) in getrennten Tarifverträgen geregelt wird.[61]

Mit Blick auf die erforderliche Flexibilität auf betrieblicher Ebene kommt es darauf an, die Tarifvertragsebene prozessorientiert auszugestalten und innovativ mit der Betriebsebene zu verbinden.[62]

Eine mögliche visionäre Lösung könnte in Anlehnung an die Regelungen zum Europäischen Betriebsrat gestaltet werden. Auf der Tarifebene wird ein Standardmodell vereinbart, das tariflich Entgelthöhe, Arbeitszeit und weitere Arbeitsbedingungen regelt. Die Betriebsparteien können jedoch über eine Verhandlungslösung ein äquivalentes Modell zur Gestaltung des internen Arbeitsmarktes vereinbaren. In diesem Modell kann der unternehmensspezifischen Situation Rechnung getragen werden, indem Entgelthöhen in bestimmten Grenzen mit der Arbeitszeit oder mit Qualifizierungsmaßnahmen variiert werden können. Dies würde es dann erlauben, z. B. in Krisenunternehmen Entgelterhöhungen durch Arbeitszeitverkürzungen oder Qualifizierungsmaßnahmen auszugleichen. Tariflich können Bandbreiten für die Substituierbarkeit der einzelnen Komponenten vereinbart werden. Falls die Betriebsparteien zu keiner Verhandlungslösung finden, gilt für sie das tariflich vereinbarte Standardmodell. Derartige Handlungsspielräume sind erforderlich, um interne Arbeitsmärkte attraktiv ausgestalten und als Wettbewerbsfaktor einsetzen zu können. Dadurch wäre der Verbandstarifvertrag wieder ein attraktives Regelungsinstrument und wäre die zu beobachtende Tarifflucht einzudämmen.

Die Mitbestimmung auf Unternehmensebene (Montanmitbestimmungsgesetz 1951, Mitbestimmungsgesetz 1976) bietet bereits Regelungen, um über den Arbeitsdirektor als gleichberechtigtem Vorstandsmitglied eine Integration der humanen Ressourcen in die Unternehmensstrategie zu erreichen.

Zur Steigerung der Attraktivität und zur Pflege des internen Arbeitsmarktes können im Sinne der im Rahmen der visionären Tarifpolitik möglichen Menülösungen differenzierte Vereinbarungen auf Betriebsebene geschlossen werden, die auch der Betriebsverfassung neue Kontu-

60 Vgl. *Oechsler*, 1998a, S. 696.

61 Vgl. *Oechsler*, 2000b, S. 503.

62 Vgl. *Oechsler*, 1998a, S. 696/697; *Oechsler*, 1998b, S. 477.

ren verleihen.[63] Eine systematische betriebliche Beschäftigungspolitik[64] ist nur über eine langfristige Gestaltung des internen Arbeitsmarktes möglich und erfordert zwingend eine Personalplanung. Diese könnte nach einheitlichen Grundsätzen ausgestaltet werden[65] und würde für Arbeitgeber und Betriebsrat die Grundlage für die künftige Beschäftigungspolitik darstellen. Darauf aufbauend sind bei positiven Personalbestandsänderungen Vereinbarungen über Auswahlrichtlinien erforderlich.[66] Hierdurch kann eine qualitätsgesicherte Personalauswahl sichergestellt werden. Zum anderen könnten Vereinbarungen über die Mitbestimmung in sozialen Angelegenheiten und innerbetriebliche Mobilität durch obligatorische innerbetriebliche Stellenausschreibungen getroffen werden.[67] Als Folge könnten beispielsweise die derzeit bestehenden Partizipationsrechte des Betriebsrats bei personellen Einzelmaßnahmen[68] entfallen, da eine personelle Einzelmaßnahme aufgrund der bestehenden Vereinbarungen bei Unterlassen der innerbetrieblichen Ausschreibung oder Verletzung der Auswahlrichtlinie ohnehin unzulässig wäre.

Die gegenwärtig gültige Betriebsverfassung legt den Schwerpunkt ihrer Regelungen entlang des Leistungserstellungsprozesses sowie auf die Schutzregelungen im Falle der Personalfreisetzung. In einer Wissensgesellschaft mit prozessgesteuerter Fertigung, erweiterter Verantwortung der Arbeitnehmer bei der Optimierung der Leistungsprozesse sowie bei Dienstleistungsprozessen verliert diese Orientierung zunehmend an Bedeutung. Indem der Schwerpunkt der Regelungen auf die Begründung von Beschäftigungsverhältnissen gelegt wird, könnten betriebsspezifische Vereinbarungen zur Gestaltung des internen Arbeitsmarktes, die der Branche, dem Wettbewerb und der Unternehmensgröße gerecht werden, erleichtert werden.[69] Als Folge könnten die Schutzbestimmungen im Rahmen der Personalfreisetzung gelockert werden. Bei dieser neuen Konstruktionslogik verlagert sich der Schwerpunkt der Betrachtung, so dass die Personalplanung zur Basis der Gestaltung des internen Arbeitsmarktes wird.[70]

63 Vgl. *Oechsler*, 1999, S. 82.

64 Vgl. *Bertelsmann Stiftung*, 1999, S. 27.

65 Vgl. *Beck*, 2002, S. 45 ff.

66 Vgl. die Abbildung auf Seite 81.

67 Vgl. *Oechsler*, 1998a, S. 699.

68 Vgl. § 99 BetrVG.

69 Vgl. *Oechsler*, 2000b, S. 503.

70 Vgl. *Wiskemann*, 2000, S. 337, *Beck*, 2002, S. 215 ff.

Vereinbarungen zur Gestaltung des internen Arbeitsmarktes

Während bisher der Arbeitgeber bei der Begründung von Beschäftigungsverhältnissen kaum in die Pflicht genommen wurde, wird bei der neuen Konstruktionslogik das Aufstellen von und die Auseinandersetzung mit Beschäftigungsplänen obligatorisch.[71] Hierdurch werden personalpolitische Handlungsspielräume für die Gestaltung des internen Arbeitsmarktes eröffnet. Die auf Tradition beruhende Verhandlungskultur im Rahmen sozialpartnerschaftlicher Kooperation in Verbindung mit neuen Handlungsspielräumen auf dezentraler Ebene ermöglichen eine zeitgemäße Ausgestaltung eines internen Arbeitsmarktes.

4.4 Vision einer systematischen Beschäftigungspolitik

Die Veränderungen in der Unternehmensumwelt spiegeln sich in einem neuen Verständnis von Beschäftigung und Qualifikation. Der aus der strategischen Orientierung von Unternehmen in einer globalen Wissensgesellschaft resultierende Flexibilisierungsbedarf hinsichtlich der Beschäftigung erfordert eine strategieadäquate Ausgestaltung der Instrumente des Human Resource-Kreislaufs. Kernpunkte der Gestaltung des internen Arbeitmarktes zum Erreichen einer systematischen Beschäftigungspolitik sind die Personalplanung, die Leistungsprozesse sowie die Entgeltsysteme und die Personalentwicklung.

Mit einer obligatorischen Personalplanung wird primär an langfristiger Beschäftigung sowie Aufbau und Erhalt von Qualifikationen ge-

71 Vgl. *Oechsler*, 1998a, S. 699.

arbeitet. Diese Aktivitäten werden mit Blick auf die Leistungsprozesse durch operative Maßnahmen wie Arbeitszeitmodelle, Stellenpools oder Arbeitnehmerüberlassung zur kurzfristigen Überbrückung von Beschäftigungsschwankungen ergänzt. Schlüsselvariable eines systematischen Beschäftigungsmanagement sind flexible Entgeltsysteme. Aufbauend auf einem fixen Grundentgelt werden variable erfolgs- und leistungsabhängige Entgeltbestandteile gewährt, die ein friktionsloses Anpassen an konjunkturelle wirtschaftliche Entwicklungen erlauben, ohne Personalfreisetzungen vornehmen zu müssen. Schließlich kommt der Personalentwicklung nicht nur die Aufgabe der Schließung kurzfristiger Qualifikationslücken, sondern der Aufbau langfristig (strategisch) benötigter Qualifikationen zu. Mit diesen Schlüsselvariablen der Gestaltung des internen Arbeitsmarktes lässt sich eine systematische Beschäftigungspolitik erreichen, die auf Nachhaltigkeit von Beschäftigung ausgerichtet ist.

Eine solche systematische Beschäftigungspolitik erfordert allerdings auch eine Fortentwicklung des arbeitsrechtlichen Regelungsrahmens, der im Wesentlichen aus der stabilen Industriegesellschaft stammt. Voraussetzung für unternehmensspezifische flexible Regelungen ist eine innovative Zuordnung von Tarif- und Betriebsebene, bei der allerdings kollektiver Arbeitnehmerschutz nicht auf der Strecke bleiben darf. Der Abschluss von betriebsspezifischen Vereinbarungen über den internen Arbeitsmarkt innerhalb tarifvertraglich festgelegter Bandbreiten stellt eine solche innovative Verbindung dar. Hierdurch wäre eine betriebsspezifische Ausgestaltung des internen Arbeitsmarktes unter Wahrung kollektiven Arbeitnehmerschutzes sichergestellt. Im Rahmen der Betriebsverfassung würde der Schwerpunkt auf die Personalplanung und damit auf die Entwicklung von Beschäftigungsplänen gelegt werden und weniger auf die Personalfreisetzung. Im internen Arbeitsmarkt müssen zudem Handlungsspielräume für flexible Personalanpassungen geschaffen werden, um Personalfreisetzungen zu vermeiden. Sollten Personalfreisetzungen nicht zu vermeiden sein, hat vor allem die Rechtsprechung zum Kündigungsschutz zu einer Insider-Outsider-Hürde geführt, die hinderlich ist für eine systematische Beschäftigungspolitik. Ein derartig ausbalancierter arbeitsrechtlicher Regelungsrahmen würde eine neue Konstruktionslogik erhalten, die Arbeitnehmerschutz und Sozialpartnerschaft in ein neues System der Beschäftigung überführt, das Flexibilität für eine systematische Beschäftigungspolitik schafft.

Literaturhinweise

Alewell, D.: Interne Arbeitsmärkte. Eine informationsökonomische Analyse, Hamburg 1993.

Balzer, A.: Firmeninterne Arbeitsmärkte. Ein Erklärungsbeitrag aus Sicht der Neuen Institutionenökonomie, Frankfurt 1987.

Beck, M.: Grundsätze der Personalplanung. Ausrichtung der Betriebsverfassung am Strategischen Human Resource Management, Wiesbaden 2002.

Becker, F.: Strategische Anreizsysteme – Mitarbeiter zukunftsorientiert motivieren, in: Ackermann, K.-F., Scholz, H. (Hrsg.): Personalmanagement der 90er Jahre. Neue Entwicklungen – Neues Denken – Neue Strategien, Stuttgart 1991, S 279-299.

Bertelsmann Stiftung (Hrsg.): Systematisches Beschäftigungsmanagement in der Praxis, Gütersloh 1999.

Böhler, R./Landherr, B./Riedmaier, M.: Banken im Wandel, in: Personalwirtschaft, 11/ 2000, S. 70-74.

Breisig, T.: Entlohnen und Führen mit Zielvereinbarungen, 2., überarb. und erw. Aufl., Frankfurt am Main 2001.

Devanna, M.A./Fombrun, C.J./Tichy, N. M.: A Framework for Strategic Human Resource Management, in: Fombrun, C.J., Tichy, N.M., Devanna, M.A. (Hrsg.): Strategic Human Resource Management, New York 1984, S. 33–51.

Doeringer, P./Piore, M.: Internal Labor Markets and Manpower Analysis, Lexington 1971.

Franz, W./Gutzeit, M./Lessner, J./Oechsler, W.A./Pfeiffer, F./Reichmann, L./Rieble, V./ Roll, J.: Flexibilisierung der Arbeitsentgelte und Beschäftigungseffekte. Ergebnisse einer Unternehmensbefragung, ZEW Dokumentation 00-09, Mannheim 2000.

Hartz, P.: Das atmende Unternehmen, Frankfurt/New York 1996.

Keller, B.: Interne Arbeitsmärkte und Arbeitsmarktstruktur, Tübingen 1981.

Langmeyer, H.: Das Cafeteria-Verfahren. Ein flexibles, individuelles Anreizsystem betrachtet aus entscheidungstheoretischer Sicht, München/Mering 1999.

Liebel, H.J./Oechsler, W.A.: Handbuch Human-Resource-Management, Wiesbaden 1994.

Löwisch, M.: Arbeitsrecht, 5. Aufl., Düsseldorf 2000.

Löwisch, M./Rieble, V.: Tarifvertragsgesetz, Kommentar, München 1992.

Lutz, B./Sengenberger, W.: Arbeitsmarktstruktur und öffentliche Arbeitsmarktpolitik, Göttingen 1974.

Marr, R./Kötting, M.: Flexibilisierung von Entgeltsystemen als Herausforderung für personalwirtschaftliche Forschung und Praxis, in: Weber, W. (Hrsg.), Entgeltsysteme. Lohn, Mitarbeiterbeteiligung und Zusatzleistungen, Stuttgart 1993, S. 213-232.

Oechsler, W.A.: Sozialpartnerschaftliche Kooperation in einem zeitgemäßen Arbeitsrecht, in: Clermont, A., Schmeisser, W. (Hrsg.): Betriebliche Personal- und Sozialpolitik, München 1998a, S. 693-701.

Oechsler, W.A.: Der Einfluß des Arbeitsrechts auf die Personalpolitik von Unternehmen – Rekonstruktion von Theoriefragmenten und alternativer Entwurf, in: Martin, A., Nienhüser, W. (Hrsg.): Personalpolitik, München und Mering 1998b, S. 466-482.

Oechsler, W.A.: Arbeitsrecht als Chance und Restriktion personalpolitischer Strategien, in: Elsik, W., Mayrhofer, W. (Hrsg.): Strategische Personalpolitik, München und Mering 1999, S. 69-86.

Oechsler, W.A.: Personal und Arbeit, 7. Aufl., München/Wien 2000a.
Oechsler, W.A.: Unternehmens- und Betriebsverfassung: Grundlage für die rechtlichen Rahmenbedingungen des Personalmanagements, in: Clermont, A., Schmeisser, W., Krimphove, D. (Hrsg.): Personalführung und Organisation, München 2000b, S. 495-504.
Oechsler, W.A.: Arbeitsrechtliche Hemmnisse für die Anreizwirkung flexibler Entgeltsysteme, ZEW Discussion-Paper 01-17, Mannheim 2001.
Oechsler, W.A./Reichmann, L./Mitlacher, L.: Flexibilisierung der Beschäftigung – Das VW-Modell »5000 mal 5000« als Ansatz zur Flexibilisierung von Arbeitsbedingungen in Deutschland?, in: Die Betriebswirtschaft, Heft 1/2003, S. 93-107.
Oechsler, W.A./Wiskemann, G.: Entlohnungsmodelle der Zukunft. Entwicklungstendenzen im Bereich der Entgeltgestaltung, in: Wirtschaftspolitische Blätter, H. 2-3/1998, S. 237-244.
Osterman, P.: Choice of Employment Systems in Internal Labor Markets, in: Industrial Relations, 1/1987, S. 46-67.
Reichmann, L.: Entgeltflexibilisierung: betriebswirtschaftliche und rechtliche Möglichkeiten an Beispielen der IT-Branche, Köln 2002.
Schenck, U.: Flexibilisierung betrieblicher Arbeitsmärkte, München und Mering 2002.
Scherm, E.: Unternehmerische Arbeitsmarktforschung, München 1990.
Schnabel, C.: Tarifautonomie und Tarifpolitik, Köln 2000.
Sengenberger, W.: Struktur und Funktionsweise von Arbeitsmärkten. Die Bundesrepublik im internationalen Vergleich, Frankfurt/New York 1987.
Vaanholt, S.: Human Resource Management in der öffentlichen Verwaltung, Wiesbaden 1997.
Wagner, D./Grawert, A./Langemeyer, H.: Cafeteria-Modelle: Möglichkeiten von Individualisierung und Flexibilisierung von Entgeltsystemen für Führungskräfte, Stuttgart/Zürich 1993.
Wiskemann, G.: Strategisches Human Resource Management und Arbeitsmarkt, Baden-Baden 2000.

5. Betriebsinterne Arbeitsmärkte: Ein Auslaufmodell angesichts vielfältiger, flexibler und nicht-standardisierter Erwerbsformen?

(Holger Alda und Dr. Lutz Bellmann, Institut für Arbeitsmarkt- und Berufsforschung, Nürnberg)

5.1 Normalarbeitsverhältnisse als Charakteristikum interner Arbeitsmärkte

Betriebsinterne Arbeitsmärkte sind für ihre Existenz bzw. Entstehung auch an bestimmte Normierungsgrundlagen gebunden, für die in der wissenschaftlichen und öffentlichen Diskussion der letzten 15 Jahre häufig der Begriff des Normalarbeitsverhältnisses (NAV) verwendet wird. Wie weit sich diese Beschäftigungsverhältnisse und bestimmende Normen gelockert haben und neue Beschäftigungsformen an Gewicht gewinnen, wird in der Arbeitsmarktforschung intensiv diskutiert. Veränderungen auf der Nachfrageseite des Arbeitsmarktes haben auch die »Typologie der Arbeit« gewandelt. Angesichts der (neuen?) Vielfalt an Beschäftigungsformen fällt es dabei zunehmend schwerer, eine Definition der »normalen« Erwerbsarbeit vorzunehmen. Mit Normalarbeitsverhältnis ist ein Denkkonstrukt gemeint, dass ungefähr ab Mitte der 80er-Jahre auftauchte.[72]

Es basiert auf einem auf Dauerhaftigkeit angelegten Arbeitsvertrag, einem festen an Vollzeitbeschäftigung orientierten Arbeitszeitmuster, einem tariflich normierten Lohn oder Gehalt, der Sozialversicherungspflicht sowie der persönlichen Abhängigkeit und Weisungsgebundenheit des Arbeitnehmers vom Arbeitgeber (*Walwei/Hoffmann*, 1998, 410).

Abweichungen davon werden häufig eher negativ attributiert (z. B. anormal, atypisch, irregulär oder peripher). Die Existenz und oftmals konstatierte quantitative Ausweitung dieser Arbeitsverhältnisse führt seit den 80er-Jahren zu erheblichen öffentlichen und politischen Kontroversen.

---

72 Zum Beispiel *Mückenberger, U.*, 1985.

Das Konstrukt des Normalarbeitsverhältnisses ist auch für das Verständnis der Existenz und des Aufbaus interner Arbeitsmärkte wichtig, wenn man die Kernbelegschaften als im Normalarbeitsverhältnis beschäftigt auffasst und hiervon abweichende Beschäftigungsverhältnisse den Randbelegschaften zurechnet. Die Vorstellung eines flexiblen Unternehmens mit Kern- und Randbelegschaften ist seit ungefähr zwei Jahrzehnten etabliert.[73] Für die Relevanz des Themas kann idealtypisch angenommen werden, dass Kernbelegschaften unbefristet in Vollzeit beschäftigt sind, Beschäftigungssicherheit genießen, Qualifizierungs- und Fortbildungsangebote erhalten und über eine Interessenvertretung verfügen. Eine periphere oder Randbelegschaft hingegen gewährleistet die erforderliche Flexibilität und Anpassung an schwankende Auslastung durch ein hohes Beschäftigungsrisiko in geringfügiger, befristeter oder saisonaler Beschäftigung, zum Teil in Form von Subkontrakten. Neuerdings kommen Scheinselbstständigkeit, Arbeitnehmerüberlassung, Zeit- oder Leiharbeit sowie Heim- und Telearbeit hinzu.

In den letzten zwanzig Jahren sind vielfältige und teilweise sich widersprechende arbeitsrechtliche Regulierungen vorgenommen worden, mit denen die o. g. atypischen Beschäftigungsverhältnisse zum Teil besser abgesichert, zum Teil aber erst als Alternative zum Normalarbeitsverhältnis möglich gemacht und zugelassen wurden. Der Meinungsstreit bezüglich der Effekte atypischer Erwerbsarbeit spiegelt sich also auch in der Gesetzgebung wider. Während seit Mitte der 80iger Jahre schrittweise Deregulierungen bei befristeten Arbeitsverträgen und Leiharbeit erfolgten, wurde der Einsatz geringfügig Beschäftigter und freier Mitarbeiter durch die Ausweitung der Sozialversicherungspflicht erschwert oder kostspieliger. In der Folge sehen einige bereits einen Niedergang des Normalarbeitsverhältnisses (u. a. die Zukunftskommission der Freistaaten Bayern und Sachsen) oder prophezeien im Extremfall sogar das Ende der Erwerbsarbeit überhaupt. Eine starke Zunahme atypischer Beschäftigungsverhältnisse könnte zu einer Erosion interner Arbeitsmärkte führen. Wir möchten daher in diesem Beitrag einige Entwicklungen bei typischen und atypischen Erwerbsformen skizzieren und ihre Auswirkungen auf die Existenz bzw. das Fortbestehen betriebsinterner Arbeitsmärkte diskutieren.

73 Zuerst: *Atkinson, J.*, 1985.

5.2 Teilzeitarbeit

Teilzeitbeschäftigung wird oft der atypischen Beschäftigung zugerechnet, obgleich sie häufig auf Dauer angelegt und tariflich normiert ist sowie der Sozialversicherungspflicht unterliegt, sich also zumindest in dieser Hinsicht nicht von Normalarbeitsverhältnissen unterscheidet. Prekär ist Teilzeitbeschäftigung häufig dann, wenn sie kein ausreichendes Einkommen sichert. Das ist vor allem bei so genannter geringfügiger Beschäftigung der Fall. Gerade diese hat in den letzten Jahren stark zugenommen, worauf im Folgenden noch eingegangen wird. Seit 1991 ist die Zahl der Teilzeitbeschäftigten um etwa 3,7 Millionen gewachsen[74] und lag im Jahr 2001 bei etwa 25,6% der Beschäftigten inklusive der geringfügig Beschäftigten. Ein Teil des Anstiegs der Teilzeitbeschäftigung ist auf die Zunahme dieser geringfügig Beschäftigten zurückzuführen, ein in etwa gleich großer Teil auf den Anstieg »regulärer« Teilzeitbeschäftigung. Diese letztgenannten Teilzeitbeschäftigten haben i.d.R. Zugang zum betriebsinternen Arbeitsmarkt, weil Sie fast ausschließlich in unbefristeten Arbeitsverhältnissen stehen (im Jahr 1985 war lediglich 1%, im Jahr 1998 2% aller in Teilzeit Arbeitenden befristet beschäftigt.[75]

5.3 Geringfügige Beschäftigung

Im Unterschied zu den »regulär« Teilzeitbeschäftigten gibt es für geringfügig Beschäftigte meist keinen Zugang zum internen Arbeitsmarkt. Je nach Datenquelle wird die Zahl geringfügiger Beschäftigungsverhältnisse in den 90er Jahren beispielsweise im Jahr 1997 zwischen 2,2 Millionen (Mikrozensus) und 5,6 Millionen (sozio-ökonomisches Panel des DIW Berlin) geschätzt.[76]

1999 wurde aufgrund der veränderten Meldeverfahren von der Bundesanstalt für Arbeit eine neue Statistik über geringfügig entlohnte Beschäftigte eingeführt. Dort werden geringfügig Beschäftigte erfasst, wenn sie keine weitere Tätigkeit ausüben (siehe hierzu Abbildung Seite 88).

74 Vgl. *Magvas, E./Spitznagel, E.*, 2002, S. 1.

75 Vgl. *Hoffmann, E./Walwei, U.*, 2000, S. 1.

76 Vgl. *Rudolph, H.*, 1998, S. 7.

Entwicklung geringfügiger Beschäftigung 1999–2001 (Angaben in Tsd.)

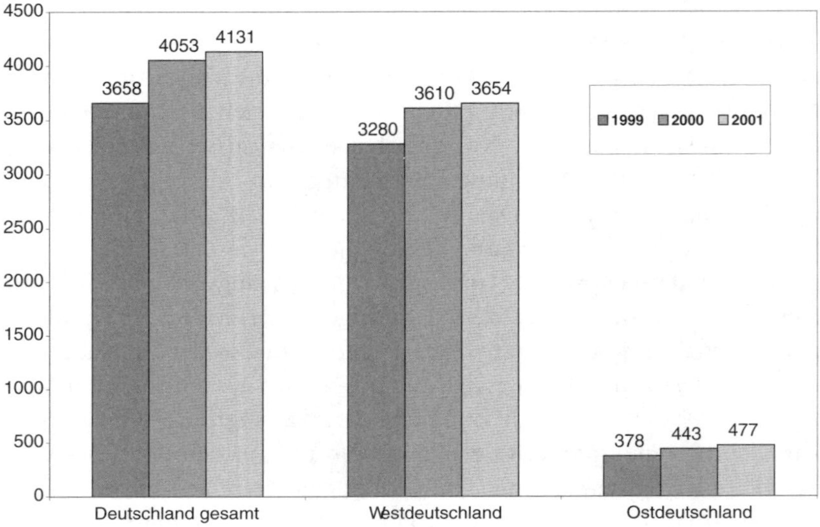

Quelle: Amtliche Nachrichten der Bundesanstalt für Arbeit 1999–2001, eigene Darstellung

Nach dieser Quelle ist es in beiden Landesteilen zu einem Anstieg geringfügig Beschäftigter gekommen, der in Ostdeutschland sogar relativ stärker ausfällt. Mehr als zwei von drei geringfügig Beschäftigten sind Frauen. Ungefähr die Hälfte aller derartig Beschäftigten sind älter als 55 Jahre, weitere knapp 35% unter 25 Jahren. Es sind also vor allem jüngere und ältere sowie meist weibliche Beschäftigte, die ein geringfügiges Beschäftigungsverhältnis haben. Geringfügige Beschäftigung ist ein Bereich des Arbeitsmarktes, der flexible Reaktionen der Arbeitsmarktakteure ermöglicht bzw. erzwingt. Andererseits sind dieser Flexibilität durch geringfügige Beschäftigung Grenzen gesetzt (z. B. wenn Arbeitgeber und Arbeitnehmer ein höheres Entgelt als 400 € vereinbaren möchten).

5.4 Befristet Beschäftigte

Zugangschancen zum internen Arbeitsmarkt gibt es in dieser Beschäftigtengruppe in unterschiedlichem Ausmaß. Für die Auszubildenden als eine erste Teilgruppe der befristet Beschäftigten sind betriebliche

Übernahmevereinbarungen oftmals tarifvertraglich fixiert, wenn auch teilweise wiederum nur befristet für einen bestimmten Zeitraum.[77] Dagegen dürfte den aufgrund von Arbeitsbeschaffungs- oder Strukturanpassungsmaßnahmen befristet Beschäftigten der Zugang zum betriebsinternen Arbeitsmarkt durchaus schwerer fallen. Insbesondere in Ostdeutschland macht diese Art der Befristung ungefähr die Hälfte aller befristeten Beschäftigungsverhältnisse aus.

Befristete Beschäftigung ist vor allem eine Erwerbsform der Jüngeren, in Teilzeit arbeitenden und im Dienstleistungssektor und der Landwirtschaft Beschäftigten. Auffällig ist der hohe Anteil an Befristungen im öffentlichen Sektor und den Organisationen ohne Erwerbscharakter, der eben zu einem großen Teil auf ABM-Befristungen o. Ä. zurückzuführen ist. Bei den Betriebsgrößen sind es vor allem Mittel- und Großbetriebe, die befristet Arbeitnehmer beschäftigen (z. B. haben ungefähr 6% aller Betriebe ab 100 Beschäftigte befristet Beschäftigte, bei kleinen Betrieben sind es nur ca. 2%). Generell bleibt für die genuinen Befristungen festzustellen, dass sich ihre Anteile an der Gesamtbeschäftigung im Verlauf der letzten knapp 20 Jahre nur wenig verändert haben. Im Westen lagen die Quoten ausgehend vom Jahr 1985 bei 5,4%, im Jahr 1999 waren es knapp über 7%.[78] Im Osten betrug der Anteil der befristet Beschäftigten ca. 12,5%, im Jahr 1999 ungefähr 13%. Zieht man jedoch den Anteil der Befristungen ab, die auf ABM o. Ä. beruhen, erhält man auch in Ostdeutschland Anteile in ähnlicher Höhe wie in Westdeutschland.

5.5 Leiharbeit

Leiharbeitsverhältnisse haben seit Aufnahme in die amtliche Statistik 1992 deutlich zugenommen. Waren 1992 noch rund 141 000 Leiharbeitnehmer beschäftigt, sind es im Jahr 2001 357 000 (also ein Zuwachs von etwa 150%). Es zeigt sich, dass seit der Liberalisierung des Arbeitnehmerüberlassungsgesetzes im Jahr 1997 wesentlich mehr Leiharbeitnehmer als vorher beschäftigt werden. Dennoch sollte die

77 Vgl. *Bellmann, L.*, 1998, S. 2

78 Bezogen auf alle Angestellten und Arbeiter; befristet Beschäftigte ohne Auszubildende. Mit Auszubildenden, die knapp 8% aller sozialversicherungspflichtig Beschäftigten ausmachen, erreicht der Befristetenanteil immerhin ca. 15% aller Beschäftigungsverhältnisse in Deutschland; vgl. auch *Rudolph, H.*, 2000, S. 4 f.

Entwicklung der Leiharbeit nicht überbewertet werden. Ihr Anteil an allen sozialversicherungspflichtigen Beschäftigungsverhältnissen lag 1992 bei 0,4%, im Jahr 2000 waren es 1,3%. Leiharbeit nimmt also deutlich zu, allerdings auf einem im Vergleich zu anderen Ländern niedrigen absoluten Niveau.

5.6 Übergänge von externen in interne Arbeitsmärkte

Um die Auswirkungen neuer und atypischer Beschäftigungsformen auf den internen Arbeitsmarkt zu untersuchen, muss man zunächst die Übergänge betrachten. Verhalten sich interner Arbeitsmarkt (für Beschäftigte mit Normalarbeitsverhältnis mit hoher Beschäftigungssicherheit) und atypische Beschäftigung komplementär zueinander? Schafft die atypische Beschäftigung die Flexibilität, die Voraussetzung stabiler Beschäftigung des internen Arbeitsmarktes ist? Oder eröffnet atypische Beschäftigung einen Zugang und Übergang in dauerhafte Beschäftigung? Für die Beurteilung atypischer Beschäftigungsverhältnisse spielt es eine wichtige Rolle, in welchem Umfang atypisch Beschäftigte Zugänge in dauerhafte Beschäftigungsverhältnisse erhalten. Atypische Beschäftigung kann durchaus in ein Normalarbeitsverhältnis übergehen. Beispielsweise zeigt die folgende Tabelle den Anteil befristet Beschäftigter und die Übernahme von befristeten in unbefristete Arbeitsverhältnisse in Abhängigkeit von der Betriebsgröße.

Anteil befristet Beschäftigter an der betrieblichen Gesamtbeschäftigung und Übernahmequoten aus befristeten Arbeitsverhältnissen in unbefristete in Deutschland nach Betriebsgröße im Jahr 2001

	West		Ost	
	Anteil	Übernahme*	Anteil	Übernahme*
1 bis 19 Beschäftigte	18,6%	76,9%	23,5%	67,9%
20 bis 99 Beschäftigte	13,6%	31,3%	9,7%	39,3%
100 bis 499 Beschäftigte	9,3%	23,5%	13,5%	14,2%
500 und mehr Beschäftigte	7,7%	13,8%	9,6%	8,1%
Insgesamt	**9,2%**	**22,1%**	**11,6**	**17,5%**

* Anteil der übernommenen an allen befristet Beschäftigten,
Quelle: IAB-Betriebspanel 2001.
(Basis: alle Betriebe mit befristet Beschäftigten ohne Auszubildende)

Einerseits lassen sich vor allem in Kleinbetrieben überdurchschnittlich hohe Befristungsanteile feststellen.[79] In den Kleinbetrieben sind aber andererseits auch die Übernahmequoten am höchsten. Während in ihnen mehr als zwei Drittel der befristet Beschäftigten in ein unbefristetes Beschäftigungsverhältnis übernommen werden, sind es in Großbetrieben mit mehr als 500 Beschäftigten weniger als 10%. Die Übernahme in ostdeutschen Betrieben ist geringer als in westdeutschen (außer bei Betrieben mit 20 bis 99 Beschäftigten). Gleichzeitig sind die Anteile an der Belegschaft in ostdeutschen Betrieben höher, was zumindest teilweise auf einen ABM-Effekt zurückgeführt werden kann. Insgesamt geht in Westdeutschland ungefähr jedes fünfte, in Ostdeutschland jedes sechste befristete Beschäftigungsverhältnis in ein unbefristetes über. Oftmals nutzen kleinere Betriebe Befristungen von Beschäftigungsverhältnissen für eine längere Erprobung neuer Mitarbeiter. Sie zögern damit den Eintritt des Kündigungsschutzes etwas hinaus. Größere Betriebe dagegen nutzen Befristungen auch anhaltend zur Aufrechterhaltung ihrer Flexibilität. Sie behalten einen hohen Anteil von Befristungen aufrecht. Gerade der Zugang zu den größeren betriebsinternen Arbeitsmärkten eröffnet sich also befristet Beschäftigten relativ selten.

5.7 Analyse betrieblicher Fluktuation

Der Wandel der Erwerbsformen und -konstellationen kommt durch Austauschprozesse unterschiedlichen qualitativen und quantitativen Ausmaßes zustande. Bisher haben wir die Entwicklung der Beschäftigungsverhältnisse anhand von Bestandszahlen analysiert. Weitere Erkenntnisse lassen sich aus der Analyse der (jährlich) neu begonnenen und beendeten Beschäftigungsverhältnisse ableiten. Die Analyse des betrieblichen Personalumschlags im Zeitverlauf ist interessant. Außerdem werden Indizien dafür geliefert, ob in Betrieben dauerhaft segmentierte »Beschäftigungszonen« entstehen können bzw. sich herausbilden. Dies würde die Beschäftigungsstabilität der »Insider« erhöhen, die der »Outsider« bzw. am »Rand« befindlichen Mitarbeiter tendenziell reduzieren.

79 Die hohen Anteile bei den Kleinstbetrieben sollten relativ vorsichtig interpretiert werden, da v. a. in den kleinsten Betrieben ein einzelner befristet Beschäftigter ein relativ hohes Gewicht bei der Anteilsbildung bekommt.

Auf die Diskussion der methodischen Probleme der Erfassung und Berechnung von so genannten Fluktuationsraten müssen wir aus Platzgründen verzichten. Die in der folgenden Abbildung ausgewiesenen Arbeitskräftefluktuationsraten (Labour-Turnover-Raten = LT-Raten) wurden mit Hilfe der Daten des IAB-Betriebspanels[80] berechnet. Die Ergebnisse zeigen, dass der betriebliche Stellenumschlag mit meist über 10% innerhalb eines Jahres erheblich ist. Eine klare Tendenz bei der zeitlichen Entwicklung ist aber nicht erkennbar.

Personalumschlag in deutschen Betrieben 1996 bis 2001 (Angaben in %)

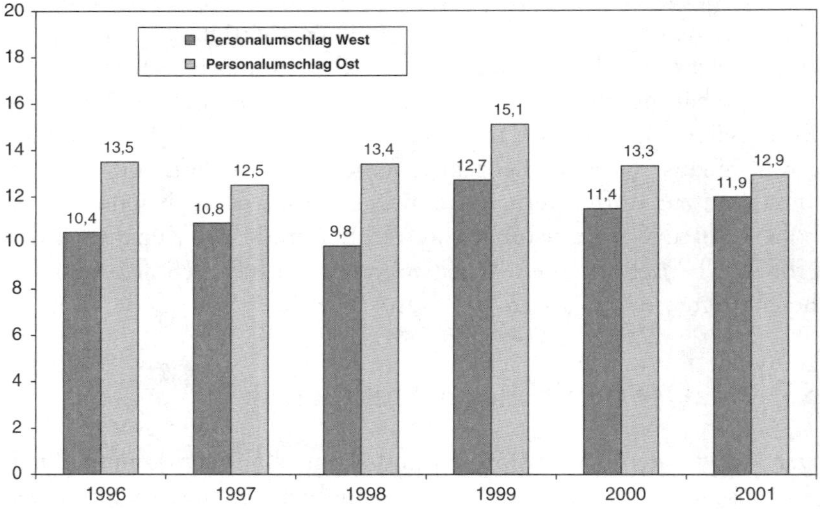

Quelle: IAB-Betriebspanel 1996 bis 2001.

In Westdeutschland ist das Niveau der LT-Rate niedriger als in Ostdeutschland. Weitere Analysen zeigen, dass der Stellenumschlag in kleineren Betrieben höher ist als in Großbetrieben; dies gilt für Ost und West gleichermaßen. Bei den Wirtschaftszweigen zeigt sich ein uneinheitliches Bild und der Stellenumschlag hat größere Spannweiten zwischen verschiedenen Branchen. Als Tendenz zeigt sich (über die Jahre), dass vor allem in der Landwirtschaft, der Produktionsgüterindustrie, dem Gastgewerbe, aber auch bei den persönlichen und unternehmensnahen Dienstleistungen ein überdurchschnittlich hoher

80 Vgl. *Bellmann, L.*, 2002.

Stellenumschlag stattfindet. Unabhängig von der Branche und Betriebsgröße ist der Stellenumschlag der 90er Jahre aber nicht wesentlich höher als der der 80er.[81]

Analysen mit Personendaten von *Knuth* (2002) kommen zu dem Ergebnis, dass die Stabilität der Beschäftigungsverhältnisse sogar zugenommen hat. Bei Betrachtung der Zeiträume 1976 bis 1980 und 1986 bis 1990 zeigen Kohortenanalysen, dass die Survivor-Raten (Rate der einen bestimmten Zeitraum überdauernden neuen Beschäftigungsverhältnisse) neuer Beschäftigungsverhältnisse in der zweiten Hälfte der 80er bzw. zu Beginn der 90er Jahre etwas höher waren als in der zweiten Hälfte der 70er Jahre. *Knuth* (2002) kommt zu dem Schluss, dass in seinem Untersuchungszeitraum 1976 bis 1995

»weder die allgemeine Arbeitsmarktmobilität zunimmt, noch die Stabilität der Beschäftigungsverhältnisse abnimmt. [...] Der Preis, den die Arbeitskräfte für relative Beschäftigungsstabilität zu zahlen haben, besteht in Verhaltensflexibilität, Arbeitsverdichtung und zunehmender Komplexität der Arbeit.« (2000, S. 8).

Betont wird aber auch, dass die Aussagen auf der Analyse von Beschäftigungsverhältnissen beruhen, nicht auf Personen. Dies kann gerade bei befristeten Arbeitsverhältnissen eine Rolle spielen, da in dieser Beschäftigtengruppe Betriebswechsel vergleichsweise häufig vorkommen.

5.8 Zusammenfassende Beurteilung

Die Vermutung, dass die Zunahme atypischer Beschäftigungsverhältnisse zu einer Stabilisierung der internen Arbeitsmärkte und gerade zu Beschäftigungssicherung und geringer Fluktuation der Beschäftigten in Normalarbeitsverhältnissen führt, ist nicht widerlegt. Eher bestätigt wird auch die These, dass die Arbeitnehmer in atypischen Beschäftigungsverhältnissen doppelt benachteiligt sind: schlechtere und unsichere Arbeitsverhältnisse sowie Ausschluss von Qualifizierung. In Kleinbetrieben eher als in Großbetrieben liefern die empirischen Ergebnisse Hinweise auf eine weitere Benachteiligung der atypisch Beschäftigten, nämlich den Ausschluss vom internen Arbeitsmarkt. Die Zahlen, zumindest in kleinen Betrieben, zeigen, dass atypische Be-

81 Vgl. *Cramer, U./Koller, M.*, 1988.

schäftigung sehr wohl als Einstieg für eine Erprobungsphase genutzt wird, evtl. als Umgehung eines Kündigungsschutzes in frühen Beschäftigungsphasen. In Großbetrieben scheinen die Zahlen eher zu belegen, dass befristete Beschäftigung weniger zur Umgehung des Kündigungsschutzes genutzt wird als dazu, dauerhaft Flexibilität für das Unternehmen zu gewährleisten und gleichzeitig in anderen Segmenten Humankapital zu sichern, indem die Abwanderung von (unbefristet beschäftigten) Fachkräften möglichst auch durch attraktive Arbeitsbedingungen vermieden wird. In diesen Großbetrieben wird also atypische Beschäftigung zumindest zum Teil dazu genutzt, die Beschäftigungssicherheit der so genannten Stamm- oder Kernbelegschaft zu gewährleisten und gleichzeitig die für das Unternehmen notwendige Flexibilität aufrechtzuerhalten.

Die Zusammenfassung der hier dargestellten Ergebnisse lässt im Großen und Ganzen den Schluss zu, dass sich atypische Beschäftigungsverhältnisse, die Beschäftigungsstabilität der Arbeitnehmer und der jährliche Personalumschlag bisher nicht in der manchmal prophezeiten dramatischen Weise verändert haben. Es spricht zurzeit wenig dafür, dass sich hieran in absehbarer Zukunft etwas *Wesentliches* verändern wird.

Es ergeben sich aber Folgen für die Funktionsweisen interner Arbeitsmärkte. Beispielsweise kann festgestellt werden, dass atypische Beschäftigungsformen wie Befristungen zu einem reduzierten betrieblichen Weiterbildungsangebot führen können.[82] Je höher der Befristungsanteil an der Belegschaft, umso weniger wahrscheinlich ist ein betriebliches Weiterbildungsangebot.[83] Leiharbeiter und geringfügig oder befristet Beschäftigte haben prinzipiell geringe Zugangschancen zu vorhandenen betrieblichen Weiterbildungsangeboten. Aus betrieblicher Sicht kann dies mittel- bis langfristig dazu führen, dass der betriebliche Personalbedarf nicht mehr gedeckt werden kann, wenn einzelne Gruppen von Beschäftigten von Bildungsmaßnahmen weitgehend ausgeschlossen werden. Auch in anderen Betrieben können solche freigesetzten Arbeitskräfte dann oft weniger gut zu einer nachhaltigen Deckung des Personalbedarfs beitragen.

82 *Leber, U.*, 2002.

83 *Leber, U.*, a.a.O.

Literaturhinweise

Atkinson, J.: Flexibility, Uncertainty and Manpower Management, IMS-Report No. 89, London 1985.

Bellmann, L.: Die erfolgreichen Betriebe übernehmen mehr Azubis, IAB-Materialien Heft 2, 1998.

Bellmann, L./Düll, H./Leber, U.: Zur Entwicklung der betrieblichen Weiterbildungsaktivitäten – Eine empirische Untersuchung mit Daten des IAB-Betriebspanels, in: Reinberg, A. (Hrsg.): Arbeitsmarktrelevante Aspekte der Bildungspolitik, Beiträge zur Arbeitsmarkt- und Berufsforschung, Band 245, Nürnberg 2001, S. 97-124.

Bellmann, L.: Das IAB-Betriebspanel: Konzeption und Anwendungsbereiche. In: Allgemeines Statistisches Archiv 86, 2002, S. 177-188.

Cramer, U./Koller, M.: Gewinne und Verluste von Arbeitsplätzen in Betrieben – der ›Job-Turnover-Ansatz‹, Mitteilungen aus der Arbeitsmarkt- und Berufsforschung Heft 3/1998, S. 70-80.

Franz, W.: Arbeitsmarktökonomik, 3. Auflage, Springer-Verlag, Berlin u. a. 1996.

Hoffmann, E./Walwei, U.: Normalarbeitsverhältnis: ein Auslaufmodell? Überlegungen zu einem Erklärungsmodell für den Wandel der Beschäftigungsformen, Mitteilungen aus der Arbeitsmarkt- und Berufsforschung, 31. Jg. , Heft 3/1998, S. 409-425.

Hoffmann, E./Walwei, U.: Erosion oder Renaissance der Normalarbeit, IAB-Kurzbericht 16, 2000.

Knuth, M.: »Nachhaltige Arbeitsgestaltung bei beständiger werdenden Beschäftigungsverhältnissen«, Kurzfassung des Trendreports Arbeitsmarkt, Gelsenkirchen 2002.

Kommission für Zukunftsfragen der Freistaaten Bayern und Sachsen: Erwerbstätigkeit und Arbeitslosigkeit in Deutschland. Entwicklung, Ursachen und Maßnahmen, Bonn 1996.

Leber, U.: Betriebliche Weiterbildung von Männern und Frauen, in: Engelbrech, G. (Hrsg.): Arbeitsmarktchancen für Frauen, Beiträge zur Arbeitsmarkt- und Berufsforschung, Band 258, Nürnberg 2002, S. 175-192.

Magvas, E./Spitznagel, E.: Teilzeitarbeit – Neues Gesetz bereits im ersten Jahr einvernehmlich umgesetzt, IAB-Kurzbericht Nr. 23, 2002.

Mückenberger, U.: Die Krise des Normalarbeitsverhältnisses – hat das Arbeitsrecht noch Zukunft? in: Zeitschrift für Sozialreform, Heft 7/1985, S. 415-434 und Heft 8, S. 457-475.

Rudolph, H.: Befristete Arbeitsverträge sind bald neu zu regeln, IAB-Kurzbericht Nr. 12, 2000.

Rudolph, H.: »Geringfügige Beschäftigung« mit steigender Tendenz – Erhebungskonzepte, Ergebnisse und Interpretationsprobleme der verfügbaren Datenquellen, IAB-Werkstattbericht Nr. 9, 1998.

Schettkat, R.: »Flows in labor markets: concepts and international comperative results« in: Schettkatt, R. (ed.): The flow analysis of labour markets«, London, Routledge 1996, pp. 14-36.

6. Aktives Beschäftigungsmanagement im Konzern: Vom personellen Umbau zur Personalservice-Agentur

(Dr. Heinz Klinkhammer, Deutsche Telekom AG)

Mit ihrem Wandel von der Bundesbehörde zum Global Player hat die Deutsche Telekom auch einen tief greifenden personellen Umbau vollzogen. Für diesen Umbau hat das Unternehmen Konzepte für ein aktives Beschäftigungsmanagement entwickelt und umgesetzt. Bislang hat das Beschäftigungsmanagement primär die interne Vermittlung von Personalüberhängen organisiert, jetzt öffnet sich die konzernweite Beschäftigungsplattform der Deutschen Telekom AG in Form einer eigenen Personalservice-Agentur (PSA) auch für den externen Arbeitsmarkt (siehe hierzu auch Seite 168 ff.).

Seit Beginn ihrer Privatisierung hat sich der Konzern Deutsche Telekom als interner Arbeitsvermittler für die Mitarbeiterinnen und Mitarbeiter engagiert. Dort, wo Personalreduzierungen nicht zu vermeiden und die Möglichkeiten eines sozialverträglichen Abbaus erschöpft waren, wurden spezielle Programme aufgelegt und innovative Instrumente eingesetzt, um den Beschäftigten im Konzern einen neuen Arbeitsplatz anbieten zu können. Bis zum Jahr 2002 wurde der Personalbestand der Deutschen Telekom AG so um rund 100 000 Stellen reduziert. Gut 76 000 Arbeitsplätze wurden sozialverträglich abgebaut, rund 23 000 Mitarbeiter konnten auf neue Stellen in den Tochtergesellschaften vermittelt werden. Dazu kamen rund 40 000 Einstellungen, vor allem von Nachwuchskräften.

Während der personelle Umbau des Konzerns zum Jahrtausendwechsel bereits weitgehend abgeschlossen war, rückten mit der Internationalisierung des Konzerns und der Divisionalisierung in die vier Säulen – T-Com, T-Mobile, T-Online und T-Systems – neue Ziele in den Fokus der Beschäftigungsstrategie. Es galt Maßnahmen zu entwickeln, die die Internationalisierung und Divisionalisierung auf Mitarbeiterebene unterstützen, die Qualifizierung der Mitarbeiter vorantreiben, mit attraktiven Konditionen hochqualifizierte Mitarbeiter an den Konzern binden und High Potentials für das Unternehmen gewinnen. Das Credo der Deutschen Telekom ist es, die richtige Frau/den richtigen

Mann mit der richtigen Qualifikation zur richtigen Zeit am richtigen Standort für den richtigen Job zu haben.

In der aktuellen Konsolidierungsphase kommt die Deutsche Telekom aufgrund der schlechten Wirtschaftslage zudem an einer erneuten Reduzierung ihrer Personalbedarfe nicht vorbei. Bis zum Jahr 2005 müssen die Personalbedarfe im Inland nochmals deutlich gesenkt werden. Das Problem: Mit den bisherigen Instrumenten eines sozialverträglichen Personalabbaus – Abfindungen, Vorruhestandsregelungen, Fluktuation und Nichtbesetzen offener Stellen – ist diese Größenordnung nicht zu bewältigen. Auch ein konzerninterner Personalausgleich ist nicht mehr im bisherigen Umfang möglich, weil die Aufnahmekapazitäten in vielen Bereichen erschöpft sind und wechselwillige und -fähige Beschäftigte bereits in der Vergangenheit intern zwischen den Divisionen gewechselt sind. Betriebsbedingte Kündigungen kommen aktuell in der Deutschen Telekom AG nicht in Betracht, weil nur ein Prozent der Belegschaft dort keinen besonderen Kündigungsschutz hat. Deshalb muss die Deutsche Telekom AG einen neuen Weg beschreiten, um die nicht intern vermittelbaren Personalüberhänge aufzufangen und nach Möglichkeit extern zu vermitteln. Sie hat deshalb in der Tarifrunde 2002 die Gründung einer Personalservice-Agentur (PSA) mit den Sozialpartnern vereinbart.

In der PSA werden die personellen Überhänge gebündelt und mit dem Ziel einer Beschäftigung innerhalb oder außerhalb des Konzerns qualifiziert. Die Personalservice-Agentur vermittelt die Beschäftigten in Projekt- oder Zeitarbeit und bietet sowohl konzerninternen als auch externen Arbeitgebern Anreize, die betroffenen Mitarbeiter dauerhaft weiter zu beschäftigen. Dabei wird eine enge Kooperation mit den Arbeitsämtern, Industrie- und Handelskammern, Zeitarbeitsfirmen und möglichen Arbeitgebern vor Ort angestrebt. Auf diese Weise setzt die Deutsche Telekom AG einen aktuellen Vorschlag der von der Bundesregierung berufenen Kommission »Moderne Dienstleistungen am Arbeitsmarkt« (sog. Hartz-Kommission) passgenau in die Praxis um – und das in einer Vorreiterrolle direkt im Unternehmen.

6.1 Der personelle Umbau des Konzerns

Mit Eintritt in den Wettbewerb hat sich die Deutsche Telekom von einem klassischen Telekommunikationsunternehmen zu einem integrierten TK- und IT-Anbieter entwickelt. Der Konzern musste dementsprechend ein völlig neues, anpassungsfähiges und nachhaltiges Personalmanagement einführen, um dauerhaft wettbewerbsfähig zu werden.

Der damit verbundene personelle Umbau war in dieser Form und Komplexität in Deutschland bislang einzigartig. Es galt zunächst, den ehemaligen Staatsbetrieb in den liberalisierten Telekommunikationsmarkt und an die Börse zu führen. Aus den 230 000 Beamten, Angestellten und Arbeitern im öffentlichen Dienst mussten kunden- und serviceorientierte Fach- und Führungskräfte werden, die sich gegen eine stark wachsende Konkurrenz am Markt behaupten konnten. Zudem konzentrierte sich der Konzern Deutsche Telekom bei seinem Umbau auf seine Kernkompetenzen und lagerte Bereiche außerhalb des Kerngeschäfts aus oder verkaufte sie. Mit neuen Tochtergesellschaften wurden gezielt Kompetenzen aufgebaut und Marktsegmente mit internationalen Wachstumsperspektiven erschlossen.

Diese Entwicklung erforderte einen forcierten, aber sozialverträglichen Personalabbau im Mutterunternehmen und ein kräftiges Beschäftigungswachstum in den neuen, boomenden Tochtergesellschaften. Die Hauptaufgabe des Beschäftigungsmanagements bestand deshalb darin, den Stellenabbau in der Muttergesellschaft und den Stellenaufbau bei Töchtern und Beteiligungen zu ermöglichen und zu organisieren – also für einen internen Personalausgleich zu sorgen.

Personalbewegungen im Konzern Deutsche Telekom 1994–2002

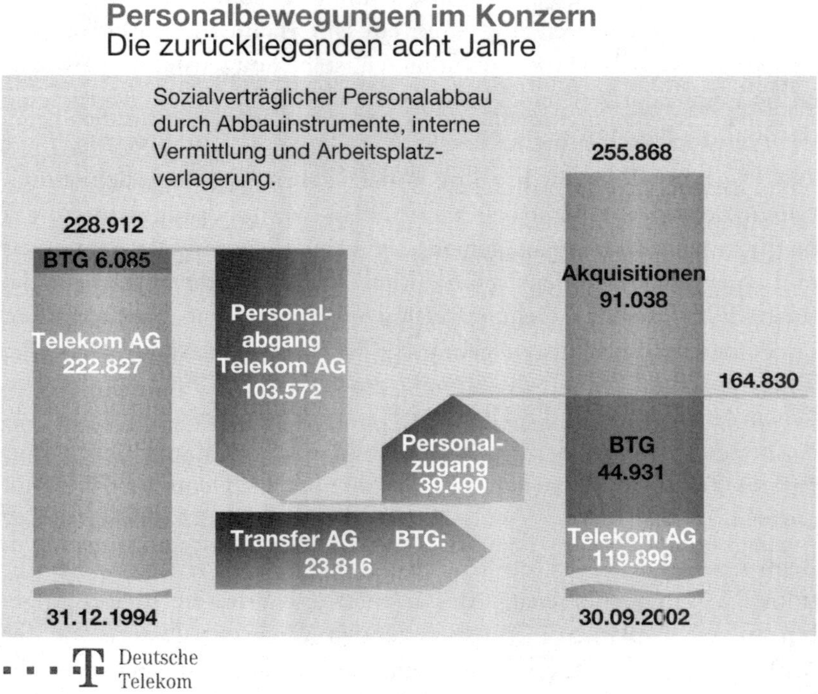

Das Ausmaß dieses Personalausgleichs belegen die Mitarbeiterzahlen: Anfang 1995 waren rund 223 000 Mitarbeiter des Konzerns in der Deutschen Telekom AG beschäftigt und nur ein geringer Teil in Beteiligungs- oder Tochtergesellschaften (rund 6000). Zum 30. 9. 2002 waren nur noch 120 000 Mitarbeiter in der AG selbst beschäftigt. Bei den überwiegend inländischen Tochter- und Beteiligungsgesellschaften stieg die Zahl der Mitarbeiter dagegen auf rund 45 000 an. Vor allem durch internationale Akquisitionen und Beteiligungserhöhungen kamen bislang rund 91 000 Beschäftigte zum Konzern Deutsche Telekom hinzu. Fast jeder Dritte der jetzt rund 255 000 Mitarbeiter im Konzern ist außerhalb Deutschlands beschäftigt. Um den Personalbestand zwischen Muttergesellschaft und Töchtern auszugleichen, wurden bis 2002 rund 24 000 Menschen von der Konzernmutter Deutsche Telekom AG zu den Tochtergesellschaften transferiert. Gleichzeitig war in den acht Jahren ein Personalzugang von rund 40 000 Mitarbeitern, vor allem durch die Übernahme eigener Auszubildender, zu verzeichnen.

Ein solcher Umbau ist nur möglich, wenn strategische, organisatorische und personalpolitische Maßnahmen Hand in Hand gehen. Nur durch diesen Dreiklang kann ein Unternehmen sich erfolgreich und langfristig am Markt positionieren, seine Spitzenstellung ausbauen und den heutigen und künftigen Beschäftigten des Konzerns eine nachhaltige Beschäftigung bieten.

Die Deutsche Telekom hat ihre Umstrukturierung vor allem durch Qualifizierung der Mitarbeiter in höhere Wertschöpfungsstufen, ein intelligentes Standortmanagement, die Flexibilisierung der Arbeitszeit und eine Mobilitätsoffensive bewältigt. Zudem wurde verstärkt in die Ausbildung investiert. Denn es zeichnete sich bereits ab, dass vor allem im IT-Bereich Spezialisten gebraucht würden, so dass die Deutsche Telekom darauf einen Schwerpunkt gesetzt hat. Im Feld der betrieblichen Ausbildung ist die Deutsche Telekom mittlerweile größter IT-Ausbilder und einer der größten Ausbilder Deutschlands überhaupt. Fast 11 000 junge Menschen wurden 2002 bei der Deutschen Telekom ausgebildet, der überwiegende Teil in IT-Berufen.

Beim Umbau des Telekom-Konzerns stand den Überhängen in traditionellen Aufgabenbereichen des Festnetzgeschäftes ein breites Angebot an Arbeitsplätzen in prosperierenden Wachstumsfeldern wie der Mobilkommunikation, den Onlinediensten und der Informationstechnologie gegenüber. Bis 2000 wurde qualifiziertes Personal gesucht. Es galt also, die Mitarbeiter für neue Aufgaben fachlich zu qualifizieren. Hinzu kam, dass die neuen Arbeitsplätze nicht immer am bisherigen Standort waren. Das verlangte von den Mitarbeitern ein hohes Maß an Flexibilität. Die Frage, die das Beschäftigungsmanagement deshalb zu beantworten hatte, war: Wie können die Beschäftigten dazu motiviert werden, sich fortzubilden und für den neuen Job umzuziehen? Die wichtigsten Antworten darauf waren die »Mobilitätsinitiative Telekom« (MIT) und eine konzernübergreifende regionalisierte Standortplanung.

Da der personelle Umbau des Konzerns und die Entwicklung notwendiger Qualifizierungsprogramme eine solide Planungsgrundlage benötigen, musste zunächst das bisherige System von 2400 Aufgabenträgernummern durch eine konzerneinheitliche Sprache ersetzt werden, um Vergleichbarkeit zwischen den Arbeitsplätzen der Konzernmutter und den Tochtergesellschaften herzustellen. Diese neue »Sprache« drückt sich in 77 Qualifikationsclustern aus, die nahezu 100% aller im Konzern benötigten Fertigkeiten und Fähigkeiten abbilden. Damit ist die Deutsche Telekom in der Lage, die Berufsbilder unabhängig von der jeweiligen Organisations- und Konzerneinheit zu vergleichen. Und damit können Personalüberhänge und -fehlbestände nach Qualifikationsclustern ausgewiesen werden. So kann der personelle Umbau noch stärker bedarfsgerecht gesteuert werden und man kann den Mitarbeitern rechtzeitig gezielte Qualifikationspfade aufzeigen sowie individuelle Entwicklungsmöglichkeiten bieten.

Um die Mobilität der Mitarbeiter zu fördern, hat die Deutsche Telekom im Jahr 1999 die »Mobilitätsinitiative Telekom« (MIT) gegründet. In regionalen Beratungsbüros konnten die Mitarbeiter sich informieren, Bewerbungen erstellen und nach geeigneten Stellen suchen. Zu den Hauptaufgaben der MIT zählten der professionelle Ausgleich von Mitarbeitern und freien Stellen, die kompetente Information und Beratung der Arbeitssuchenden, die Erhöhung der Wechselbereitschaft der Beschäftigten, die bessere Ermittlung des Umqualifizierungsbedarfs und ihre schnellere Umsetzung in konkrete Maßnahmen. Außerdem zählten die Entwicklung von durchgängigen Standortkonzepten und die Unterstützung der Niederlassungen beim personellen Umbau zu den Aufgaben der MIT.

Die »konzernübergreifende regionalisierte Standortplanung« war ein Handlungsfeld, das das Zusammenspiel aller Werkzeuge aus dem personalwirtschaftlichen Instrumentenkasten verdeutlicht. Diese Planung stand unter drei Prämissen:

»Arbeit zu den Menschen bringen«; »Ausgleich geht vor Abbau und Neueinstellungen«; »der Bestand muss dem Bedarf folgen«.

Aufgabe der konzernübergreifenden regionalisierten Standortplanung war es, durch intelligentes Standortmanagement neue, innovative und zukunftssichere Arbeitsplätze in Regionen zu verlagern, in denen Personalüberhänge bestehen. Diese Aufgabe haben der zentrale und der erweiterte Standortausschuss unter Einbeziehung der Sozialpartner gelöst. Beide Gremien haben z. B. Standortplatzierungen für Tochterunternehmen vorgenommen und übergreifende Personalkonzepte erarbeitet.

Ein weiteres Instrument war die Flexibilisierung der Arbeitszeit. Allgemein lässt sich ein Trend zu einer möglichst weitgehenden Flexibilisierung der Arbeitszeit feststellen. Damit soll die Zeitsouveränität des Mitarbeiters erhöht, aber auch die schnelle Anpassung der Arbeitszeit an den betrieblichen Bedarf erleichtert werden. Um diese Zielsetzungen zu erreichen, wurde bei der Deutschen Telekom der seit 1. 7. 2000 gültige Tarifvertrag zu Arbeitszeitkonten geschlossen. Arbeitszeitkonten wurden bei der Deutschen Telekom in allen Bereichen, sowohl bei starren Arbeitszeitregelungen über Dienstpläne als auch in Bereichen mit gleitender Arbeitszeit, eingerichtet. Die Verteilung der täglichen Arbeitszeit kann seitdem für einzelne Tage, Wochen oder Monate unterschiedlich erfolgen, z. B. um saisonale Arbeitsspitzen oder Arbeitstäler abzufangen. Abweichungen von der täglichen Arbeitszeit werden in Arbeitszeitkonten erfasst. Mehrleistungen werden nicht mehr mit Überzeitzuschlägen vergütet.

Zum Ende der Dekade konnte die Deutsche Telekom mit den beschriebenen Instrumenten die wesentlichen Herausforderungen, die im Rahmen der Privatisierung und Deregulierung an die Personalarbeit gestellt wurden, bewältigen: Durch die sozialverträgliche Gestaltung des Personalum- und -abbaus wurde die Arbeitsproduktivität an die Bedingungen der hart umkämpften Telekommunikationsmärkte angepasst und das Unternehmen für den Wettbewerb erfolgreich aufgestellt.

6.2 Die Neuausrichtung der Personalstrategie

Zum Jahrtausendwechsel wurde eine neue Phase im Beschäftigungsmanagement der Deutschen Telekom AG eingeläutet. Denn die Rahmenbedingungen für das Unternehmen hatten sich rasant verändert. Der Telekom-Konzern hat seine Unternehmensstrategie neu ausgerichtet und sich als integrierter und globaler Telekommunikations- und IT-Dienstleister aufgestellt. Die Deutsche Telekom hat ihre Geschäftsbereiche konsequent auf die globalen Wachstumsmärkte – die sog. TIMES-Märkte (Telecommunication, Information Technology und Internet, Multi Media und Mobile Commerce, Entertainment und E-Commerce, Systemsolutions und Security-Services) – ausgerichtet: T-Com, T-Systems, T-Mobile und T-Online sind die vier tragenden Säulen des Unternehmens.

Auf der Basis dieser 4-Divisionen-Strategie wurde ein grundlegender Umbau des Konzerns – eine Prozess- und Organisationsreform – in

Angriff genommen. Parallel dazu stieg die internationale Bedeutung des Konzerns. Der Konzern Deutsche Telekom ist inzwischen in über 65 Ländern rund um den Globus mit Tochterunternehmen, Beteiligungen, Joint Ventures und Repräsentanzen vertreten. Nach mehreren Unternehmenszukäufen stieg der Anteil der Mitarbeiter im Ausland in nur zwei Jahren von deutlich unter 10% auf rund ein Drittel an. Dementsprechend konnte das vom personellen Umbau dominierte Beschäftigungsmanagement der 90er Jahre so nicht fortbestehen.

In den Fokus rückten fünf personalstrategische Handlungsfelder:

- »Managing Diversity« – das Konzept zum Management der neuen organisatorischen, kulturellen und personellen Vielfalt im Konzern,
- »Recruitment, Rightsizing & Retention« – die divisionsspezifische Personalplanung und das konzernübergreifende Beschäftigungsmanagement,
- »Total Compensation« – die Optimierung der Barvergütungssysteme und Nebenleistungen sowie die Weiterentwicklung der Tarifpolitik bezüglich Entgelt, Arbeitszeit und Incentive-Systemen,
- »Managing Skills & Competences« – die Verstärkung von Personal- und Führungskräfteentwicklung,
- »Quality & Electronic-HRM« – die Maßnahmen zur Effizienz- und Qualitätssteigerung der Personalprozesse.

Das Beschäftigungsmanagement musste dabei einerseits nach konzernweiten Ansätzen suchen, andererseits aber die Besonderheiten der einzelnen Divisionen beispielsweise hinsichtlich der Struktur und Altersverteilung der Mitarbeiter berücksichtigen.

Mit dem Einbruch der New Economy und dem Kursrückgang der T-Aktie hat sich die positive und Erfolg versprechende Situation auf den TIMES-Märkten radikal verändert. Auch bei der Deutschen Telekom AG ist daher die Notwendigkeit zur Entschuldung und Konsolidierung des Unternehmens nunmehr in den Mittelpunkt der Strategie gerückt. Deshalb hat der Konzern das Programm »E^3« aufgelegt – Effizienzsteigerung, Ergebnisverbesserung und Entschuldung. Im Personalbereich werden die fünf strategischen Handlungsfelder gleichwohl weiter verfolgt, wenn aktuell auch Maßnahmen zur Kostenreduktion oberste Priorität haben. An »Rightsizing« – also einer Anpassung der Personalbedarfe – kommt das Unternehmen nicht vorbei.

Das Problem dabei ist, dass inzwischen die Möglichkeit der konzerninternen Vermittlung von Beschäftigten weitgehend weggebrochen ist. Ein Transfer von Mitarbeitern von der Muttergesellschaft zu den Säulen oder zwischen den Säulen ist kaum mehr möglich, weil in allen Bereichen die Kapazitäten ausgeschöpft sind. Zudem ist das Delta zwischen Anforderungs- und Eignungsprofilen bei noch zu besetzenden Stellen durch Qualifizierungsmaßnahmen nur schwer zu schließen. Betriebsbedingte Kündigungen kämen nur für einen verschwindend geringen Teil der Belegschaft in Frage: Rund 50% der Mitarbeiter sind Beamte und damit unkündbar, rund 30% der Mitarbeiter genießen einen dauerhaften Kündigungsschutz, der noch aus den Tarifverträgen des öffentlichen Dienstes nachwirkt, 19% haben einen befristeten Kündigungsschutz bis Ende 2004 und nur 1% leitende und außertarifliche Angestellte haben keinen besonderen Kündigungsschutz. Kündigungen würden zudem die Altersstruktur stark verschlechtern, wenn die jüngeren Mitarbeiter das Unternehmen verlassen müssten. Betrachtet man die Altersstruktur genauer, zeigt sich, dass auch Instrumente zum vorzeitigen Ausstieg aus dem Berufsleben nahezu ausgereizt sind: Nur 10% der Beschäftigten sind unter 30 Jahre alt, 88% sind zwischen 30 und 55 Jahre alt, 2% sind älter als 56 Jahre. Gründe für diese Altersstruktur sind neben der demografischen Entwicklung vor allem eine eher restriktive Einstellungspolitik bis Mitte der 90er Jahre sowie die bis dahin begrenzte Übernahme von Ausgebildeten.

Deshalb hat die Deutsche Telekom AG das Modell der »Personalservice-Agentur« (PSA) entwickelt. Da die Deutsche Telekom AG die anstehenden Personalbedarfsreduzierungen nicht allein mit den bisherigen Instrumenten sozialverträglich bewerkstelligen kann, baut sie mit der konzerneigenen PSA ihre Kompetenzen in der Arbeitsvermittlung weiter aus. Das Hauptziel, das die Deutsche Telekom AG mit ihrer Personalservice-Agentur verfolgt: In Zeiten, in denen Beschäftigungsabbau unvermeidbar ist, sollen möglichst viele Arbeitsplätze gesichert werden. Gleichzeitig wird mit der PSA der notwendige Personalabbau sozialverträglich gestaltet.

In der PSA werden alle bisherigen Personalanpassungsstrategien und Instrumente gebündelt. Die PSA qualifiziert die Mitarbeiter, die sonst im Konzern nicht mehr beschäftigt werden könnten, weiter und vermittelt sie in Zeitarbeit und dauerhafte Festanstellungen – innerhalb und außerhalb des Konzerns. Gleichzeitig schafft sie »Arbeitsmarkttransparenz« über die vier Konzernsäulen hinweg und erstellt eine Gesamtübersicht über neu zu besetzende und abzubauende Stellen. Mit einer Intranet-Stellenbörse wird ein elektronischer Marktplatz zur Optimierung und Beschleunigung der konzerninternen Vermittlung geschaffen.

Damit ist die PSA mehr als nur ein innovatives Instrument der Personalanpassung. Sie ist auch die konsequente Weiterführung des Beschäftigungsmanagements innerhalb des Konzerns Deutsche Telekom. Die PSA eröffnet dem Konzern einen internen und externen Arbeitsmarkt, der dem Unternehmen Spielraum für flexiblere Lösungen verschafft und den Mitarbeitern neue Perspektiven bietet.

Schnelles Handeln ist eine der Kernkompetenzen der PSA. Für die Mitarbeiter ist es von enormer Bedeutung, dass sie sofort etwas für ihre Zukunft tun können. Denn Arbeitslose sind häufig lange Zeit zum Nichtstun verdammt. Später sind sie dann oft nur noch schwer zu vermitteln. Deshalb sieht das Konzept der Telekom-PSA mehrere Stufen im Ablauf vor: Sie sucht intern und extern nach neuen Dauerarbeitsplätzen, fungiert – ebenfalls intern und extern – als Zeitarbeitsagentur und erarbeitet mit jedem Mitarbeiter ein persönliches Profil für die Suche nach einer neuen Beschäftigung.

Mit der PSA setzt die Deutsche Telekom AG in einer bundesweiten Vorreiterrolle die Leitmotive der Hartz-Kommission –

»Beschäftigung sichern«, »Einstellungshemmnisse abbauen«, »Weiterqualifizierung ermöglichen«

– passgenau und direkt im Unternehmen in die Praxis um. Was künftig bundesweit zur Belebung des Arbeitsmarktes dienen soll, wird bei der Deutschen Telekom AG bereits praktiziert. Seit dem 1. 10. 2002 arbeitet die PSA der Telekom als eigenständiger Betrieb der Dachgesellschaft. Den dazugehörigen »Tarifvertrag Rationalisierungsschutz und Beschäftigungssicherung« (TV Ratio) haben die Telekom und die Gewerkschaft ver.di zum 29. 6. 2002 abgeschlossen.

Der Erfolg der konzerneigenen PSA wird daran zu messen sein, in welchem Maße es gelingt, externe Arbeitsplatzangebote zu akquirieren und die Mitarbeiter in neue Jobs zu vermitteln. Dementsprechend hoch sind die Anforderungen, die an die PSA-Mitarbeiter gestellt werden: Beratung von Arbeitssuchenden, Feststellen der Kompetenzen,

Berufsplanungen und Akquise von Aufträgen bei Unternehmenskunden. Durch die Bündelung dieser verantwortungsvollen Aufgaben in der PSA stehen die Chancen aber sehr gut, die Ziele – Vermittlung von Personal, Kosteneinsparung und dauerhafte Sicherung von möglichst vielen Arbeitsplätzen – zu erreichen.

6.3 Fazit

Das Beschäftigungsmanagement im Konzern Deutsche Telekom handelt als Partner der Business Units und hat den Wandel von der Behörde zum Global Player durch einen tiefgreifenden personellen Umbau aktiv mitgestaltet. Dabei hat sich gezeigt, dass die besten Erfolge mit einem dynamischen Konzept und innovativen Instrumenten zur Flexibilisierung von Arbeit zu erreichen sind.

Der personelle Ab- und Umbau wäre nicht sozialverträglich und effizient möglich gewesen, wenn die Personalpolitik nicht Möglichkeiten des internen Personalausgleichs geschaffen hätte. Vor allem durch Qualifizierung der Mitarbeiter in höhere Wertschöpfungsstufen, ein intelligentes Standortmanagement und eine Mobilitätsoffensive hat die Deutsche Telekom die Herausforderung der Umstrukturierung bewältigt.

Das Beschäftigungsmanagement im Konzern Deutsche Telekom entspricht heute den Anforderungen der Produkt- und Arbeitsmärkte sowie der gegenwärtigen Unternehmensstrategie. So leistet das Personalmanagement aktuell einen spezifischen Beitrag zur Verbesserung des Ergebnisses und zur Unternehmenswertsteigerung – und das nicht nur durch weitere Effizienzsteigerungen im Personalbereich, sondern auch durch das aktive Management weiterer Personalanpassungsmaßnahmen im Konzern.

Da es dem Konzern nicht länger möglich ist, freiwerdendes Personal auch künftig weitestgehend konzernintern zu beschäftigen, sucht er nach neuen Wegen, Arbeit für seine Beschäftigten zu finden. In diesem Bestreben hat die Deutsche Telekom AG die Personalservice-Agentur gegründet, um Mitarbeitern, die nicht länger beschäftigt werden können, neue Perspektiven zu eröffnen.

Die Deutsche Telekom AG ist mit ihrem Modell vermittlungsorientierter Arbeitnehmerüberlassung bereits in der praktischen Erprobungsphase und kann ihre Erfahrungen in die politische Ausgestaltung des »Hartz-Modells« einfließen lassen. Von entscheidender Bedeutung für den Erfolg des Konzepts der Personalservice-Agentur ist es, dass Flexibilisierung von Arbeit, wie sie mit der PSA umgesetzt wird, nicht gleichzusetzen ist mit Billiglohn-Arbeitsplätzen und Sozialdumping. Innovative Instrumente wie Zeit- und Leiharbeit brauchen neue verbriefte Standards, damit sie auch und gerade für qualifizierte Arbeitnehmer attraktiv sind. Die Unternehmen brauchen im gleichen Zuge den Mut, unkonventionelle Wege zu gehen, um Beschäftigung für ihre Arbeitnehmerinnen und Arbeitnehmer dauerhaft zu sichern.

7. Arbeitsmarktpolitische Instrumente auf dem betriebsinternen Arbeitsmarkt

(Dr. Josef Fidelis Senn, Claudia Rohde, Ingo Ahrens, Dr. Martin Bargmann, Volkswagen AG)

7.1 Problemstellung

Der interne Arbeitsmarkt ist mehr als eine »Spielwiese« quantitativer Personalplanung. Wer sich die Mühe macht, ihn in all seinen Facetten auszuleuchten, entdeckt nicht nur viele Parallelen zum externen Arbeitsmarkt, sondern bekommt auch ein Gespür dafür, dass sich hier ein strategisch relevantes Handlungsfeld der Personalpolitik eröffnet.

Einerseits birgt die Vielschichtigkeit der handelnden Akteure mit ihren unterschiedlichen und divergierenden Interessen ein großes Konfliktpotential. Andererseits besteht die Chance, durch Bündelung der Kräfte Wettbewerbsvorteile zu erlangen. Ein kurzer Blick auf die folgenden Themen verdeutlicht dies:

Aus Unternehmenssicht stellen sich z. B. die folgenden Fragen: Wie lässt sich der künftige quantitative und qualitative Personalbedarf decken? Verfügt unser Personal über ausreichende funktionale und geografische Mobilität? Welchen Return on Investment versprechen die eingesetzten Bildungsinvestitionen?

Aus Sicht der Mitarbeiter sind folgende Fragen von Bedeutung: Welche beruflichen Perspektiven und Entwicklungsmöglichkeiten habe ich im Unternehmen? Oder: Welches sind die wesentlichen Schlüsselqualifikationen für den Erhalt meines Arbeitsplatzes?

Die Mitbestimmungspartner beschäftigen sich z. B. mit folgenden Aspekten: Ist die aktuelle bzw. zukünftige Beschäftigungssicherheit gewährleistet? Setzen die notwendigen Qualifizierungsmaßnahmen rechtzeitig ein, deren Notwendigkeit aus technologischen und arbeitsorganisatorischen Neuerungen folgt?

Diese und viele weitere Fragen beschäftigen die Praktiker in ihrer täglichen Arbeit. Unterstützung erfährt die unternehmerische Praxis dabei durch die Ergebnisse theoretischer und empirischer Untersuchungen aus der Wissenschaft.

7.2 Mikroökonomischer Hintergrund: Segmentierte Arbeitsmärkte

In der ökonomischen Theorie finden interne Arbeitsmärkte ihre Begründung zu Beginn der 70er Jahre im segmentationstheoretischen Ansatz.[84] Der Insider-Outsider-Ansatz von *Lindbeck/Snower* (1986, 1988) konzentriert sich auf die formale Diskussion geteilter Arbeitsmärkte. Er bringt das mikroökonomische Instrumentarium zur Anwendung und befasst sich u. a. mit grundlegenden arbeitsökonomischen Fragestellungen, die insbesondere auch aus makroökonomischer Sicht relevant sind:

- Ursachen der Arbeitslosigkeit,
- Arbeitsmarktsegmentation im Sinne einer Unterscheidung in »gute Jobs« hinsichtlich der Arbeitsplatzbedingungen mit relativ hohen Löhnen und Beschäftigungssicherheit einerseits und »schlechte Jobs« andererseits,
- Rahmenbedingungen des Preisbildungsmechanismus am internen Arbeitsmarkt,
- Lohnunterschiede zwischen Firmen, Sektoren und Ländern hinsichtlich Beschäftigtengruppen, Ausbildungsniveaus, Alter und Betriebszugehörigkeitsdauer.

Ausgangspunkt des Insider-Outsider-Ansatzes ist die Beobachtung, dass entgegen der strengen neoklassischen Sichtweise »Labor Turnover Costs« am Arbeitsmarkt relevant sind. »Labor Turnover Costs« sind nach *Lindbeck/Snower* (2002, 3) Transaktionskosten im Sinne von *Coase* (1937) und *Williamson* (1975). *Picot* (1993) klassifiziert Transaktionskosten in die folgenden Kategorien: Anbahnungskosten, Vereinbarungskosten, Kontrollkosten, Durchsetzungskosten und Anpassungskosten. Die Humankapitaltheorie untermauert das mit Transaktionskosten verknüpfte Funktionsdefizit im Vergleich zum perfekten Markt mit ihrer Unterscheidung in betriebsspezifisches und allgemeines Humankapital.[85] Ganz allgemein lassen sich obige

84 *Doeringer/Piore*, 1971.

85 *Becker*, 1975.

Kosten als Opportunitätskosten diskutieren. Sie besitzen den Charakter von sunk costs im Falle der Nichtabwendbarkeit und bei ausbleibender Amortisation.[86]

Vor diesem Hintergrund lässt sich nach *Lindbeck/Snower* (2002, 2) folgende Systematik mit drei Gruppen von Beschäftigten aufstellen:

- Insider: Solche Arbeitsanbieter, deren Beschäftigungsverhältnis oder Position durch Opportunitätskosten im Sinne von Mobilitätsbarrieren geschützt ist.[87]
- Outsider, die nicht über einen solchen ökonomisch begründbaren Schutz verfügen. Arbeitslose sind Outsider.
- Einsteiger, die den Insiderstatus erreichen können, wenn sie sich in ihrem Job bewähren, so z. B. Berufsanfänger.[88]

Diese grundlegenden Überlegungen verlangen unter Effizienzgesichtspunkten von Unternehmen im Wettbewerb eine entsprechende Berücksichtigung im Hinblick auf die Gestaltung des betriebsinternen Arbeitsmarktes.

Bei näherer Betrachtung finden sich in der Praxis auch betriebsintern in Abhängigkeit von den Qualifikationen verschiedene Segmente wieder. Eine mögliche segmentatorische Klassifizierung ist die zwischen sog. »Kernjobs« und »Pooljobs«[89] Zeichnen sich Pooljobs durch relativ unspezifische Kenntnisse und Fähigkeiten mit hoher Substituierbarkeit aus, so sind Kernjobs durch berufs-, betriebs- und arbeitsplatzbezogene Qualifikationen mit einem hohen Maß an geistiger Flexibilität und funktionaler innerbetrieblicher Mobilität gekennzeichnet. Im Kontext von Job Family Development erhöht insbesondere das Verständnis für die Unterscheidung nach Kern- und Pooljobs die Transparenz bezüglich des unternehmensspezifischen Anforderungskatalogs an die Belegschaft und ermöglicht die Schaffung sowie den Einsatz maßgeschneiderter arbeitsmarktpolitischer Instrumente auf dem betriebsinternen Arbeitsmarkt.

Diese Fragestellungen zeigen die gesamte Heterogenität der verschiedenen Bedürfnisse auf dem internen Arbeitsmarkt.

---

86 Vgl. *Oi*, 1962 zu quasifixen Kosten des Faktors Arbeit.

87 Siehe auch *Acemoglu/Pischke*, 1999.

88 Vgl. auch die Untersuchung von *Baker/Gibbs/Holmström*, 1994.

89 *Carstensen*, 2001.

7.3 Arbeitsmarktpolitische Instrumente und betriebsinterner Arbeitsmarkt bei der Volkswagen AG

Übergeordnete unternehmensstrategische Ziele und Maßnahmen führen vor diesem Hintergrund zu einer Vielzahl von Instrumenten, derer sich Volkswagen bedient.

7.3.1 Personalüberhänge – 4-Tage-Woche

Eine der größten Hiobsbotschaften für ein Unternehmen ist ein prognostizierter Personalüberhang von z. B. 30% der Gesamtbelegschaft. Die traditionelle Lösung lautet in solchen Fällen: maximale Kurzarbeit mit anschließenden Massenentlassungen, um das Ziel des notwendigen kurzfristigen Personalkostenabbaus umzusetzen. Als Volkswagen Ende 1993 sich mit dieser Situation konfrontiert sah, wäre der traditionelle Ansatz als Lösung theoretisch denkbar gewesen.

Befasst man sich aber mit den häufig vernachlässigten weiterreichenden negativen Folgen, wird eine solche Kurzschlusshandlung in Frage gestellt. Solche Folgen sind z. B. sinkende Arbeitsmoral bei den Verbleibenden, erheblicher Nachschulungsbedarf, Mehranfall von Überstunden bzw. der Verlust eines hohen Anteils qualifizierten Mitarbeiterpotenzials. Insgesamt geht hierdurch die Basis zukünftigen Erfolgs verloren. Hinzu kommen demotivierende Auswirkungen an anderen Standorten, da Massenentlassungen im Stammwerk als negatives Signal für die Entwicklung des eigenen Standorts gewertet werden. Eine soziale Abwärtsspirale, bestehend aus Arbeitslosigkeit, Kaufkraftverlust, steigenden kommunalen Sozialaufwendungen, Abwanderung sowie Mut- und Perspektivlosigkeit wäre hierdurch in Gang gesetzt. Somit stellt sich die Frage nach den Eigenschaften eines innerbetrieblichen Maßnahmenkatalogs, der einerseits das drängende Kostenproblem schnell und nachhaltig löst, andererseits aber die zuvor genannten Nachteile vermeidet

Nicht die Kopfzahl der Belegschaft ist das eigentliche Problem, sondern die damit verbundenen Kosten. Gelingt es, durch gleichzeitige Absenkung der Arbeitszeit und der Entgelte die Kosten wieder in wettbewerbsfähige Bahnen zu lenken, muss die Zahl der Köpfe nicht angepasst werden. Ziel dieses Vorgehens war, erstens das Humankapital der derzeitigen Insider zu bewahren, um es zweitens zur Bewältigung der Nachfragekrise einzusetzen. Mit diesem Vorgehen – bekannt geworden unter dem Begriff »4-Tage-Woche« – ist der interne Arbeitsmarkt bei Volkswagen 1994 mit einem Schlag entlastet worden. Eine solch tiefgreifende Lösung war nur in Kooperation mit den Mitarbeitern und der Arbeitnehmervertretung umsetzbar. Für alle Beteiligten führte der eingeschlagene Lösungsweg zu einer Win-Win-Situation. Sofortige Kostenentlastung für das Unternehmen, gepaart mit der Arbeitsplatzsicherheit für die Mitarbeiter und der Erhalt der Handlungsfähigkeit der Arbeitnehmervertreter bildeten die Basis für dieses substantielle Umdenken bei Volkswagen.

Die damals getroffene Vereinbarung hat sich inzwischen bewährt und ist damit mehr als eine Einmallösung. In den Tarifvereinbarungen von 1995 und 1997 wurde diese Form der Beschäftigungssicherung jeweils verlängert. Selbstverständlich wurden fortlaufend neue Erfordernisse, insbesondere zur Arbeitszeitflexibilität integriert (eine ökonomisch-theoretische Begründung zur wechselseitigen Versicherung zwischen Mitarbeitern und Unternehmen, die in Zeiten gewachsener Nachfrageunsicherheit zunehmend an Bedeutung gewinnt, typischerweise in Arbeitszeitkonten erfolgt und der gezielten Einbindung der Arbeitnehmervertretung bedarf, liefert *Carstensen*, 2000).

Das Aufbrechen alter Paradigmen konnte nur durch eine Neudefinition des Zumutbaren erreicht werden. Die Zumutbarkeitsfrage endet klassischerweise an der Mauer der Besitzstandswahrung, welche letztlich innovative Lösungen im Keim ersticken kann. Eine Neubetrachtung hingegen, die Zumutbarkeit als einen dynamischen, inhaltsvollen Begriff versteht, fördert innovative Lösungsansätze. Die neue Form der Zumutbarkeit wird durch die Mitarbeiter z. B. dann akzeptiert, wenn die durch die Beschäftigung liebgewonnenen Vorteile die auf Basis der Reorganisation empfundenen Nachteile überkompensieren. Warum nicht flexibler arbeiten, mehr Verantwortung übernehmen, kundenorientierter handeln und damit die eigene Beschäftigungsfähigkeit sicherstellen?

7.3.2 Eigenverantwortung der Mitarbeiter – M4-Anforderungsprofil: multifunktional, mobil, mitgestaltend, menschlich

Die wichtigsten Akteure des betriebsinternen Arbeitsmarktes – die Mitarbeiter – eröffnen gleichzeitig sein größtes Potenzial. Wettbewerbsvorsprünge des Unternehmens können durch Mitarbeiter und ihre Kompetenz erzielt werden. Spitzenunternehmen beziehen ihre Kraft und Dynamik aus ihrem Humankapital – den Wettbewerbsvorsprüngen ihrer Mitarbeiter. Doch wie sieht dieser Mitarbeiter aus?

Zum Selbstverständnis eines innovativen, unternehmerisch handelnden Mitarbeiters gehört es, Prozesse selbständig zu überdenken und selbständig zu verbessern. Ein Unternehmen, dessen Mitarbeiter eine solche *multifunktionale* Einstellung besitzen, wird im internationalen Wettbewerb eher erfolgreich sein. Und Mitarbeiter, die diese Bereitschaft haben, werden langfristig Beschäftigung finden. Diese Mitarbeiterkompetenz hat zum Ziel, die Produktivität und Flexibilität des Unternehmens zu erhöhen und seine Wettbewerbs- und Überlebensfähigkeit zu sichern. Für den Mitarbeiter selbst bedeutet es aktive, flexible und erfüllte Arbeits- und Arbeitslebensgestaltung.

Die neuen Anforderungen, die an den Mitarbeiter gestellt werden, kann er nur mit einer ihm übertragenen Handlungskompetenz erfüllen. Bei Volkswagen kann der Mitarbeiter selbständig Entscheidungen fällen und die eigene Position vertreten. Dabei wird Leistung immer mehr als Gruppen- statt als individuelles Ergebnis gewertet. Die Akzeptanz eines solchen Vorgehens steigt, wenn der Mitarbeiter bei der Formulierung der gesetzten Ziele aktiv und ehrlich mitwirken kann. Die Stärken eines solchen Mitarbeiters liegen sowohl im fachlichen als auch im unternehmerischen Engagement und im Umgang mit seinen Kollegen und Mitarbeitern.

Darüber hinaus gehört es zum Selbstverständnis, dass die Mitarbeiter die zur Sicherung ihrer Beschäftigung zumutbare *Mobilität* aufbringen. Mangelnde Mobilität ist eines der größten Hindernisse auf dem betriebsinternen Arbeitsmarkt. Mobilität muss dabei in zweifacher Dimension gewährleistet sein. Fachlich, im Sinne einer vielfältigen und nicht mehr nur auf eine ganz bestimmte Tätigkeit konzentrierten Ausrichtung der Qualifikation. Die geographische Dimension der Mobilität beinhaltet die standortübergreifende Einsatzmöglichkeit; sie wird explizit in den Ausführungen zum Personaleinsatzbetrieb beschrieben.

Niemand besitzt a priori die gesamte Palette von Fähigkeiten. Die Bereitschaft, sich wechselnden Tätigkeiten und den damit verbundenen Herausforderungen zu stellen, wird zunehmend zum entscheidenden Wettbewerbsvorteil. Daraus ergeben sich ganz neue Aufgabenfelder für die berufliche Erstausbildung und für die berufsbegleitende Qualifizierung, um eine solche *Mehrfachqualifizierung* zu erreichen.

Zur Bewältigung der Herausforderungen ist es ebenfalls unerlässlich, den Mitarbeiter an Entscheidungsprozessen zu beteiligen. Nur der Dreiklang von Können, Wollen und Dürfen wird mittel- und langfristig die gewünschten Verbesserungsprozesse im Unternehmen auslösen.

Für die Erzielung von Wettbewerbsvorsprüngen spielt auch die Unternehmenskultur eine wesentliche Rolle. Statt einer ausgeprägten Anspruchshaltung aller Beschäftigten ist die aktive Einbringung jedes Mitarbeiters gefragt. Konflikte werden kooperativ gelöst. Letztendlich muss das Gefühl eines gemeinsam empfundenen Stolzes, bei Volkswagen zu arbeiten, entstehen. Dieser *menschliche Umgang* miteinander ist die wesentliche Voraussetzung dafür, dass aus dem bisherigen Arbeitszweck ein Arbeitssinn erwächst.

7.3.3 Möglichkeiten flexibler Beschäftigung – Stafette und Zeit-Wertpapier

Stafette der Generationen
In Zeiten verringerten Personalbedarfs ist es für ein Unternehmen unerlässlich, weiterhin einen gesunden Mix aus neuem Wissen und hohen Erfahrungswerten zu erhalten. Nach Abschluss Ihrer Berufsausbildung verfügen junge Mitarbeiter über ein aktuell qualifiziertes Basis-Knowhow. Demgegenüber basiert das Praxiswissen älterer Mitarbeiter auf langjähriger Erfahrung. Weder auf das eine, noch auf das andere kann ein Unternehmen dauerhaft verzichten. Um nun nicht in eine Wahlsituation bei sinkendem Personalbedarf zu geraten, muss das Unternehmen neue Lösungswege gehen. Wie kann ein Unternehmen, ohne Freisetzungen realisieren zu müssen, sich bei sinkendem Personalbedarf beider Wissensstände bedienen?

Der Wunsch junger Mitarbeiter nach Weiterbeschäftigung und Übernahme in ein Beschäftigungsverhältnis steht meist dem Wunsch nach schrittweisem Austritt älterer Mitarbeiter mit langer Betriebszugehörigkeit gegenüber. Unter wirtschaftlich und sozial vertretbaren Gesichtspunkten kommt lediglich ein gleitender Übergang in und aus dem Beschäftigungsverhältnis in Betracht. Der Erhalt der Nachrückenden und der übergangsweise Verbleib der Ausscheidenden kann daher nur über ein zeitliches Gleitmodell realisiert werden. Mit dem zeitlich und entgeltlich gestuften Eintritt (Stafette) ist es möglich, alle Auszubildenden nach Abschluss der Ausbildung in ein unbefristetes Arbeitsverhältnis zu übernehmen. Während die Arbeitszeit bei jungen Ausgebildeten stufenweise zunimmt, verringert sich das Beschäftigungsvolumen bei den älteren Mitarbeitern. Mit dem Modell der Stafette hat Volkswagen eine Kombination der Elemente Ausbildungsplätze – Vergütung – Übernahme – Altersregelung zur Lösung in Situationen verringerten Personalbedarfs zu vertretbaren Kosten gefunden.

Zeit-Wertpapier

Vom Gesetzgeber initiierte geänderte Rahmenbedingungen haben ebenso Auswirkungen auf den betriebsinternen Arbeitsmarkt, wie beispielsweise Veränderungen der wirtschaftlichen Situation. Sind die staatlichen Kassen leer, so müssen neue Wege zur Finanzierung nicht mehr gezahlter Leistungen auf betrieblicher Basis entwickelt werden, will man als Unternehmen seinen Mitarbeitern weiterhin Wahlmöglichkeiten für die Gestaltung seines Übergangs in den Ruhestand offen halten.

Durch die gesetzlichen Änderungen zum Vorruhestand, die mit der Einführung des Altersteilzeitgesetzes einhergingen, wurden neue Antworten in Bezug auf einen weiterhin flexiblen Generationswechsel und eine Lebensarbeitszeitplanung benötigt. Die klassische Vorruhestandsregelung, die in der Vergangenheit viel zur Entlastung des betriebsinternen Arbeitsmarktes beigetragen hat, ist heute finanziell nicht mehr tragbar. Die Regelungen zur Altersteilzeit bieten eine Alternative, zeigen aber im quantitativen Bereich nicht mehr den gleichen Effekt und weisen auch aus Mitarbeitersicht Nachteile auf.

Für den Arbeitnehmer führten die Gesetzesänderungen de facto zu einer Verlängerung der Lebensarbeitszeit. Mit welchem Instrument kann der Arbeitnehmer eigenverantwortlich dieser Konsequenz begegnen, um auch weiterhin von den Vorteilen einer individuellen Lebensarbeitszeitgestaltung zu profitieren? Welches Instrument muss das Unternehmen hierbei anbieten, um eine flexible Beschäftigungssteuerung zu erhalten bzw. den gesunden Austausch von älteren und jüngeren Mitarbeitern sicherzustellen?

Für Volkswagen liegt die Lösung im selbst entwickelten Zeit-Wertpapier. Dabei verzichten die Mitarbeiter temporär auf Entgelt- oder Zeitbestandteile. Diese werden auf dem Kapitalmarkt angelegt und fließen am Ende der aktiven Arbeitszeit verzinst zurück. Durch diesen Rückfluss kann der Mitarbeiter seine individuelle Lebensarbeitszeit in Form einer bezahlten Freistellung finanzieren und verkürzen.

Das Zeit-Wertpapier bildet eine Verknüpfungsmöglichkeit zur Altersteilzeit und unterstreicht das Prinzip der Selbstverantwortung durch die persönliche Beschäftigungsvorsorge der Mitarbeiter.

7.3.4 Flexibler Personaleinsatz – Personaleinsatzbetrieb

Rasch wachsende Produktivität und Strukturveränderungen erfordern Neuüberlegungen zur Steuerung des Personaleinsatzes. Vorhersehbare Personalüberhänge und -bedarfe müssen aktiv im Sinne eines vernetzten Drehscheibenkonzepts zum Ausgleich gebracht werden. Dies setzt voraus, dass Überhänge und Bedarfe auch tatsächlich im Unternehmen transparent werden. Nur so ist es möglich, das Ziel des Personaleinsatzbetriebes, den wertschöpfenden und kostendeckenden Einsatz temporärer Überhänge, zu erreichen. Der Personaleinsatzbetrieb bildet den Rahmen und die Voraussetzung zugleich, dass das M4-Mitarbeiterprofil, speziell der Mobilitätsaspekt, in der Praxis zum Tragen kommt.

Das Spektrum der Einsatzmöglichkeiten des Personaleinsatzbetriebes ist groß. Es reicht von temporärer Beschäftigung bis zur konzernweiten Anlaufunterstützung durch unternehmensinterne Vermittlung einer hochqualifizierten und mobilen Einsatzgruppe (»task force«).

7.3.5 Qualifizierung und lebenslanges Lernen

Die Coaching-Idee

Die Geschwindigkeit des Wandels – auch im notwendigen Umdenken – fordert die Menschen in besonderer Weise. Für ein Unternehmen ist es ausschlaggebend, diesen Wandel schnell zu vollziehen. Kontinuierliche Verbesserungsprozesse und rasche Umsetzungen von Verbesserungen, die Flexibilisierung der Arbeitszeit sowie die Forderung nach bzw. Förderung von Spitzenleistungen haben eine hohe Dynamik angenommen. Sie verlangt von den Mitarbeitern überdurchschnittliche Anpassungsbereitschaft und -fähigkeit.

Wie können notwendige Veränderungen der Unternehmensprozesse schneller in den Köpfen der Mitarbeiter bewusst gemacht werden? Wie kann eine Verbindung zwischen Unternehmen und dem in- und externen Arbeitsmarkt im Rahmen neuer notwendiger Prozesse bestmöglich hergestellt werden?

Werden Bildungs- und Personalentwicklungsaktivitäten sinnvoll unter dem Dach einer Gesellschaft gebündelt, können vielfältige Ziele erreicht werden. Diese sind u. a. die Identifizierung und Förderung von Spitzenleistungen sowie die Sicherung der Übertragbarkeit auf alle relevanten Zielgruppen, die Entwicklung von speziellen Qualifizierungsmaßnahmen sowie die Durchführung höherqualifizierender Fortbildung. Volkswagen hat mit Gründung der Coaching GmbH diesem Bedarf Rechnung getragen. Dabei ist die Coaching GmbH nicht nur interner sondern auch externer Dienstleister, der auf dem vielschichtigen Markt der Qualifizierung, Prozess- und Organisationsgestaltung agiert. Inzwischen gilt die Coaching GmbH als Drehscheibe zwischen Unternehmen und betriebsinternem und externem Arbeitsmarkt.

Geschäfts- und arbeitsprozessorientiertes Berufsausbildungskonzept (GAB)

Der erste Baustein systematischer Personalentwicklung ist die Berufsausbildung. Sie dient in erster Linie der Zukunftssicherung des Unternehmens und seiner im Unternehmen beschäftigten Menschen. Durch immer schnellere technologische und betriebliche Entwicklungen verändern sich die Arbeitsbedingungen, das Duale Berufsausbildungssystem in seiner jetzigen Form steht auf dem Prüfstand.

Die Anforderungen an fachliches Wissen und Können, an die soziale Kompetenz, die Selbstorganisation und die Lernbereitschaft steigen stetig. Diese Anforderungen verlangen nach neuen Wegen in der Ausbildung. Nur durch strukturierte Integration in die realen Geschäfts- und Arbeitsprozesse kann diese Herausforderung gemeistert werden. Volkswagen hat dafür das »Geschäfts- und arbeitsprozessorientierte Berufsausbildungskonzept (GAB)« entwickelt. Die fünf Ausbildungsgänge (Werkzeug-, Industrie-, Automobilmechaniker, Industrieelektroniker und kaufmännische Berufsausbildung) traten an die Stelle von 17 Ausbildungsberufen bzw. berufsspezifischen Fachrichtungen. Innerhalb der fünf »GAB-Ausbildungen« bündelt Volkswagen rund 80% seiner Auszubildenden. Dabei entstehen offene, dynamische Berufsbilder mit fundierter Kernkompetenz und breitem betrieblichen Gestaltungsspielraum. Durch die enge Verwobenheit zwischen beruflicher Praxis und Lernen erwerben die Auszubildenden das notwendige Arbeitsprozesswissen. Gleichzeitig fördert dies die Identifikation der Auszubildenden mit ihrem späteren Beruf.

Mit seinem Geschäfts- und arbeitsprozessorientierten Berufausbildungskonzept (GAB) hat Volkswagen diesen Bedürfnissen Rechnung getragen und den Grundstein für einen weiterhin hohen Qualitätsstandard der Berufsausbildung gelegt.

AutoUni

Die Weiterentwicklung der Coaching-Idee wirft die Frage nach der künftigen Fortbildung der Fach- und Führungseliten im Konzern auf. In welchem Rahmen sollen qualitativ hochwertige Programme zu wichtigen Themen aus Technologie und Management aber auch zu Kultur und Werten des Unternehmens angeboten werden? Oder: Wie reagieren wir auf die Herausforderung, dass heutige Aus- und Weiterbildungsangebote zukünftig nur noch bedingt geeignet sind, um strategische Initiativen eines Unternehmens zu unterstützen?

Mit der Entscheidung im Jahr 2002 für eine eigene AutoUniversität am Konzernsitz Wolfsburg wird Volkswagen diesen Herausforderungen begegnen. Herausragende interne und externe Dozenten werden das Gesamtspektrum des jeweils relevanten Wissensraumes vermitteln. Natürlich nutzen wir für den Aufbau und den Betrieb der AutoUni unsere bereits heute schon erfolgreichen Partnerschaften mit renommierten nationalen und internationalen Hochschulen. Dabei tritt die

AutoUni nicht als zusätzliche Konkurrenz sondern als ein neuer Kooperationspartner auf.

Zunächst richtet sich das Angebot mit Seminaren und Workshops zu speziellen Themen an die Management- und Fachelite des Unternehmens. Unter Facheliten versteht Volkswagen auch die Spitzenkönner in den einzelnen Job-Families des Unternehmens (z. B. Lackierer, Karosseriebauer, Finanzfachleute).

Zukünftig kann in fünf transdisziplinären Studiengängen zu den Themen Führung, Dienstleistung, Mobilität, Nachhaltigkeit und Gesundheit das aktuellste Wissen erworben und ausgetauscht werden. Neben einem traditionellen Campus entsteht in Wolfsburg auch eine einzigartige elektronische Wissens- und Lernplattform. Diese sorgt für eine weltumspannende Zusammenarbeit von Teilnehmern, Lehrenden, internen und externen Partnern. Zusätzlich wird mit der AutoUni ein Baustein des konzernweiten Programms zum Wissensmanagement auf Topniveau gebildet.

7.3.6 Managementnachwuchsentwicklung

Mit der Einstellung neuer Mitarbeiter bzw. der Übernahme aus einem Ausbildungsverhältnis schafft ein Unternehmen die Basis für die zukünftige Weiterentwicklung dieser Mitarbeiter im Unternehmen. Zur gezielten Leistungs- und Wandlungsfähigkeit eines Unternehmens und seiner Mitarbeiter ist eine Wechselwirkung zwischen hervorragender Breitenarbeit, einem großen Potenzial an Talenten und dem Vorbild der Spitzenleistung notwendig. Ausgewählte Qualitätskriterien erhöhen bereits bei der Einstellung das Niveau im Nachwuchs. Aufbauend hierauf lässt sich über kontinuierliches Herausfiltern und gezieltes Weiterentwickeln spezieller Fähigkeiten und Talente ein Pool an Mitarbeitern herauskristallisieren, der die Basis für Spitzenleistungen im Unternehmen bildet. Dieser Gruppe wird auf dem betriebsinternen Arbeitsmarkt besondere Aufmerksamkeit gewidmet. Kein Unternehmen kann seinen gesamten Bedarf an Spitzenleistern über den externen Arbeitsmarkt decken. Deswegen ist der erhöhte Aufwand für das Entdecken, Entwickeln und Halten dieser Mitarbeiter gerechtfertigt.

Zukünftige Spitzenleister müssen sich der Volkswagen-Orientierungsklausur als ihrem ersten Meilenstein auf dem Weg zur Führungskraft stellen. Der sich daraus ergebende Talentpool wird in seiner weiteren Entwicklung zielgerichtet begleitet und speziell auf weitere, für den Unternehmenserfolg bedeutsame Aufgaben, vorbereitet. Verbunden damit sind insbesondere Job-Rotationen und Auslandseinsätze.

Für diejenigen, die sich bereits im Kreis der Führungskräfte befinden, gibt es mit dem »Group Junior Executive Program« einen weiteren Baustein um die nächste Ebene der Talentbänke zu füllen.

Auch für die etablierten und erfahrenen Manager hat Volkswagen ein systematisches Entwicklungs- und Auffrischungsprogramm, das auf der Basis von konzernweiten internationalen Qualifikationsstandards entwickelt wurde, unter dem Titel »international Leadership (iLead)« ins Leben gerufen.

7.3.7 Aufbau und Entwicklung von Schlüsselqualifikationen – Job Family Development

Als *ein* stilisiertes Fakt der letzten Dekade, insbesondere auch im Zusammenhang fortschreitender Globalisierung, gilt die zunehmende Verringerung der Halbwertzeit einmal erlernten Wissens. Gleichzeitig erfahren ehemals in sich abgeschlossene Wissensgebiete interdisziplinäre Verknüpfungen.

Für die betriebliche Praxis beinhaltet dies eine notwendige Erosion heute noch geltender Ausbildungsberufe und fest definierter Arbeitssysteme über Hierarchien und Strukturen hinweg. Es gilt, Aufgabenbereiche mit inhaltlicher, prozessualer und organisatorischer Nähe herauszufinden und entsprechenden Anforderungsprofilen bzw. Kompetenzbündeln zuzuordnen. Ein solches Bündel kann gut mit dem Begriff der »Job Family« bezeichnet werden, wenn man die zugehörigen Mitarbeiter betrachtet. Alle Mitglieder der Familie arbeiten für »eine gemeinsame Aufgabe« im Sinne eines mehrdimensionalen Aufgabenkatalogs. Das Spezielle an dieser Familie ist, dass der Einzelne selbst verantwortlich bleibt und immer wieder gefragt ist, seine Erkenntnisse zu erweitern, sein Wissen zu teilen und es für das Unternehmen einzusetzen. Andauernde Lernbereitschaft ist ein wesentliches Kennzeichen von Job Family Development.

Der sog. Job Family Development Ansatz bietet andere und neue Entwicklungsmöglichkeiten, weil sich jede Job Family an den prozessbezogenen Anforderungen des jeweiligen Aufgabengebietes orientiert. Dies gilt für den Angestellten- und Managementbereich ebenso wie für den gewerblichen Bereich.

Das Anforderungsprofil und damit das Aufgabenspektrum, dem sich eine Job Family gegenübersieht, ist zeitlich äußerst dynamisch. Technischer Fortschritt impliziert die Weiterentwicklung des Anforderungsprofils einer Job Family und dies erfordert eine Kompetenzdynamik ihrer Mitglieder.

Mit seinen dynamischen Anforderungen an Mitarbeiterkompetenz sowohl in fachlicher als auch in überfachlicher Hinsicht wird der »Job Family Development Ansatz« die entscheidende Orientierung für Kompetenzentwicklung im Unternehmen.

7.3.8 Standortsicherung – Modell 5000 x 5000

Der betriebsinterne Arbeitsmarkt gerät spätestens dann in Turbulenzen, wenn es im Zuge neuer Produkte oder Verfahren zu längerfristig wirkenden Standortverschiebungen kommt. Die traditionellen Standorte von Volkswagen in Deutschland stehen täglich in der konzerninternen Konkurrenz mit »Low-cost-Standorten«. Dabei spielen neben den Personalnebenkosten insbesondere die deutlich geringeren Stundensätze der Mitarbeiter an diesen Standorten eine entscheidende Rolle. Die Verlagerung von einzelnen Produktionsbereichen bzw. ganzer Werke in Niedriglohnländer ist ein klassischer Lösungsansatz, um weiterhin im Wettbewerb bestehen zu können.

Haben unsere etablierten inländischen Standorte damit keine Zukunft mehr?

Beschäftigungssicherung an Hochkosten-Standorten ist nur durch eine Repositionierung über innovative und kostenoptimierte Produktionsprozesse erreichbar. Die Sicherung, ja sogar die Neugenerierung von Arbeitsplätzen an diesen Standorten, stellt auch ein Maß für die eigene Position im Wettbewerb dar.

Sich dieser Herausforderung zu stellen gelingt nur, wenn sämtliche Elemente der Leistungserstellung unter dem Aspekt der Kostenoptimierung analysiert und verbessert werden. Denn nur wenn alle Geschäftsprozesse und Unternehmensfunktionen Beiträge liefern, kann der Sprung in eine neue Produktivitäts- und Stückkosten-Welt gelingen. Die Personalkosten können unter Beibehaltung existenzsichernder Lohntarife nur durch neue Wege der Leistungsverbesserung nachhaltig gesenkt werden.

Um zu beweisen, dass industrielle Arbeit am Hochkosten-Standort Deutschland noch möglich ist, hat Volkswagen das Modell 5000 x 5000 entwickelt (5000 Arbeitsplätze mit 5000 DM Monatsentgelt). In dem Modell ist aus dem klassischen Austauschverhältnis von Arbeitzeit gegen Geld ein vielschichtiges Leistungsgefüge von Geben und Nehmen geworden. Im Mittelpunkt steht der Einstieg in ein »Programmentgelt« mit Ergebnisbeteiligung. Nicht das Ableisten einer definierten Arbeitszeit, sondern die Produktion einer vereinbarten Menge in vereinbarter Qualität (Programm) ist der Gradmesser der Leistungserbringung. So ist z. B. geregelt, dass Nacharbeiten, die auf von Mitarbeitern verursachten Qualitätsmängeln beruhen, durch das fixe Programmentgelt abgegolten sind. Als zusätzlicher Anreiz zu diesem fixen monatlichen Programmentgelt ist die Möglichkeit einer Ergebnisbeteiligung gegeben.

Diese neue Dimension von Partnerschaft beinhaltet die Mitwirkung bei der Organisation des Produktionsablaufs und der Wertschöpfungsprozesse.

Neben der Implementierung neuer Auswahlprozesse für den Zugang in den internen Arbeitsmarkt wird die im großen Rahmen eingeführte Möglichkeit des prozesshaften Lernens einen bedeutenden Stellenwert einnehmen. Die Kombination von Arbeiten, Lernen und Kommunizieren während und entlang des Wertschöpfungsprozesses ersetzt das bisherige Nebeneinander. Mit Qualifikationsmaßnahmen innerhalb und außerhalb der (bezahlten) Arbeitszeit wird die bisherige Trennung zwischen Arbeiten, Lernen und Kommunizieren aufgebrochen. In der Konsequenz entsteht somit ein vernetztes System aus Arbeiten und Kommunizieren am und über das Produkt sowie das Lernen von Problemlösungen im Prozess.

7.4 Ausblick

Die Instrumente konnten in diesem kurzen Beitrag lediglich skizziert werden. Jedes einzelne Instrument ist als Teil eines Gesamtkatalogs zu interpretieren. Ähnlich wie bei einem Puzzle ist es das Zusammenspiel aller Teile, die das Gesamte zu einem stimmigen Bild zusammenfügen.

Der globale Wettbewerb unterzieht bestehende innerbetriebliche Instrumente einer ständigen Wirksamkeitsüberprüfung. Hierauf basierend wird der Katalog arbeitsmarktpolitischer Instrumente auf dem betriebsinternen Arbeitsmarkt regelmäßig weiterentwickelt, d. h. ausgebaut und/oder entschlackt. Einige der skizzierten Instrumente befinden sich zu Beginn ihrer Anlaufkurve. Mittelfristig werden diese einen internationalen »Roll-out« erfahren, um damit im ganzen Unternehmen einen wertschöpfenden Beitrag zu leisten. Gemäß den unterschiedlichen Rahmenbedingungen und Bedürfnissen der weltweiten Volkswagen-Standorte wird zu entscheiden sein, welches Instrument in welcher Ausprägung jeweils zum Einsatz kommt.

Literaturhinweise

Acemoglu, D./Pischke, J.-S.: Beyond Becker: Training in Imperfect Labour Markets. Economic Journal 109, F112 – F142, 1999.

Carstensen, V.: Arbeitsplatzsicherheit durch Arbeitszeitkonten? In: Flexibilisierungstendenzen in der betrieblichen Personalpolitik. Anreize, Arbeitszeiten und Qualifikation, herausgegeben von Uschi Backes-Gellner, Matthias Kräkel, Bernd Schauenberg & Gunter Steiner, S. 307-332, München/Mering 2000.

Carstensen, V.: Job Family Development. Wolfsburg 2001.

Coase, R. H.: The Nature of the Firm. Economica 4, 1937, 386-405.

Doeringer, P./Piore, M.: Internal Labor Markets and Manpower Analysis. D. C. Heath, Lexington 1971, MA.

Lindbeck, A./Snower, D. J.: Wage Setting, Unemployment and Insider-Outsider Relations. American Economic Review 76, 1986, 235-239.

Lindbeck, A./Snower, D. J.: The Insider-Outsider Theory of Employment and Unemployment. MIT Press, Cambridge 1988.

Lindbeck, A./Snower, D. J.: The Insider-Outsider Theory: A Survey. IZA Discussion Paper No. 534, 2002.

Oi, W.: Labor as a Quasi-fixed Factor. Journal of Political Economy 70, 1962, 538-555.

Picot, A.: Organisation, in: Vahlens Kompendium der Betriebswirtschaftslehre, herausgegeben von M. Bitz/K. Dellmann/M. Domsch/H. Egner, S. 101-174, Münster 1993.

Pil, F. K./MacDuffie, J. P.: The Adoption of High – Involvement Work Practices. Industrial Relations 35, 1996, 423–455.

Williamson, O. E.: Markets and Hierarchies: Analysis and Antitrust Implications. Free Press, New York 1975.

8. Zur Abgrenzung und zum Zusammenwirken interner und externer Arbeitsmärkte in der flexiblen Arbeitswelt

(Dr. Jens Rose, Projekt Futura der swb AG)

8.1 Interne Arbeitsmärkte in flexiblen Unternehmen?

Arbeitskraftunternehmer, Selbst-GmbH, Ich-AG, Multipreneur usw. – Trends zu Minimalbelegschaften und atmenden Fabriken: Es finden sich viele zunehmend flexibilisierte Arbeitsorganisationsformen, die beidseitige (Arbeitnehmer und Arbeitgeber) Verbindlichkeiten individualisieren, ökonomisieren und entemotionalisieren. Angesichts dieser vielfältigen, teils neuen Beziehungsformen am Arbeitsmarkt scheint die Frage angebracht, ob so etwas wie ein interner Arbeitsmarkt überhaupt noch diskutiert werden muss. Wo allseits die Virtualisierung von Teams, von Arbeit und von Geschäftsprozessen erfolgt, kann da von Internem, gerade von internen Arbeitsmärkten noch die Rede sein? Strukturen schwinden, Unternehmen werden grenzenlos, fluide oder fraktal.

Worauf bezieht sich der Wert »intern«? Unter teamintern können sich die meisten etwas vorstellen, auch unter betriebsintern, aber was bedeutet denn wohl unternehmensintern? Wie sind die Unternehmen zu behandeln, die sich mit mehreren Gesellschaften in einer Gruppenstruktur neu aufgestellt, womöglich mehrere Beteiligungen haben? Was ist mit Konzernen, die vielleicht sogar gänzlich unterschiedliche Geschäftsfelder bundesweit oder weltweit vertreten? Wo endet das Interne, wo beginnt das Externe? Was bedeutet das für Kooperationen, für eng zusammenarbeitende, aber grundsätzlich selbständige, unabhängige Unternehmen? Hier wird der interne Arbeitsmarkt schnell zu einem kooperationsinternen, überbetrieblichen, quasi-internen und damit als Typ kaum noch greifbar.

Eine Betrachtung dieser möglichen Ausprägungen eines internen Arbeitsmarktes vor dem Hintergrund der vor allem in den 70er Jahren im Rahmen von Segmentations-Theorien diskutierten »Internal Labour-Markets« mit ihren abschottenden Wirkungen und der daraus entstandenen Insider-Outsider-Problematik, verdeutlicht, dass eine heutige Diskussion über interne Arbeitsmärkte sich mit ganz anderen Rahmenbedingungen befassen muss. Das soll nicht bedeuten, dass es heute keine Differenzierung mehr zwischen Stamm- oder Kern- und Rand- oder peripheren Belegschaften gebe. Im Gegenteil – mit der Zunahme atypischer, flexibler, zeitlich befristeter Beschäftigung, nicht zu vergessen von Nichtbeschäftigung, steigt auch die Differenzierung zwischen Arbeitsmärkten. Mittlerweile wird selbstverständlich vom ersten, zweiten und vom dritten Arbeitsmarkt gesprochen.

Die Idee und die Intention des internen in Abgrenzung zum externen Arbeitsmarkt werden hier betrachtet. Über die Werte Stabilität und Flexibilität wird eine Annäherung an die Zusammenhänge versucht. Dabei wird Beschäftigungsstabilität interpretiert in Abhängigkeit von der Dauer einer Beschäftigung bei demselben Arbeitgeber. Flexibilität wird zunächst verstanden im Sinne von Beweglichkeit und Anpassungsfähigkeit. Eine weitergehende Differenzierung folgt.

Eine kurze Darstellung theoretischer Auseinandersetzungen zu internen Arbeitsmärkten, zu Segmentations-Theorien und zur Insider-Outsider-Problematik ist grundlegend für die folgende Auseinandersetzung über die Abgrenzung und das Zusammenwirken interner und externer Arbeitsmärkte. Darauf aufbauend werden Veränderungen und die Bedeutung des internen und eines intermediären Arbeitsmarktes für Entwicklungen auf dem externen Arbeitsmarkt vor dem Hintergrund der flexibilisierten Arbeitswelt diskutiert. Daraus ergeben sich viele Fragen zum Zusammenspiel der Arbeitsmarktsegmente, zur zukünftigen Organisation von Arbeit und zur Rolle des Menschen als Akteur in verschiedenen Arbeitswelten.

8.2 Probleme interner Arbeitsmärkte: Abschottung und Segmentation

Phänomene persistenter Arbeitslosigkeit veranlassten Forscher in den 70er Jahren, sich mit neuen Erklärungsmöglichkeiten des Geschehens am Arbeitsmarkt auseinanderzusetzen. Klassische ökonomische Theorien reichten dafür nicht mehr aus. Eine »Umkehrung der Humankapitallogik« wurde festgestellt.[90] Sie besteht darin, dass, anders als in der

90 *Sengenberger*, 1990, S. 33.

Humankapitaltheorie behandelt, nicht die Arbeitskraft, also der Eigentümer und Anbieter des individuellen Humankapitals, sondern das beschäftigende Unternehmen, also der Nachfrager nach Humankapital, über dessen Einsatz entscheidet.

Originär marktliche Aushandlungsprozesse finden in der Realität nicht statt. Vielmehr geht es um Sicherung und Stabilisierung – Sicherung von Bildungsinvestitionen und Stabilisierung der innerbetrieblichen Verhältnisse. Die gleichzeitige Realisierung von Sicherheit und Stabilität wird begünstigt durch eine höhere Transparenz vorhandener Qualifikationen, Potenziale und Defizite, die sich aus der geringeren Weite des abgegrenzten internen Arbeitsmarktes ergibt. Diese Abgrenzung wird erreicht, wenn sich Unternehmen teilweise dem externen Markt entziehen, indem sie sog. interne Märkte bilden. Interne Märkte schließlich sind noch weniger als die realen externen von ökonomischen Variablen (Preise) geprägt. Vielmehr geht es um qualitative Komponenten im institutionellen und soziologischen Verständnis (z. B. Macht, Status, Werte).

Interne Arbeitsmärkte lassen sich danach folgendermaßen kennzeichnen:[91]

- Beschränkung des Zugangs auf bestimmte Eintrittspositionen,
- Langfristigkeit der Beschäftigungsverhältnisse,
- Existenz von Aufstiegsleitern,
- Ergänzung preislicher (Lohn/Gehalt) Angebots-Nachfrage-Koordination durch nicht-preisliche (Anreize, Entwicklungsmöglichkeiten u. a.) Komponenten.

Konkretisiert bedeuten diese Charakteristika, dass entgegen der verbreiteten Markttheorie nicht alle offenen Stellen extern besetzt werden können, vielmehr interne Besetzung in gewissem Maße Exklusivität bewahrt und damit ein Attraktivitätsmerkmal von Unternehmen als Arbeitgeber darstellt. Die modellhafte Kennzeichnung interner Arbeitsmärkte unterstreicht auf diese Weise die gezielte Abgrenzung von externen und macht auf das Problem der Abschottung interner Arbeitsmärkte aufmerksam (»Closed-Shop«). Beispielhaft:

- Mitarbeiterauswahl und Mitarbeiterbindung: interne Stellenausschreibungen,
- Personalentwicklung: Förderung nur für unbefristet Beschäftigte,
- Anreizsysteme: Seniorität bzw. Betriebszugehörigkeitsdauer als Be-

91 *Brandes/Buttler*, 1988, S. 96.

stimmungsgröße für Entgeltentwicklung, Kündigungsschutz, Versorgungsansprüche usw.

Die Abgrenzung und ihre Auswirkungen werden in verschiedenen Ansätzen von Segmentations-Theorien behandelt. So erfolgt im Dualitätsansatz (»dual labour market« nach *Doeringer/Piore* [1971]) eine Differenzierung in einen primären und einen sekundären Arbeitsmarkt.[92] Während im primären Arbeitsmarkt stabile und qualifizierte Arbeit beschrieben wird, wird die Arbeit im sekundären Markt als »dead-end-employment«[93] bezeichnet, mit geringeren Löhnen, niedrigeren Sozialleistungen, insgesamt schlechteren Arbeitsbedingungen und hoher Fluktuation.

Unterschieden wird zwischen stabil Beschäftigten im primären Arbeitsmarkt, den Stamm- oder Kernbelegschaften und flexibel Beschäftigten im sekundären Arbeitsmarkt, den Randbelegschaften. Diese Mitarbeitersegmente werden in der Theorie auf qualitativ unterschiedlichem Niveau charakterisiert:

- Stamm- oder Kernbeschäftigte (Insider): hohe Qualifikation, spezifische Kompetenzen, dauerhafte Beschäftigung,
- Rand- oder peripher Beschäftigte (Outsider): in der Regel vergleichsweise gering qualifiziert, in keinem festen, stabilen Beschäftigungsverhältnis.

Dort, wo diese Gruppen aufeinander treffen bzw. dort, wo sie aufgrund des Ausschlusses der Externen und der wenigen Zugangsmöglichkeiten zum internen Arbeitsmarkt erst gar nicht aufeinander treffen können, spricht man von einer Insider-Outsider-Problematik. Die Theorie beschreibt diesbezüglich Verhaltensmuster, nach denen Insider ihre Macht gegenüber dem Unternehmen und gegenüber Neueingestellten ausüben.[94] Die Macht der Insider basiert auf ihrem betriebsspezifischem Wissen, darüber schließlich auf Fluktuationskosten einerseits, auf Einstellungs- und Einarbeitungskosten andererseits. Je höher die Kosten sind, desto größer ist die Insidermacht. Diese Macht

---

92 Der sekundäre Arbeitsmarkt des Dualitätsansatzes ist nicht zu verwechseln mit dem sog. »zweiten Arbeitsmarkt«, in dem Beschäftigung öffentlich gefördert wird, beispielsweise über Arbeitsbeschaffungsmaßnahmen.

93 Die Bezeichnung »dead-end-employment« ist eine pessimistische Metapher auf die Ausweglosigkeit der Situation. Eine Übersetzung ins Deutsche wäre als »Sackgassen-Beschäftigung« möglich.

94 *Lindbeck/Snower*, 1988.

können Insider und ihre Interessenvertretungen nutzen, um für sich höhere Löhne und bessere Arbeitsbedingungen durchzusetzen. Insider können Outsidern den Zutritt zu Unternehmen erschweren, indem sie Informationen zurückhalten, Wissen nicht weitergeben, Beziehungen nicht aufbauen und damit die Produktivität des beschäftigenden Unternehmens belasten. Der Theorie folgend, würden hier selbst Niedriglöhne Outsidern nicht weiterhelfen.

Die Theorie versucht zu erklären, wie und warum Marktmechanismen ausgeschaltet werden und sich Arbeitsmarktsegmente herausbilden und manifestieren. Die Zugehörigkeit zu den Segmenten kann sich verfestigen, wenn den mit höherem Zugangsrisiko zur Arbeitslosigkeit ausgestatteten Arbeitnehmern nicht der Wiedereintritt gelingt. Gerade in problematischen konjunkturellen Phasen mit geringer Arbeitsnachfrage ist diese variable Arbeitskräftegruppe besonders betroffen. Als Folge trägt sie ein höheres Risiko, in Arbeitslosigkeit zu verbleiben.

Qualifizierende Maßnahmen können die Segmentation in Unternehmen verstärken, wenn und indem Insider, speziell im Führungs- und Hochqualifiziertenbereich, bevorzugt gefördert werden. Gleichzeitig steigt durch die Förderung das Unternehmensinteresse an der langfristigen Bindung der geförderten Personen, damit sich die Investition amortisiert.

Letztlich führt dieser Mechanismus dazu, dass gerade die flexibel Beschäftigten für die Stabilität und Sicherheit der Unternehmen und der Stammbeschäftigten sorgen. Die Randbelegschaften bilden mit ihrer Flexibilität und Instabilität den Sicherheitspuffer, der dem flexiblen System Unternehmen Stabilität bietet: Instabile Beschäftigung festigt stabile Beschäftigung (Flexibilitäts-Stabilitäts-Dilemma).[95]

8.3 Moderne Beschäftigungsformen – Flexibilität gegen Stabilität?

Diskussionen über Probleme der Zukunft der Arbeit oder gar über ein Ende der Arbeit thematisieren häufig das Spannungsfeld zwischen Flexibilität und Stabilität oder Flexibilität und Sicherheit. Es geht darin ebenso um Arbeitsorganisationsformen wie um Verteilung von Ar-

95 *Rose*, 2001, S. 42 ff.

beit, um Lebensformen, um individuelle Gestaltungsmöglichkeiten und Entscheidungshoheit über das eigene Leben. Unternehmen, so heißt es, verlagern Unsicherheiten, kaufen Stabilität ein, indem sie Flexibilität über externe Märkte erwerben. Ausgründung von Funktionen und ganzen Geschäftsbereichen mit ihren Mitarbeitern, deren Dienstleistungen anschließend günstiger eingekauft werden können, zählen ebenso dazu wie befristete Beschäftigung und Zeitarbeit.

Vor diesem Hintergrund wird im Anschluss an eine Darstellung von Entwicklungstrends der Erwerbsarbeit gefragt: Welche Bedeutung kommt den Werten Flexibilität und Stabilität sowohl für Unternehmen als auch für Beschäftigte zu, bilden sie einen Widerspruch oder sind sie doch vereinbar?

8.3.1 Entwicklung der Arbeitsorganisation und der Erwerbsarbeit – *Atypische* Beschäftigung

Zu Beginn dieses Beitrags wurden mehrere Begriffe aufgezählt, die für die moderne Organisationsform der Arbeit stehen. Der Arbeitskraftunternehmer, die Selbst-GmbH, die Ich-AG und viele andere sind Ausdrücke dessen, was als atypische Arbeits- oder Beschäftigungsformen behandelt wird. Arbeit findet, so eine Aussage, zukünftig verstärkt in sog. »Joblandschaften«[96] statt. Die als atypisch bezeichneten Beschäftigungsformen grenzen sich von dem immer noch als Modell gültigen, wenn auch immer weniger gelebten »Normalarbeitsverhältnis« ab, indem sie eben nicht auf einer kontinuierlichen, stabilen und abhängigen Vollzeitbeschäftigung in betriebsförmiger Organisation mit festen Arbeitszeiten, bei einem Arbeitgeber und an einem Arbeitsort beruhen.

Wer von atypischer Beschäftigung spricht, verweist auf den gestiegenen Einfluss ökonomischer Bestimmungsgrößen in der Arbeitsorganisation. Hier geht es wesentlich um flexible Handlungsmöglichkeiten, die kurzfristige Anpassungen an sich wandelnde Rahmenbedingungen zulassen. Das bedeutet in Bezug auf arbeitsvertragliche Bestimmungen Befristungen sowie einen schwächeren Kündigungsschutz.

In diesem Kontext ist die zunehmende Bedeutung von Leih- oder Zeit-

96 *Lombriser/Uepping*, 2001, S. 19 ff.

arbeit zu erwähnen. Diese Arbeitsform wird regelmäßig als *das* Beispiel für die Abwendung vom Normalarbeitsverhältnis herangezogen. Zeitarbeit hat sich erst in den letzten Jahren zu einer bedeutsamen Größe entwickelt, ist in Deutschland aber im Vergleich zu den USA oder auch zu den Niederlanden noch wenig verbreitet. So wird auch in einer Forcierung von Zeitarbeit nicht erst seit dem »Hartz-Modell« ein wichtiger Ansatz gesehen, um die Misere am Arbeitsmarkt überwinden zu können.

Zeitarbeit hat ebenso wie andere als atypisch bezeichnete Arbeitsformen ein negatives Image. Von prekärer, d.h. instabiler Arbeit mit geringer Entlohnung und schlechten Arbeitsbedingungen ist häufig die Rede. Zeitarbeit muss aber nicht notwendigerweise mit schlechten und unsicheren Bedingungen verbunden sein. So wie Anstellungen bei Zeitarbeitsfirmen aufgrund der Dreieckbeziehung des Beschäftigungsverhältnisses (Arbeitnehmer – Verleiher – Entleiher) zwar dem Atypischen entsprechen, so basieren sie in der Regel aber doch auf festen, stabilen Beschäftigungsbeziehungen zwischen Arbeitnehmern und Unternehmen, wenn auch der tatsächliche Einsatz in wechselnden Betrieben stattfindet.

Atypisch, jedoch keineswegs prekär sind die Erwerbsformen der sog. Freelancer, Portfolio-Worker usw. Sie sind meist hochqualifiziert und/oder spezialisiert und arbeiten gleichzeitig und wechselnd für mehrere Auftraggeber. Häufig sind sie in (virtuellen) Netzwerken organisiert, die sich aufgabenbezogen zusammenfinden und nach Auftragserfüllung wieder trennen. Berater, Trainer oder Softwarespezialisten sind Beispiele für solche Arbeitskräfte.

Diese positiven Beispiele sollen nicht darüber hinwegtäuschen, dass für eine große Zahl von Arbeitskräften die Entwicklungen problembeladen sind. Auf diese Gruppe beziehen sich die pessimistischen Szenarien, die beispielsweise vom »Ende der Arbeit« reden.[97] Hintergrund und Begründung für die schlechten Perspektiven einer großen Zahl atypisch Beschäftigter sind die kontinuierlich steigenden Anforderungen an umfassende Kompetenzen, die Mitarbeiter in Unternehmen einbringen und laufend weiter entwickeln müssen, denen viele aber nicht gerecht werden können.

Zunehmend tut sich eine Schere auf zwischen denen, die ihre hohen Qualifikationen und Kompetenzen auf Basis ihrer Selbstlern- und Selbstorganisationsfähigkeiten weiter ausbauen und an neue, höhere Anforde-

---

97 *Rifkin*, 1997.

rungen anpassen, und denen, die nicht über die qualifikatorischen Voraussetzungen verfügen, ihr Arbeitsvermögen und ihre Beschäftigungsfähigkeit (Employability) in eigener Verantwortung zu entwickeln.

Da, wo flexible Erwerbsformen an Bedeutung gewinnen, müssen gleichzeitig die organisatorischen Rahmenbedingungen gegeben sein, die eben diese Flexibilität ermöglichen. Unterschiedliche Formen werden diskutiert. Sie basieren auf einer Konzentration von Unternehmen auf kleinere, hochqualifizierte und sich permanent entwickelnde Belegschaften, die bei konkretem Bedarf gezielt um Spezialisten oder – vor allem bei quantitativem Bedarf – um flexible Arbeitskräfte aus einem peripheren Pool ergänzt werden. Diese Modelle laufen auf eine Differenzierung von Gruppen hinaus, die sich im Wesentlichen über Flexibilität und Kompetenz charakterisieren. Im Arbeitsmarkt bildet sich das z. B. in einer Vierteilung ab, und damit etwas feiner differenziert als im oben vorgestellten Dualitätsansatz.

Der viergeteilte Arbeitsmarkt

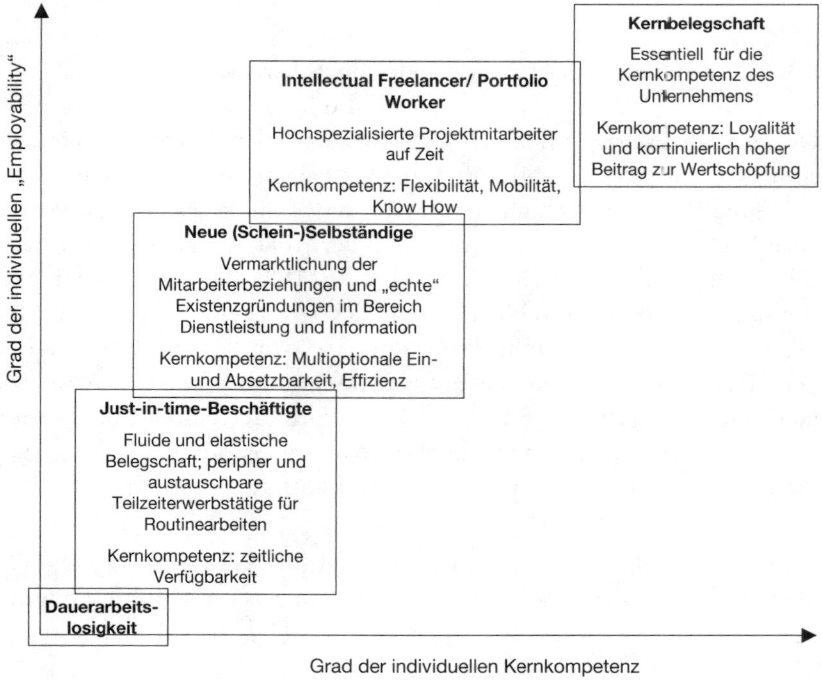

Quelle: Nach *Littmann/Jansen*, 2000, S. 211.

Auf die Unternehmensorganisation fokussiert, zeigt sich diese Vierteilung beispielsweise im Bild einer »Shamrock Organization« (shamrock: Kleeblatt, Handy 1995). Mit der Metapher Kleeblatt wird eine Organisation beschrieben, die Arbeitsformen nach einer Kernbelegschaft, nach flexibel Beschäftigten sowie nach hochspezialisierten Experten (Freelancer) und Subunternehmern differenziert.

Ähnliches, wenn auch wieder näher am Dualitätsansatz, zeigt ein personalpolitisches Modell, das die Aufgaben der Personalpolitik im Hinblick auf ihre Klientel zweigeteilt sieht: »Wissenskapitalisten« und »intellektuelle Portfoliovirtuosen« einerseits, die breite Masse »peripherer just-in-time-Beschäftigter« andererseits.[98] Tendenziell gilt:

- Die Differenzierung von Arbeitsmarktsegmenten nimmt zu.
- Die qualitativen Abstände zwischen den Arbeitsmarktsegmenten steigen.
- Wer sich nicht über seine Kompetenzen aus der Masse hervorhebt, verbleibt in der Gruppe, die sich in erster Linie durch ihre zeitliche Verfügbarkeit auszeichnet.

8.3.2 Flexibilität oder Stabilität, oder doch beides?

Die vielfach zitierte Studie der bayrisch-sächsischen Zukunftskommission (Kommission für Zukunftsfragen, 1996) dokumentiert eine Entwicklung von Beschäftigungsformen, die dem zuvor dargestellten Trend zu flexiblerer Beschäftigung und der Abkehr vom sog. Normalarbeitsverhältnis entspricht. Von 1970 bis 1995 hat sich danach (in Westdeutschland) der relative Anteil der »Normalbeschäftigten« an allen Erwerbstätigen um 16-Prozentpunkte (von 84 auf 68%) verringert. Auch mit einer anderen Bezugsgröße, nämlich alle Erwerbsfähigen, wird die Aussage bestätigt.[99] Hier wurde festgestellt, dass zwar die »Normalbeschäftigten« absolut sogar zugenommen haben, die Zahl der atypischen und prekären Beschäftigungsverhältnisse aber noch stärker gestiegen ist.

Neuere Studien werfen allerdings Zweifel auf, ob damit tatsächlich auch eine stärkere Flexibilität im Sinne einer (Job-)Mobilität und,

98 *Sattelberger*, 2000, S. 263.
99 *Schmidt*, 2000, S. 273.

von der anderen Seite betrachtet, eine Zunahme an instabiler Beschäftigung verbunden ist:

»Weder nimmt die allgemeine Arbeitsmarktmobilität zu, noch nimmt die Stabilität der Beschäftigungsverhältnisse ab. Die Beschäftigungsstabilität (...) hat im Gegenteil sogar zugenommen.« (*Erlinghagen/Knuth*, 2002, S. 8)

Zu ähnlichen Ergebnissen kommen auch weitere Untersuchungen von betrieblicher Flexibilisierung und Beschäftigungsstabilität.[100] Der Ausweis von Beschäftigungsstabilität bezieht sich auf die Dauerhaftigkeit einer Beschäftigung. Wenn auch weiterhin viele Anstellungen noch während des ersten Jahres beendet werden, so hat die durchschnittliche Verweildauer aber leicht zugenommen. Der Eintritt aus der Arbeitslosigkeit in Beschäftigung erfolgt vor allem in den ersten drei Monaten der Arbeitslosigkeit. Später wird es schwieriger. Wer sich länger als zwei Jahre in Arbeitslosigkeit befindet, hat kaum noch Chancen und verbleibt meist im Nicht-Erwerb. Insgesamt sind weniger überhaupt von Arbeitslosigkeit betroffen, hingegen immer mehr dauerhaft in Arbeitslosigkeit ohne zeitweilige Beschäftigungserfahrungen, mittlerweile etwa ein Drittel aller Arbeitslosen. Ein Großteil von ihnen hat keinen Schulabschluss und keine Berufsausbildung.

Von zunehmender Flexibilität im Arbeitsmarkt kann danach nicht pauschal die Rede sein. Vielmehr verfestigt sich offenbar Arbeitslosigkeit und konzentriert sich die Bewegung zwischen Beschäftigung und Arbeitslosigkeit auf eine bewegliche Gruppe, die eben nicht in der Dauerarbeitslosigkeit steckt, sich aber auch nicht in einem stabilen Beschäftigungsverhältnis befindet.

Wo findet die viel besprochene und als Lösungsmöglichkeit vieler ökonomischer wie arbeitsmarktpolitischer Problemfälle gepriesene Flexibilität statt? Gibt es sie überhaupt? Es ist hilfreich, unterschiedliche Formen und Verortungen von Flexibilität zu betrachten.

100 *Gerlach/Hübler/Meyer*, 2002.

Dimensionen der Flexibilität

	numerisch (quantitativ)	funktional (qualitativ)
intern	Arbeitszeit, Arbeitsintensität, Auf- und Abbau von Überstunden, Sonderschichten, Kurzarbeit	Qualifikation, Arbeitsplatzmobilität: Innerbetriebliche Umsetzung
extern	Beschäftigtenzahl: Befristete Einstellungen, Entlassungen, Aufhebungsverträge	Auslagerung von Betriebsteilen, Werkverträge, Vergabe von Aufträgen
	Leiharbeit	**Leiharbeit**

Quelle: *Schröder*, 1997, S. 41.

Interne und externe Flexibilität können beide quantitativer und qualitativer Art sein. Wesentlich ist, dass die interne Flexibilität von Unternehmen deutlich zugenommen hat. Dadurch erscheint nach außen aufgrund gesunkener externer Flexibilität, d. h. geringerer Fluktuation, ein Zuwachs an Stabilität eingetreten zu sein. Genauer betrachtet, wird die Bedeutsamkeit interner Bewegungen evident:

- variable Arbeitszeiten, Vertrauensarbeitszeit,
- Rotation,
- projektartige Arbeitsformen.

Diese Arten der Flexibilität nehmen Mitarbeiter immer stärker in Verantwortung bzw. ermöglichen ihnen immer weitere Gestaltungsspielräume: Sie werden zu Unternehmern im Unternehmen und müssen unternehmerisches Denken entwickeln.

Unternehmen versuchen, externen Einflüssen vom Markt verstärkt mit internen Mitteln und Maßnahmen zu begegnen. Entscheidende Bedeutung hat darin neben der quantitativen Größe Arbeitszeit die Qualität der Mitarbeiter auf hohem Niveau, so dass Aufgaben mit unterschiedlichen Anforderungen funktional flexibel von denselben Personen erledigt werden können (Multi-Tasking). Qualifizierung, Kompetenzentwicklung und Lernen werden damit zur Grundlage von Flexibilität. Sie sind Anspruch und Anforderung zugleich, bilden das stabilisierende Element in der Flexibilisierung: Weiterbildung ist die stärkste Einflussgröße auf Beschäftigungsstabilität.[101] Rein quantitative Flexibilität hingegen ist mit Instabilität gekoppelt. Die prekären Beschäfti-

101 *Gerlach/Hübler/Meyer*, 2000.

gungsverhältnisse der atypischen Arbeitsformen sind dann auch die mit geringen Qualifikationsanforderungen.

Unternehmerische Schlüsse aus den externen ökonomischen Einflüssen und aus dem Wirken der Marktkräfte zielen vielfach auf die Konzentration von Kompetenzen:

- organisational:
  - Bündelung von Kräften bzw. Selektion der wichtigsten Bereiche,
  - Externalisierung von Funktionen.
- personal:
  - Bindung und gezielte Förderung von Leistungsträgern,
  - verstärkte Selbstverantwortung insbesondere derjenigen, die sich durch Qualifikation, Spezialisierung und Verantwortung heraus heben müssen.

Führt diese vermeintliche Stärkung interner Arbeitsmärkte zur Verfestigung von Arbeitsmarktsegmenten und in der Konsequenz zu gesellschaftlicher Klassenbildung nach dem Muster, das *Rifkin* (1997, S. 134 ff.) mit dem »Ende der Arbeit« skizziert?

8.4 Vom internen zum intermediären Arbeitsmarkt

Für die Bedeutsamkeit eines internen Arbeitsmarktes spielt Größe eine entscheidende Rolle. Das gilt um so mehr, wenn der interne als intermediärer Arbeitsmarkt erscheint. Intermediär wird ein Arbeitsmarkt beispielsweise, wenn Unternehmen als Kooperationen agieren. Damit vergleichbar ist die Situation in Konzernen bzw. konzerninternen Arbeitsmärkten.[102] Je größer ein Betrieb ist, desto geringer ist die Fluktuation bzw. desto größer ist die Beschäftigungsstabilität.[103]

Kann danach einerseits gerade eine besondere Stärkung des internen Arbeitsmarkts interpretiert werden, so wird andererseits von der »Erosion interner Arbeitsmärkte« gesprochen.[104] Der Kern der Erosionsthese liegt in der Wirkung des klassischen internen Arbeitsmarkts, der die Stammbelegschaften vom Außendruck des Marktes abschirmt. Die These wird damit begründet, dass immer mehr Risiken und höhere

102 *Selke*, 2000, S. 65 ff.

103 *Hecker*, 2001, S. 69 f.

104 *Schmidt*, 2000, S. 277.

Verantwortung an Mitarbeiter übertragen werden. Gleichzeitig entwickeln sich Netzwerkstrukturen und virtuelle Organisationsformen, indem an die Stelle bisheriger Mitarbeiterbeziehungen Geschäftsbeziehungen treten, die sich aus allgemeinen Outsourcingmaßnahmen ergeben, beispielsweise aus Formen der sog. Neuen Selbständigkeit.

Wo die einen kritisch-pessimistisch Erosion sehen, sehen andere optimistisch großes Potenzial in »loose couples«, »weak ties« oder »grenzenlosen Unternehmen«. Intern heißt aus der optimistischen Perspektive intermediär und bezieht sich auf überbetriebliche oder überorganisationale Strukturen. Solche Formen bedeuten gleichzeitig Konzentration in Unternehmen auf Kernkompetenzen mit einer Stärkung des internen Arbeitsmarktes und stärkere Beweglichkeit bzw. stärkere Flexibilität in der Organisation der Arbeit. Dessen Wirkung:

- Stabilisierung im Hinblick auf die Beschäftigungsdauer,
- Destabilisierung im Hinblick auf Strukturen, Routinen und Planbarkeit.

Mit innovativen personalpolitischen Ansätzen wird versucht, neue Sicherheiten zu gewinnen und neue Sicherheiten zu geben. Beispielsweise reduzieren Unternehmen, teils in Zusammenarbeit mit Zeitarbeitsfirmen (zeitweise) Personalressourcen, indem sie Mitarbeiter anderen Unternehmen für vakante Stellen (befristet) zur Verfügung stellen. Andere öffnen gewissermaßen ihren Arbeitsmarkt, indem sie überbetriebliche Vereinbarungen treffen (z.B. »Job-Allianz«). Unter dem Oberbegriff »Outplacement« laufen Modelle, die Mitarbeiter frühzeitig auf den externen Arbeitsmarkt vorbereiten und sie darin unterstützen, sich ihre persönliche berufliche Zukunft neu zu gestalten (z.B. »Aktiv in die Zukunft«).

Vereinfacht können solche Modelle als Arbeitskräftepools bezeichnet werden.[105] Sie zielen grundsätzlich auf eine Abfederung bzw. Absicherung der neuen, instabilen und unsicheren Gegebenheiten in Unternehmen und versuchen angemessene Umgangsformen, gerade auch in der Vorbereitung von Arbeitskräften, für die Personal- und Arbeitsorganisation in einem wenig planbaren Umfeld bereit zu stellen. Ergänzend zum organisatorischen Hintergrund kann personalpolitischen Entwicklungsmaßnahmen in diesen Pools eine besondere Bedeutung zukommen.

105 *Rose*, 2001.

Ein Arbeitskräftepool kann sich durch folgende Merkmale auszeichnen:

- überbetriebliche Organisation kooperierender Einrichtungen,
- Stabilisierung eines flexiblen Mitarbeiterstamms,
- sozialverträglicher Personalabbau,
- Verschlankung und Flexibilisierung von Unternehmen,
- überbetriebliches Potenzial an Lernorten und Lernplätzen,
- Forderung und Förderung von Eigenverantwortlichkeit und Eigeninitiative, Mobilität und Flexibilität,
- Unterstützung beruflicher Neuorientierung.

Als organisatorische sowie als personalpolitische Entwicklungsmaßnahme kann das Konzept der »Job Rotation« als Beispiel dienen. Als arbeitsmarktpolitisches Instrument andererseits versucht die Job Rotation Arbeitslose über Zeitarbeit an Unternehmen heranzuführen, indem, so die ursprüngliche Idee des Konzepts, Mitarbeiter während längerfristiger Qualifizierungsmaßnahmen durch Arbeitslose vertreten werden.

Kontrollierte Ausdehnung und Öffnung lassen sich als entscheidende Merkmale des unternehmerischen Umgangs mit Flexibilität und Instabilität identifizieren; Ausdehnung durch das gezielte Eingehen von Partnerschaften, Öffnung im Sinne der Förderung von Beweglichkeit. An die Stelle fester Strukturen treten Rahmenbedingungen, innerhalb derer freie Gestaltung ermöglicht wird. Mit der Erweiterung eines internen zum intermediären Arbeitsmarkt wachsen die personalpolitischen Rekrutierungs- und Motivationsmöglichkeiten, bekräftigen damit bedeutend zwei Merkmale des internen Arbeitsmarktes: Die für High-Potentials wichtigen Entwicklungsmöglichkeiten sind hier intern gegeben. Möglichkeiten zur Mitarbeiterbindung werden verbessert.

Die interne Ausprägung von Arbeitsmärkten kann aufgrund des Zugewinns an personalpolitischen Optionen eine Tendenz zur weiteren Abschottung vom externen Markt bedeuten. Die Erweiterung eines internen zum konzerninternen oder intermediären Arbeitsmarkt darf sich nicht darauf beschränken, die Grenze zum externen Markt nur weiter hinauszuschieben. Wird der Zugang vom externen zum internen/intermediären Markt weiter erschwert? Oder wird der Austausch zwischen internen und externen Märkten gefördert und unterstützt? Verlöre Arbeitslosigkeit ihren Schrecken? Das hätte die Konsequenz, dass zwar mehr Menschen zeitweise Beschäftigung verlieren oder selbst aufgeben würden, allerdings mit besseren Chancen, nach kurzer Zeit erneut Beschäftigung zu finden.

8.5 Die Förderung von Übergängen zwischen internen und externen Arbeitsmärkten

In internen Arbeitsmärkten wird Flexibilität gelebt, in den letzten Jahren sogar verstärkt, indem, wie oben gezeigt, verbreitet flexible Arbeitszeit- und Arbeitsorganisationsformen wie auch variable Entlohnungsformen eingeführt wurden. Beschäftigungsstabilität – im Sinne von Betriebszugehörigkeitsdauer – ist aber vor allem für Hochqualifizierte festzustellen. Es besteht eine deutlich positive Korrelation von Qualifikation und Dauer der Betriebszugehörigkeit.[106] Zudem bestimmen Hochqualifizierte signifikant häufiger selbst darüber, ob sie den Arbeitgeber wechseln. Geringqualifizierte sind hingegen vielmehr in einer Abhängigkeitsposition, die dazu führt, dass zwischen Beschäftigungen in der Regel häufigere und längere Arbeitslosigkeitsphasen liegen, weil ihnen der Zugang zu und der Verbleib in Unternehmen erschwert wird.

Mit wachsenden Ansprüchen an Qualifikationen und Kompetenzen gewinnt ein interner Arbeitsmarkt an Bedeutung. Der Entwicklungsaspekt ist gleichzeitig der kritische im Hinblick auf den externen Markt. Intern erfolgt Förderung. Auf Förderung folgt Bindung. Externen, besonders Berufsunerfahrenen und Geringqualifizierten, droht die Gefahr, dass die qualifikatorische, schließlich auch die soziale Distanz zu Internen, zunimmt, wenn sich ihnen immer weniger Einstiegspforten bieten.

Die große Herausforderung besteht darin, mehr Zugangsmöglichkeiten in Beschäftigung zu schaffen (organisatorisch) und vor allem Zugangsfähigkeiten zu entwickeln (qualifikatorisch). Intermediäre Arbeitsmärkte, wie sie in Konzernen und Kooperationen ausgestaltet werden, erweitern im Vergleich zu herkömmlichen internen Arbeitsmarktformen Optionen. Mit Job Rotation, Zeitarbeit und poolartigen Konstrukten werden Instrumente erprobt, die Offenheit unterstützen und die Flexibilität absichern sowie Qualifikationsentwicklung för-

106 *Hecker*, 2001.

dern. Parallel zum Ausbau intermediärer Arbeitsmärkte muss Personalentwicklung auf den externen und auf Übergangsarbeitsmärkten gefördert und müssen neue Zugangsmöglichkeiten zu den intermediären Arbeitsmärkten eröffnet werden.

Literaturhinweise

Brandes, W./Buttler, F.: Die Unvermeidbarkeit interner Arbeitsmärkte, in: Reyher, L./Kühl, J. (Hrsg.): Resonanzen, BeitrAB 111, Nürnberg: Institut für Arbeitsmarkt- und Berufsforschung der Bundesanstalt für Arbeit, 1988, S. 94-113.

Doeringer, P.B./Piore, M.J.: Internal Labor Markets and Manpower Analysis, Lexington, Massachusetts: Heath and Company, 1971.

Ehrlinghagen, M./Knuth, M.: Kein Turbo-Arbeitsmarkt in Sicht, IAT-Report 2002-04.

Gerlach, K./Hübler, O./Meyer, W.: Berufliche Flexibilisierung und Beschäftigungsstabilität – Ein Widerspruch?, in: Bellmann, L./Gerlach, K./Hübler, O./Meyer, W. (Hrsg.), Beschäftigungseffekte betrieblicher Arbeitszeitgestaltung, BeitrAB 251, Nürnberg: Institut für Arbeitsmarkt- und Berufsforschung der Bundesanstalt für Arbeit, 2002, S. 141-171.

Handy, C.: The Age of Unreason, London: Arrow, 1995.

Hecker, U.: Berufliche Mobilität und Wechselprozesse, in: Dostal, W./Jansen, R./Parmentier, K. (Hrsg.), Wandel der Erwerbsarbeit: Arbeitssituation, Informatisierung, berufliche Mobilität und Weiterbildung, BeitrAB 231, Nürnberg: Institut für Arbeitsmarkt- und Berufsforschung der Bundesanstalt für Arbeit, 2001, S. 67-97.

Kommission für Zukunftsfragen der Freistaaten Bayern und Sachsen: Erwerbstätigkeit und Arbeitslosigkeit in Deutschland, Entwicklung, Ursachen und Maßnahmen, Teil I, Entwicklung von Erwerbstätigkeit und Arbeitslosigkeit in Deutschland und anderen frühindustrialisierten Ländern, Bonn, Oktober 1996.

Lindbeck, A./Snower, D.J.: The Insider-Outsider-Theory, Theory of Employment and Unemployment, Cambridge, Massachusetts; London: MIT, 1988.

Rifkin, J.: Das Ende der Arbeit, Frankfurt am Main: Fischer, 1997.

Rose, J.: Weiterbildung peripher Beschäftigter im Arbeitskräfte- und Wissenspool – Auf dem Weg zu einer FlexStAbility, Herbolzheim: Centaurus, 2001.

Sattelberger, T.: Multilog, in: Littmann, P./Jansen, S.A., Oszillodox, Stuttgart: Klett-Cotta, 2000, S. 261-268.

Schmidt, G.: Arbeitsplätze der Zukunft: Von standardisierten zu variablen Arbeitsverhältnissen, in: Kocka, J./Offe, C. (Hrsg.), Geschichte und Zukunft der Arbeit, Frankfurt/New York: Campus, 2000, S. 269-292.

Schröder, E.: »Arbeitnehmerüberlassung in Vermittlungsabsicht«, BeitrAB 209, Nürnberg: Institut für Arbeitsmarkt- und Berufsforschung der Bundesanstalt für Arbeit, 1997.

Selke, M.: Transaktionskostenminimierung durch interne Arbeitsmärkte, Essen: MAV, 2000.

Sengenberger, W.: Struktur und Funktionsweise von Arbeitsmärkten, Frankfurt/Main; New York: Campus, 1987.

9. Praxisbeispiele: Interne Arbeitsmärkte großer Unternehmen und Verwaltungen

9.1 Die Mitarbeiteragentur der BASF AG *(Fritz Krieg)*

9.1.1 Wichtigste Grundlagen der Mitarbeiteragentur

In der »Vereinbarung 2003« (Abschluss: April 2000) wurden folgende Übereinkünfte mit dem Betriebsrat zur Mitarbeiteragentur festgeschrieben:

- Die Mitarbeiteragentur soll von strukturellen Veränderungen betroffenen Mitarbeitern und Ausgebildeten über den unbefristeten Personalbedarf am Standort hinaus zusätzliche Beschäftigungsmöglichkeiten eröffnen. Sie wird eingerichtet, um flexibler auf den Personalbedarf der Einheiten reagieren zu können und setzt gleichzeitig eine erhöhte Flexibilität bei den in der Mitarbeiteragentur beschäftigten Mitarbeitern voraus. Sie soll ferner die Möglichkeiten der internen Vermittlung auf Dauerarbeitsplätze – ggf. durch bedarfsgerechte Weiterqualifizierung – erhöhen. ...
- Mitarbeiter in der Mitarbeiteragentur werden nach Bedarf vorrangig entsprechend ihrer Qualifikation und Eignung, sofern ein solcher Einsatz nicht möglich ist, auch berufsfremd, eingesetzt. ...
- Die Einsätze der Mitarbeiter können innerhalb der BASF AG und der BASF-Gruppe erfolgen. Einsätze können auch bei externen Unternehmen im Beruf bzw. entsprechend der jeweiligen Qualifikation erfolgen. ...
- Die Gesamtdauer des Verbleibs eines Mitarbeiters in der Mitarbeiteragentur soll zwei Jahre nicht überschreiten. ...

9.1.2 Zusammenfassung der Ziele

- (Befristeten) Personalbedarf nach Möglichkeit mit vorhandenen Eigenressourcen decken,
- restrukturierungsbetroffene Mitarbeiter ohne Arbeitsplatz zunächst auf befristetem Personalbedarf wieder produktiv einsetzen und diese Mitarbeiter zu neuem Dauerarbeitsplatz führen,
- Minimierung von permanenten und/oder temporären Personalüberhängen,

- Ausgebildeten die Chance zum Erwerb von Berufserfahrung und Beschäftigung im Anschluss an die Ausbildung zu ermöglichen,
- Flexibilisierung des Personaleinsatzes in der BASF AG, der BASF-Gruppe und bei externen Unternehmen.

9.1.3 Weitere Grundlagen zur erfolgreichen Umsetzung in die Praxis

Der Mitarbeiteragentur wird die zentrale Zuständigkeit für die gesamte Bedarfsdeckung an befristetem Personal übertragen, um alle potenziellen Einsatzmöglichkeiten für Mitarbeiter der Mitarbeiteragentur kontrollieren zu können. Die Mitarbeiteragentur übernimmt die folgenden Aufgaben:

- Beschaffung von externem gewerblichen Leasingpersonal (bisher Aufgabe des Einkaufs),
- Beschaffung von externem anderen Leasingpersonal (bisher Aufgabe der Personalbeschaffung),
- Vermittlung befristeter Einsätze von Rückkehrern aus Erziehungsurlaub/Elternzeit und aus dem BASF-eigenen »Eltern-und-Kind-Programm«,
- Steuerung und Freigabe der befristeten Einstellung von Ausgebildeten und des externen Personals,
- Steuerung und Freigabe der Besetzung unbefristeten Personalbedarfes.

Durch den Erwerb der Erlaubnis zur gewerbsmäßigen Arbeitnehmerüberlassung erhält die BASF die Möglichkeit, weitere Beschäftigungsmöglichkeiten für Personalüberhänge zu erschließen. Diese Verleiherfunktion der BASF wird in die Zuständigkeit der Mitarbeiteragentur übertragen.

In der praktischen Umsetzung müssen die Mitarbeiter ihre Stammeinheit verlassen und werden in die Mitarbeiteragentur versetzt. Die Aufnahme von Mitarbeitern in die Mitarbeiteragentur erfolgt dabei strikt nach dem Prinzip »Bedarf und Eignung«. Darüber hinaus arbeitet die Mitarbeiteragentur nach Personal-Leasing-Prinzipien:

- Mitarbeiter der Mitarbeiteragentur beeinflussen den Personalstand des Entleihers nicht.
- Die Mitarbeiter werden zu marktgerechten Stundensätzen an den Entleiher verrechnet; dabei werden nur Leistungsstunden verrechnet.

- Die eventuelle Differenz (Unterdeckung) zwischen dem erzielbaren Verrechnungserlös und den tatsächlichen Personalkosten für den überlassenen Mitarbeiter trägt der Verursacher (Einheit mit Strukturmaßnahmen). Bei Ausgebildeten, die in die Mitarbeiteragentur eingestellt werden, trägt die Mitarbeiteragentur das wirtschaftliche Risiko (da in diesem Fall kein Verursacher einer Strukturmaßnahme vorhanden ist).

9.1.4 Organisationsstruktur der Mitarbeiteragentur

Die Mitarbeiteragentur nahm am 1. Februar 2001 ihren Betrieb auf. Sie ist eine Einheit des Personalwesens (lt. Vereinbarung 2003). Organisatorisch und in der Berichterstattung wird sie jedoch als separate Abteilung geführt. Auf diese Weise wird deutlich, dass deren Mitarbeiter zwar im Personalwesen geführt, aber im eigentlichen Sinne keine »Personalwesen-Dienstleistungen« erbringen. D. h., die Mitarbeiter sind keine »Personaler«, sondern sie erbringen ihre Leistungen außerhalb des Personalwesens in den anderen operativen und funktionalen Einheiten der BASF AG.

Die Mitarbeiteragentur (MAG) ist in sechs Kostenstellen gegliedert, um jederzeit einen Überblick über die Kosten-(Ergebnis)-Situation und den Administrationsaufwand zu haben:

- MAG-Administration,
- MAG-Ausgebildete befristet,
- MAG-Ausgebildete unbefristet,
- MAG-Stammmitarbeiter,
- MAG-Springerpool,
- MAG-Externe Überlassung.

Der externe Leasingbedarf wird komplett vom Regiepersonal administrativ gesteuert und abgewickelt; die Prozesskosten (pro beschafftem Leasing-Mitarbeiter) werden auch dieser Kostenstelle gutgeschrieben. Dieser Prozess ist kostendeckend gestaltet.

Die Kosten der MAG-Administration werden entsprechend den konkreten Einsätzen anteilig auf die »Produktkostenstellen« umgelegt. Die Mitarbeiteragentur ist darauf verpflichtet, ohne »Gewinn« zu arbeiten, auf der anderen Seite aber auch keine »Verluste« einzufahren, da diese die Personalwesen-Umlagekosten erhöhen würden. Dies ist bei der Kostenstelle MAG-Stammmitarbeiter relativ einfach, da die ursprüngliche Einheit aufgrund des Verursacherprinzips kostenverantwortlich bleibt, bedarf aber bei Ausgebildeten einer sorgfältigen Kalkulation der Verrechnungssätze und einer schlanken Administration.

9.1.5 Qualifizierung

Die Mitarbeiteragentur hat die Verpflichtung, Qualifizierungen, die die Einsatzfähigkeit und die Vermittelbarkeit ihrer Mitarbeiter verbessern/erhöhen, durchzuführen. Dies ist notwendig, um ihrer primären Aufgabe, der Vermittlung von Mitarbeitern auf neue Dauerarbeitsplätze, gerecht werden zu können.

Die überwiegende Qualifizierung erfolgt durch Training on the Job. Inzwischen ist die Bereitschaft der Mitarbeiter zur Flexibilität und die Akzeptanz der Leistungserbringung an wechselnden Einsatzorten mit wechselnden Aufgaben und Vorgesetzten als auszeichnendes Qualitätsmerkmal für die Mitarbeiter der Mitarbeiteragentur anerkannt. Dies hat sich als ein stark unterstützendes Argument bei der Vermittlung auf einen neuen Dauerarbeitsplatz manifestiert.

Über das Training on the Job hinaus werden gezielt bedarfsorientiert Qualifizierungsmaßnahmen durchgeführt, wenn dies für die jeweilige Einsatztätigkeit notwendig ist. Qualifizierung dient auch als Vorbereitung für einen in Aussicht genommen neuen Einsatz oder der Vermittelbarkeit auf einen Dauerarbeitsplatz.

Insgesamt wurden seit Beginn der Betriebstätigkeit der Mitarbeiteragentur 83 Seminare, Trainings- oder Schulungsmaßnahmen von den bisher 190 Mitarbeitern der Mitarbeiteragentur absolviert.

Eine Qualifizierung mit dem Ziel, überhaupt erst die Aufnahme in die Mitarbeiteragentur zu ermöglichen, erfolgt nicht, um den Grundsatz »Bedarf und Eignung« nicht zu durchbrechen. Personalbedarfe werden dann von der MAG erfüllt, wenn das vorhandene Personal die entsprechende Eignung besitzt. Die Mitarbeiteragentur ist ausdrücklich nicht als Personalentwicklungsgesellschaft konzipiert worden.

9.1.6 Anzahl und durchschnittliche Verweildauer der Mitarbeiter

Die Mitarbeiteragentur hat derzeit 148 Mitarbeiter (Stand Oktober 2002). 39 Mitarbeiter wurden inzwischen in der BASF AG auf neue Dauerarbeitsplätze vermittelt, ein Mitarbeiter innerhalb der BASF-Gruppe. Zwei Mitarbeiter sind freiwillig aus der BASF ausgeschieden.

Die durchschnittliche Einsatzdauer beträgt aktuell bei Stammmitarbeitern 6,5 Monate und bei Ausgebildeten 6,7 Monate. Die einzelnen Einsätze hatten eine Dauer zwischen zwei Wochen und 24 Monaten.

9.1.7 Erfahrungen

Der Start der Mitarbeiteragentur Anfang 2001 gestaltete sich schwierig. Vonseiten des Betriebsrats war kein Vertrauensvorschuss zu verspüren. Betroffenen Mitarbeitern wurde vom Betriebsrat eher abgeraten, Einsatzmöglichkeiten über die Mitarbeiteragentur als eine Chance zu begreifen. Vorgesetzte in den Betrieben waren zu Beginn neutral bis skeptisch eingestellt.

Der Mitarbeiteragentur ist es durch sorgfältige Auswahlpolitik sowie Fairness, Offenheit und sichtbarer Deckungsgleichheit zwischen Kommunikation und praktischem Tun gelungen, das Misstrauen zu überwinden und die aktive Unterstützung der Vorgesetzten in den Betrieben zu gewinnen. Heute wird die Arbeit der Mitarbeiteragentur öffentlich gelobt; Vorbehalte gegenüber der Mitarbeiteragentur sind jetzt praktisch nicht mehr anzutreffen.

Die größte Bewährungsprobe für die Mitarbeiteragentur war und ist die Bewältigung der Übernahmeproblematik von Ausgebildeten mit unbefristetem Beschäftigungsanspruch (nach derzeitiger BASF AG Regelung) für die kein entsprechender unbefristeter Personalbedarf vorlag bzw. nicht vorliegt. Ohne die Mitarbeiteragentur wären »Zwangszuweisungen« in die Einheiten unumgänglich gewesen, mit entsprechenden Folgen in den Betrieben. Die Mitarbeiteragentur beschäftigte zeitweise über 100 unbefristet eingestellte Ausgebildete auf befristeten Stellen.

Die zeitlich begrenzte »Aufenthaltsdauer« der Beschäftigten in der MAG hat sich teilweise als problematisch erwiesen. Der »normale« befristete Personalbedarf der BASF AG auf Stellen, die für Ausgebildete und Stammmitarbeiter der Mitarbeiteragentur in Frage kommen, ist in der Regel auf sechs bis zwölf Monate ausgelegt. Ein Abbrechen der Einsatzzeiten durch die Mitarbeiteragentur führt wegen des Einarbeitungsaufwandes zur Verärgerung bei den Betrieben. Deshalb ist die Mitarbeiteragentur in ihrer derzeitigen Auslegung und Struktur weniger geeignet, kurzfristig auftretenden befristeten Personalbedarf abzudecken. Hier wird nach wie vor mit externem Leasingpersonal gearbeitet.

Eine weitere Problematik ergibt sich daraus, dass Mitarbeiter häufig nicht für Projektarbeit eingeplant werden können, wenn die bereits absolvierte Einsatzdauer in der Mitarbeiteragentur die Zweijahresgrenze tangiert.

Bewährt hat sich die Mitarbeiteragentur bei der Vermittlung von Mitarbeitern, die in ihrer Stammeinheit mit gruppendynamischen Problemen konfrontiert waren, leistungs- und verhaltensmäßig aber keinen Anlass zur Beanstandung gaben. Mehrere solcher Mitarbeiter konnten nach einigen befristeten Einsätzen ohne »Vorbelastung« an einem neuen Dauerarbeitsplatz beruflich neu starten.

Insgesamt wird die Versetzung in die Mitarbeiteragentur bei Stammmitarbeitern, deren Arbeitsplatz entfallen ist, als Chance aufgefasst. Bei unbefristet einzustellenden Ausgebildeten ist die Reaktion meistens zwiespältig. Auf der einen Seite wird die Chance für eine Beschäftigung in der BASF AG gesehen, auf der anderen Seite steht der Wunsch im Vordergrund, wie andere Ausgebildete direkt auf einem Dauerarbeitsplatz starten zu können.

9.1.8 Ausblick

Die Mitarbeiteragentur hat die gesteckten Ziele erreicht und ihre Aufgaben erfolgreich in die Praxis umgesetzt. Die Praxis und die sich im Laufe der Zeit herausstellenden Notwendigkeiten zur Personalstandssteuerung in der BASF AG haben aber Weiterentwicklungsbedarf aufgezeigt:

- Vor allem kurzfristig auftretender Bedarf und kurzlaufende Einsätze sind mit der Mitarbeiteragentur gegenwärtigen Zuschnitts kaum abzudecken.
- Die Einsatzmöglichkeiten bei Projekten ist begrenzt.

- Bei Personalüberhängen mit niedrigem Qualifikations- und Funktionsprofil kann dem Prinzip »Bedarf und Eignung« nicht ausreichend Genüge getan werden.
- Das Problem der kostenseitigen Konkurrenzsituation zwischen Mitarbeitern der Mitarbeiteragentur und externem Leasingpersonal besteht aus Sicht der anfordernden Einheit nach wie vor.

Die BASF AG will diese Weiterentwicklungsnotwendigkeiten konsequent angehen und schafft derzeit dazu die Grundlagen.

Das Unternehmen hat mit dem Betriebsrat in diesem Zusammenhang Folgendes im September 2002 vereinbart:

Die ursprünglich bis Ende 2003 befristete Einheit Mitarbeiteragentur wird dauerhaft weiterbetrieben.
Es wird eine neue Einheit »Serviceagentur« geschaffen. Sie soll durch temporäres Insourcing von extern vergebenen einfachen Servicetätigkeiten Beschäftigungsmöglichkeiten für Personalüberhänge mit niedrigem Qualifikations- und/oder Funktionsprofil schaffen. Dementsprechend sollen Mitarbeiter von den Einheiten übernommen und für die »beschafften« Aufträge eingesetzt werden. Die dafür erforderlichen Strukturen werden derzeit vorbereitet.
Es wird eine neue 100%ige Tochtergesellschaft der BASF AG, die »BASF Jobmarkt GmbH« gegründet. Sie wird den befristeten Personalbedarf der BASF AG abdecken, indem sie geeignete Mitarbeiter einstellt und an die BASF AG verleiht. Sie agiert dabei wie eine Personalleasingfirma und hat sich – unter Vollkostenbetrachtung – der externen Konkurrenz zu stellen.

Name des Projekts oder der Maßnahme	**Mitarbeiteragentur**
Unternehmen	**BASF AG**
Anlass	• Umsetzung der Standortvereinbarung • Personalüberhang, Mitarbeiter, deren Arbeitsplatz durch Restrukturierung verloren gegangen ist • Umsetzung der Zusage, frisch Ausgebildeten zumindest befristet Beschäftigungschancen zu geben
Zielsetzung	• Deckung des befristeten Personalbedarfs mit Stammpersonal • Beschäftigung von Mitarbeitern, die von Restrukturierung betroffen sind • Produktiver Einsatz von Personalüberhängen • Flexibilisierung des Personaleinsatzes
Beschreibung der Maßnahmen	• befristeter Personaleinsatz (interne Zeitarbeit) • Vermittlung von Personal für befristete Einsätze • Übernahme der Auszubildenden nach der Prüfung • Qualifizierung
Erfolgsfaktoren/ Schwierigkeiten bei der Umsetzung	• anfängliche Skepsis bei Führungskräften und Betriebsrat • offene Politik • Befristung von Einsätzen • unzureichende Qualifikation
Beteiligung der Interessenvertretung	• Betriebsvereinbarung
Ergebnisse/Stand	190 Beschäftigte eingesetzt, 83 Schulungsmaßnahmen, 40 Vermittlungen auf neue Arbeitsplätze, durchschnittliche Verweildauer 6,5 Monate
Bewertung	erfolgreich, Ziele erreicht, zu wenig Einsatzmöglichkeiten für gering Qualifizierte
Perspektive	Ergänzung um eine Service-Agentur und um BASF Jobmarkt GmbH

9.2 Die Job-Börse der Stadt Detmold *(Astrid Diekmann)*

9.2.1 Unternehmen

Detmold ist mit knapp 80 000 Einwohnern die größte Stadt des Kreises Lippe im östlichen Landesteil Nordrhein-Westfalens. Sie ist Sitz der Bezirksregierung, der Kreisverwaltung, verschiedener Justizbehörden, der Industrie- und Handelskammer, der Handwerkskammer und des Landeskirchenamtes. Das Wirtschaftsleben wird geprägt vom Dienstleistungsbereich sowie von der Möbel- und Metallindustrie.

Die Stadtverwaltung Detmold – mit zirka 1000 Mitarbeiterinnen und Mitarbeitern – versteht sich als modernes und bürgerfreundliches Dienstleistungsunternehmen. Seit 1992 wird die Verwaltung im Sinne des »Neuen Steuerungsmodells« grundlegend reformiert, um wirtschaftlicher und wirksamer, mitarbeiterbezogener und bürgerorientierter zu arbeiten. Die ehemals 28 Ämter des ursprünglichen Verwaltungsaufbaus wurden in acht Fachbereiche, zwei Bereiche, einen Sonderbereich und Vorstandsbüro sowie eine Steuerungsunterstützung zusammengefasst.

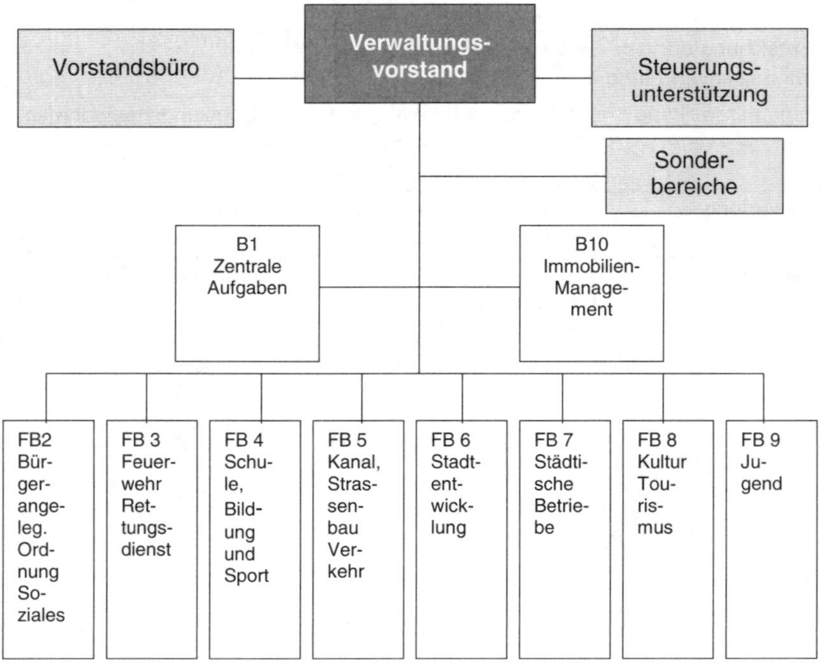

Neugestaltung heißt in Detmold insbesondere dezentrale Ressourcenverantwortung. Diese Ressourcenverantwortung bezieht sich nicht nur auf die Finanzen sondern auch auf das Personal. Jeder der neuen Fachbereiche besteht aus einer Fachbereichsleitung und verschiedenen Teams, die Produkte für die Bürgerinnen und Bürger erstellen. Die Fachbereichsleitung verwaltet ein eigenes Finanzbudget und trägt die Personalverantwortung. Mit dem Neuen Steuerungsmodell ist ein Hierarchieabbau und die Ausrichtung auf Arbeitsprozesse verbunden. Veränderungen in der Aufbauorganisation, verbunden mit einer konsequenten Kunden- und Dienstleistungsorientierung, stellen neue Anforderungen an die Beschäftigten. Gefragt sind eigenverantwortliche Mitarbeiterinnen und Mitarbeiter, die im Sinne der Produkterstellung für den Bürger betriebswirtschaftlich und kundenorientiert agieren. Seit 1996 budgetiert die Stadt Detmold produktbezogen und berichtet quartalsweise an die Politik.

9.2.2 Anlass

Mit der Einführung des Neuen Steuerungsmodels hat sich die Stadt Detmold den Anforderungen an eine moderne und effektive Verwaltung gestellt. Jeder (Fach)Bereich handelt für seinen Zuständigkeitsbereich verantwortlich und achtet auf die eigene Wirtschaftlichkeit. Um die auseinanderdriftenden Personalinteressen zu bündeln und zusammenzuführen, ist die Job-Börse ins Leben gerufen worden. Die Job-Börse ist im Bereich »Zentrale Aufgaben, Personal und Organisation« angesiedelt. Hier stellt sie ein Verbindungsglied zwischen dem Verwaltungsvorstand und den (Fach)Bereichsleitungen dar.

Die dezentrale Personalhoheit, die Umstrukturierung zu einer schlankeren Organisation mit Teamstrukturen und teilweisen Allzuständigkeiten sowie die Wahrung des gesamtstädtischen Interesses bedürfen der Ergänzung durch einen flexiblen, hausinternen Arbeitsmarkt. Eine moderne Verwaltung benötigt flexible und umfassend qualifizierte Mitarbeiterinnen und Mitarbeiter, die den Anforderungen an eine zukunftsorientierte Verwaltung gerecht werden. Die Beschäftigten sollen in vielen Tätigkeitsfeldern einsetzbar sein. Aus diesem Blickwinkel stellen sich Fragen wie:

- Wie sieht die Verwaltung in den nächsten zehn Jahren aus?

- Wie und in welche Richtung verändert sich die Aufgabenstruktur durch Veränderungen der Arbeitsprozesse?
- Welche Kompetenzen werden benötigt, um die anfallenden Arbeiten effizient und bürgerorientiert zu erledigen?
- Wodurch kann die Personalentwicklung in den Fachbereichen unterstützt und vorangetrieben werden?
- Welche Arbeitsplätze können wie erhalten oder verändert werden?
- Wie kann ein möglicher Stellenabbau sozialverträglich langfristig vorbereitet werden?

Aufgrund dieser Fragestellungen wurde 1998 in Gesprächen mit Mitarbeiterinnen und Mitarbeitern, Vorstand, Politik und Personalrat die Einrichtung eines internen Arbeitsmarktes beraten. Ein Jahr später lag die Zustimmung des Haupt- und Finanzausschusses und die Dienstvereinbarung mit dem Personalrat vor, so dass die Job-Börse 1999 mit zunächst einjähriger Probezeit starten konnte. Personell wurde dafür eine neue Stelle eingerichtet und dem Bereich Personalentwicklung angegliedert. Die Finanzierung der »Sach- und Entwicklungskosten Job-Börse« erfolgt über eine Refinanzierungsumlage durch die einzelnen (Fach)Bereiche auf Basis eines Verteilungsschlüssels.

9.2.3 Zielsetzung

Ziel der Job-Börse ist es, den Personaleinsatz hausintern zukunftsorientiert zu steuern und zu sichern. Dabei geht es hauptsächlich um die Vermittlung auf freie Stellen und eine rechtzeitige, zielorientierte Qualifizierung der Mitarbeiterinnen und Mitarbeiter. Voraussetzung zur Reduzierung der externen Ausschreibungen sind zielgerichtete mittel- bis langfristige Personalplanungen, bedarfsorientierte Qualifizierungen und Personalentwicklungsaktivitäten sowie die Schaffung eines größeren Pools an Kolleginnen und Kollegen in der Job-Börse. Die Job-Börse ist ein Personalentwicklungsinstrument für alle Mitarbeiterinnen und Mitarbeiter. Sie ist eine Plattform, auf der unterschiedliche Qualifizierungswege gemeinsam mit den Fachbereichsleitungen konzipiert und geplant werden:

- Projektarbeit,
- Weiterbildung in Seminarform,
- Rotation,
- externe/interne Praktika,

- Nachwuchsentwicklung,
- Umschulungen.

Die Job-Börse ist als zentrales Personalentwicklungsinstrument zu sehen, das die berufliche und persönliche Entwicklungsplanung in den Fachbereichen vor Ort ergänzt und unterstützt. Mit Blick auf die Gesamtverwaltung werden die Personalinteressen der einzelnen (Fach)-Bereiche ausbalanciert. Die Job-Börse spricht folgende Zielgruppen an:

- Mitarbeiter/innen bzw. Auszubildende nach Abschluss der Ausbildung,
- Mitarbeiter/innen in der Elternzeit bzw. im Sonderurlaub mit dem Rückkehrwunsch in eine Teilzeittätigkeit,
- Mitarbeiter/innen mit dem Wunsch nach einer anderen oder anspruchsvolleren Aufgabe,
- Mitarbeiter/innen, die sich aufgrund betrieblicher oder persönlicher Bedingungen verändern müssen oder wollen.

9.2.4 Beschreibung der Maßnahmen

Qualifizierungsmaßnahmen
Jeder interessierte Mitarbeiter hat die Gelegenheit, sich über das Mitarbeitergespräch im (Fach)Bereich oder an zentraler Stelle an die Job-Börse zu wenden, um so dem internen Arbeitsmarkt zur Verfügung zu stehen. In einem persönlichen Personalentwicklungsgespräch werden die Interessen, Erfahrungen und Potenziale erfragt. Zusammen mit dem Lebenslauf ergibt sich so ein Überblick über Möglichkeiten der beruflichen Veränderung und erforderlichen Qualifizierungsmaßnahmen. Dabei zeigt sich häufig, dass die vorhandene Qualifikation dem Tätigkeitswunsch oder Bedarf angepasst werden muss. Hierfür werden derzeit in Detmold Kompetenzprofile (z. B. Teamfähigkeit, Kundenorientierung, Flexibilität) erarbeitet und mit Verhaltensbeispielen hinterlegt, an denen sich Potenzialanalysen orientieren können. Diese Potenzialanalysen können dann hausintern mit einem Selbsteinschätzungsbogen zur Ermittlung der Kompetenzen durchgeführt werden. Zusammen mit einem strukturierten Interview werden die ermittelten Profile mit den im Hause erwarteten Kompetenzen abgeglichen (Profiling).

Im Ergebnis vermittelt die Job-Börse Qualifizierungsangebote für die Übernahme neuer Aufgaben. Seit 1999 gab es zahlreiche Angebote mit speziellen Fortbildungsmaßnamen. Im Angebot sind regelmäßig EDV-Grundlagen oder Sozial- und Methodenkompetenz (z. B. Projektmanagement, Diskussions- und Argumentationstraining, Konfliktbewältigung und Stressabbau). Auch längerfristige Fortbildungsangebote wie Vorbereitungslehrgänge oder auf bestimmte Arbeitsplätze zugeschnittene Qualifizierungspläne sind möglich. Als Instrument zur Qualifikationsvermittlung dienen in Einzelfällen ebenfalls »training on the job« und »Projektarbeit«.

Vermittlungsstelle

Seit der Dezentralisierung der Fachbereiche liegt die Finanz- und Personalhoheit und damit auch die Verantwortung für die Personalauswahl bei den Fachbereichsleitungen. Ausgeschriebene Stellen werden nur dann mit externen Bewerbern besetzt, wenn sich intern kein geeigneter Bewerber findet. Hier setzt die Job-Börse als Vermittlungsagentur an. Zur Vereinheitlichung des Ausschreibungs- und Stellenbesetzungsverfahrens ist ein verbindliches Verfahren verabschiedet worden. Danach wird die Job-Börse an allen Personalwechseln und Stellenvakanzen beteiligt. Hier gilt es zu klären, ob im Pool der Job-Börse geeignete Mitarbeiter/innen vorhanden sind und sich bewerben möchten, ob das Anforderungsprofil mit dem Bewerberprofil übereinstimmt oder Schulungsmaßnahmen erforderlich sind, damit die Bewerber den Anforderungen entsprechen können.

Die nachfolgende Tabelle zeigt die Vermittlungen der Job-Börse im Verhältnis zur Anzahl der Ausschreibungsverfahren:

Vermittlungen im Verhältnis zu Ausschreibungsverfahren

Jahr	Interne Stellen-ausschreibung	Externe Stellen-ausschreibung	Ausschreibung bzw. Besetzungen insgesamt	Vermittlungsquote interne Ausschreibung	Vermittlungsquote gesamt
1999	24	22	46	21%	11%
2000	43	21	64	51%	34%
2001	31	22	53	61%	36%

Neben den eigentlichen Stellenbesetzungen gibt es eine Reihe von hausinternen Anfragen, um Beschäftigte zu vertreten oder Arbeitsspitzen aufzufangen. In diesem Fall hat die Job-Börse die Möglichkeit, Mitarbeiterinnen und Mitarbeiter während Elternzeit oder Sonderurlaub sowie mit befristeten Verträgen zu vermitteln. Es ist so möglich, einen Einblick in eine neue Aufgabe zu bekommen. Entsprechende Arbeitsproben führen dann nicht selten zu einer neuen Tätigkeit in einem ganz anderen Fachbereich.

Projektarbeit
Die Job-Börse vermittelt Projektarbeit bei der Stadt Detmold. Projektarbeit wird bei komplexen Aufgaben, die ein festes Ziel haben und über einen befristeten Zeitraum zu erledigen sind, durchgeführt. Sie bietet die Möglichkeit, neue Aufgabenzusammenhänge kennen zu lernen und Erfahrungen zu sammeln, die in Verbindung mit entsprechenden Schulungsmaßnahmen als Qualifizierungsmaßnahme anerkannt sind. So kann die Projektarbeit ein Einstieg in ein neues Team mit Perspektive auf eine neue und unbefristete Tätigkeit sein. In jedem Fall wird die gezeigte Flexibilität bei späteren Bewerbungsverfahren honoriert.

Durch die Einrichtung eines Stellenpools im Stellenplan 2002 sind neue Möglichkeiten geschaffen, Projekte oder Stellenwechsel zu erleichtern.

Bewerbungsmanagement
Eine weitere Aufgabe der Job-Börse ist es, die Bewerber auf die hausinterne Bewerbungssituation vorzubereiten bzw. zu unterstützen. Zur Vorbereitung auf eine Bewerbung finden Beratungsgespräche mit den Bewerbern bezüglich der formalen, schriftlichen und persönlichen Vorstellung statt. Bei nicht erfolgreichen Bewerbungen werden in der Nachbereitung persönliche Perspektiven in der Stadtverwaltung besprochen. Auf Wunsch und insbesondere nach erfolglosen Bewerbungen werden die Beschäftigten mit ihren Qualifikationen und Veränderungsinteressen für die Job-Börse erfasst. Für sie werden Bewerbungstrainings und andere Qualifizierungsmaßnahmen angeboten.

Erfolgsfaktoren/Schwierigkeiten bei der Umsetzung
Je größer der Pool an vorhandenen Potenzialen ist, desto leichter kann die Job-Börse geeignete Bewerber vermitteln. Die Job-Börse ist dann erfolgreich, wenn sich möglichst viele Mitarbeiter in die Job-Börse melden. Um die Akzeptanz der Job-Börse im eigenen Hause zu er-

höhen, ist die interne Öffentlichkeitsarbeit ein wichtiges Instrument. Deshalb wird für die Job-Börse in der Mitarbeiterzeitung »Rathausinform«, über Rundschreiben und in persönlichen Gesprächen geworben. Führungskräfte sind besonders gefragt, zum Eintritt in die Job-Börse zu ermutigen. Eine Unterstützung der (Fach)Bereichsleitungen liegt hauptsächlich in der Zusammenarbeit mit der zentralen Stelle »Job-Börse« und der Transparenz der Personalplanung im Fachbereich.

Vermittlung im Verhältnis zu der Gesamtanzahl der Mitarbeiter im Pool

Insgesamt ist es z. B. in 2001 durch umfangreiche Vermittlungsgespräche gelungen, 41% der Beschäftigten mit akutem Veränderungswunsch zu vermitteln. Interessant ist dabei der Frauenanteil von 71%. Allerdings konnten nicht für alle Mitarbeiter langfristige Perspektiven gefunden werden. Für einige Mitarbeiter wurden vorübergehende Lösungen in Form von Projektarbeit oder Krankheitsvertretungen geschaffen.

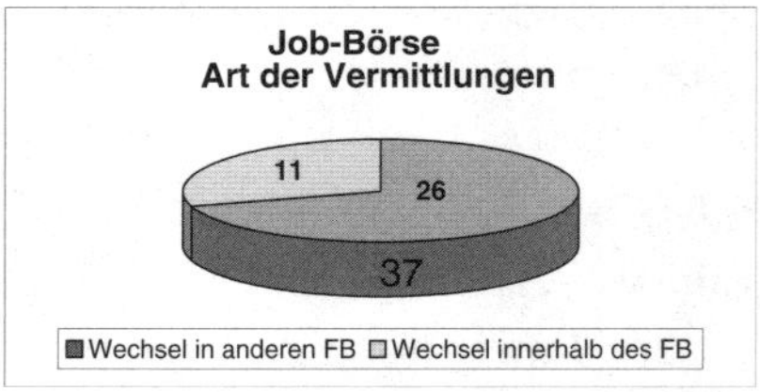

9.2.6 Bewertung

Die Einrichtung einer Job-Börse als interner Arbeitsmarkt ist eine große Herausforderung an die Verwaltungskultur. Dabei ist das Akzeptanzproblem im Hause ein wichtiger Erfolgsfaktor. Bisher haben es die Mitarbeiterinnen und Mitarbeiter vorgezogen, auf »festen Stellen« zu arbeiten und als Fachspezialist zu gelten. Die Erwartung, als flexible und überall einsetzbare Arbeitskraft tätig zu sein, ist ein nicht immer angestrebtes Ziel. Skepsis und Bedenken gegenüber neuen Strukturen und Instrumenten wie der Job-Börse sind durchaus noch verbreitet.

Hier muss Aufklärungsarbeit geleistet und für die Job-Börse geworben werden.

Es geht nicht darum, unbedingt Flexibilität in allen Bereichen herzustellen. Rotation soll vielmehr dort möglich werden, wo Arbeitsprozessoptimierungen dies erlauben oder verlangen. Flexibler Einsatz, Aufgabenwechsel und qualifizierte Fachausbildung schließen sich nicht aus – sie ergänzen sich vielmehr.

Insgesamt gibt es Verbesserungspotenziale grundsätzlicher Art. Sie zeigen sich insbesondere in folgenden Bereichen:

- quantitative und qualitative Personalplanung in den Fachbereichen und Abstimmung mit der Job-Börse,
- Unterstützung der Job-Börse durch alle Führungskräfte,
- Information aller Kolleginnen und Kollegen über die Tätigkeiten und Erfolge der Job-Börse,
- Abbau von Vorurteilen gegenüber der Job-Börse.

Weitere zu lösende Probleme sind:

- ungleichmäßiges Verhältnis von Stellenangebot und -nachfrage,
- unzureichendes Angebot an attraktiven Aufgaben,
- begrenztes Angebot an festen Stellen,
- geringe Bereitschaft zur Übernahme befristeter Aufgaben,
- unzureichende Projektkultur im Hause,
- mangelnde Flexibilitäts- und Mobilitätsbereitschaft,

- unzureichende Personalplanung/Entwicklungsplanung in den (Fach-) Bereichen.

Lösungsansätze dafür sind bereits zu erkennen und umzusetzen:

- Angebot an attraktiven Stellen/Projekten ausweiten,
- Angebot an längerfristigen Projekten ausbauen,
- positive Projektkultur entwickeln,
- Personalentwicklungsplanung für alle Mitarbeiter in den Fachbereichen,
- Flexibilitäts-Bonus einführen,
- regelmäßiger Aufgaben- und Stellenwechsel (Rotation),
- Erfassung von Arbeitszeitanteilen,
- Einführung einer Personalsoftware (u. a. zur Auswertung von Trends),
- einheitliche Einführung der Mitarbeitergespräche.

9.2.7 Perspektive

Die Job-Börse etabliert sich zunehmend als wichtiges Personalentwicklungsinstrument. Sie ist in Detmold eine dauerhafte Einrichtung geworden, um Stellenwechsel, zukunftsorientierte Qualifizierung und verwaltungsübergreifende Personalentwicklung in Zusammenarbeit mit den (Fach)Bereichsleitungen möglich zu machen. Um die einzelnen dezentralen Personalentwicklungswünsche aus den Fachbereichen zentral zu bündeln, wird demnächst in allen Bereichen »Das Mitarbeitergespräch« als weiteres Instrument zur Unterstützung der Job-Börse genutzt. Im dritten Gesprächsabschnitt erörtern darin Führungskraft und Mitarbeiter die beruflichen und persönlichen Entwicklungschancen. Die Ergebnisse werden an das Team Personal & Organisation weitergeleitet und so der Job-Börse für weitere Planungen zur Kenntnis gegeben. Im nächsten Schritt werden durch jährliche Personalentwicklungskonferenzen Transparenz und moderne Personalplanung in den Fach-/Bereichen unterstützt. Dadurch wird es möglich, übergreifend in der Stadtverwaltung den Personaleinsatz zu optimieren, Personalüberhänge und -bedarfe auszugleichen und den Beschäftigten attraktive und sichere Arbeitsplätze anzubieten.

Name des Projekts oder der Maßnahme	**Die Job-Börse**
Unternehmen	Der Bürgermeister, **Stadt Detmold**
Anlass	Dezentralisierung der Personalverantwortung im Rahmen des Neuen Steuerungsmodells. Im Rahmen der Kosteneinsparungen Anpassung an die Anforderungen an eine moderne und effektive Verwaltung.
Zielsetzung	Ziel der Job-Börse ist es, den Personaleinsatz hausintern zukunftsorientiert zu steuern und zu sichern.
Beschreibung der Maßnahmen	1. Interne Personalvermittlung (Beratung, Profiling) 2. Bedarfsorientierte Qualifizierungsplanung 3. Projektarbeit
Erfolgsfaktoren/ Schwierigkeiten bei der Umsetzung	Ein Interner Arbeitsmarkt kann nur dann erfolgreich sein, wenn sich möglichst viele Mitarbeiter/innen mit Veränderungsinteressen melden und der Vorstand dieses unterstützt und einfordert. Alle Führungskräfte sind besonders gefragt, zum Eintritt in die Job-Börse zu ermutigen.
Beteiligung der Interessenvertretung	Verabschiedung einer Dienstvereinbarung zwischen Vorstand und Personalrat zur Einrichtung der Job-Börse. Mit dem Instrument Job-Börse werden die Anforderungen des Frauenförderplans und der Gleichstellungsstelle unterstützt.
Ergebnisse/Stand	Seit 1999 stetiger Anstieg und Nutzung des Instruments durch die Beschäftigten und Führungskräfte (1999/2000 = 83 Mitarbeiter/innen, 2001 = 90 Mitarbeiter/innen, 2002 = 100 Mitarbeiter/innen). In 2002 wurden von 41 internen Besetzungen 25 Beschäftigte (61%) vermittelt, bezogen auf alle 59 internen und externen Besetzungen 42%. Von gemeldeten 100 Personen sind 64 beraten worden, die auf unterschiedliche Perspektiven in den nächsten Jahren hoffen, 25 im hausinternen Ausschreibungsverfahren vermittelt worden und elf mit speziellen Qualifizierungsplänen (zusätzlich zur allgemeinen hausinternen Fortbildung) unterstützt worden.
Bewertung	Die Job-Börse ist ein Personalentwicklungsinstrument für alle Mitarbeiterinnen und Mitarbeiter. Über aktive interne Öffentlichkeitsarbeit, Werbung und Ermutigung wird ein rotierender Stellenwechsel unterstützt und ermöglicht, um Stellenabbau sozialverträglich zu gestalten.
Perspektive	Die Job-Börse etabliert sich zunehmend als ein Instrument der Personalentwicklung, das ständig an sich wandelnde Anforderungen angepasst werden muss.

9.3 Stadt Dortmund, Interne Personalvermittlung *(Eva-Maria Müller)*

Dortmund ist eine Großstadt im Ruhrgebiet mit ca. 590 000 Einwohnern. Die Stadt betreibt den Strukturwandel von einem Standort von Kohle und Stahl zu einem Standort für Technologie, Dienstleistungen und Medien. Die Verwaltung der Stadt Dortmund wurde in den letzten Jahren weitestgehend reformiert. Im Rahmen der Verwaltungsreform wurden vielfältige Aufgaben dezentralisiert und den einzelnen Fachbereichen u. a. Budgetverantwortung übertragen. Diese entscheiden danach eigenständig über die Verwendung des Sachkosten- und des Personalkostenbudgets. Bei der Stadtverwaltung Dortmund sind ca. 10 000 Mitarbeiterinnen und Mitarbeiter beschäftigt.

9.3.1 Die Maßnahmen

Bei der großen Anzahl der Beschäftigten kommt dem internen Arbeitsmarkt eine besondere Bedeutung zu. Der interne Arbeitsmarkt besteht aus den nachfolgenden Instrumentarien. Schwerpunkt dieser Darstellung ist die »Interne Personalvermittlung« (IPV):

- Veröffentlichen von Stellenausschreibungen zur Besetzung freier Planstellen,
- Vermitteln von Beschäftigten, die aus verschiedenen Gründen auf gleichwertigen anderen Arbeitsplätzen eingesetzt werden sollen bzw. wollen,
- Einrichtung einer virtuellen Teilzeitbörse für den Bereich der Kindertageseinrichtungen und Kindergärten der Stadt Dortmund (Testphase für 2003 geplant).

Stellenausschreibungen
Bei der Stadtverwaltung Dortmund werden seit mehr als zehn Jahren grundsätzlich alle Planstellen ab Vergütungsgruppe VI b Bundesangestelltentarifvertrag (BAT) bzw. Lohngruppe III Bundesmanteltarifvertrag Gemeinden (BMT-G) sowie alle Stellen, die Beamtinnen und Beamten Beförderungen eröffnen (sog. Beförderungsämter), ausgeschrieben. Die Stellenausschreibungen werden durch das Personalamt veröffentlicht. Um eine umfassende Information zu gewährleisten, werden die Stellenausschreibungen über das Intranet und über einen

telefonischen Ansagedienst im Bereich der Stadtverwaltung veröffentlicht. Die Auswahl für die Besetzung der ausgeschriebenen Stelle/n erfolgt nach den Prinzipien der Bestenauslese (Eignung, Befähigung, fachliche Leistung). Durch die Veröffentlichung der Stellenangebote eröffnet die Verwaltung den Beschäftigten die Möglichkeit, sich über alle freien bzw. freiwerdenden Vollzeit- und Teilzeitplanstellen zu informieren und sich um geeignete höherwertigen Aufgaben zu bewerben. Der telefonische Ansagedienst ermöglicht den beurlaubten Beschäftigten, sich ebenfalls über aktuelle Stellenangebote zu informieren und sich bei Interesse zu bewerben. Damit erfüllt die Stadt Dortmund zugleich das Informationsgebot aus § 7 TzBfG.

Stellenbesetzungen nach vorheriger Stellenausschreibung sind die Regel. Allerdings gibt es von der Verpflichtung zur Stellenausschreibung auch Ausnahmen. In besonderen Fällen erfolgen Stellenbesetzungen durch das Vermitteln von Personal durch die Personalverwaltung – »Interne Personalvermittlung« genannt. Die Ausnahmen sind unten näher beschrieben.

Interne Personalvermittlung

Die Vermittlung erfolgt durch die Zusammenarbeit der Personalbetreuer/innen des Personalamtes und der Fachbereiche für Beschäftigte,

a) die aus in der Person liegenden Gründen – oft handelt es sich um gesundheitliche Einschränkungen – vermittelt werden müssen;
b) die nach einer Beurlaubung (i.d.R. Elternzeit) oder nach dem Ableisten des Wehr- bzw. Zivildienstes in eine Planstelle eingewiesen werden müssen;
c) die nach Ihrer Ausbildung einzusetzen sind;
d) die einen gleichwertigen anderen Arbeitseinsatz suchen (Wechsel auf eine andere Stelle unter Beibehaltung der bisherigen Besoldungs-, Vergütungs- oder Lohngruppe), wobei die unter Buchstabe a) bis b) aufgezeigten Vermittlungen vorzuziehen sind und die unter Buchstabe e) zu Vermittelnden absoluten Vorrang vor allen anderen haben;
e) die aufgrund von Haushaltskonsolidierungsmaßnahmen oder anderer organisatorischer Maßnahmen einen Arbeitsplatzverlust erleiden und vermittelt werden müssen.

Für die Beschäftigten, die einen Arbeitsplatzverlust erleiden, gilt eine Dienstvereinbarung, nach deren Regeln die Vermittlung auf einen anderen Arbeitsplatz erfolgt. Auf die Vermittlung von Beschäftigten, die einen Arbeitsplatzverlust erleiden, wird noch näher eingegangen.

Anlass für den Abschluss der Dienstvereinbarung war das vom Rat der Stadt Dortmund im April 2001 verabschiedete Haushaltskonsolidierungskonzept. Dieses wurde beschlossen, um den sich dramatisch verschlechternden Haushalt zu sanieren. Die Entscheidung hat zur Folge, dass in den kommenden Jahren in den verschiedenen Fachbereichen Sparmaßnahmen mit personellen Folgen durchgeführt werden müssen. Der damit verbundene Stellenabbau kann nur durch eine vertrauensvolle und konstruktive Zusammenarbeit aller Beteiligten (Beschäftigte, Vorgesetzte, Personalrat) gelingen. Die Ratsentscheidung führte dazu, dass im Februar 2002 zwischen dem Oberbürgermeister und dem Vorsitzenden des Personalrats die Dienstvereinbarung über die »Gemeinsamen Grundsätze für das sozialverträgliche Umsetzen der personellen Folgen aus den Maßnahmen der Haushaltskonsolidierung und anderer organisatorischer Maßnahmen« abgeschlossen wurde. Grundlage hierfür waren bereits 1994 aus ähnlichen Gründen zwischen dem Personalrat und dem damaligen Oberstadtdirektor vereinbarte Grundsätze, nach denen der Personalabbau sozialverträglich erfolgen sollte.

Zielsetzung

Mit der Dienstvereinbarung soll erreicht werden, dass die Beschäftigten, die Führungskräfte und der Personalrat der Stadtverwaltung die erforderlichen Sparmaßnahmen und die damit verbundenen notwendigen Arbeitsplatz- und/oder Tätigkeitswechsel akzeptieren und die Aufgaben weiterhin engagiert und kundenorientiert erledigen. Die Dienstvereinbarung legt fest, dass bei Wegfall des bisherigen Arbeitsplatzes keine betriebsbedingten Kündigungen erfolgen. In der Dienstvereinbarung wurde ein Verzicht auf betriebsbedingte Kündigungen bis zum 31. 12. 2004 festgeschrieben. Kündigungen aus in der Person oder im Verhalten liegenden Gründen sowie Änderungskündigungen bleiben von der Vereinbarung ausgenommen.

Die Vermittlung des vom Arbeitsplatzverlust betroffenen Personenkreises auf einen anderen Arbeitsplatz hat absoluten Vorrang vor allen anderen Maßnahmen zur Stellenbesetzung (Vermittlungspriorität). Kann der Einsatz nur auf einer niedriger bewerteten Stelle oder auf einer Stelle erfolgen, die einen finanziellen Verlust mit sich bringt, wird eine Bestands(Lohn)-Sicherung für die Dauer von drei Jahren gewährt.

Kriterien der Vermittlung

Die Sachbearbeiter/innen der Abteilung Personalbetreuung des Personalamtes der Stadt Dortmund treffen sich wöchentlich zu einer Abteilungsbesprechung, dem sog. Vermittlungsmeeting. In dem Meeting werden die zu vermittelnden Beschäftigten und alle freien oder freiwerdenden Planstellen vorgestellt. Auch wenn beispielsweise Aufträge aus den Fachbereichen vorliegen, freie Planstellen intern auszuschreiben, wird zuvor im Vermittlungsmeeting abgeklärt, ob geeignetes Personal (= Übereinstimmung der Ausbildung, Besoldungs-, Vergütungs- oder Lohngruppe sowie Arbeitszeitvorstellungen) zu vermitteln ist. Dabei werden die unter Buchstaben a) bis c) aufgeführten Fälle vorrangig vor d) behandelt. Wenn geeignete Beschäftigte zu vermitteln sind, wird das Ausschreibungsverfahren i.d.R. zurückgestellt und ein gemeinsames Gespräch zwischen dem Fachbereich und der/dem zu vermittelnden Beschäftigten vereinbart.

Ist der Beschäftigte nach Einschätzung des Fachbereichs grundsätzlich für einen Einsatz auf der vakanten Planstelle geeignet, wird er unter Verzicht auf die Stellenausschreibung und unter vorheriger Beteiligung der Personalvertretung, der Gleichstellungsstelle und ggf. des Vertrauensmannes der schwerbehinderten Menschen auf die freie Planstelle umgesetzt.

Bestehen grundsätzliche Zweifel an der Eignung für den Arbeitsplatz, die nicht schwerwiegend sind, wirken die Mitarbeiter des Personalamtes darauf hin, dass der Beschäftigte eine mehrmonatige Hospitation in dem Arbeitsgebiet absolvieren kann. Hospitationen haben in der Vergangenheit schon in vielen Fällen dazu geführt, dass die Eignung nachgewiesen werden und die endgültige Umsetzung erfolgen konnte.

Wird durch den Fachbereich festgestellt, dass die zu vermittelnde Person für die Aufgaben der freien Planstelle überhaupt nicht geeignet ist, begründet er dieses eingehend. Sind darüber hinaus keine weiteren geeigneten Beschäftigten zu vermitteln, wird die in Auftrag gegebene Stellenausschreibung veröffentlicht und das Stellenbesetzungsverfahren eingeleitet. Für die zu vermittelnde Beschäftigte bzw. den zu vermittelnden Beschäftigten wird auch weiterhin nach einem geeigneten Arbeitsplatz gesucht.

Für Beschäftigte, die nach Ablauf einer Beurlaubung oder Beendigung des Wehrdienstes/Zivildienstes ihren Dienst wieder aufnehmen wollen, stehen oftmals aus den unterschiedlichsten Gründen in ihrem ehemaligen Fachbereich keine geeigneten Planstellen zur Verfügung. Die Betroffenen müssen dann auf einen anderen Arbeitsplatz vermittelt werden. Kann bis zur Dienstaufnahme keine andere geeignete Planstelle angeboten werden, werden sie ihrem ehemaligen Fachbereich überplanmäßig zugewiesen. Sie bleiben dort solange überplanmäßig unter Anrechnung auf das Personalkostenbudget des Fachbereichs eingesetzt, bis sich ein Einsatz entweder im eigenen oder in einem anderen Fachbereich ergibt und sie dorthin vermittelt werden können.

Nachwuchskräfte werden bei der Stadtverwaltung Dortmund nach einer Personalbedarfsplanung für Verwaltungsberufe ausgebildet. Stets werden aber auch Nachwuchskräfte – überwiegend im kaufmännischen sowie im gewerblich-technischen Bereich – über den eigentlichen Bedarf hinaus ausgebildet. Die nach Abschluss der Ausbildung zu vermittelnden Kräfte werden aufgrund vorangegangener Mitteilungen der Fachbereiche über freie Planstellen und Bedarfe zugewiesen.

Entsprechend der genannten Dienstvereinbarung werden ausschließlich die von einem Arbeitsplatzverlust betroffenen Beschäftigten vermittelt. Sie enthält Regelungen zu den bei Arbeitsplatzverlust zu treffenden Maßnahmen und die daraus resultierenden Folgen für die Beschäftigten. Mit dem Verlust von Planstellen verbundene Probleme sollen angelehnt an die Rationalisierungsschutzverträge (Tarifvertrag über den Rationalisierungsschutz für Arbeiter in der Fassung vom 1. 1. 1992/Tarifvertrag über den Rationalisierungsschutz für Angestellte in der Fassung vom 4. 11. 1992) sozialverträglich gelöst werden.

Nachfolgend sind die bei Arbeitsplatzverlust zu treffenden Maßnahmen und die Folgen für die Beschäftigten aufgeführt; dazu sind Beispiele zu in der Vergangenheit bereits durchgeführten Vermittlungen dargestellt.

9.3.2 Ziel der Vermittlung

Vorrangiges Ziel ist es, die betroffene Mitarbeiterin bzw. den Mitarbeiter auf einer gleichbewerteten Planstelle in demselben Fachbereich mit gleichen oder ähnlichen Aufgaben einzusetzen. Wenn dies nicht möglich ist, ist dort der Einsatz auf einer anderen Planstelle mit anderen Aufgaben, die der Ausbildung entspricht, vorzusehen.

Beispielsweise wurde eine Mitarbeiterin im Assistenzdienst einer Abteilung mit **gleichen** Aufgaben beschäftigt, als sie auf einer gleichbewerteten Stelle im Assistenzdienst der Amtsleitung desselben Amtes eingesetzt wurde.
Ähnliche Aufgaben in demselben Fachbereich wurden einer Verwaltungsfachkraft übertragen, als sie von der Abteilung »An- und Verkauf von Grundstücken« auf eine gleichbewertete Stelle in den Fachbereich »Grundstücksbewirtschaftung, An- und Verkauf von Grundvermögen« wechselte und das Aufgabengebiet »Gewerbliche Nutzungen« übernahm.
Mit **anderen** Aufgaben wurden Beschäftigte im Fachbereich betraut, als sie z. B. vom Sachgebiet »Rundfunk- und Fernsprechgebührenbefreiung« in das Sachgebiet »Rechnungsanweisung« der Verwaltungsabteilung des Sozialamtes wechselten.

Ist der Einsatz auf einer Planstelle mit gleichen oder ähnlichen oder anderen Aufgaben in demselben Fachbereich nicht möglich, wird durch das Personalamt eine gleichbewertete Planstelle mit ähnlichen Aufgaben, die der Ausbildung entspricht, in einem anderen Fachbereich der Stadt Dortmund vermittelt. Bevor ein Stellenbesetzungsverfahren beginnt, ist stets zuvor im Personalamt festzustellen, ob geeignetes, von den Folgen der Haushaltskonsolidierung bzw. anderer organisatorischer Maßnahmen betroffenes Personal zu vermitteln ist. Hier beginnt die Vermittlungsarbeit der Personalbetreuer bzw. Personalbetreuerinnen des Personalamtes – ähnlich wie oben beschrieben.

Fachbereiche, die über geeignete freie Stellen verfügen, sollen den betroffenen Beschäftigten, die grundsätzlich als geeignet anzusehen sind (Ausbildung/bisherige Aufgaben), aber nach Einschätzung des jeweiligen Fachbereichs nicht uneingeschränkt für einen Einsatz auf der vakanten Planstelle in Betracht kommen, eine Hospitation ermöglichen und sie eingehend beurteilen. Die Beurteilung soll Potentiale und Entwicklungsmöglichkeiten der Mitarbeiterin bzw. des Mitarbeiters aufzeigen, um eine erfolgreiche Vermittlung zu fördern.

Besteht keine Möglichkeit, die Betroffenen im bisherigen Berufsbild zu beschäftigen, wird nach Einsatzmöglichkeiten in art- oder berufsverwandten Tätigkeiten gesucht.

Außerhalb des Berufsbildes wechselte der Leiter der »Pharmazeutisch-technischen Lehranstalt« des Gesundheitsamtes nach deren Auflösung zum Personalamt und wurde dort auf einer gleichwertigen Planstelle als Leiter des Projektes »Betriebliche Gesundheitsförderung« eingesetzt.

Sind art- oder berufsverwandte Einsatzmöglichkeiten nicht gegeben, schöpft die Personalverwaltung alle Möglichkeiten aus, um die betroffenen Beschäftigten durch geeignete Fortbildungsmaßnahmen oder Umschulungen für andere Aufgabenbereiche zu qualifizieren.

In der Vergangenheit wurde z. B. ein Schwimmmeister zum Lebensmittelkontrolleur umgeschult und ist in der Lebensmittelkontrolle tätig.

Wenn all die vorher geschilderten Vermittlungsbemühungen erfolglos bleiben, kann als letzte Maßnahme nur noch ein Einsatz auf einer niedriger bewerteten Planstelle erfolgen.

Beispielsweise wurde eine Lohnempfängerin aus dem Arbeitsbereich »Nährbodenküche und Lagerverwaltung« des Hygiene-Instituts zum damaligen Ausgleichs- und Versicherungsamt umgesetzt und dort in der Aktenverwaltung eingesetzt. Sie wurde in das Angestelltenverhältnis übernommen. Da die Aufgaben der Aktenverwaltung niedriger bewertet waren, erfolgte die Vergütung für die Dauer von drei Jahren nach den Besitzstandsregeln, die auf den vorgenannten Rationalisierungsschutzverträgen basieren.

9.3.3 Ergebnis

Die Beschäftigten müssen nach der Dienstvereinbarung die Folgen tragen, die sich als Resultat aus dem Wegfall des Arbeitsplatz und den damit zu treffenden Maßnahmen ergeben.

Wurden niedriger bewertete Aufgaben übertragen, erhalten die Beschäftigten angelehnt an die Bestimmungen der vorgenannten Tarifverträge eine Besitzstands-(Lohn)sicherung für die Dauer von drei Jahren.

Können Bewährungszeiten[107] wegen Wegfalls der Stelle nicht zu Ende gebracht werden, soll die Stelleninhaberin bzw. der Stelleninhaber nach Möglichkeit auf einer Stelle, die das Fortsetzen der Bewährungszeit ermöglicht, unter Beachtung von Eignung, Befähigung und fachlicher Leistung vorrangig eingesetzt werden. Es bleibt unbenommen, in Einzelfällen von besonderer sozialer Härte (wenn z. B. wegen Änderungen im privaten Bereich plötzlich die Inanspruchnahme von Sozialhilfe droht) davon abzuweichen.

Beamtinnen und Beamte können vorübergehend auch auf niedriger bewerteten Planstellen eingesetzt werden. War die bisherige Planstelle höher bewertet, ohne dass sie auf dieser Stelle befördert wurden, sollen sie

107 Eine Vielzahl von Stellen für Angestellte und Arbeiter sind nach dem Tarifrecht so bewertet, dass die Beschäftigten erst nach einer bestimmten Zeit der Aufgabenwahrnehmung in die höhere Vergütungsgruppe eingruppiert werden, wobei sich die Bewährungszeit je nach ausgeübter Tätigkeit auf mehrere Jahre erstrecken kann (z. B. erfolgt die Eingruppierung in die Vergütungsgruppe IV b Fallgruppe 1 b BAT erst nach einer Bewährungszeit von vier Jahren in Vergütungsgruppe V b Fallgruppe 1 b BAT).

primär auf einer später freiwerdenden höher bewerteten Stelle unter Beachtung von Eignung, Befähigung und fachlicher Leistung umgesetzt werden. Die bis zum Wegfall der höher bewerten Stelle bereits abgeleisteten Dienstzeiten werden bei den Beförderungsrangfolgen angerechnet.

Welche Beschäftigten durch Maßnahmen der Haushaltskonsolidierung Nachteile hinnehmen müssen, orientiert sich an den von der arbeitsgerichtlichen Rechtsprechung zu § 1 KSchG entwickelten Grundsätzen der Sozialauswahl. Aus dem Kreis der in die Sozialauswahl einbezogenen Beschäftigten soll der- bzw. diejenige vordringlich umgesetzt werden, den/die die Maßnahme vergleichsweise am wenigsten trifft. Folgende Kriterien werden bei der Sozialauswahl nach einem Punktesystem berücksichtigt:

- Lebensalter (Zeiten nach Vollendung des 20. Lebensjahres),
- Betriebszugehörigkeit (Dauer),
- Unterhaltsbelastungen (verheiratet, Partner nicht oder nicht voll berufstätig, Unterhalt für Kinder oder andere unterhaltsberechtigte Personen),
- sonstige soziale Gesichtspunkte (dauernde Pflegebedürftigkeit unterhaltsberechtigter Personen, Schwerbehinderung, sonstige Gründe für besondere Schutzbedürftigkeit).

Die betrieblichen Belange werden berücksichtigt.

Maßnahmen der Fortbildung und Umschulung erfolgen auf den Einzelfall bezogen, wenn ein bestimmter Mitarbeiter oder eine bestimmte Mitarbeiterin auf eine konkrete Stelle hin qualifiziert werden soll (Beispiel hierzu siehe Seite 164). Sie können jedoch auch personenunabhängig bei Erkennen eines größeren Bedarfs in bestimmten Berufsfeldern angeboten werden.

Die von den Maßnahmen betroffenen Beschäftigten müssen einen zumutbaren Einsatz annehmen.

Die Personalvertretung hat sich mit Abschluss der Dienstvereinbarung verpflichtet, die getroffenen Regelungen bei Ausüben ihrer Rechte zu berücksichtigen und die Sparbemühungen der Verwaltung im Rahmen ihrer Möglichkeiten zu unterstützen, soweit sie sozialverträglich sind.

Schwierigkeiten bei der Umsetzung

In den vergangen Jahren mussten die Fachbereiche bei Teilfreisetzungen davon überzeugt werden, dass nach den Kriterien der Sozialauswahl zu entscheiden ist. Danach musste unter Umständen eine leistungsstarke

Kraft umgesetzt werden und die nicht so starke – oftmals ältere Kraft – im Fachbereich verbleiben. Die aufnehmenden Fachbereiche mussten zudem davon überzeugt werden, dass die zu vermittelnden Kräfte nicht zwangsläufig den leistungsschwächeren Beschäftigten zuzurechnen sind. Inzwischen hat sich diese Erkenntnis durchgesetzt.

Auch der Einsatz der Betroffenen war oft nicht unproblematisch. Sie hielten z.B. einen neuen Arbeitplatz für unzumutbar, weil die neue Arbeitszeit ungünstig war, der Arbeitsplatz mit öffentlichen Verkehrsmitteln schlechter zu erreichen war u. Ä. Diese Gründe können bei der Vermittlung nicht geltend gemacht werden. Zumutbar ohne Einschränkungen sind alle Arbeitsplätze, wenn dieselbe Berufsgruppe vorliegt und ein Unterschied von maximal zwei Lohn-/Vergütungsgruppen besteht. Bei Ungelernten ist Zumutbarkeit gegeben, wenn artfremde Tätigkeiten mit ähnlicher Vergütung (maximal zwei Lohn-/Vergütungsgruppen tiefer) wahrzunehmen sind.

Erste Bewertung und Ausblick

Anfang des Jahres 2003 soll für den Bereich der Kindertageseinrichtungen und Kindergärten des Jugendamtes erstmals eine virtuelle Teilzeitbörse im Intranet der Stadt Dortmund befristet für eine Testphase eingerichtet werden. Zugriff sollen die Beschäftigten der genannten Einrichtungen und das Personalmanagement des Jugendamtes haben. Sie können über ihren PC ihre Teilzeitwünsche und ggf. angestrebte Arbeitsplatzwechsel auf Teilzeitstellen formulieren und sich gleichzeitig über alle Teilzeitwünsche der Kolleginnen und Kollegen sowie über entsprechende freie Teilzeitstellen informieren.

Aktuell wird bei der Stadt Dortmund die Privatisierung von elf Hallenbädern diskutiert. Sollte vom Rat der Stadt ein entsprechender Beschluss gefasst werden, sollen die dort Beschäftigten nicht auf die neuen Arbeitgeber übergeleitet werden. Ggf. sind insgesamt 88 Beschäftigte zu vermitteln. Die Einsätze erfolgen nach den Regelungen der o. g. Dienstvereinbarung. Erwartet wird, dass zu dem Stichtag nicht sofort allen Beschäftigten eine geeignete Planstelle angeboten werden kann und zunächst überplanmäßige Einsätze und unter Umständen auch Einsätze auf niedriger bewerteten Planstellen erfolgen müssen. Erwartet wird aber auch, dass innerhalb der Frist für die Besitzstands-/Lohnsicherung von drei Jahren der bisherigen Entlohnung entsprechende Einsätze gefunden werden.

Name des Projektes oder der Maßnahme	**Interne Personalvermittlung – IPV**
Unternehmen	**Stadtverwaltung Dortmund**
Anlass	1994: Organisatorische Maßnahmen mit Arbeitsplatzverlusten infolge Aufgabenkritik, Haushaltssicherung und dem neuen Steuerungsmodell – Folge: Vereinbarungen zur sozialverträglichen Umsetzung dieser Maßnahmen 2002: Abschluss einer Dienstvereinbarung, die das sozialverträgliche Umsetzen der personellen Folgen der anstehenden organisatorischen Maßnahmen infolge Haushaltskonsolidierung (Zusammenlegen von Bereichen/Wegfall von Aufgaben) und anderer organisatorischer Maßnahmen (Entscheidungen aus anderen Gründen, die Arbeitsplatzverluste mit sich bringen) regelt. Anlass war ein Ratsbeschluss aus dem Jahr 2001 über Maßnahmen zur Haushaltskonsolidierung.
Zielsetzung	Einsatz der betroffenen Beschäftigten auf anderen geeigneten Arbeitsplätzen, möglichst ohne finanzielle Einbußen, ggf. auch nach Qualifizierung für die Wahrnehmung der neuen Aufgaben
Beschreibung der Maßnahmen	Beschäftigte sollen zunächst innerhalb ihres Fachbereichs oder Dezernates einen neuen Arbeitsplatz erhalten. Ist das nicht möglich, wird nach Einsatzmöglichkeiten in anderen Fachbereichen gesucht. Fehlende Kenntnisse für die Wahrnehmung der neuen Aufgaben werden durch geeignete Qualifizierungsmaßnahmen vermittelt.
Erfolgsfaktoren/ Schwierigkeit bei der Umsetzung	Seit 1994 wurde eine Vielzahl von Beschäftigten nach Wegfall der Aufgaben auf andere Arbeitsplätze vermittelt – oftmals auch nach vorheriger Qualifizierung für die neuen Aufgaben. Evtl. vorhandene Vorbehalte der Fachbereiche bezüglich der Leistungsfähigkeit der zu vermittelnden Kräfte wurden durch Hospitationen auf den freien Arbeitsplätzen ausgeräumt.
Beteiligung der Interessenvertretung	Personalvertretung, Gleichstellungsbeauftragte und ggf. der Vertrauensmann der schwerbehinderten Menschen werden vor den Umsetzungen beteiligt.
Ergebnisse/Stand	Die Maßnahmen und Folgen der Dienstvereinbarung sind weitestgehend akzeptiert. Zurzeit wird eine Geschäftsanweisung vorbereitet, die die Ausführung der zu treffenden Maßnahmen der Dienstvereinbarung festschreibt.
Perspektive	Die Dienstvereinbarung gilt bis zum 31. 12. 2004. Sind danach weiterhin organisatorische Maßnahmen zu treffen, die Arbeitsplatzverluste mit sich bringen, muss eine neue Dienstvereinbarung abgeschlossen werden.

9.4 Eine konzernweite Beschäftigungsplattform: Die Personalservice-Agentur der Deutschen Telekom AG *(Dr. Heinz Klinkhammer, Deutsche Telekom AG)*

Die Personalservice-Agentur (PSA) der Deutschen Telekom AG bündelt alle Kräfte im Konzern, die sich bisher mit dem Management von Personalüberhängen, der Arbeitsvermittlung und der Qualifizierung der Mitarbeiterinnen und Mitarbeiter für neue Aufgaben befasst haben. Sie nimmt die Beschäftigten auf, die in den Personalüberhang geraten.

Die Lösung PSA verspricht durch die Bündelung des personalwirtschaftlichen Know-hows – aufgrund zahlreicher Besonderheiten bei der Deutschen Telekom (z. B. Beurlaubungen, Beamtenproblematik) ist die Thematik hochkomplex – ein effizienteres Beschäftigungsmanagement im Vergleich zu den bisher vorherrschenden dezentralen Lösungen. Gleichzeitig erweitert die Deutsche Telekom AG mit der PSA die Palette ihrer Personalpolitik um neue Schwerpunkte in den Bereichen interne und externe Zeitarbeit sowie Vermittlung in externe Arbeitsmärkte. Das Ergebnis ist ein interner Arbeitsmarkt, der dem Unternehmen Chancen für flexible Lösungen eröffnet und den Mitarbeitern neue Perspektiven und klare Garantien bietet. Aktuelle Hauptaufgabe der PSA ist es, die Reduzierung der Personalbedarfe in der Deutschen Telekom AG zu realisieren.

9.4.1 Transparenz und Effizienz: Die Aufgaben und Ziele der PSA

Grundlage für die PSA ist der »Tarifvertrag Rationalisierungsschutz und Beschäftigungssicherung« (TV Ratio). Die Tarifpartner haben ein Paket geschnürt, das drei Ansprüchen gerecht werden soll: Beschäftigung sichern, Kosten sparen und den notwendigen Personalabbau sozialverträglich gestalten. Um diese Ziele zu erreichen werden der PSA im Wesentlichen sechs Aufgaben übertragen: Die PSA

1. erfasst die vier Konzernsäulen der Telekom – T-Systems, T-Mobile, T-Online und T-Com – als einen zusammenhängenden Arbeitsmarkt; d. h.: Es gibt eine Gesamtübersicht über alle Stellen, die abgebaut oder neu besetzt werden müssen.

2. baut einen elektronischen Marktplatz auf, die sog. »Intranet-Stellenbörse«, um die Vermittlung innerhalb des Konzerns zu optimieren und zu beschleunigen.
3. organisiert Qualifizierungsangebote, die auf die Fähigkeiten der Mitarbeiter abgestimmt sind und gleichzeitig deren Chancen auf dem Arbeitsmarkt – intern und extern – erhöhen.
4. vermittelt die Mitarbeiter in Zeit- oder Projektarbeit, immer mit dem Ziel, die Übernahme in ein dauerhaftes Beschäftigungsverhältnis zu realisieren.
5. entwickelt Kooperationen mit allen Institutionen der Bundesanstalt für Arbeit, aber auch mit privaten Arbeitsvermittlern.
6. entwickelt ein »Prämiensystem« für interne und externe Arbeitgeber, die betroffene Mitarbeiter übernehmen.

Unterstützung des personellen Umbaus.
Die Vielzahl der Aufgaben erfordert die Zusammenfassung der Einheiten.

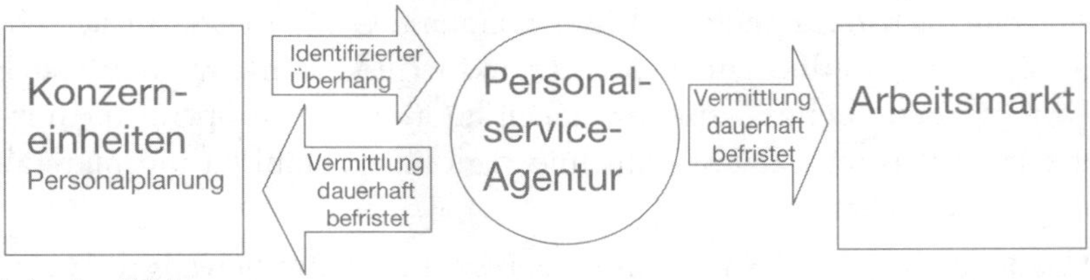

Ziele der PSA:
- Externe Vermittlung und Outplacement.
- Erwirtschaftung von zusätzlichem Deckungsbeitrag durch externe Zeitarbeit und Reduzierung von Cash Out durch interne Zeitarbeit.
- Optimierung der internen Vermittlung (Reduzierung der Vermittlungskosten).
- Effizienz des Managements der Überhänge steigern (Synergiepotenziale für den Konzern realisieren).
- Transparenz über „Kosten des personellen Umbaus" steigern.
- Sozialverträglicher Personalabbau.

Deutsche Telekom

Die PSA und ihre Verbindungen zu anderen Konzernteilen
Auftraggeber der PSA ist der Konzern Deutsche Telekom. Innerhalb des Konzerns hat die PSA die Aufgabe, die interne Vermittlung von Arbeit zu optimieren. Kunden der PSA sind alle potenziellen, externen

Kooperationspartner wie Zeitarbeitsfirmen, Personalberatungsfirmen, Behörden, Unternehmen, die Bundesanstalt für Arbeit, Berufsverbände sowie die Landesarbeitsämter und Arbeitsämter. Die PSA soll diese Kooperationen aufbauen und pflegen. Außerdem muss sie ihre Dienstleistungen – z. B. die Vermittlung von Arbeit oder Zeitarbeit – zu einem wettbewerbsfähigen Preis auf den Markt bringen.

9.4.2 Kompetent und auf gleicher Augenhöhe: Organisation und Personalstruktur der PSA

In der PSA sind nahezu alle Stellen mit kompetenten Fachleuten besetzt, die schon zuvor mit ähnlichen Aufgaben innerhalb des Konzerns betraut waren. Die PSA ist ein gemeinsames Projekt der Tarifpartner. Aus diesem Grund gibt es neben der Geschäftsführung einen paritätisch besetzten Beirat, der regelmäßig personalpolitische Fragen erörtert und Handlungsempfehlungen verabschiedet.

Auf der nächsten Ebene sind fünf regionale Geschäftsstellen der PSA in Hamburg, Berlin, Düsseldorf, Frankfurt und Stuttgart angesiedelt. Dort werden übergreifende Aufgaben koordiniert, Kooperationen mit externen Partnern abgestimmt und regionale Qualifikationsmaßnahmen entwickelt.

Das Herzstück der PSA-Organisation sitzt dezentral jeweils direkt vor Ort, in den regionalen Vermittlungsbüros. Jeder betroffene Mitarbeiter hat einen Vermittler als direkten Ansprechpartner. Kommt es in bestimmten Regionen zu einem starken Personalüberhang, können zusätzlich temporäre Job-Center eingerichtet werden.

PSA-Organisation

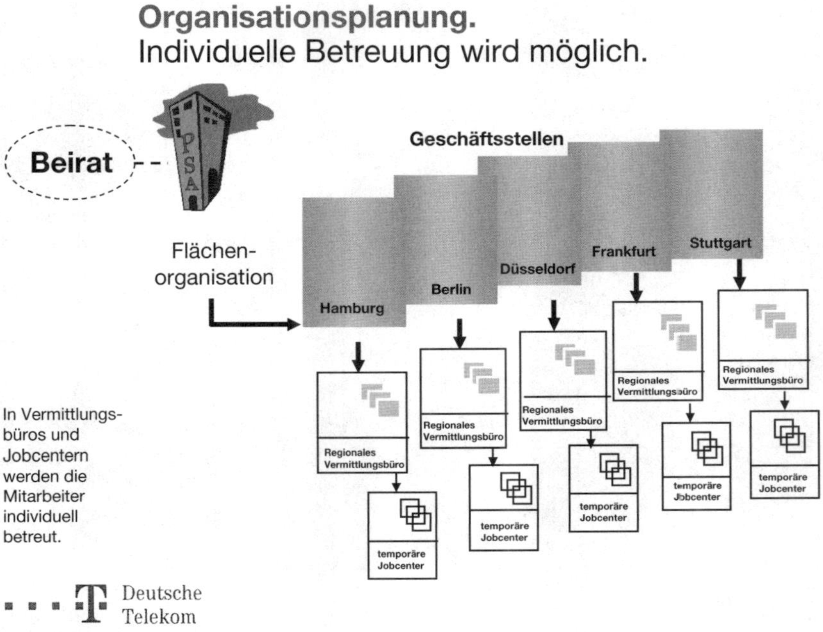

9.4.3 Gerecht auf alle Schultern verteilt: Das Auswahlverfahren der PSA

Ein Ziel bei der Entwicklung der PSA war es, die einzelnen Telekom-Organisationseinheiten zu entlasten, vor allem da, wo es um Fragen der Qualifikation und der internen Vermittlung geht. Eine Aufgabe bleibt jedoch in den Händen der einzelnen Abteilungen: Sie ermitteln, ob und wie viele Stellen abgebaut werden müssen und entscheiden dann, welche Mitarbeiter betroffen sind.

Das hierfür angewendete Verfahren heißt »Clearing I«: Dabei ermitteln spezielle Clearingstellen der einzelnen Organisationseinheiten, welche Mitarbeiter vom Personalabbau betroffen sind. In den Clearingstellen sitzen – paritätisch verteilt – Vertreter der Arbeitgeber und Arbeitnehmer. Im Vordergrund der Entscheidung steht eine gerechte Verteilung auf alle Schultern.

Clearing I

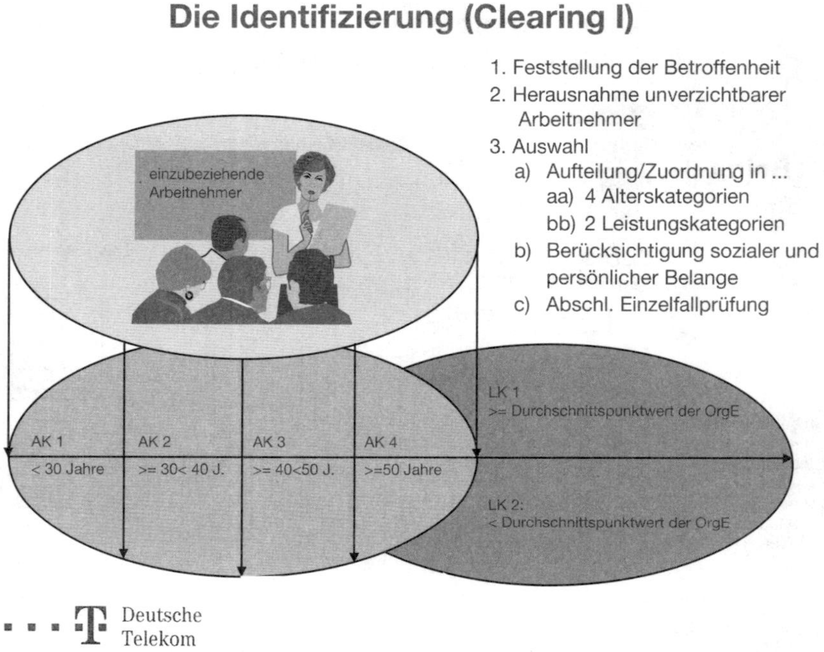

Die Mitarbeiter werden in vier Altersklassen aufgeteilt: unter 30 Jahre, 30-40 Jahre, 40-50 Jahre und über 50 Jahre. Es wird gleichmäßig verteilt: Wenn beispielsweise 10% der Mitarbeiter zwischen 40 und 50 Jahren alt sind und 100 Stellen abgebaut werden müssen, dann werden zehn Stellen (= 10%) in dieser Altersklasse abgebaut. Jede Altersklasse wird außerdem in zwei Leistungsklassen eingeteilt. Die Trennlinie ist die durchschnittliche Leistungsbeurteilung in der jeweiligen Organisationseinheit. Beide Klassen sind zu gleichen Teilen vom Stellenabbau betroffen.

Es gibt Ausnahmen: Wenn eine Abteilung einen Mitarbeiter für unverzichtbar hält, kann er oder sie vom Abbau ausgenommen werden – allerdings muss dies begründet werden. Außerdem müssen eine Reihe von sozialen Gründen beachtet werden. Besondere Berücksichtigung finden langjährige Mitarbeiter, Alleinerziehende, Verheiratete, Mitarbeiter mit Kindern und schwerbehinderte Menschen.

9.4.4 Fördern und fordern: Mitarbeiter und Vermittler in der PSA

Erstes Ziel der PSA ist es, die Mitarbeiter in eine neue Dauerstellung zu vermitteln. Da dies – insbesondere aufgrund der angespannten Arbeitsmarktlage innerhalb und außerhalb des Konzerns – nicht immer und sofort der Fall sein wird, beinhaltet das Konzept der PSA einen Ablaufplan, der alle Eventualitäten berücksichtigt. Zunächst wird der Mitarbeiter mit seinen Fähigkeiten und Möglichkeiten vertraut gemacht, im nächsten Schritt erwirbt er ggf. zusätzliche Qualifikationen, die auf dem Arbeitsmarkt gefragt sind. Am Ende steht der Wiedereintritt in den Arbeitsmarkt – entweder durch den direkten Wechsel zu einem neuen festen Arbeitsplatz oder durch entsprechende erste Schritte über Zeit- oder Projektarbeit, die am Ende ebenfalls in einer neuen Dauerbeschäftigung münden sollen.

Der Mitarbeiter wird von Anfang an bei der Suche nach einem neuen Arbeitsplatz unterstützt, beispielsweise auch wenn es um bürokratische Fragen geht – für Arbeitslose oft eine hohe Hemmschwelle. Darüber hinaus wird er seinen Fähigkeiten entsprechend motiviert, selbst tätig zu werden.

Unmittelbar nach Eintritt in die PSA beginnt die Orientierungsphase. Der Vermittler erstellt im Gespräch und mit Hilfe eines Fragebogens das Profil des Mitarbeiters. Dabei geht es einerseits um Qualifikationen, Kenntnisse und Berufserfahrungen, aber auch darum, wie der Mitarbeiter sich selbst einschätzt, welche Wünsche er – bezogen auf seine neue Stelle – hat und in welcher Lebenssituation er sich befindet. Der Vermittler wertet die Angaben aus. Das Ergebnis der Auswertung bestimmt die Vermittlungsphase. Der Vermittler informiert den Mitarbeiter über seine beruflichen Perspektiven und spricht mit ihm das weitere Vorgehen ab.

Zunächst geht es um die Qualifikationen: Wenn das Profil des Mitarbeiters den Ansprüchen des Arbeitsmarktes nicht genügt, entwickelt der Vermittler einen individuell abgestimmten Qualifikationsplan. Das können Basisqualifikationen sein, wie Bewerbungs- und Kommunikationstraining oder Computer- und Betriebswirtschaftskenntnisse, aber auch weitergehende berufsspezifische Qualifikationen. Kooperationspartner für diese Maßnahmen ist das Telekom Training Center (TTC). Schon zu diesem Zeitpunkt soll das Engagement des Mitarbeiters dadurch gefördert werden, dass er teilweise selbst bestimmt, wie er die Qualifikationen erwirbt – beispielsweise durch Selbsttraining oder E-Learning. Gleichzeitig hält der Vermittler den Kontakt zum Mitarbeiter und erkundigt sich beim TTC über die Fortschritte der Qualifikationsmaßnahmen.

Im Idealfall hat der Mitarbeiter nach der Qualifizierungsphase ein Profil, das auf dem Arbeitsmarkt gefragt ist. Der Vermittler ist bereits vorher tätig geworden, er hat bereits im Vorfeld bei allen internen und externen Kooperationspartnern nach geeigneten Arbeitsplätzen recherchiert. Zusätzlich hat er den Mitarbeiter dazu motiviert, auch auf eigene Faust nach einer Stelle zu suchen. Zudem muss der Mitarbeiter sich beim Arbeitsamt als arbeitssuchend melden. Gibt es ein entsprechendes Stellenprofil im Konzern, kann der Mitarbeiter sofort innerhalb der Telekom vermittelt werden. Gleiches gilt für eine Stelle außerhalb des Konzerns. Ist beides nicht der Fall, tritt die PSA als Zeitarbeitsagentur auf den Plan.

Die Untersuchungen in der Branche zeigen: Zeitarbeiter haben gute Chancen, in ein Dauerarbeitsverhältnis übernommen zu werden, wenn sie sich bei ihrem Auftraggeber bewähren und wenn der Markterfolg der jeweiligen Projekte langfristig wirkt. Auch und gerade für die Zeitarbeit gilt: Erste Anlaufstelle der PSA ist der Konzern. Die Bereiche Telekommunikation und IT, in denen die Deutsche Telekom tätig ist, bieten hier vielfältige Möglichkeiten. Der Innovationsdruck der Branche und die damit einhergehenden schnellen Produktzyklen erfordern ein hohes Maß an Flexibilität. Schon jetzt ist Zeitarbeit ein Arbeitsmarktinstrument, mit dem die Deutsche Telekom verstärkt arbeitet. Die Fokussierung der Telekom auf das Angebot der PSA bringt somit doppelten Profit: Die Mitarbeiter in der PSA haben die Perspektive, in einem Konzern zu arbeiten, dessen Strukturen sie kennen. Der Konzern kann auf Zeitarbeiter zurückgreifen, die mit den denkbar günstigsten Qualifikationen ausgestattet sind, und spart Kosten, die bei einer externen Rekrutierung anfallen würden.

Während der Zeit- oder Projektarbeit, egal ob intern oder extern, steht der Vermittler in regelmäßigem Kontakt zum Mitarbeiter und zum jeweiligen Projektleiter. In erster Linie lotet er die Möglichkeiten aus, die Projektarbeit in eine Dauerbeschäftigung umzuwandeln. Er ist aber auch dafür zuständig, entsprechenden Ersatz zu besorgen für den Fall, dass der Mitarbeiter ausfällt.

Ein besonderes Konfliktfeld eröffnet sich bei der Vergabe von Stellen innerhalb des Konzerns: Was passiert, wenn mehrere Mitarbeiter in der PSA für die Stelle geeignet sind? Für diesen Fall haben die Tarifpartner das Verfahren »Clearing II« installiert. Auch hier ist eine Clearingstelle eingerichtet, die zu gleichen Teilen mit Vertretern von Arbeitgebern und Arbeitnehmern besetzt ist. Zusammen entscheiden die Vertreter, welcher Mitarbeiter für die Stelle infrage kommt.

9.4.5 Anspruch und Zumutbarkeit: Rechte und Pflichten der Mitarbeiter in der PSA

»Fördern und fordern« ist das Prinzip der PSA, das auch den grundlegenden Ansatz für eine reformierte Personal- und Arbeitsmarktpolitik liefert. In einer existenziellen Lebenssituation, die sich durch den Arbeitsplatzverlust ergibt, sind die betroffenen Mitarbeiter oft auf Hilfe angewiesen, insbesondere auf Hilfe zur Selbsthilfe. Während Arbeitslosigkeit in der Vergangenheit oftmals nur verwaltet wurde, steht das Konzept der PSA für das genaue Gegenteil: Ziel ist es, sofort aktiv zu werden, damit sich die Lebenssituation nicht unnötig verschlechtert. Die Arbeitslosigkeit soll so schnell wie möglich beendet werden und dem Mitarbeiter soll langfristig Orientierung darüber gegeben werden, welche Qualifikationen er braucht, um auch in Zukunft Chancen auf dem Arbeitsmarkt zu haben.

Im Gegenzug wird von den betroffenen Mitarbeitern Engagement und die Bereitschaft erwartet, neue Aufgaben zu übernehmen. Verschärfte Wirtschafts-, Wettbewerbs- und Arbeitsmarktbedingungen erfordern mehr Eigenverantwortung der Arbeitnehmer für ihre Beschäftigung.

Für Mitarbeiter, deren Arbeitsplatz bei der Deutschen Telekom abgebaut werden muss, gelten folgende Beschäftigungsgarantien:

- Mitarbeiter, die kündigungsgeschützt sind, werden unbefristet in die PSA übernommen; Gleiches gilt für Beamte.
- Mitarbeiter, die weniger als zwei Jahre bei der Deutschen Telekom waren, erhalten ein auf zwölf Monate befristetes Beschäftigungsverhältnis in der PSA.
- Auszubildende werden nach Ende ihrer Ausbildung für zwölf Monate in die PSA übernommen.
- Alle Mitarbeiter erhalten weiterhin ihr tariflich vereinbartes Entgelt.

Besondere Regeln gelten für Auszubildende in der PSA: Die Hälfte von ihnen wird in ein Dauerarbeitsverhältnis innerhalb und außerhalb der Deutschen Telekom vermittelt.

Strikte Regeln gelten für den Fall, dass der betroffene Mitarbeiter nicht bereit ist, eine zumutbare Arbeit zu übernehmen. Dann treten Sanktionen in Kraft:

- Lehnt der Mitarbeiter ein internes oder zwei externe Angebote ab, verliert er die Ansprüche aus dem Tarifvertrag.
- Lehnt der Mitarbeiter zwei interne oder drei externe Angebote ab, droht ihm die Kündigung.

Die PSA hat damit ihre Arbeit begonnen; 3800 Mitarbeiter der Deutschen Telekom wurden noch Ende 2002 übernommen. Während die erforderliche Koordinierung innerhalb des Konzerns auf Hochtouren läuft, liegen schon Anfragen von anderen Unternehmen vor, die Telekom-Mitarbeiter übernehmen möchten.

Mit der PSA hat das Unternehmen ein Modell entwickelt, das den Betroffenen nicht nur gute Chancen auf dem Arbeitsmarkt eröffnet. Gleichzeitig schafft es klare Strukturen, die kurze Wege garantieren und alle Beteiligten an einen Tisch bringen. So entstehen Lösungen für Probleme, die einem erfolgreichen Abbau der Arbeitslosigkeit bisher oft im Weg gestanden haben. Es steckt jedoch noch wesentlich mehr Potenzial in diesem Projekt: Die PSA wird im Laufe ihrer Arbeit Kompetenz in Personalvermittlungsfragen gewinnen, die den ganzen Konzern betreffen. Sie bietet sich somit auch als Berater für zukünftige Aufgaben an. Als Jobvermittlung und Zeitarbeitsagentur kann die PSA außerdem wertvolle Erkenntnisse über den Arbeitsmarkt gewinnen.

Name des Projekts oder der Maßnahme	**Personalservice-Agentur (PSA)**
Unternehmen	**Deutsche Telekom AG**
Anlass	• Innovatives Instrument zur sozialverträglichen Gestaltung des notwendigen Personalabbaus durch Erschließung des externen Arbeitsmarktes • Bündelung aller Kräfte im Konzern, zum Management von Personalüberhängen, zur Arbeitsvermittlung und zur Qualifizierung
Zielsetzung	• Optim. interne und externe Vermittlung von Personalüberhängen auf Zeit- oder Dauerarbeitsplätze • Schaffung von »Arbeitsmarkttransparenz« im Konzern • Unterstützung des personellen Umbaus
Beschreibung der Maßnahmen	• »Clearing I«, Auswahl der Mitarbeiter, die von Personalabbau betroffen sind • Einrichtung der PSA, persönliche Beratung, Erstellung von Kompetenzprofilen, Vermittlung interner oder externer Zeit-, Projekt- oder Dauerarbeitsplätze, Qualifizierung, Bewerbungsvorbereitung • »Clearing II«, Auswahl der Mitarbeiter für Stellenbesetzung nach qualifikatorischen und sozialen Kriterien
Erfolgsfaktoren/ Schwierigkeiten bei der Umsetzung	• Erfolgskriterium: Akquise und Vermittlung auf konzernexterne Arbeitsplätze • Erfahrungen zu Schwierigkeiten bei der Umsetzung gibt es bislang noch nicht. Als kritische Faktoren könnten sich erweisen das eher negative Image von Zeit- und Leiharbeit sowie geringe Attraktivität dieser Beschäftigungsformen für qualifizierte Arbeitnehmer wegen fehlender (gesetzlicher) Standards.
Beteiligung der Interessenvertretung	• Grundlage ist der »Tarifvertrag Rationalisierungsschutz und Beschäftigungssicherung«. • Paritätisch besetzter Beirat, der personalpolitische Fragen erörtert und Handlungsempfehlungen gibt. • Paritätisch besetzte Clearingstellen entscheiden nach vorgegebenen Kriterien, welcher Mitarbeiter in die PSA kommt und welchem Mitarbeiter – bei gleicher Qualifikation – eine neue Stelle angeboten wird.
Ergebnisse/Stand	Die PSA hat ihre Arbeit zum 1. 8. 2002 aufgenommen; noch Ende 2002 wechselten 3800 Mitarbeiter in die PSA
Bewertung	Vorreiterprojekt für die Umsetzung des Konzeptes der »Hartz-Kommission«
Perspektive	Es zeichnet sich ab, dass die PSA auch in anderen Konzernen Schule macht.

9.5 üstra AG – Programm Marktorientierte Beschäftigung intern leisten (Pro MoBil) *(Arnd Brinkmann, Ulrich Fischer, Rolf Reihsner)*

9.5.1 Unternehmen

Die üstra Hannoversche Verkehrsbetriebe AG ist ein Unternehmen des Öffentlichen Personennahverkehrs (ÖPNV) mit über 149 Mio. Fahrgästen pro Jahr, einer Bilanzsumme von knapp 399 Mio. € sowie einem Umsatzerlös von etwa 107 Mio. € im Jahr 2000. Mit insgesamt 404 Stadtbahnwagen und 181 Omnibussen bietet die üstra in der Stadt Hannover und im näheren Umland ihre Beförderungsleistungen an. Die Linienlänge für Stadtbahn und Bus beträgt insgesamt 933 Kilometer mit 861 Haltestellen, darunter 19 U-Bahn-Stationen. Im Schnitt waren im Jahr 2000 2287 Mitarbeiterinnen und Mitarbeiter bei der üstra beschäftigt.

9.5.2 Anlass und Zielsetzung von Pro MoBil

Die ÖPNV-Unternehmen in Deutschland befinden sich zurzeit überwiegend in öffentlicher Hand. Dies ist insbesondere darauf zurückzuführen, dass für die Bevölkerung eine bestimmte Grundversorgung an Mobilität zu erschwinglichen Preisen durch bezuschusste Fahrpreise zur Verfügung gestellt werden soll. Vor dem Hintergrund leerer öffentlicher Kassen sind ÖPNV-Unternehmen allerdings gezwungen, ihre Kosten kontinuierlich zu senken und die Erlöse stetig zu steigern. Hinzu kommt, dass eine wettbewerbsorientierte, auf Liberalisierung setzende EU-Politik grundsätzliche Änderungen bestehender Strukturen erforderlich macht. Es ergibt sich die Notwendigkeit, ÖPNV-Unternehmen stärker als in der Vergangenheit nach betriebswirtschaftlichen und marktorientierten Grundsätzen zu führen.

Schon seit einiger Zeit stellt sich die üstra deshalb in einem umfassenden Wandlungsprozess dem zukünftigen ÖPNV-Markt und den Herausforderungen des europäischen Wettbewerbs. Im Kern geht es um die Neuausrichtung eines zentralistisch geführten und bezuschussten Personentransportunternehmens zu einem flexibel organisierten, wettbewerbsfähigen Mobilitätsdienstleister. Das Erfordernis, in allen

Bereichen die Effizienz systematisch und kontinuierlich zu erhöhen sowie das gesamte Unternehmen konsequent kunden- und marktorientiert auszurichten, führt zu einem wachsenden Personalüberhang in nahezu allen Organisationsbereichen.

Geleitet von einer sozialen Verantwortung gegenüber den Mitarbeiterinnen und Mitarbeitern einschließlich ihrer Familienangehörigen haben sich Vorstand und Betriebsrat auf eine aktive interne Beschäftigungspolitik sowie auf die Formel »Qualifizieren statt Entlassen« verständigt. Dazu wurde »Pro MoBil« aufgelegt und in einer Betriebsvereinbarung geregelt. Pro MoBil steht für: **Pro**gramm **M**arkt**o**rientierte **B**eschäftigung **i**ntern **l**eisten.

Pro MoBil geht von den grundlegenden Annahmen aus, dass Wettbewerbsfähigkeit und Beschäftigungssicherung nachhaltig nur erreicht werden können, wenn die Fähigkeiten, Erfahrungen und das Wissen der Beschäftigten ausgiebiger genutzt werden, neue Geschäftsfelder bzw. neue Arbeitsplätze erschlossen werden, dabei eine vorausschauende Personalpolitik betrieben wird und schließlich die allgemeine Beschäftigungsfähigkeit erhöht wird.

9.5.3 Das Konzept

Um die in der Betriebsvereinbarung formulierten Ziele

- Sicherung/Erhöhung der Wettbewerbsfähigkeit der üstra AG,
- Sicherung von Beschäftigung,
- Förderung der Wettbewerbs- und Beschäftigungsfähigkeit der Mitarbeiter,

zu erreichen, sollen im Rahmen von Pro MoBil Aktivitäten in den Aktionsfeldern

- Unternehmenspolitik,
- flexible Personalpolitik und
- Pro MoBil-Center

entfaltet und miteinander verzahnt werden.

Aktionsfeld Unternehmenspolitik

Das Aktionsfeld Unternehmenspolitik setzt auf die Erkenntnis, dass die Fähigkeit eines Unternehmens, auf Dauer marktfähige Produkte bzw. Dienstleistungen anzubieten, das beste Mittel ist, um Beschäftigung zu sichern. Deshalb geht es in diesem Aktionsfeld um die Erschließung neuer, kerngeschäftsnaher Geschäftsfelder. Kerngeschäftsnah bedeutet für die üstra, dass nach Märkten oder Dienstleistungen Ausschau gehalten werden soll, die allgemein mit der Beförderung von Personen bzw. Objekten (Gütern, Nachrichten) zu tun haben. Kerngeschäftsnah bedeutet auch, dass die zu erbringende Leistung besonders kompetent von den vorhandenen Beschäftigten erbracht werden kann, weil langjährige Erfahrungen vorliegen.

Für die Erschließung neuer Geschäftsfelder wurde eine Projektgruppe gebildet, die sich aus den Leitungen Finanzen, Einkauf, Marketing und Personal sowie Mitgliedern des geschäftsführenden Betriebsrates zusammensetzt. Die Projektgruppe ist zuständig für die Prüfung und Bewertung von Geschäftsideen. Zur Überprüfung bzw. Konkretisierung einer Geschäftsidee steht der Projektgruppe ein Instrumentarium (»Checkliste für neue Geschäftsfelder«) zur Verfügung, das von der Marktanalyse über die Finanzplanung bis hin zur Budgetierung reicht. In dieses Planungsinstrument ist auch die Personalplanung mit einbezogen, um sicherzustellen, dass bei der Konkretisierung neuer Geschäftsfelder auch die Ableitung des quantitativen und qualitativen Personalbedarfs berücksichtigt wird. Darüber hinaus soll sichergestellt werden, dass genügend Zeit besteht, um entsprechende Personalentwicklungsmaßnahmen für geeignete interne Mitarbeiter zu treffen.

Die Projektgruppe berichtet einem Lenkungsausschuss, der aus dem Vorstand und dem geschäftsführenden Betriebsrat besteht.

Im Aktionsfeld Unternehmenspolitik soll ferner der Frage nachgegangen werden, ob Aufgaben, die bisher von der üstra wahrgenommen wurden, zum Kerngeschäft des Unternehmens gehören. Für Bereiche, für die dies nicht zutrifft, sieht Pro MoBil eine Art Existenzgründungsförderung und -beratung vor. Aus den betreffenden Fachabteilungen sollen sog. Profitcenter gebildet werden, die nach einem festgelegten Zeitraum ihre Leistungen zu marktfähigen Preisen intern und extern anbieten sollen. Die Profitcenter erhalten von der üstra ein garantiertes jährliches Auftragsvolumen, das von Jahr zu Jahr vermindert wird. Die Profitcenter müssen also einen jährlich steigenden Deckungsbeitrag unter Wettbewerbsbedingungen erwirtschaften. Was noch darüber hinaus erwirtschaftet wird, kann z. B. für die Schaffung neuer Arbeitsplätze verwendet werden.

Aktionsfeld flexible Personalpolitik

Beim Aktionsfeld Personalpolitik geht es vor allem um die Sicherung von Beschäftigung durch Maßnahmen der Personalanpassung. Dabei wurden insbesondere folgende Schritte in Angriff genommen:

Ansatzpunkt	Maßnahmen
qualitative Anpassung	• Fortbildung/Umschulung/qualitatives Lernen
zeitliche Anpassung	• Abbau von Mehrarbeit, Überstunden • Freizeitausgleich für Mehrarbeit • Umwandlung von Vollzeit- in Teilzeitarbeitsplätze • Vertrauensarbeitszeit
quantitative Anpassung	• Einstellungsstopp/Nutzung der natürlichen Fluktuation • Vorruhestand/Altersteilzeit • Nichtverlängerung befristeter Arbeitsverträge • Abbau von Leiharbeit • Begrenzung von Fremdaufträgen • befristete Übernahme von Auszubildenden

Zum Maßnahmenkomplex Arbeitszeitgestaltung hat im Dezember 2000 das Service Center Organisation und Personal eine Befragung zu »Arbeitszeitwünschen« unter allen Mitarbeiterinnen und Mitarbeitern der üstra AG durchgeführt. Vorrangiges Ziel der Befragung war es, Interesse an Teilzeitarbeit unter den Mitarbeitern zu erfassen. Jeder Beschäftigte – vom Auszubildenden bis zum Manager – hat einen Fragebogen erhalten. 378, das sind 16,4% der Fragebögen, wurden ausgefüllt und an das Service Center Organisation und Personal zurückgeschickt. Die wichtigsten Ergebnisse lassen sich wie folgt zusammenfassen:

1. Es gibt ein nicht zu vernachlässigendes Potenzial an Mitarbeiterinnen und Mitarbeitern, die eine andere als ihre vertraglich festgelegte Wochenarbeitszeit wünschen und
2. das Gros dieser Beschäftigten bevorzugt eine Reduzierung der wöchentlichen Arbeitsstunden.

Diese Feststellung wird noch gestützt durch die Ergebnisse auf die Frage nach der Form der Arbeitszeitreduzierung. Hier haben 79 Personen (21%) den Wunsch geäußert, ihre Arbeitszeit zu verändern, wobei 60% davon (= 47 Personen) eine Reduzierung der Wochenarbeitstage und der Rest eine Reduzierung der täglichen Arbeitszeit wünscht.

Aktionsfeld Pro MoBil-Center
Beschäftigte im Personalüberhang werden nach bestimmten, in der Betriebsvereinbarung festgelegten Regeln in einen sog. Pro MoBil-Pool übergeleitet. Ziel ist es, den Pro MoBil-Pool-Mitarbeitern berufliche Entwicklungsmöglichkeiten innerhalb oder außerhalb der üstra AG zu eröffnen. Die Aktivitäten des Centers sind darauf gerichtet, die Pro MoBil-Pool-Mitarbeiter in neue dauerhafte Beschäftigungen vorrangig bei der üstra AG, oder, wenn dies nicht möglich ist, in andere Unternehmen zu vermitteln, wobei sie auf möglichst gleichwertige Arbeitsplätze vermittelt werden sollen. Zur Realisierung dieses Zieles werden folgende Leistungen angeboten:

- individuelle Standortbestimmung,
- sozialpädagogische Betreuung,
- Jobbörse,
- Qualifizierung,
- Beratung bei Arbeitsplatzwechsel/Vermittlung/Bewerbungstraining,
- Existenzgründungsförderung/-beratung.

Vor einer Überleitung von Mitarbeitern in den Pro MoBil-Pool sind zunächst alle Möglichkeiten einer flexiblen Personalpolitik auszuschöpfen, um Mitarbeiter weiterhin in ihren Bereichen beschäftigen zu können. Dies ist eine Aufgabe der dezentralen Personalplanungsteams. Diese Teams bestehen aus dem jeweiligen Bereichsleiter, einem Controller, einem Personalreferenten und einem Betriebsratsmitglied. Zu deren Aufgaben gehören die Integration von Investitions- und Personalplanung, qualitative und quantitative Personalplanung, Personalkostenplanung und die Beauftragung der Personalreferenten mit der Umsetzung der geplanten Maßnahmen.

Besteht nach Ausschöpfung beschäftigungssichernder Maßnahmen in den Bereichen dennoch ein Personalüberhang, so dass Mitarbeiter in den Pro MoBil-Pool überzuleiten sind, dann sind bei der Auswahl folgende Personenkreise zu berücksichtigen:

- Mitarbeiter, bei denen aufgrund der Qualifikationen und der gegenwärtigen Tätigkeitsfelder zu erwarten ist, dass ein marktfähiges Geschäftsfeld aufgebaut werden kann;
- Mitarbeiter, die aus gesundheitlichen Gründen ihre ursprüngliche Tätigkeit nicht mehr wahrnehmen können;
- Auszubildende, die befristet übernommen werden;
- Mitarbeiter, die nach sozialen Kriterien ausgewählt werden.

Mit den dem Pro MoBil Center zugewiesenen Beschäftigten werden zunächst eingehende Gespräche geführt. Das Qualifikationsprofil der Beschäftigten wird ermittelt, die Einsatz- und Weiterentwicklungswünsche werden erfasst und der Qualifikationsbedarf festgestellt.

Pro MoBil-Pool-Mitarbeiter haben das Recht, zweimal eine angebotene Beschäftigung abzulehnen. Dies gilt nicht für sog. Adhoc-Einsätze. Lehnt ein Beschäftigter zum dritten Mal eine zumutbare Beschäftigung ab, muss er mit arbeitsrechtlichen Konsequenzen rechnen.

Die Mitarbeiter sind verpflichtet, aktiv bei Maßnahmen zu ihrer Beschäftigungssicherung und -förderung mitzuwirken. Sie haben an zumutbaren Umschulungs- und Fortbildungsmaßnahmen teilzunehmen. Ferner müssen sie sich dem Regelwerk des übernehmenden Unternehmensbereiches (z. B. Arbeitszeitregelung) einfügen.

Vor einer Stellenwiederbesetzung wird in einer dreimonatigen Sperrfrist geprüft, ob durch Technikeinsatz oder arbeitsorganisatorische Maßnahmen eine Besetzung der Stelle vermieden werden kann. Bei einer Wiederbesetzung hat interne Besetzung Vorrang vor externer Besetzung.

Eine externe Personalbeschaffung ist nur zugelassen, wenn die Stelle nicht mit Mitarbeitern des Pro MoBil-Pools besetzt werden kann und eine interne Stellenausschreibung nicht zum Erfolg geführt hat.

9.5.4 Schwierigkeiten bei der Umsetzung

Das Konzept Pro MoBil ist »am grünen Tisch« entworfen worden. Wohl wissend, dass bei der Konzipierung eines derartig umfassenden beschäftigungssichernden Vorhabens nicht alle Stolpersteine und Schwierigkeiten, die bei der Umsetzung auftreten können, gedanklich antizipierbar sind, wurde die im Februar 2001 in Kraft getretene Betriebsvereinbarung zunächst bis zum 31. 12. 2002 befristet. Die zwischenzeitlich gemachten Erfahrungen sollen ausgewertet werden und dann in eine optimierte Betriebsvereinbarung münden. In der Tat hat sich im Verlauf der nunmehr fast zwei Jahre gezeigt, dass Pro MoBil noch eine Reihe von Schwachpunkten aufweist. So hat sich herauskristallisiert, dass nicht alle drei Aktionsfelder von Pro MoBil gleichermaßen intensiv bearbeitet und umgesetzt wurden. Der Schwerpunkt der bisherigen Aktivitäten liegt eindeutig im Aktionsfeld drei »Pro MoBil-Center«. Die Aktionsfelder »Unternehmenspolitik« und »Personalpolitik« hingegen sind vernachlässigt worden. Eine systematische Erschließung neuer Geschäftsfelder ist bislang nicht erfolgt. Ernsthafte Bemühungen sind lediglich im neuen Service Center »Interne Dienstleistungen« erkennbar, in dem die Bereiche Restaurant und Kantine, Grafik und Druck sowie Registratur und Post zusammengefasst wurden. Basierend auf einer zurzeit stattfindenden Ist-Analyse wird in dem neu geschaffenen Service Center u. a. auch analysiert, ob marktfähige Drittgeschäfte realisierbar sind. Im Hinblick auf das Aktionsfeld Personalpolitik ist zu konstatieren, dass alle relevanten unternehmensbezogenen Daten (z. B. Daten zur Mehrarbeit, zur Fremdvergabe, zur befristeten Beschäftigung, zu Teilzeitarbeitswünschen) bereichsbezogen zwar aufgearbeitet wurden, aber Gegensteuerungsmaßnahmen in den Bereichen bislang nur halbherzig ergriffen worden sind. Vielmehr ist erkennbar, dass die Überleitung von Mitarbeitern in den Pro MoBil-Pool oft ohne sorgfältige Prüfung der Möglichkeiten bereichsinterner beschäftigungssichernder Maßnahmen erfolgt. Pro MoBil wird von einigen Führungsverantwortlichen scheinbar als Chance interpretiert, sich von Mitarbeitern, die temporär oder dauerhaft gesundheitlich eingeschränkt sind, rasch zu trennen, indem sie in den Pro MoBil-Pool versetzt werden.

Ein weiteres Problemfeld stellt die Vermittlung von Pro MoBil-Mitarbeitern auf feste Stellen dar. Vakante Stellen, die dauerhaft zu besetzen sind, sind kaum vorhanden. In den meisten Fällen erfolgt deshalb lediglich eine temporäre Vermittlung von Pro MoBil-Pool-Mitarbeitern. Hierbei handelt es sich um Tätigkeiten wie Messeservice, Winterdienst, Graffity-Beseitigung in Fahrzeugen, Kundenservice und Kundeninfo. Dabei kann nicht immer den Wünschen der anfordernden Bereiche hinsichtlich der kurzfristigen, temporären Deckung eines quantitativen und qualitativen Personalbedarfs Rechnung getragen werden. Gezeigt hat sich auch, dass Pro MoBil-Mitarbeiter auf freie, dauerhafte Stellen nur schwer vermittelbar sind. Dieses ist auf zwei Ursachen zurückzuführen. So setzt sich der Pro MoBil-Pool entgegen den konzeptionellen Vorstellungen vorrangig aus Mitarbeitern mit gesundheitlichen Einschränkungen zusammen. Für diese Mitarbeiter gilt, dass sie aufgrund ihrer gesundheitlichen Beeinträchtigung für viele Stellen nicht geeignet sind. Außerdem ist der Krankheitsstand dieser Mitarbeitergruppe vergleichsweise hoch, was für eine Vermittlung ebenfalls hinderlich ist. Die verantwortlichen Führungskräfte haben aufgrund der überdurchschnittlich hohen Fehlzeitenquote oft kein Interesse, freiwerdende Stellen mit Pro MoBil-Mitarbeitern zu besetzen. Hinzu kommt, dass die Mitarbeiter aus dem Pro MoBil überwiegend aus den Fahrdienstbereichen kommen. Diese Mitarbeiter haben häufig keine Berufsausbildung oder eine Berufsausbildung in für Verkehrsunternehmen tätigkeitsfremden Berufen (z. B. Friseur, Bäcker). Der Unterschied zwischen Anforderungsprofil der Stelle und Qualifikationsprofil des Mitarbeiters ist folglich oft zu groß, als dass noch in einem vertretbaren Maß mittels Qualifizierung ein Ausgleich geschaffen werden könnte.

Auch in anderer Hinsicht weist Pro MoBil bezüglich der Qualifizierung Schwachstellen auf. So ist eine zielgerichtete Qualifizierung nur dann zu gewährleisten, wenn rechtzeitig die Anforderungen von zu besetzenden Stellen bekannt sind. Hier zeigt sich zweifelsohne ein Verbesserungsbedarf. Erschwerend kommt hinzu, dass Mitarbeiter, die in den Pro MoBil-Pool versetzt worden sind, häufig kein Interesse an Qualifizierung zeigen. So kommt es durchaus vor, dass insbesondere ältere und/oder gesundheitlich angegriffene Mitarbeiter im Pro MoBil-Pool keine Motivation mehr besitzen und nicht mehr bereit sind, neue Herausforderungen in Angriff zu nehmen.

Die hier angerissenen Probleme und Schwachstellen haben im Unternehmen dazu geführt, dass das Image von Pro MoBil nicht das beste ist. Von vielen Beschäftigten, einschließlich der Führungskräfte, wird Pro MoBil entweder als »Abstellgleis« oder als ein Bereich wahrgenommen, dem wenig qualifizierte und/oder gering motivierte Beschäftigte zugeordnet sind.

9.5.5 Ergebnisse

Wie aus den vorherigen Ausführungen ersichtlich, stellt sich die Umsetzung des Pro MoBil-Konzeptes als äußerst schwierig heraus. Dementsprechend sind auch die bisherigen Ergebnisse in Hinblick auf die ureigenste Aufgabe von Pro MoBil, der Beschäftigungsvermittlung von Mitarbeitern auf neue bzw. andere Stellen, auch eher bescheiden zu nennen.

Im Jahr 2002 konnten zwar insgesamt elf Mitarbeiterinnen und Mitarbeiter aus dem Pro MoBil-Pool heraus auf feste Stellen in andere Bereiche des Unternehmens vermittelt werden, diesen positiven Vermittlungsbemühungen steht zurzeit jedoch eine Anzahl von 90 Beschäftigten gegenüber, die bei Pro MoBil geführt werden. Von diesen Mitarbeitern ist wiederum gut die Hälfte (n = 49) bereits seit einem Jahr und länger dem Bereich und damit der Kostenstelle Pro MoBil zugeordnet.

Diese Zahlen könnten nun den Eindruck erwecken, dass die Beschäftigten irgendwo im Unternehmen »geparkt« werden und nicht produktiv eingesetzt würden oder werden könnten. Dies ist jedoch nicht der Fall, denn die tägliche Praxis zeigt ein differenzierteres Bild. Pro MoBil-Mitarbeiter werden in den unterschiedlichsten Bereichen des Unternehmens eingesetzt, wobei eine nicht unerhebliche Zahl von Mitarbeitern schon seit mehreren Monaten in ein und demselben Bereich tätig ist, also nicht lediglich zu »Adhoc«-Einsätzen abkommandiert wird.

Doch wenn es um die Frage der festen Übernahme dieser Mitarbeiter in die jeweiligen Bereiche geht, erfolgt seitens der Leitungen zumeist eine Ablehnung. Dies obwohl, wie gesagt, die Mitarbeiter in den Bereichen produktiv eingesetzt werden und dazu beitragen, dass Überstunden abgebaut werden können bzw. keine neuen Überstunden anfallen.

Die Schwierigkeiten bei der Umsetzung und die Anzahl der vermittelten Mitarbeiter sowie der tatsächliche Einsatz von Pro MoBil-Mitarbeitern werfen letztlich mehr Fragen auf als das Antworten bereits gegeben werden können.

Eine Bewertung des Konzeptes allein aufgrund der vorliegenden Zahlen müsste zwangsläufig zu dem Ergebnis kommen, dass der Umsetzungsversuch gescheitert ist. Eine reine Bewertung anhand von Zahlen blendet jedoch die Frage nach den Ursachen der Umsetzungsprobleme aus bzw. verkürzt sie und wäre damit nicht zielführend hinsichtlich der Verfolgung der gesetzten Ziele. Demzufolge werden wir uns im Folgenden kurz der Aspekte widmen, die unseres Erachtens wesentlich dazu beitragen, dass die Umsetzung von Pro MoBIl im Unternehmen üstra mit solchen Schwierigkeiten behaftet ist.

9.5.6 Bewertung

Neben den schon genannten Schwierigkeiten, wie der personellen Zusammensetzung des Pro MoBil-Pools aus vorwiegend gesundheitlich eingeschränkten Mitarbeiterinnen und Mitarbeitern sowie den gemachten handwerklichen Fehlern, die bei einer Konzeptionierung »am grünen Tisch« fast zwangsläufig entstehen, sehen wir zwei Ursachen als zentral für die genannten Umsetzungsschwierigkeiten an. Zum einen ist es ein bereichsorientiertes Denken von Unternehmensteilen, das dazu führt, Gesamtunternehmensziele aus dem Auge zu verlieren. Zum anderen ist es nicht zuletzt auch die mentale Einrichtung von Beschäftigten in einer vermeintlich gegebenen sozialen Sicherheit, die ihnen die Zukunft als üstra Beschäftigte risikolos erscheinen lässt.

Die üstra steht insgesamt im Rahmen der Erreichung von Wettbewerbsfähigkeit und Eigenwirtschaftlichkeit unter einem enormen Kostendruck. Vor diesem Hintergrund und der Verantwortung der einzelnen Bereiche für ihre Kosten – eben auch der Personalkosten – ist die Verweigerung zu beurteilen, Pro MoBil-Mitarbeiter, die in den Bereichen schon länger eingesetzt werden, fest zu übernehmen. Darüber hinaus scheint die Center- und Kostendiskussion im Unternehmen auch zu einer verstärkten Konkurrenz und mangelnden Absprache zwischen den Bereichen zu führen. Diese gemachten Erfahrungen weisen auf allgemeine Mängel der Centerorganisation hin, wie eine nicht ausreichende organisationsweite Koordinierung, eine zu kurzfristige Gewinnorientierung bzw. ein innovationsfeindliches Kostendecken sowie eine einseitige Ausrichtung auf eine Steuergröße. Die Organisation eines Unternehmens in Center und die damit verbundene strukturelle Autonomie der organisatorischen Teilbereiche kann also durchaus ein Problem für die Gesamtorganisation im Hinblick auf die Umsetzung organisationsweiter Projekte und Ziele darstellen. Das Risiko, aufgrund dominierender Interessen der organisatorischen Teilbereiche, zu insgesamt nur suboptimalen Lösungen zu gelangen, besteht und kann nur durch ausreichende organisationsweite Koordination und Kommunikation mit entsprechenden Steuerungsinstrumenten minimiert oder ausgeschlossen werden.

Ergebnisse wissenschaftlicher Forschungsprojekte zeigen, dass ein persönlicher Beweggrund für die Aufnahme einer Beschäftigung in Verkehrsunternehmen die soziale Absicherung ist und jede/r Leser/in mag in diesem Zusammenhang an die Aussage denken:

»Im öffentlichen Dienst hat man ausgesorgt.«

Auch bei der üstra haben die Ergebnisse interner Fragebogenerhebungen beim Fahrpersonal ergeben, dass die soziale Absicherung und die damit implizit verbundene Beschäftigungssicherheit im öffentlichen Dienst ein Hauptbeweggrund für die Beschäftigungsaufnahme darstellt. Tarifvertragliche Strukturen und insbesondere eine jahrzehntelange betriebliche Praxis der Beschäftigung von leistungsgewandelten Mitarbeitern als sog. C-Personale auf »Schonarbeitsplätzen« haben dazu geführt, dass dieses Gefühl der Beschäftigungssicherheit unter den Mitarbeitern verfestigt wurde. Es scheint sich eine spezifische Sicherheitskultur herausgebildet zu haben, in deren Konsequenz die beschäftigungsrelevanten Ungewissheiten der Zukunft entzeitlicht worden sind. Mit anderen Worten: Allein die Tatsache, noch eine Beschäftigung im Unternehmen zu haben, wird quasi als Selbstverständlichkeit hingenommen und reicht nicht aus, motiviert neue Herausforderungen anzunehmen und selbst aktiv einen Beitrag zu leisten, seine Beschäftigung im Unternehmen zu sichern. Ferner führt diese Kultur zur Konfliktunfähigkeit. Dies findet seinen Ausdruck nicht zuletzt darin, dass Führungskräfte sich scheuen, ihren Mitarbeitern zu sagen, wie die Beschäftigungssituation ist, welche Alternativen sie haben und was von ihnen konkret erwartet wird.

9.5.7 Perspektive

Was die Perspektiven von Pro MoBil anbelangt, wird zurzeit in intensiven Gesprächen zwischen Personalabteilung und Betriebsrat versucht, die Betriebsvereinbarung den betrieblichen Realitäten sowie den in einem Jahr gesammelten Erfahrungen anzupassen. Dabei soll der Gedanke des Pro MoBil-Centers als interne Zeitarbeitsfirma wieder belebt werden. Wesentliche Elemente der angestrebten Personalanpassungsmaßnahmen sollen dabei berücksichtigt werden. Dazu zählen insbesondere temporäre Beschäftigungsmöglichkeiten durch die Hereinnahme von externen Aufträgen wie z. B. Fahrgastzählungen, Sondereinsätze bei Messen, Arbeitnehmerüberlassung.

Darüber hinaus soll die Steuerung des Centers zentralisiert werden. In der Überlegung ist, dass jeweils ein Personalreferent sowie ein Mitglied des geschäftsführenden Betriebsrates als ständiges Team die Leitung des Pro MoBil-Pools übernehmen.

Das Team wird mit jedem Betroffenen aus dem Pro MoBil-Pool zunächst ein nachhaltiges Gespräch führen, um die akute Situation zu vermitteln und die Einsatzfähigkeit und -bereitschaft festzustellen. Als flankierende Maßnahmen werden alle Pro MoBil-Beschäftigten in Kundenorientierung und in der Beherrschung von informationstechnischen Büroanwendungssystemen trainiert. Daneben wird versucht, ob dass Arbeits- und Integrationsamt Qualifizierungsmaßnahmen im Rahmen von Pro MoBil mit entsprechenden finanziellen Mittel unterstützen kann.

Name des Projekts oder der Maßnahme	**Pro MoBil »Programm marktorientierte Beschäftigung intern leisten«**
Unternehmen	**üstra AG, Hannoversche Verkehrsbetriebe AG**
Anlass	Veränderte Rahmenbedingungen des öffentlichen Personennahverkehrs, Wettbewerbspolitik der EU, Finanznot der Kommunen
Zielsetzung	Kunden- und marktorientierte Ausrichtung des Unternehmens, Optimierung des Personaleinsatzes unter betriebswirtschaftlichen und marktorientierten Gesichtspunkten unter Wahrung der Beschäftigungssicherheit
Beschreibung der Maßnahmen	Einrichtung von Pro MoBil, ein Pool von Mitarbeitern, die durch Beratung, Betreuung, Qualifizierung und Vermittlung bei der beruflichen Neuorientierung unterstützt werden, begleitet durch unternehmenspolitische Maßnahmen wie Entwicklung neuer Geschäftsfelder und personalpolitische Maßnahmen zur Effizienzsteigerung und Beschäftigungssicherung
Erfolgsfaktoren/ Schwierigkeiten bei der Umsetzung	Unzureichende Umsetzung der Pro MoBil-Aktionsfelder Unternehmens- und Personalpolitik, Einschränkung der Vermittlungschancen auf feste Arbeitsplätze durch gesundheitliche Beeinträchtigungen, fehlende Qualifikationen. Die Beschäftigten fühlen sich sicher und sehen keine Notwendigkeit für eigene Veränderungen. Die Center-Organisation stärkt das auf Bereiche beschränkte, kurzfristige Kostendenken.
Beteiligung der Interessenvertretung	Intensive Beteiligung von der Konzeption bis zur Umsetzung, Betriebsvereinbarung, Beteiligung des Betriebsrats in der Leitung von Pro MoBil
Ergebnisse/Stand	Nach Pro MoBil übergeleitete Beschäftigte werden produktiv eingesetzt, nur wenige Vermittlungen auf neue feste Stellen, Beschäftigte verhalten sich passiv gegenüber neuen Herausforderungen, Bereiche übernehmen keine Beschäftigungsverantwortung
Bewertung	Schwierigkeiten in erster Erprobungsphase, bisher behindert die Beschäftigungssicherheit den notwendigen Wandel mehr als dass sie ihn fördert
Perspektive	Weiterentwicklung des Konzepts und der Instrumente unter Berücksichtigung der Struktur und der Erfahrungen, Schwerpunkt Kulturveränderungen: Aktivierung der Beschäftigten und Gewinnung der Führungskräfte für die gemeinsamen Unternehmensziele

9.6 Deutsche Bank – Mosaik für Beschäftigung *(Ralf Brümmer und Stefany Krath)*

Die Deutsche Bank gehört zu den führenden internationalen Finanzdienstleistern. Mit rund 82 000 Mitarbeitern betreut die Bank heute weltweit über 12 Mio. Kunden in 75 Ländern. 36 000 Angestellte arbeiten allein in Deutschland.

Ende der 90er Jahre musste sich die Deutsche Bank einem einschneidenden Strukturwandel unterziehen. Die Inlandsorganisation wurde neu geordnet und verschlankt. Im Kontext dieser Reorganisationsmaßnahmen waren in Deutschland 4500 Arbeitsplätze betroffen. 1998 wurde deshalb innerhalb des zentralen Personalbereiches das Ressort »Beschäftigungsmodelle« gegründet. Seine Aufgabenstellung: die Schaffung sinnvoller Alternativen zu den gängigen Instrumentarien sozial verträglichen Stellenabbaus.

9.6.1 Das Konzept: Deutsche Bank – Mosaik für Beschäftigung

In nur knapp neun Monaten wurde das »DB-Mosaik für Beschäftigung« entwickelt. Zielsetzung ist die

- Schaffung beruflicher Perspektiven und Alternativen in Restrukturierungsprozessen,
- Flexibilisierung des internen Arbeitsmarktes,
- präventive und gezielte Förderung der Beschäftigungsfähigkeit der Mitarbeiter.

Das Mosaik bietet eine breite Palette an traditionellen und innovativen Beschäftigungsinstrumenten.

Zwei-Säulen-Prinzip

Das Mosaik unterscheidet sich in zweierlei Hinsicht von den Ansätzen anderer Unternehmen: Zum einen geht es darum, jedem Einzelnen eine möglichst vielfältige Angebotspalette zu bieten, um sehr individuelle Antworten auf die Anforderungen der heutigen Arbeitswelt, das eigene Qualifikationsprofil und die persönliche Lebenssituation zu finden. Zum anderen soll das Bewusstsein der Mitarbeiter für die veränderte Arbeitswelt und die daraus resultierende Bedeutung für die eigene berufliche Perspektive geschärft werden, damit sie selbst rechtzeitig und aktiv Maßnahmen für die eigene Beschäftigungsfähigkeit ergreifen können.

Die Angebote basieren dabei auf zwei Säulen: der Selbstverantwortung der Mitarbeiter für die eigene berufliche Entwicklung und der Verantwortung des Unternehmens, entsprechende Rahmenbedingungen und Vorsorgemaßnahmen zur Beschäftigungssicherung zu schaffen. Die Verantwortung und persönliche Entscheidung, diese Angebote des Unternehmens dann auch zu nutzen, kann nur bei jedem Einzelnen liegen. Die Deutsche Bank fordert hier entsprechend Eigeninitiative.

Das Mosaik wurde in weiten Teilen gemeinschaftlich von Arbeitgeber- und Arbeitnehmerseite konzeptioniert. Es besteht aus einer Fülle von Maßnahmen, die den Fokus auf Tätigkeiten innerhalb, aber – wenn dies nicht machbar ist – auch außerhalb des Konzerns richten.

Die wichtigsten Bausteine im Überblick

Bankforce

Das Profitcenter Bankforce ist eine Abteilung des zentralen Personalbereichs und agiert als konzerninternes Zeitarbeitsunternehmen. Die aus der gesamten Inlandsbank rekrutierten Mitarbeiter werden bundesweit für zeitlich befristete Einsätze, wie beispielsweise Projekte oder Urlaubsvertretung, verliehen. Die Kostenverrechnung erfolgt auf Basis vereinbarter Stunden- bzw. Tagessätze.

Zielgruppe waren in erster Linie Mitarbeiter, deren Arbeitsplätze durch Restrukturierungsmaßnahmen gefährdet waren. Ihnen wollte man übergangsweise eine interessante Tätigkeit bieten, bis eine neue Aufgabe gefunden war. Das Angebot wird in hohem Maße auch von Mitarbeitern genutzt, die Lust auf neue Herausforderungen und eine Erweiterung ihres Erfahrungshorizonts durch diese spezielle Art konzernweiter Jobrotation haben. Die einzelnen Bankforce-Einsätze dauern ein bis sechs Monate, die durchschnittliche Gesamt-Verweildauer bei Bankforce beträgt rund 14 Monate, ist aber zeitlich nicht von vornherein befristet. Zielsetzung ist es, dass die Mitarbeiter sich nach einer Orientierungsphase von ein bis zwei Jahren wieder für ein festes Betätigungsfeld im Konzern entscheiden.

Voraussetzung für einen Wechsel zu Bankforce sind neben einer bankkaufmännischen oder vergleichbaren Qualifikation eine gute Beurteilung durch den bisherigen Vorgesetzten, bundesweite Mobilität für die Einsätze und vor allem ausgeprägte Kontakt- und Teamfähigkeit. Sofern in einem Gebiet ausreichend Nachfrage für eine bestimmte Qualifikation besteht, kann die Mobilitätsanforderung auch auf einen regionalen Radius begrenzt werden. Die Konzeption wird dann unter dem Label Regioforce von den örtlich zuständigen Personalbetreuern umgesetzt.

Bankforce hat es nach nicht einfacher Aufbauarbeit geschafft, eine ausreichend große Zahl motivierter Mitarbeiter zu rekrutieren, um am internen Markt als flexibler Dienstleister mit positivem Image wahrgenommen zu werden. Zurzeit sind ca. 70 Mitarbeiter für Bankforce bundesweit tätig. Die Nachfrage übersteigt das Mitarbeiterangebot inzwischen um ein Vielfaches.

Bankpower

Als Joint Venture der Deutschen Bank und Manpower Deutschland wurde Bankpower, ein rechtlich selbständiger Zeitarbeitsspezialist für

Finanzdienstleister gegründet. Die Hauptniederlassung in Frankfurt hat sich seit der Gründung im Herbst 1998 erfolgreich am Markt positioniert. Inzwischen gibt es Filialen in Berlin, Düsseldorf und Hamburg. Für 2003 ist ein weiterer Ableger in München geplant.

Für strukturbedingt aus dem Konzern ausscheidende Mitarbeiter besteht die Möglichkeit, unter besonderen Vertragsbedingungen zu Bankpower zu wechseln. Ist ihre Bewerbung erfolgreich, erhalten sie ein unbefristetes Anstellungsverhältnis ohne Probezeit, bei dem für die Dauer von zwei Jahren eine betriebsbedingte Kündigung ausgeschlossen ist. Darüber hinaus erfolgt mit dem Übertritt eine Abfindungszahlung, mit der das bisherige Nettoeinkommen für mehrere Jahre gesichert bleibt.

Bankpower wurde als Brücke zum externen Arbeitsmarkt konzipiert und wird vor allem von älteren und regional gebundenen Mitarbeitern genutzt. Die bisherige Erfahrung zeigt, dass die Betroffenen aus ihren Schnupperarbeitsverhältnissen bei potenziellen neuen festen Arbeitgebern bereits in den ersten Monaten übernommen werden. Bankpower schreibt schwarze Zahlen.

Berlin-Modell

Das Berlin-Modell ist ein Umschulungsangebot an vom Arbeitsplatzabbau betroffene Mitarbeiter ohne marktfähige Qualifikation. Sie können ihren Abfindungsanspruch dazu verwenden, eine zukunftsträchtige Berufsausbildung im dualen System, also mit Kammer-Abschluss, zu absolvieren. Die Wahl des Umschulungsberufes zwischen den fünf im Konzern ausgebildeten Berufsbildern, wie beispielsweise Bankkaufmann/-frau und Fachinformatiker, oder einer externen Ausbildung seiner Wahl steht jedem Betroffenen frei. Bei der Suche nach entsprechenden externen Ausbildungsplätzen ist die Bank behilflich. Anstelle der Abfindung garantiert die Bank in jedem Fall für die Dauer der in der Regel zweijährigen Ausbildung den früheren Netto-Monatsverdienst.

Das Berlin Modell verdankt seinen Namen der Tatsache, dass dieses Konzept im Berliner Filialbezirk durch den örtlichen Betriebsrat initiiert und gemeinsam mit dem Personalbereich umgesetzt und weiterentwickelt wurde. Mehrere Gruppen bzw. Ausbildungsjahrgänge haben seither dieses Angebot genutzt. Die Erfolgsquoten liegen erfreulich hoch, die Arbeitsmarktchancen der Teilnehmer haben sich deutlich verbessert, und in den meisten Fällen konnte direkt im Anschluss ein neuer Arbeitsplatz vermittelt werden.

DB-Management-Support GmbH

Die DB Management Support GmbH (DBMS), eine 100%ige Tochter der Deutschen Bank, bietet Fach- und Führungskräften des Konzerns die Möglichkeit, als Partner der GmbH den Übergang in den Ruhestand zeitlich flexibel und nach individuellen Vorstellungen zu gestalten. Die Partner erhalten nach ihrem Ausscheiden eine Grundversorgung durch die Bank und von der DBMS eine einsatz- und erfolgsabhängige variable Vergütung. Die Erfahrung und Kompetenz älterer, langjähriger Mitarbeiter (sog. Advanced Professionals) als Consultant, Interimsmanager oder Coach wird von der DBMS innerhalb und außerhalb des Konzerns vermarktet. Zeitliches Engagement und Länge der Lebensarbeitszeit liegen im Ermessen des Einzelnen.

Intrajob

Intrajob ist ein interner, elektronischer Intranet-Stellenmarkt, der jedem Mitarbeiter per Mausklick aktuellste Informationen über alle weltweit offenen Stellen im Konzern bietet. Ermöglicht wird nicht nur eine Auswahl nach Berufsfeldern, Unternehmensbereichen oder örtlichen Präferenzen, sondern auch Rückfragen per E-Mail zu den ausgeschriebenen Positionen und direkte Bewerbungen mittels standardisiertem Profilbogen. Darüber hinaus können die Mitarbeiter unter Chiffre eigene Stellengesuche platzieren, worauf wiederum interessierte potenzielle Vorgesetzte per E-Mail antworten können.

Dieses Instrument erhöht die Transparenz des internen Marktes erheblich. Mit der Einführung dieses Systems haben sich für die Bank die internen Rekrutierungsprozesse nicht nur beschleunigt, sondern auch qualitativ verbessert.

Existenzgründungsförderung

Mit dem Baustein Existenzgründungsförderung sollen Mitarbeiter, die sich selbstständig machen möchten, bei der Bewältigung der ersten Schritte und der Chancen-/Risikoabwägung Orientierung bekommen und unterstützt werden. Insbesondere in der schwierigen Startphase wird eine optimale Beratung und Begleitung durch Gründungsexperten des Konzerns sichergestellt. Interessierte erhalten ein Starter-Kit mit umfangreichen Informationsmaterialien. Die Bank finanziert Gründerseminare mit und ermöglicht die Teilnahme durch bezahlte Freistellung noch während der Beschäftigungsphase. Soweit es geht, tritt die Bank auch selbst als Kunde auf, vermittelt günstige Geschäftsräume und stellt weitere hilfreiche Kontakte her.

Re-Placement
Mitarbeiter, deren Arbeitsplatz wegfällt, werden durch individuelle Beratung und Hilfestellung bei einer raschen beruflichen Neuorientierung unterstützt. Meist begleiten externe professionelle Outplacement-Berater diesen Veränderungsprozess. Mittels Stärken- und Schwächenanalyse werden eigene Interessen und Neigungen und – damit verbunden – berufliche Alternativen der Mitarbeiter herausgearbeitet. Auf Wunsch erfolgt ein Selbstmarketing- und Bewerbungscoaching sowie eine Kontaktvermittlung zu potenziellen neuen Arbeitgebern.

Extra-Job
Extra-Job ist eine Stellenvermittlungsbörse, in der Jobangebote befreundeter Unternehmen und von Kunden innerhalb der Deutschen Bank publiziert werden. Die Personalbetreuer akquirieren regional entsprechende Partner und vermitteln auf Wunsch auch externe Probeeinsätze im Rahmen einer bezahlten Freistellung.

Flexible Teilzeitmodelle
Die Deutsche Bank fördert seit einigen Jahren konsequent flexible Teilzeitmodelle. Ergebnis: Die Teilzeitquote und die Akzeptanz flexibler Modelle steigt kontinuierlich. Als besonders hilfreich hat sich dabei die Vereinbarung individueller Rückkehroptionen und das Angebot von Schnupper-Teilzeit erwiesen. Großer Beliebtheit bei allen Beteiligten erfreuen sich mittlerweile flexible Jahresarbeitszeit-Modelle, bei denen lediglich Arbeitsvolumina für ein Kalenderjahr zwölf Monate im Voraus abgesprochen werden und die Details flexibel und teambezogen vereinbart werden.

Qualifizierung
Oberstes Ziel bei restrukturierungsbedingtem Wegfall von Arbeitsplätzen: eine Platzierung in adäquaten Aufgabenfeldern des Konzerns, auch in anderen Unternehmensbereichen und Tochtergesellschaften. Sofern eine zukunftsfähige Grundqualifikation und entsprechendes Entwicklungspotenzial gegeben sind, wird ein mehrmonatiges maßgeschneidertes Qualifizierungsprogramm erarbeitet und durchgeführt.

Solche Programme werden nach dem »Learning by Doing«-Prinzip gestaltet. Training on the job wird eng begleitet durch Fach- und Personalvorgesetzte und im Bedarfsfall ergänzt durch passende Seminarangebote.

Umschulung/Fortbildung

Sofern im Kontext strukturbedingten Arbeitsplatzverlustes bei den Mitarbeitern keine im Konzern zukunftsfähigen Grundqualifikationen vorhanden sind oder eine Platzierung aufgrund eingeschränkter Mobilität nicht erreichbar ist, werden auf Wunsch interne oder externe Umschulungen durchgeführt bzw. fehlende arbeitsmarktrelevante Schlüssel- und Zusatzqualifikationen vermittelt.

Der Mitarbeiter bringt zur Finanzierung einen Teil seiner Abfindungsansprüche ein und wird in der Regel noch während des aktiven Beschäftigungsverhältnisses freigestellt. Zusätzlich werden Praktika – auch bei Drittunternehmen – arrangiert. Besonders nachgefragt werden Weiterbildungsangebote aus dem PC- und IT-Bereich von der Anwenderschulung bis hin zu zertifizierten Ausbildungsgängen.

Job Coaching

Seit seiner Einführung 1998 hat sich das Mosaik weiterentwickelt. Erfahrungen und Modelle wurden konsequent ausgewertet und weitere Bausteine hinzugefügt. Seit Anfang 2002 bietet Job Coaching eine individuelle Begleitung der beruflichen Neuorientierung. In verschiedenen Workshops geht es darum, individuelle Fähigkeiten und Interessen zu analysieren, eine persönliche Bewerbungsstrategie zu erarbeiten, das Selbstmarketing zu trainieren und auf die Bewerbungssituation vorzubereiten. Eine telefonische Hotline leistet im Einzelfall zusätzliche individuelle Hilfestellung. Im Gegensatz zum Baustein Re-Placement ist Job Coaching ein internes Produkt, das von Personalbetreuern und Experten des Konzerns durchgeführt wird.

Job Center

Das DB Job Center wurde im Januar 2003 eingeführt und fungiert als Kompetenzteam bei Orientierungs- und Platzierungsberatung. Neben umfassenden Informationen bietet das Job Center auch Einzel- und Gruppencoachings und interne wie externe Vermittlungsmöglichkeiten. Das Konzept ist die konsequente Weiterentwicklung des Begleitungsansatzes, der wesentlicher Bestandteil des Mosaiks ist. Bisherige Bausteine, wie die interne Stellenbörse Intrajob oder der externe Vermittlungsmarkt Extra-Job werden in die Beratungsleistung des DB Job Center integriert. Entscheidend bei diesem Baustein ist der aktive Ansatz. Die Hemmschwelle des Mitarbeiters soll durch die Hilfestellung und Beratung abgebaut und der Einzelne zu aktivem Handeln ermutigt werden. Das DB Job Center versteht sich als unabhängiger Berater und »Broker«.

Konkrete Beschäftigungsperspektiven schaffen
Die Nutzung des DB-Mosaiks erfolgt auf freiwilliger Basis. Der Ablauf der Beratung der betroffenen Mitarbeiter, der gemeinsamen Lösungsfindung und der anschließenden Umsetzung läuft nach demselben Prinzip:

9.6.2 Erfahrungen

Trotz der gemeinschaftlichen Entwicklung von Management und Betriebsrat setzte sich der für den Erfolg notwendige individuelle Umdenkprozess nur langsam durch. Die neuen Bausteine wurden zuerst kritisch beäugt. Weiterhin standen für die Mitarbeiter materielle Fragestellungen eher im Vordergrund als berufliche Perspektiven. Im Laufe der Zeit haben sich die Denkmechanismen aller Beteiligten verändert. Mit den potenziellen Auswirkungen der strukturellen Krise des Bankensektors wuchs auch das Verständnis, dass jeder Einzelne etwas dafür tun muss, um seine Beschäftigungsfähigkeit auch am externen Markt zu gewährleisten.

Diese Veränderung des Blickwinkels der Betroffenen hat auch das DB-Mosaik beeinflusst. Die Intensivierung des individuellen Beratungsangebotes, weg von standardisierten Lösungen, trägt dieser Entwicklung Rechnung. Losgelöst von der Situation des Arbeitsplatzverlustes beinhalten Bausteine wie beispielsweise Qualifizierung, Job Coaching oder das DB Job Center im Sinne der Zieldimension »Employability-Förderung« auch das Bemühen, Schlüsselkompetenzen der modernen Arbeitswelt in allen Mitarbeitergruppen proaktiv zu entwickeln. Diese Schlüsselkompetenzen, die alle direkten und entscheidenden Einfluss auf die Markt- und Beschäftigungsfähigkeit des Einzelnen haben, bilden den Kern der konzernweiten kompetenzbasierten Personalentwicklung.

Auch wenn der Arbeitsplatzabbau Ausgangspunkt des beschriebenen Modells war und dies grundsätzlich ein negativ belegtes Thema ist, ist die Atmosphäre in solchen heiklen Situationen und der Umgang der Parteien miteinander vertrauensvoller und damit positiver geworden. Die Beteiligung des Gesamtbetriebsrats an der Konzeptionierung und Entwicklung des DB-Mosaik ist ein entscheidender Faktor für seinen heutigen Erfolg.

9.6.3 Ausblick

Die Zeit der Veränderungen ist noch nicht abgeschlossen. Der Strukturwandel der Bankenbranche und der damit verbundene Umbau von Arbeitsplätzen geht weiter. Themen wie variable Arbeitszeiten, projektbezogene Arbeit, Zeitarbeit und Teilzeit werden stärker an Bedeutung gewinnen. Lineare Berufskarrieren werden in Zukunft nicht mehr die Regel sein, neue Gedankenwelten wollen erschlossen werden.

Um die Mitarbeiter bei diesem Prozess zu unterstützen, setzt die Deutsche Bank weiter auf eine Intensivierung der Beratung. Es liegt in der Verantwortung der Unternehmen nicht in alten Verhaltensmustern zu verharren sondern präventiv kreative Denkansätze zu entwickeln und in die Praxis umzusetzen.

Die Einführung des Mosaiks wird von allen Seiten als erfolgreich bewertet. Zwar erweist sich eine zahlenmäßige Evaluierung der einzelnen Mosaikbausteine als sehr schwierig; betriebsbedingte Kündigungen wurden bisher jedoch weitestgehend vermieden.

Aufgrund der tiefgreifenden strukturellen Veränderungen im Bankensektor und innerhalb des Konzerns liegt der künftige Schwerpunkt der Aktivitäten in der Begleitung auf den externen Arbeitsmarkt. Allerdings gibt es auch noch Potenzial bei der internen Markterschließung, beispielsweise bei Töchtern oder Minderheitsbeteiligungen der Bank. Das Kompetenzteam des Ressort Beschäftigungsmodelle versteht sich dabei als Motor für neue Ideen und Konzepte.

Name des Projekts oder der Maßnahme	**DB – Mosaik für Beschäftigung**
Unternehmen	**Deutsche Bank AG**
Anlass	Verschärfung des Wettbewerbs, Strukturwandel
Zielsetzung	• Schaffung beruflicher Perspektiven und Alternativen in Restrukturierungsprozessen • Flexibilisierung des internen Arbeitsmarktes • präventive und gezielte Förderung der Beschäftigungsfähigkeit der Mitarbeiter
Beschreibung der Maßnahmen	• Bankforce: interne Zeitarbeit • Bankpower: externe Zeitarbeit für Finanzdienstleister • Berlin-Modell: Umschulungsangebote mit Abschluss • Intrajob: interner Stellenmarkt • Extra-Job: externe Stellenvermittlung • Existenzgründungsförderung • Job Coaching: Begleitung bei beruflicher Neuorientierung • Job Center: Orientierungs- und Platzierungsberatung • usw.
Erfolgsfaktoren/ Schwierigkeiten bei der Umsetzung	• Entwicklung und Angebot von Beratung und Unterstützung, Aufzeigen beruflicher Perspektiven • Förderung und Forderung von Eigeninitiative und Verantwortung für die eigene Beschäftigungsfähigkeit • (langsam entstehendes) Bewusstsein veränderter Anforderungen der Arbeitswelt und des notwendigen Vorrangs berufsperspektivischer vor materiellen Fragen
Beteiligung der Interessenvertretung	Gemeinsame Entwicklung von Management und Betriebsrat
Ergebnisse/Stand	Mosaik von Instrumenten der Beratung und Begleitung der beruflichen Neuorientierung Proaktive Förderung der Beschäftigungsfähigkeit
Bewertung	Von allen Seiten als erfolgreich bewertet, betriebsbedingte Kündigungen können weitgehend vermieden werden
Perspektive	Weiterer bedarfsorientierter Ausbau des Instrumentariums, Erprobung neuer Beschäftigungsmodelle

10. Praxisbeispiele: Interne Zeitarbeit

10.1 Perspektive statt Alternative im Chemiepark Marl: Der Personal-Zeit-Service der Degussa AG *(Rudolf Rother, Degussa AG)*

10.1.1 Ausgangssituation

Anfang der 90er Jahre wurden die Auswirkungen der Rezession in der chemischen Industrie Deutschlands durch strukturelle Schwächen verstärkt. Dies wirkte sich für die damalige Hüls AG besonders schmerzlich aus. Die AG verzeichnete in der Zeit von 1992–1994 aufgrund des sich verschärfenden internationalen Wettbewerbs Verluste in Milliardenhöhe. Angesichts dieser Situation waren Personalabbaumaßnahmen nicht mehr zu vermeiden.

So vereinbarte das Unternehmen mit einem Teil der Mitarbeiter den vorzeitigen Ausstieg aus dem Unternehmen über eine sog. 55er (Vorruhestands-)Regelung, andere Mitarbeiter schieden mit einer Abfindungszahlung aus. Darüber hinaus wurde für Mitarbeiter, die nicht abkehren wollten oder konnten, die »Kurzarbeit 0« beantragt und eingeführt.

Nach erfolgreichem »Turn around« stellte sich Mitte der 90er Jahre die Frage nach dem weiteren Vorgehen. Die »Kurzarbeit 0« endete zum 28. 2. 1997. Zu diesem Zeitpunkt waren noch 80 Mitarbeiter im Überhang, ihr Arbeitsplatz war entfallen.

Mit einem Bündnis für Arbeit und Wettbewerbsfähigkeit als Alternative zu einem weiteren Personalabbau haben Unternehmensleitung und Gesamtbetriebsrat die Wettbewerbsfähigkeit der Arbeitsplätze erhöht. Dabei bestand Übereinstimmung, dass eine nachhaltige Sicherung der Arbeitsplätze nur zu erreichen ist, wenn ein Bündnis für Arbeit auch ein Bündnis für Wettbewerbsfähigkeit ist. Denn angesichts der Konkurrenzsituation auf internationalen Märkten ist nur ein wettbewerbsfähiger Arbeitsplatz auch ein sicherer Arbeitsplatz. Die wichtigsten Ziele der Vereinbarungen sind: Beschäftigungsinitiativen und Arbeitsplatzsicherheit für Mitarbeiter sowie Flexibilität und Kostenoptimierung für das Unternehmen.

Moderierte Arbeitsgruppen beschleunigten den Abstimmungs- und Verhandlungsprozess. Nach nur sechs Wochen wurde das Gesamtpaket am 25. 6. 1996 unterzeichnet. Bestandteile sind u. a.

- Flexibilisierung der Arbeitszeit,
- Teilzeitoffensive,
- Personal-Zeit-Service,
- Ausbildung über den eigenen Bedarf und Übernahme der Ausgebildeten.

Das Modell des Personal-Zeit-Service (PZS) war zu diesem Zeitpunkt in der Chemie-Industrie neu. Es sollte das Unternehmensziel »Steigerung der Wettbewerbsfähigkeit« mit den Forderungen des Gesamtbetriebsrates nach »Beschäftigungssicherheit« in Einklang bringen.

Durch die Versetzung von Mitarbeitern zum PZS soll erreicht werden, dass

- dem Wegfall des Arbeitsplatzes tatsächlich eine Produktivitätssteigerung zugrunde liegt und nicht die Personalkosten verschoben werden,
- die zugrunde liegenden Reengineering-Maßnahmen tatsächlich und dauerhaft umgesetzt werden,
- qualifiziertes Personal – mit Unterstützung flexibler Arbeitszeitsysteme – innerhalb und außerhalb des Konzerns kurzfristig und unbürokratisch zur Verfügung steht.

Perspektiven und Beschäftigungssicherheit für die Mitarbeiter:

- Verzicht auf betriebsbedingte Kündigungen.
- Die Mitarbeiter behalten grundsätzlich ihre vorherige Eingruppierung. Auf sie finden alle kollektivrechtlichen Regelungen aus den jeweiligen Tarifverträgen sowie Betriebsvereinbarungen und Richtlinien des Konzerns Anwendung.
- Sie werden auf eine breite Verwendungsmöglichkeit hin qualifiziert.
- Sie haben die Möglichkeit, durch Erfahrungen in verschiedenen Tätigkeitsfeldern ihre Qualifikation zu verbessern und ihre Flexibilität zu beweisen.
- Sie können ihre Qualifikation für neue, auch ausbildungsfremde Aufgaben auf Dauerarbeitsplätzen unter Beweis stellen.

10.1.2 Ausgestaltung des Personal-Zeit-Service

Unternehmensleitung und Gesamtbetriebsrat sind sich darüber einig, dass der PZS das wirtschaftlichste Instrument ist, Stellenabbaumaßnahmen auch zukünftig sozialverträglich umzusetzen. Es besteht Einigkeit, dass die Vermittlung von Mitarbeitern aus dem Personalüberhang auf befristet zu besetzende Stellen auch der Wirtschaftlichkeit des Konzerns dient. Durch die Vermittlung auf befristete Stellen wird erreicht, dass diese Mitarbeiter produktiv eingesetzt werden können. Aus diesem Grunde ist die Vermittlung über den PZS, auch wenn das Ziel einer kostendeckenden Vermittlung in der Praxis nicht immer erreicht werden kann, die wirtschaftlichste Alternative.

Vorrangiges Ziel des PZS bleibt die Vermittlung auf unbefristete Stellen. Daher sind beide Parteien der Überzeugung, dass PZS ein Mittel ist, die zu erwartenden Personalüberhänge aus laufenden Reengineering- und Kostenmanagement-Maßnahmen ohne betriebsbedingte Kündigungen zu bewältigen. Zum PZS versetzt werden Mitarbeiter

- deren Arbeitsplätze im Einzelfall weggefallen sind.
- mit Wiedereinstellungszusage, soweit ihr ehemaliger Arbeitsplatz oder ein anderer gleichwertiger Arbeitsplatz nicht mehr zur Verfügung steht.
- nach Beendigung der Ausbildung, sofern ihnen ein befristeter oder unbefristeter Arbeitsplatz zugesagt worden ist.

In anderen Fällen dürfen Mitarbeiter nicht zum PZS versetzt werden.

Die Versetzung von Mitarbeitern zum PZS erfolgt über die Personalabteilungen und wird von diesen dem Personalausschuss/Betriebsrat vorgelegt. Es wird darauf geachtet, dass stets der Mitarbeiter zum PZS versetzt wird, dessen Arbeitsplatz entfallen ist und insoweit kein Austausch stattfindet. Soweit auf einem Arbeitsplatz mehrere Mitarbeiter eingesetzt sind und nur einer von diesen abgebaut werden soll, dürfen schwerbehinderte Menschen und Mitarbeiter mit gesundheitlichen Einschränkungen nicht in die Auswahl einbezogen werden.

Bei der Neubesetzung von Stellen haben Mitarbeiter aus dem PZS Vorrang.

Bei Mitarbeitern, die aus dem PZS länger als zwölf Monate auf einem Arbeitsplatz eingesetzt sind, prüft eine Kommission, ob es Gründe gegen eine unbefristete Versetzung auf diesen Arbeitsplatz gibt. Solche

Gründe liegen dann vor, wenn es sich um befristete Projekte oder Vertretung während der Elternzeit oder längerfristiger Erkrankung handelt. Liegen derartige Umstände nicht vor, wird der Mitarbeiter dauerhaft auf den betreffenden Arbeitsplatz versetzt.

Die Versetzung frei werdenden Personals in den PZS ist für die Bereiche nicht kostenfrei. Bei der Versetzung ist für jeden Mitarbeiter eine Kompensation – entsprechend dem individuellen Aufwand – an den PZS zu zahlen. Die in den PZS versetzten Mitarbeiter sind Mitarbeiter der Organisationseinheit PZS. Während der Zeit des Einsatzes in einem anfordernden Betrieb, liegt die fachliche Weisungsbefugnis beim anfordernden Betrieb, auch hinsichtlich Sicherheit und Arbeitsschutz ist der anfordernde Betrieb verantwortlich. Die disziplinarische Zuordnung verbleibt beim Leiter des PZS.

Erstes Ziel des PZS ist die Vermittlung der Mitarbeiter auf einen unbefristeten Arbeitsplatz im erlernten Beruf bzw. mit einem Anforderungsprofil, das diesem möglichst nahe kommt. Bis zu dieser Vermittlung werden PZS-Mitarbeiter bei Bedarf innerhalb und außerhalb des Konzerns für alle in Frage kommenden Tätigkeiten befristet vermittelt. Dazu werden Aufträge akquiriert und die Mitarbeiter entsprechend betreut. Um die Mitarbeiter besser vermitteln zu können, ist die Weiterbildung sowie die bedarfsgerechte Qualifizierung eine verpflichtende Aufgabe von PZS. Dabei sind wirtschaftliche Aspekte zu beachten.

Zur erfolgreichen Umsetzung ist die PZS-Leitung in alle relevanten Projekte mit Personalauswirkungen und Gremien frühzeitig und umfassend eingebunden. Der PZS wird grundsätzlich nach wirtschaftlichen Gesichtspunkten geführt. Dafür wird bei den Kunden des PZS geworben:

- Vor der Vergabe an Fremdfirmen ist zu prüfen, ob der Auftrag durch PZS-Mitarbeiter zu erledigen ist.
- Auftragsspitzen, Urlaubs- und Krankheitsvertretungen sollen durch PZS abgedeckt werden. Dies gilt insbesondere bei Wehrdienst/Zivildienst, Fortbildung oder Elternzeit von Mitarbeitern auf Dauerarbeitsplätzen.
- Für Mitarbeiter, für die das Vermittlungsziel nicht zu erreichen war, ist eine Abkehrregelung mit entsprechenden Abfindungen vereinbart worden. Außerdem gilt die Altersteilzeit-Regelung des Chemie-Tarifvertrages.

10.1.3 Entwicklung der Abteilung Personal-Zeit-Service

Bereits im August 1996, also sieben Monate bevor die Beschäftigten aus der »Kurzarbeit 0« zurückkehrten, nahm der PZS seine Arbeit mit ca. 50 zu betreuenden Mitarbeitern auf. Das Unternehmen wollte nach Entstehen der Idee möglichst bald Erfahrungen mit diesem Instrument sammeln und ein positives Image aufbauen. Zum Jahreswechsel 1996/1997 war der PZS auf ca. 120 zu betreuende Mitarbeiter angewachsen. In dieser Startphase konnten **alle** Beschäftigten ohne Unterbrechung **kostendeckend** vermittelt werden.

Bis Ende 1999 wuchs der PZS auf bis zu 600 Mitarbeiter an: ca. 400 nach Arbeitsplatzverlust übernommene Mitarbeiter und ca. 200 Ausgebildete mit Zeitverträgen von sechs bis 24 Monaten. Die Vermittlungsquote lag durchschnittlich bei 85%. Seit 1996 haben über 1700 Mitarbeiter/innen die »Drehscheibe« PZS passiert, darunter über 580, die im Laufe der Jahre wieder einen festen Arbeitsplatz außerhalb des PZS fanden, ca. 180 Personen sind sozialverträglich ausgeschieden.

Die Akquisition von Aufträgen durch den PZS beschränkt sich nicht nur auf den Degussa-Konzern. Dem PZS ist die Erlaubnis zur Arbeitnehmerüberlassung erteilt, und er tritt auf diesem Markt als vollwertiger Anbieter auf. So ist auch die Vermittlung von Mitarbeitern außerhalb des Konzerns möglich. Preisdifferenzen beim Wettbewerb mit den Zeitarbeitsfirmen entstehen durch die Bindung an den Chemie-Tarif und müssen vom PZS als Kosten getragen werden.

Die Zahl der nach Arbeitsplatzverlust übernommenen Mitarbeiter betrug im Geschäftsjahr 2002 200, 1999 waren es noch ca. 400.

Die folgende Grafik gibt einen Überblick über die Fluktuation der zu vermittelnden Mitarbeiter im Jahre 2001. Insgesamt verließen in diesem Jahr 122 Mitarbeiter den Vermittlungspool. Bezogen auf die durchschnittliche Mitarbeiterzahl in dieser Gruppe von 276 entspricht dies einer Fluktuationsrate von 44%. Die Fluktuationsrate im Jahre 2000 lag bei 35%.

Zu- und Abgänge zu vermittelnder Beschäftigter in 2001

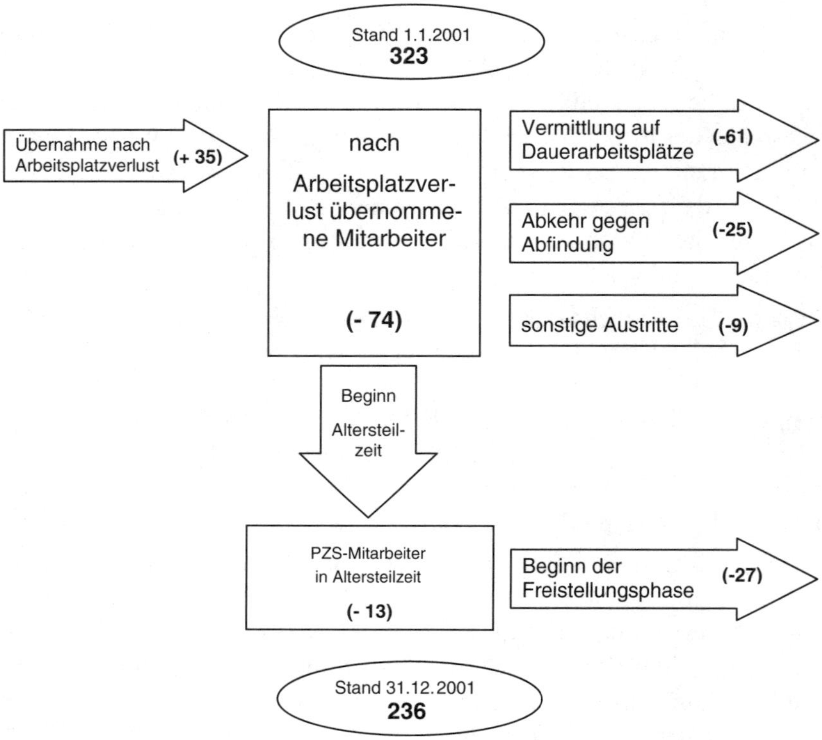

Um die Ziele des PZS zu erreichen, ist es von besonderer Bedeutung, die Mitarbeiter, die ihren Arbeitsplatz verloren haben, von Anfang an intensiv zu betreuen und zu beraten. In ersten Gesprächen werden alle für eine erfolgreiche Vermittlung benötigten Daten erfasst. Dazu gehören u. a. die Berufsausbildung, zusätzliche Qualifikationen, besondere Fähigkeiten, Vorstellungen und Wünsche über Aus- und Weiterbildung. Zu den typischen Qualifizierungsmaßnahmen zählen:

- EDV-Schulungen (z. B. SAP, MS-Office),
- Sprachkurse,
- Führerscheine für Gabelstapler, Krane,
- Ausbildung zum Sicherheitsposten,
- Schweißerprüfungen.

So wird es möglich, dass ständig ca. 30% der PZS-Mitarbeiter berufsfremd vermittelt werden können. Dazu zwei Beispiele:

Ein Chemie-Meister (Wechselschicht) konnte aufgrund seiner umfangreichen EDV-Kenntnisse, die er zum größten Teil privat erworben hatte, zur Logistik vermittelt werden, um dort für sechs Monate bei der »Auftragsabwicklung Übersee« auszuhelfen. Nach drei weiteren zeitlich befristeten Einsätzen wurde ihm nach 14 Monaten Aufenthalt im PZS eine feste Stelle als Techniker angeboten.
Nach Schließung der Werkswäscherei konnten die Mitarbeiterinnen zum Teil dauerhaft in die Bereiche Unternehmensarchiv, Fortbildung, Werkspost und Gastronomie vermittelt werden.

Der Einsatz von PZS-Mitarbeitern bei fremden Firmen durch Arbeitnehmerüberlassung hat sich als besonderes Qualifizierungsinstrument erwiesen. Horizont und Erfahrung dieser Mitarbeiter werden durch keine Fortbildungsmaßnahme so nachhaltig erweitert wie durch die Konfrontation mit einer ganz anderen Arbeitsumgebung und Arbeitsweise.

10.1.4 Beurteilung/Zusammenfassung

Zur Beurteilung des personalwirtschaftlichen Instrumentes PZS kann die Strukturierung nach Geschäftsvorfällen hilfreich sein.

Lösung ohne PZS	mit PZS
1. Betriebsschließung	
– Verhandlung und Abschluss Sozialplan (ggf. in der Einigungsstelle) – Vermittlung auf offene Stellen ggf. nach Schaffen dieser Stellen bzw. Beschäftigung ohne Stellen – ggf. betriebsbedingte Kündigung nach Sozialauswahl	– Verhandlung und Abschluss Sozialplan nicht erforderlich bzw. unproblematisch – Versetzung der Mitarbeiter nach PZS – keine Sozialplankosten – Vermittlung auf feste Stellen nur bei Bedarf und Eignung der Mitarbeiter
suboptimales Personal in den Betrieben	optimales Personal in den Betrieben und Transparenz von Personalüberhängen
2. Wegfall einzelner Stellen	
– Verbleib der Mitarbeiter im Stammbetrieb führt zu Personalüberhängen – Beschäftigung mit unproduktiven Arbeiten	– Reengineering-Maßnahmen werden tatsächlich dauerhaft und zeitnah umgesetzt – dem Wegfall von Arbeitsplätzen liegt damit nachweislich eine Produktivitätssteigerung zugrunde

ohne PZS	mit PZS
– Mitarbeiter steht für kurzfristigen Personalbedarf an anderer Stelle nicht zur Verfügung – ggf. Versetzung über die Personalabteilung nach längerer Verweilzeit im Stammbetrieb – psychologische Hemmnisse verzögern/verhindern Personalabbau	– psychologische Hemmnisse bei Personalabbaumaßnahmen sind geringer – Personalüberhänge werden transparent gemacht, zentral geführt und professionell gemanagt (z. B. durch bedarfsgerechte Qualifizierung, Abkehr, Outplacement-Beratung)
3. Deckung kurzfristigen Personalbedarfs	
– Einsatz von Fremdfirmen im Werkvertrag und nach Arbeitnehmerüberlassung – chemietypische Berufe können vom Markt nur sehr begrenzt gestellt werden – Vorhaltung von Personalreserven – schnelle Unterstützung durch ein umfangreiches Personalangebot	– unbürokratische Auftragsabwicklung – gut ausgebildete Mitarbeiter mit Werkskenntnissen und Know-how – Minimierung von Personalreserven – Reduzierung des Fremdfirmenaufwandes – Vermittlung an Externe bringt Konzern-Ergebnisbeiträge

Wenn heute ein Arbeitsplatz im Unternehmen entfällt, führt das nicht automatisch zum Abbau von Personal. So sorgt der Personal-Zeit-Service und ein interner Stellenmarkt dafür, dass für die meisten Mitarbeiter schnell eine Anschlussbeschäftigung gefunden werden kann – wenn auch zunächst nur vorübergehend.

Das neue Instrument stieß allen Unkenrufen zum Trotz auf eine rege Nachfrage innerhalb des Gemeinschaftsbetriebes und bei den Konzerngesellschaften. Aber auch eine Reihe von Einsätzen außerhalb des Unternehmens stehen auf der Erfolgsliste.

Es zeigt sich aber auch, dass die Qualifizierungsanforderungen stetig steigen und nicht alle Mitarbeiter mit dieser Entwicklung Schritt halten können. Mit jeder Investition ist ein deutlicher Produktivitätsfortschritt verbunden, durch den insbesondere die einfachen Arbeitsplätze entfallen.

Weiterhin ist besonders darauf zu achten, dass alle am Prozess Beteiligten die Spielregeln einhalten. So geraten naturgemäß Betriebsleiter in Versuchung, leistungsschwache Mitarbeiter über den PZS abzubauen. Dagegen hilft nur, vor Übernahme jedes Mitarbeiters dessen Personalakte sorgfältig zu prüfen. Der Ruf eines PZS und damit seine

Geschäftsmöglichkeiten stehen und fallen mit der Qualität seiner Mitarbeiter. Dazu gehört, dass im eigenen Unternehmen bekannt ist, nach welchen Regeln ein PZS arbeitet. Jede Abweichung von diesen Regeln kann zum Grab für den PZS werden. Das gilt z. B. dafür, dass die Wiederbesetzung der Stelle eines zum PZS versetzten Mitarbeiters nicht zugelassen wird.

Name des Projekts oder der Maßnahme	**Personal-Zeit-Service (PZS)**
Unternehmen	**Degussa AG**
Anlass	• Rezession • Strukturelle Schwächen • Verschärfter internationaler Wettbewerb
Zielsetzung	• Sicherung von Beschäftigung • Wirtschaftlichkeit jedes Arbeitsplatzes • Flexibilität des Personaleinsatzes • Nutzung der Ausbildungskapazitäten
Beschreibung der Maßnahmen	Personal-Zeit-Service, das ist • Überleitung von Beschäftigten, deren Arbeitsplatz entfallen wird, • Qualifizierung, • Flexibler Einsatz, auch Arbeitnehmerüberlassung, • Vermittlung auf neue, dauerhafte Arbeitsplätze.
Erfolgsfaktoren/ Schwierigkeiten bei der Umsetzung	• Vorrang der PZS-Mitarbeiter bei Besetzung dauerhafter und befristeter Stellen • Wirtschaftlicher Einsatz von Beschäftigten im Personalüberhang
Beteiligung der Interessenvertretung	Betriebsvereinbarung, gemeinsame Entwicklung und Umsetzung der Idee
Ergebnisse/Stand	• Insgesamt ca. 1700 Beschäftigte waren zumindest zeitweilig im PZS • ca. 580 Beschäftigte auf neue dauerhafte Arbeitsplätze vermittelt • ca. 175 Personen sozialverträglich ausgeschieden
Bewertung	Seit über sechs Jahren bewährtes personalwirtschaftliches Instrument zur Vermeidung von betriebsbedingten Kündigungen
Perspektive	Ausbau des Modells auf Konzernebene

10.2 Merck Zeitservice
(Hartmut Sperber, Merck KGaA)

10.2.1 Zielsetzung des Merck Zeitservice

Merck bewegt sich in einem Umfeld von vielfältigen Veränderungen. Es ist daher personalpolitisches Ziel, diese Veränderungen so zu gestalten, dass Beschäftigung gefördert wird, ohne betriebswirtschaftliche Aspekte zu vernachlässigen. Dazu wurde eine neue organisatorische Einheit innerhalb des Konzerns geschaffen – der Merck Zeitservice.

Deutsche Unternehmen stehen seit Jahren vor einer komplizierten Aufgabe: Einerseits reglementiert das Arbeitsrecht Arbeitsverhältnisse bis ins Detail und setzt personellen Entscheidungen einen im internationalen Vergleich engen Spielraum. Andererseits sieht sich die deutsche Industrie der Herausforderung gegenüber, im Zuge der fortschreitenden Globalisierung immer flexibler zu werden und neue Wege in der Nutzung der Human Resources zu beschreiten.

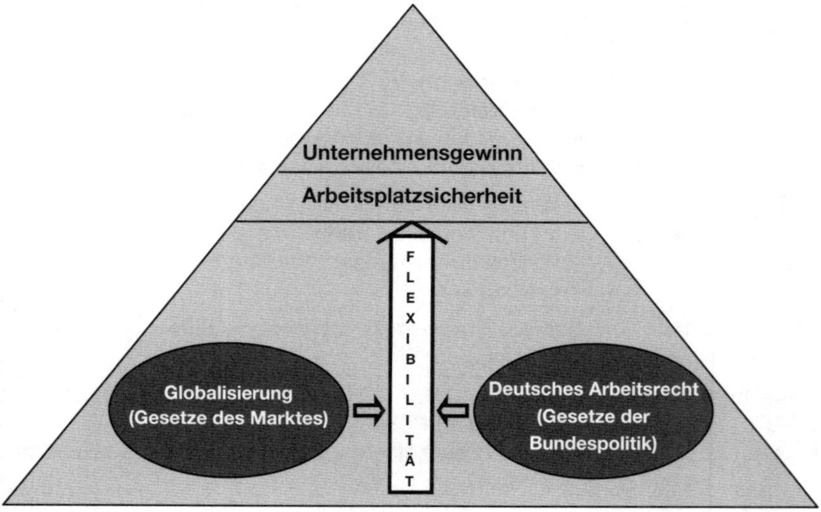

Während die Politik bisher wenig erfolgreiche Modelle zur Überwindung der hohen Arbeitslosigkeit gefunden hat, versuchen Unternehmen in ihrem Wirkungsbereich die definierten Ziele zu verknüpfen: Flexibilisierung der Arbeitsverhältnisse und Kosteneffizienz auf der einen Seite, Sicherung der Beschäftigung und Optimierung der Mitarbeitermotivation auf der anderen Seite.

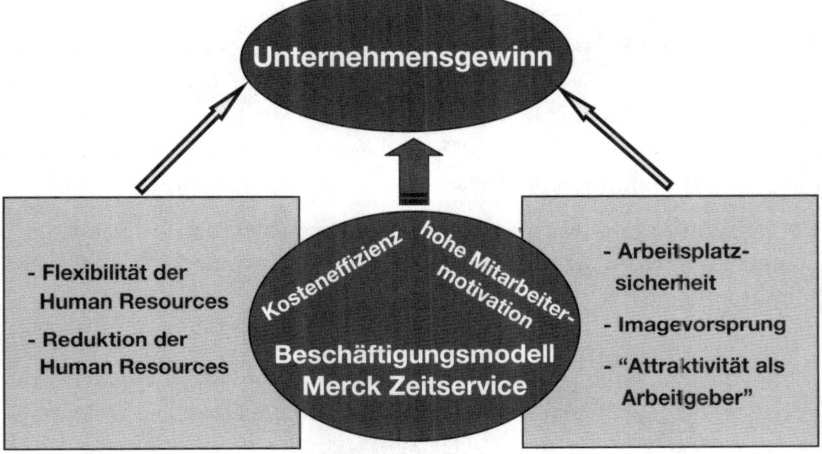

Merck hat daher am 1. 1. 2000 den Merck Zeitservice ins Leben gerufen und auf folgendem Fundament aufgebaut:

Auftrag der Geschäftsleitung: Keine betriebsbedingten Kündigungen!
Die Merck KGaA befindet sich mehrheitlich im Besitz der Familie Merck. Diese teilt neben unternehmerischen Zielen die Verantwortung für die Menschen im regionalen Umfeld des Unternehmens. Ihre klare Aussage – »keine betriebsbedingten Kündigungen« – ist daher von allen Unternehmensbereichen und deren Vorgesetzten sowie der Personalabteilung umzusetzen.

Verstärkter Rationalisierungsdruck
Die Globalisierung der Märkte führt zu zunehmendem Rationalisierungsdruck. Dieser bewirkt:

- steigenden Wettbewerb der eigenen internationalen Standorte,
- steigenden Wettbewerb der internationalen Konkurrenten,
- proportional steigende Personalkosten an deutschen Standorten.

Abnehmende Attraktivität von Abfindungen für Arbeitgeber und Arbeitnehmer
Abfindungen bei Auflösungen von Arbeitsverhältnissen werden durch die hohe Besteuerung und höhere Sozialabgaben zunehmend unattrak-

tiver. Höhere Bruttozahlungen der Arbeitgeber und niedrigere Nettozahlungen an die ehemaligen Mitarbeiter sind die Folge.

Tendenziell steigende externe Personalkosten
Als Flexibilisierungsinstrument gewinnt die Zeitarbeit an Bedeutung. In den Jahren 1998 bis 2001 stiegen die Kosten für Zeitarbeit bei Merck um durchschnittlich 68% pro Jahr. Darüber hinaus übernehmen Fremdfirmen als externe Dienstleister verstärkt Arbeitsprozesse, die ehemals »inhouse« gelöst wurden (sog. Outsourcing).

Unter Mitarbeit der Rechtsabteilung, des Betriebsrates und von Unternehmensvertretern wurde auf dieser Grundlage innerhalb von sechs Monaten der Merck Zeitservice geschaffen.

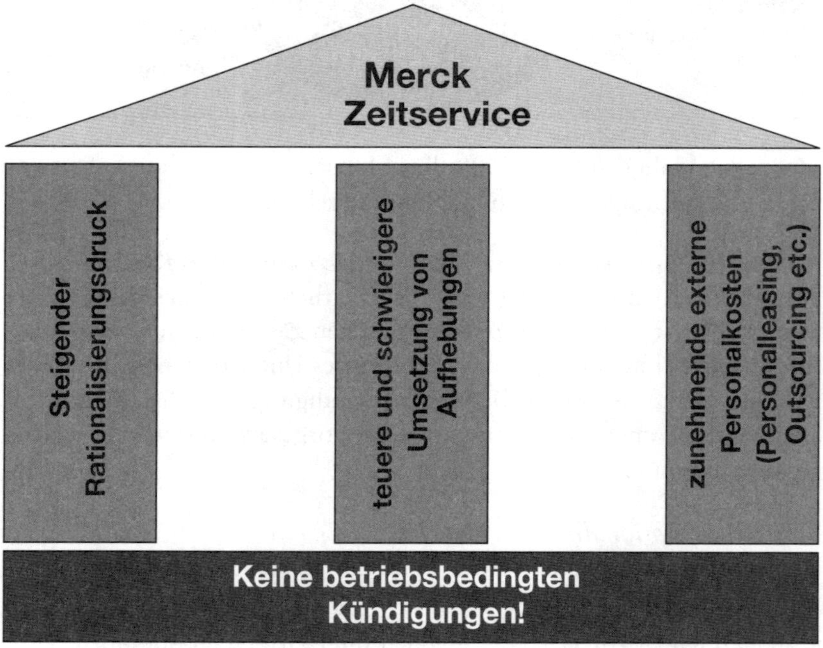

10.2.2 Wirkungsweise des Merck Zeitservice

Es mussten Antworten auf folgende Fragen gefunden werden:

- Wie können wir alle durch Restrukturierungsmaßnahmen freigesetzten Mitarbeiter optimal weiterbeschäftigen?

- Wie können wir die Zahl unserer Ausbildungsplätze erhöhen und gleichzeitig zumindest eine befristete Übernahmegarantie für alle erfolgreich Ausgebildeten schaffen?

Die Antworten finden wir in der Schaffung einer Serviceeinheit, die als »interne Arbeitsmarktdrehscheibe« mit dem notwendigen zentralen Know-how über Stellen- und Mitarbeiterprofile, frühzeitigen Informationen über Restrukturierungsmaßnahmen und Macht ausgestattet ist.

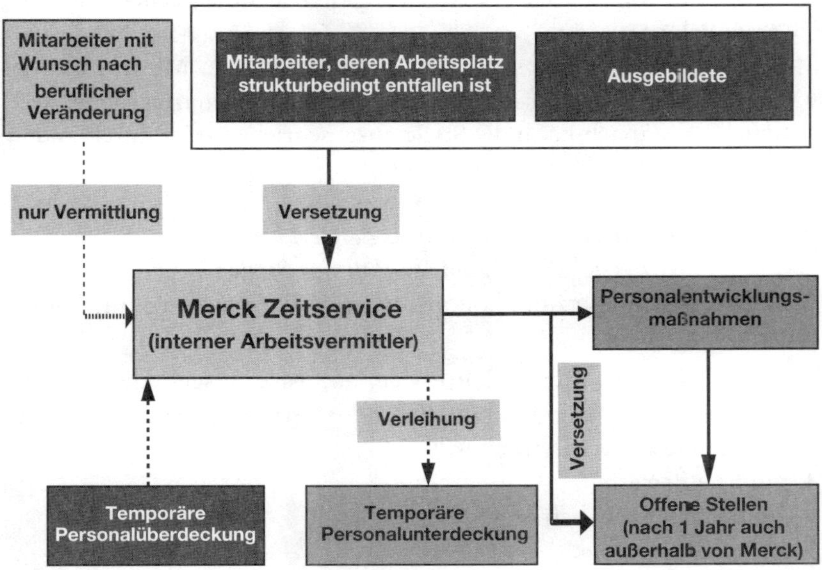

Der Merck Zeitservice fungiert als Netzwerk und Drehscheibe zwischen den Bereichen, um das Firmenziel zu erreichen. Erste Priorität hat eine interne Versetzung der Merck Zeitservice-Mitarbeiter. Zweite Priorität hat die lückenlose berufsnahe Verleihung im Unternehmen, sofern eine Versetzung nicht möglich ist. Bezahlte Freistellungsphasen sind zu vermeiden, um als Ergebnis die betriebwirtschaftliche Optimierung für das Unternehmen zu erzielen. Dritte Priorität hat die berufsfremde Verleihung im Unternehmen. Darüber hinaus werden externe Verleihungen gemäß Arbeitnehmerüberlassungsgesetz (AÜG) durchgeführt.

Spielregeln des Merck Zeitservice

Die Spielregeln des Merck Zeitservice:

1. Alle Stellenbesetzungsanträge der Merck KGaA Deutschland müssen vor einer internen Ausschreibung dem Merck Zeitservice gemeldet werden. Dort wird geprüft, ob die Stellen durch Mitarbeiter des Merck Zeitservices besetzt werden können.
2. Sofern Stellenprofil und Mitarbeiterprofil zusammenpassen, muss die Stelle durch den Merck Zeitservice besetzt werden. Die Mitarbeiter des Merck Zeitservice haben somit bei der Stellenbesetzung erste Priorität.
3. Alle Stellenbesetzungsanträge, die nicht durch Mitarbeiter des Merck Zeitservice besetzt werden können, müssen freigegeben werden. Erst danach kann die Stelle ausgeschrieben oder durch andere interne Mitarbeiter besetzt werden.

Zielgruppe 1: Mitarbeiter im Merck Zeitservice durch betriebsbedingten Wegfall der Stelle

Bei einer Stellenbesetzung kommt folgende Priorisierung zur Anwendung:

1. Mitarbeiter des Merck Zeitservice, inklusive Ausgebildeter,
2. andere mittelfristig aus betriebs- oder verhaltensbedingten Gründen freigesetzte Mitarbeiter,
3. interne Bewerber,
4. Mitarbeiter mit befristeten Verträgen,
5. externe Bewerber.

Zielgruppe 2: Ausgebildete

Ausgebildete, denen mit Abschluss ihrer Ausbildung keine unbefristete oder langfristig befristete Stelle angeboten werden kann, erhalten die Garantie auf einen Einjahresvertrag mit dem Merck Zeitservice. Sie verpflichten sich darin zur Akzeptanz berufsfremder Einsätze, erhalten im Gegenzug jedoch 100% des ihrer Qualifikation entsprechenden tariflichen Entgelts. Die Prüfung einer Stellenbesetzung erfolgt analog der Zielgruppe 1.

Verrechnung der Kosten

1. **Abgebende Fachbereiche**

Da sich die betriebsbedingte Aufhebung von Arbeitsverhältnissen in den seltensten Fällen kostenfrei gestaltet, wurde auch die »Abgabe« von Mitarbeitern an den Merck Zeitservice mit einer Risikozahlung versehen: Diese tritt für den abgebenden Fachbereich in zwei Fällen ein.

- Ein Mitarbeiter befindet sich in einem »Nicht-Einsatz«. Es konnte also kein Entleiher gefunden werden. In diesem Fall werden die gesamten Personalkosten dem abgebenden Bereich bis zu einer maximalen Dauer von zwölf Monaten nach Übergang in den Merck Zeitservice belastet. (Bei einer Verleihquote von bislang 99,9% kommt dieser Fall relativ selten vor.)
- Der Mitarbeiter findet einen Entleiher, dessen Bedarf nicht vollständig durch den Mitarbeiter gedeckt wird. Als Folge wird für die Verleihung ein Preisnachlass vereinbart. Der abgebende Bereich trägt in diesem Fall ebenfalls bis zu einem maximalen Zeitraum von zwölf Monaten nach Übergang zum Merck Zeitservice die Differenzkosten zu den realen Personalkosten. Durch diese Vereinbarung wird sichergestellt, dass alle Mitarbeiter, unabhängig von ihrem persönlichen Profil, »marktfähig« sind.

2. **Aufnehmende Fachbereiche**

Die aufnehmenden Fachbereiche brauchen keine Stelle für eine Entleihung, sondern bekommen lediglich die Kosten für ihre Mitarbeiter umgelegt. Sie bezahlen, analog zu Zeitarbeitskräften gemäß Arbeitnehmerüberlassungsgesetz, nur die geleisteten Produktivstunden der Mitarbeiter.

3. **Merck Zeitservice**

Der Merck Zeitservice trägt sämtliche allgemeinen Qualifikationskosten, die Kosten für Fehltage sowie das Risiko für Nicht-Einsätze nach einem Jahr Zugehörigkeit des jeweiligen Mitarbeiters zum Merck Zeitservice.

10.2.3 Nutzen des Merck Zeitservice

Aus den genannten Bedingungen ergeben sich vielfältige Synergieeffekte.

Vorteile für die Fachbereiche:

- allgemein
  - planbare und geringere Abfindungskosten für die abgebenden Bereiche,
  - kein Verwaltungsaufwand.
- Verleihung
  - kurzfristige Lösung von Personalüberhängen/-engpässen,
  - präzise kalkulierbare Einsatzkosten für die aufnehmenden Fachbereiche.
- Versetzung
  - bekannte Mitarbeiterprofile für die aufnehmenden Fachbereiche,
  - Übernahme der Qualifikationskosten durch den Merck Zeitservice,
  - interne Probezeit für die aufnehmenden Fachbereiche,
  - geringeres Risiko bei der Verleihung und Versetzung für die aufnehmenden Fachbereiche.

Vorteile für die Mitarbeiter:

- keine betriebsbedingten Kündigungen,
- Besitzstandswahrung für mindestens ein Jahr,
- persönliche und fachliche Entwicklungschancen,
- permanente Steigerung der Employability,
- Kennenlernen von anderen Arbeitsplätzen,
- ggf. Kennenlernen von anderen Firmen.

Vorteile für das Unternehmen:

Die Kosten für das Unternehmen sind gut planbar. Derzeit wird der Merck Zeitservice durch zwei Mitarbeiter (1,4 Mitarbeiterjahre) gemanagt. Neben den Qualifikationskosten in Höhe von ca. 30 000 € fallen keine weiteren Kosten an. Diesem Aufwand steht folgender Nutzen entgegen:

- Imagegewinn für das Unternehmen als »sicherer Arbeitgeber«,
- Attraktivität für Top-Bewerber aufgrund der »Perspektiven«,
- Steigerung des Bekanntheitsgrads in »unruhigen Zeiten«.
- Höhere Motivation der gesamten Belegschaft.

Durch die hohe Arbeitsplatzsicherheit

- müssen sich Mitarbeiter weniger Gedanken über ihre Zukunft machen,
- identifizieren sich die Mitarbeiter stärker mit dem Arbeitgeber,
- wird ein Instrument zur Mitarbeiterbindung geschaffen.

- Internes »Mitarbeiter-Know-how« wird optimal genutzt und fließt nicht ab.

Legt man je Ausgebildeten Investitionskosten von 55 000 bis 90 000 € (je nach Qualifikation) zugrunde, führt dies zu einem aus betriebswirtschaftlicher Sicht positiven Kostenersparniseffekt.

- Optimale Priorisierung der vorhandenen Stellen mit gleichzeitiger zielgerichteter Qualifizierung der Mitarbeiter.

Durch die zentral zusammenlaufenden Informationen über die Mitarbeiter- und Stellenprofile sowie Stellenanforderungen können Schulungen und Trainings effizienter eingesetzt werden. Jüngstes Beispiel ist eine Kooperation zwischen Merck und der Technischen Universität in Darmstadt. Ziel hierbei ist es, Chemielaboranten nach erfolgtem Kurs zielgerichtet für die jeweiligen Stellentypen in der High Performance Liquid Chromatography trainieren zu lassen. Erst durch die »kritische Masse« und das genaue Definieren der Anforderungen können solche Modelle nutzbringend eingesetzt werden.

10.2.4 Fazit

Der Merck Zeitservice generiert durch die Optimierung der Mitarbeiterdisposition, durch die Reduzierung des Einsatzes externer Mitarbeiter sowie durch Synergieeffekte im Weiterbildungssektor einen positiven Deckungsbeitrag für das Unternehmen in sechsstelliger Euro-Höhe. Er verbindet somit die betriebswirtschaftliche Optimierung der Personaldisposition mit den sozialen Zielen der Merck-Führung und führt daher zu einer echten Win-Win-Situation.

Name des Projekts oder der Maßnahme	**Merck Zeitservice**
Unternehmen	**Merck KGaA**
Anlass	• zunehmender Wettbewerb • zunehmende Reglementierung von Arbeitsverhältnissen • Bedürfnis, auf diese Herausforderungen mit mehr Flexibilität zu reagieren
Zielsetzung	• Erhöhung der Flexibilität des Unternehmens durch Optimierung des Mitarbeitereinsatzes • Sicherung der bestehenden Beschäftigungsverhältnisse am Standort Deutschland • Vermeidung von betriebsbedingten Kündigungen
Beschreibung der Maßnahmen	• Auftrag der Geschäftsleitung zur Errichtung einer »internen Arbeitsmarktdrehscheibe« August 1998 • Bildung Projektteam »Merck Zeitservice« Okt. 1998 • Ausarbeitung und Formulierung der Betriebsvereinbarung MZS durch das Projektteam bis Juni 1999 • Unterzeichnung der BV MZS Oktober 1999 • offizieller Start Merck Zeitservice operativ: 1. 1. 2000
Erfolgsfaktoren/ Schwierigkeiten bei der Umsetzung	• »Zentrales Wissen« um alle Stellen, auch befristete, Werkstudenten, Zeitarbeitskräfte etc. • »Machtposition«, um auch leistungsschwächere Mitarbeiter verleihen und in die Fachbereiche versetzen zu können • Versetzungen müssen auch ggf. gegen den Willen von Fachvorgesetzten durchgesetzt werden können • Commitment der Geschäftsleitung zu den »Spielregeln«
Beteiligung der Interessenvertretung	• Mitbestimmung bei der Betriebsvereinbarung • Mitbestimmung bei Versetzungen in den Merck Zeitservice (überprüfen der benötigten Kriterien/Regeln) • Informationsrecht über Verleihungen/Versetzungen
Ergebnisse/Stand	Höhere Flexibilität des Unternehmens durch Optimierung des internen Personals. Wachsendes Bewusstsein der Belegschaft über den Zusammenhang von Beschäftigungssicherheit und persönlicher Flexibilität. Verringerte Kosten für externe Personaldienstleister. Vermeidung betriebsbedingter Kündigungen.
Bewertung	Erfolgreiche Umsetzung, hohe Zufriedenheit, Zielsetzung übererfüllt
Perspektive	Steigende strategische Bedeutung für Unternehmen

11. Praxisbeispiele: Unterstützung bei beruflicher Neuorientierung

11.1 Modernes Personalmanagement bei der Bahn: Die DB Vermittlung als Erfolgsinstrument zur reformbedingten Personalanpassung *(Dieter W. Noth, Geschäftsführer, DB Vermittlung GmbH)*

11.1.1 Vom Personalmehrbestand zum Konzernweiten Arbeitsmarkt im DB-Konzern

Die Vorgeschichte der im Sommer 2001 gegründeten DB Vermittlung beginnt im Jahr 1990. Mit der Zusammenführung von zwei staatlichen Großbetrieben – Deutsche Bundesbahn (DB) und Deutsche Reichsbahn (DR) – und der anschließenden Privatisierung zur Deutsche Bahn AG (DB AG) wurde und wird der interne Arbeitsmarkt mit großen Herausforderungen konfrontiert: Es galt, die Bahnreform auf personeller Ebene umzusetzen.

In dem 1993 von den Tarifpartnern ausgehandelten und bis 2006 verlängerten »Beschäftigungsbündnis Bahn« hat das Unternehmen auf betriebsbedingte Kündigungen verzichtet. Die Beschäftigungssicherung verknüpft der DB-Konzern mit der Forderung von Flexibilität und Mobilität seiner Beschäftigten.

Die angespannte (Personal-)Situation der Bahnen basierte auf mehrschichtigen Problemlagen: technischer Rückstand, massiver Nachfragerückgang (u. a. durch Entfall von Vorgaben in der DDR *oder* beim Übergang von Plan- zu Marktwirtschaft) in den 90er Jahren, vor allem im Bereich der DR ein zu großer Personalbestand, anstehende Optimierungsprozesse der DB, Personalbestand mit hohem Anteil von Beamten und hohem Altersdurchschnitt.

Insgesamt wird die Beschäftigtenentwicklung über den gesamten Zeitraum bis heute von zwei gegenläufigen Trends gekennzeichnet: immense Personalanpassung aufgrund der Restrukturierungs- und Rationalisierungsmaßnahmen in nahezu allen Unternehmensbereichen und laufender Personalbedarf vor allem im Bereich eisenbahntypischer und serviceorientierter Funktionen.

Beschäftigtenentwicklung zwischen 1990 und 2001

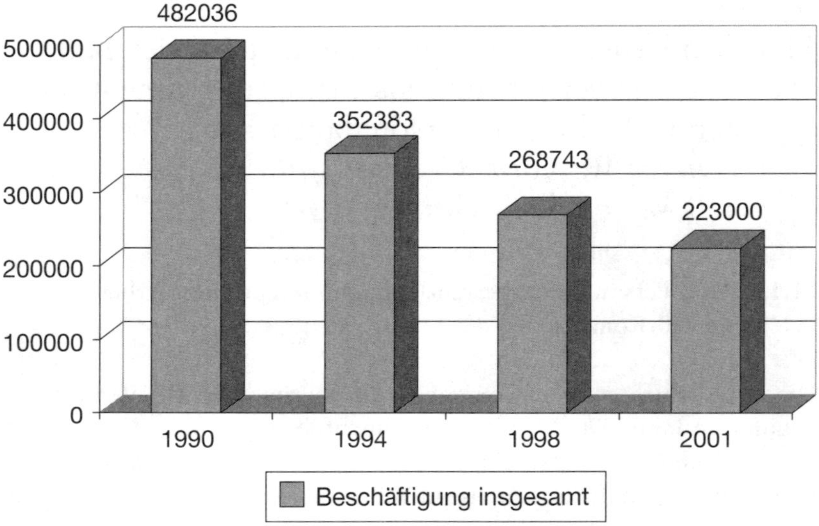

Dieser Bedarf kann den Arbeitsplatzverlust bei weitem nicht kompensieren; die unvermeidbare Lücke führte im Zusammenhang mit dem Verzicht auf betriebsbedingte Kündigungen zu einem (dauerhaften) Personalmehrbestand, den es zu bewältigen gilt.

Bis Ende 1993 waren getrennte, aber eng miteinander kooperierende Personalentwicklungsabteilungen mit der Koordination von offenen Stellen und Beschäftigten ohne leistungsbezogenen Arbeitsplatz betraut. Mit der Gründung der DB AG im Jahr 1994 wurde begonnen, diese Aktivitäten zu bündeln und zu optimieren. Im Sinne einer »lernenden Organisation« wurde Know-how im Bereich reformbedingter Personalanpassung aufgebaut.

Personalausgleichsstellen (1994 bis 1995)

1994 wurde als erster Schritt eine zentrale Organisationseinheit Personalmarketing installiert, in die eine zentrale und 15 regionale Personalausgleichsstellen speziell zur Steuerung des Personalmehrbestandes eingebunden waren. Als »hausinterne Arbeitsämter«[108] vermitteln sie

108 *Dürr*, 1994.

vorrangig freigesetzte Mitarbeiter innerhalb des Unternehmens. Den Ausgleichsstellen kam lediglich eine Beratungs- und Moderationsfunktion zu. Die personelle Verantwortung verbliebt im bisherigen Betrieb, damit auch die Belastung mit den Personalkosten.

Die Erkenntnis nach einem Jahr: Die Zielsetzung »Vermittlung auf freie Arbeitsplätze im Konzern« konnten die Ausgleichsstellen, ausgestattet nur mit beratender Funktion, aufgrund der vielschichtigen Problemlage und dem wachsenden Kostendruck nicht erfüllen.

Restrukturierungsabteilungen (1995 bis 1997)
Dem Manko der mangelnden Weisungsbefugnis wurde 1995 mit der Einrichtung der »Restrukturierungsabteilungen« zumindest teilweise begegnet: Die Verantwortung für den Personalausgleich ging von der Personalausgleichsstelle wieder zurück in die Geschäftsbereiche. Insgesamt wurden 118 dezentrale Restrukturierungsabteilungen (»R«-Abt.) in den einzelnen Betrieben, getrennt vom operativen Geschäft, eingerichtet.

Im Jahr 1996 haben von rund 12 600 in die »R«-Abt. versetzten Mitarbeitern 3600 einen neuen Arbeitsplatz innerhalb der Bahn gefunden; weitere 3600 Mitarbeiter sind aus dem Unternehmen ausgeschieden. 5400 Mitarbeiter waren in konzerninternen Beschäftigungsprojekten tätig. Insgesamt »durchliefen« in den zwei Jahren ca. 25 000 Beschäftigte die »R«-Abt.

Die »R«-Abt. hatten sehr gute Vermittlungserfolge, entwickelten sich aber partiell zu einem kostenintensiven Auffangbecken für quasi arbeitslose, schwer vermittelbare Mitarbeiter. Die betroffenen Mitarbeiter wurden zwar in diese Abteilungen versetzt, der Arbeitsvertrag (und damit auch das bisherige Entgelt) blieb aber bestehen. Die Mitarbeiter befanden sich dadurch in einer für sie mehrdeutigen Situation.

Durch die dezentrale Organisation innerhalb der Geschäftsbereiche fehlte eine im Konzerninteresse strategische Ausrichtung und eine adäquate Betreuung der betroffenen Mitarbeiter, mit der Folge einer niedrigen Qualifizierungsquote.

Dienstleistungszentrum Arbeit (1997 bis 1999)
Qualitativer und quantitativer Personalbedarf und -überhang entwickelten sich unterschiedlich zwischen Ost- und Westdeutschland. Um diesem arbeitsmarktlichen Dilemma besser entgegenwirken zu

können, einigten sich die Tarifparteien der Bahn im Jahr 1997 auf die Einrichtung eines Konzernweiten Arbeitsmarktes. Die vom Beschäftigungswegfall betroffenen Mitarbeiter wurden in das »Dienstleistungszentrum Arbeit (DZA)« versetzt; dort waren somit die fachliche und personelle Verantwortung vereinigt. Die Finanzierung erfolgte durch eine Konzernumlage.

Ausgestattet wurde das DZA mit den Instrumenten Personalüberlassung, private Arbeitsvermittlung, Praktika und Besetzungsvorschlag. Es bekam ein Vetorecht gegenüber den Bereichen bei der Versetzung von Mitarbeitern aus nicht-rationalisierungsbedingten Gründen. Damit konnte verhindert werden, dass weniger leistungsstarke Mitarbeiter zu »Mehrbestand« erklärt und dadurch in das DZA abgeschoben werden.

DB Arbeit GmbH (1999 bis 2001)
Im Rahmen der zweiten Stufe Bahnreform 1999, in der die einzelnen Geschäftsbereiche in eigenständige Aktiengesellschaften überführt wurden, wurde gleichfalls das DZA als eigenständige GmbH – die DB Arbeit GmbH – ausgegründet. Die DB Arbeit übernahm die organisatorische Struktur des DZA und führte erstmalig eine leistungsbezogene Finanzierung ein. Diese sog. Bonus/Malus-Regelung sah eine finanzielle »Mitgift« (Malus) durch den vormaligen Bereich vor. Dieser wurde zur Finanzierung auch von Qualifizierungen und Einarbeitungszuschüssen (Bonus) verwendet.

Die DB Arbeit schloss mit den betroffenen Arbeitnehmen erstmals Arbeitsverträge zur beruflichen Neuorientierung ab – auf der Basis eines eigenen Tarifvertrages. Durch Personalüberlassung auf Basis einer entsprechenden Erlaubnis konnte die Reintegration forciert und der Kostendruck vermindert werden.

Die DB Arbeit war das Instrument der konzernweiten Beschäftigungspolitik, das den Wandel zur Aktiengesellschaft sozialverträglich begleitete und die Arbeitsverhältnisse im Konzern flexibilisierte. Die DB Arbeit fungierte als Drehscheibe zwischen den einzelnen Unternehmen des DB-Konzerns und gegenüber dem externen Arbeitsmarkt. Vorrangige Aufgabe war die Arbeitsvermittlung auf Arbeitsplätze innerhalb wie auch außerhalb der Bahn. Zur Verbesserung der Vermittlungschancen baute die DB Arbeit folgende aktive Maßnahmen aus: Direktsuche und Vermittlung, Berufliche Neuorientierung, Arbeit zur

Probe und Personalüberlassung, Qualifizierung, Mobilitätsförderung, Existenzgründung.

Lag der Vermittlungserfolg in den »R«-Abt. noch bei ca. 30%, konnte diese Zahl im DZA und in der DB Arbeit auf 40% gesteigert werden. Insgesamt wurden über 20 000 Mitarbeiter in die DB Arbeit bzw. das DZA übernommen. Problematisch war allerdings eine im Durchschnitt hohe und kostenintensive Verweildauer in der DB Arbeit. Ein Teil der Mitarbeiter (ca. 20%) war durch den Verfall von Qualifikationen und durch Demotivation schwer zu vermitteln.

11.1.2 Die DB Vermittlung GmbH (seit 2001)

Im Rahmen der »Offensive Bahn« ist das konzernweite Transfermanagement auf Kosten und Effizienz überprüft und entlang den Erfahrungen weiterentwickelt worden. Als Kernaufgaben werden nun bestimmt: Vermittlung von Arbeit in Arbeit, Verbesserung der Vermittlungsfähigkeit der Mitarbeiter, aktive Beratung aller am Transferprozess beteiligten Stellen und Personalgewinnung für dauerhaften oder vorübergehenden Bedarf.

Die DB Vermittlung ist organisiert in bundesweit acht Geschäftsstellen mit 14 Vermittlungsbüros. Mit einer Betreuungsquote von 50 Mitarbeitern pro Personaldisponent wird eine effektive, vermittlungsorientierte Unterstützung bei der beruflichen Neuorientierung gewährleistet. Weitere Veränderungen stärken die Wirksamkeit des Instrumentariums. Die Beschäftigungsgarantie wurde – getragen von allen Tarifparteien – umgewandelt in eine befristete Weiterbeschäftigung. Unterschieden wird zwischen kündigungsbeschränkten (Beamte, langjährige Beschäftigte, schwerbehinderte Menschen) und nicht-kündigungsbeschränkten Mitarbeitern. Nicht-kündigungsbeschränkte Arbeitnehmer werden befristet in einer externen Transfergesellschaft beschäftigt. Dadurch können Mittel der Bundesanstalt für Arbeit zur Arbeitsförderung (SGB III) in Anspruch genommen werden.

Wesentlichste Neuerung ist die Forcierung eines präventiven arbeitsmarktpolitischen Ansatzes durch Ausbau und Intensivierung des Instrumentes »Vorvermittlung«.

Vorvermittlung

Für die betroffenen Mitarbeiter wie für den DB-Konzern ist es das Beste, wenn die Mitarbeiter ohne Umwege von Arbeit in Arbeit – also ohne Abschluss eines Arbeitsvertrages mit der DB Vermittlung oder einer Transfergesellschaft – vermittelt werden können. Die DB Vermittlung wird deshalb schon frühzeitig im Vorfeld von Rationalisierungsmaßnahmen in den einzelnen Bereichen obligatorisch mit der Vorvermittlung beauftragt. Im DB-Konzern wurde für dieses Konzept – die Vermittlung vor dem Arbeitsplatzwegfall – der Begriff »Vorvermittlung« geprägt.

Bereits vor der Sozialauswahl erfährt die DB Vermittlung, wie viele Mitarbeiter mit welcher Qualifikationsstruktur betroffen sein werden und beginnt, entsprechende Arbeitsplätze und Qualifizierungsmöglichkeiten zu akquirieren. Aktuelle Aufstellungen freier Arbeitsplätze werden zugänglich gemacht; optional kann direkt vor Ort ein Projektbüro eingerichtet werden. Hier finden die ratsuchenden Arbeitnehmer einen kompetenten Mitarbeiter der DB Vermittlung, der in Informationsveranstaltungen über Vermittlungs- bzw. Qualifizierungsmöglichkeiten informiert oder in individuellen Gesprächen bei der Entwicklung von Perspektiven berät.

Ist die Vorvermittlung nicht erfolgreich, wird den kündigungsbeschränkten Arbeitnehmern ein Arbeitsvertrag mit der DB Vermittlung angeboten, den nicht-kündigungsbeschränkten Arbeitnehmern ein befristetes Arbeitsverhältnis bei einer Transfergesellschaft mit dem Ziel der dauerhaften Vermittlung.

Die folgende Grafik verdeutlicht den Ablauf:

Personalströme zwischen DB, DB Vermittlung, Transfergesellschaft und Arbeitsmarkt

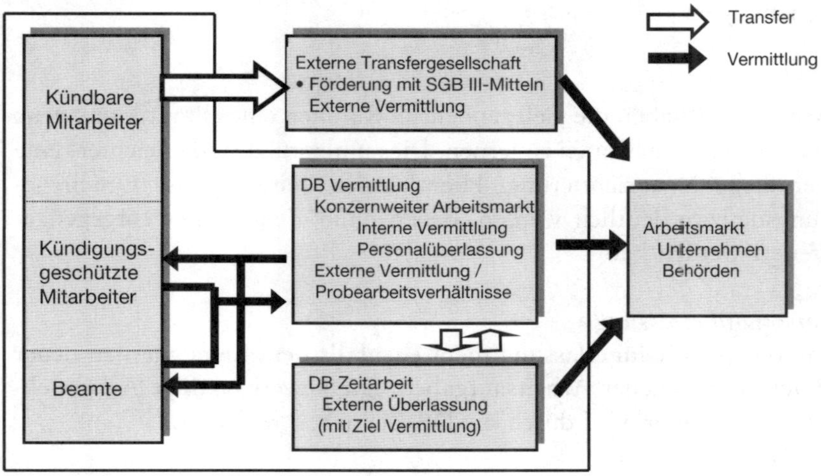

11.1.3 Instrumente des Konzernweiten Arbeitsmarktes

Die Instrumente zur Arbeitsvermittlung, die bereits in der DB Arbeit erfolgreich angewendet wurden, werden auch weiterhin genutzt. Dabei wurde die Vorrangregelung für vom Beschäftigungswegfall betroffene Mitarbeiter bei der Besetzung freier Arbeitsplätze weiter forciert.

Stellenbesetzungsvorschlag
Der Besetzung jedes freien Arbeitsplatzes innerhalb des DB-Konzerns liegt ein dreistufiges, obligatorisches Besetzungsverfahren zugrunde. Die am Konzernweiten Arbeitsmarkt teilnehmenden Unternehmen müssen freie Arbeitsplätze an die DB Vermittlung melden. Zuerst sucht die DB Vermittlung in ihrem eigenen Bestand und unter den im Rahmen der Vorvermittlung betreuten Mitarbeitern nach geeigneten Kandidaten. Werden ein oder mehrere geeignete Mitarbeiter gefunden, werden diese dem suchenden Bereich vorgeschlagen. Lehnt der Bereich den vorgeschlagenen Mitarbeiter ab, muss er dies schriftlich begründen. Erst wenn auf diese Weise alle von Rationalisierungsmaßnahmen betroffenen Mitarbeiter erfolglos einbezogen wurden, kann die Stelle konzernweit ausgeschrieben werden. Führt weder der Beset-

zungsvorschlag noch die interne Ausschreibung zum Erfolg, kann die DB Vermittlung eine externe Einstellung für den suchenden Bereich genehmigen.

Praktikum
Mitarbeiter haben die Gelegenheit im Rahmen eines Praktikums neue Arbeitsbereiche kennen zu lernen. Dies unterstützt und erleichtert eine berufliche Neuorientierung. Hier können beispielsweise Qualifizierungsdefizite deutlich werden, denen dann zielgerichtet entgegengesteuert werden kann.

Personalüberlassung
Interne Personalüberlassung dient ebenfalls dem Kennenlernen neuer Bereiche und neuer Arbeitsaufgaben. Die gewerbsmäßige Arbeitnehmerüberlassung wird durch die DB Zeitarbeit realisiert.

Boni (Einarbeitungszuschüsse, Qualifizierungen)
Arbeitsplatzbezogene Qualifizierungen fördern die Vermittlungschancen. Die DB Vermittlung schafft Anreize, Mitarbeiter der DB Vermittlung einzustellen, indem sie nach Absprache mit dem zukünftigen Arbeitgeber praxisnah Qualifizierung anbietet oder Zuschüsse für die Einarbeitung zahlt.

Zumutbarkeitsregeln
Nicht zuletzt hat die Präzisierung und konsequente Anwendung von Zumutbarkeitsregeln zu den Erfolgen der Vermittlung beigetragen. Die betroffenen Mitarbeiter werden entsprechend ihrer Qualifikation fünf sog. »Anforderungsgruppen« (vom Hochschulabsolventen bis zum ungelernten Mitarbeiter) zugeordnet. Dies erfolgt auch für die angebotenen Arbeitsplätze. Zumutbar ist jeweils die Vermittlung in der gleichen oder der nächstniedrigeren Gruppe. Selbstverständlich werden auch soziale Gesichtspunkte berücksichtigt.

DB Zeitarbeit GmbH
Seit 2001 agiert die DB Zeitarbeit GmbH als 100%ige Tochter der DB Vermittlung auf dem konzern- und bundesweiten Arbeitsmarkt. Ihre Hauptgeschäftsfelder sind die Personalüberlassung und die private Arbeitsvermittlung, vorzugsweise für Beschäftigte der DB Vermittlung. Die DB Zeitarbeit ist bundesweit vertreten und hat einen eigenen

Tarifvertrag. Ihre mit einem unbefristeten Arbeitsvertrag eingestellten Mitarbeiter ebenso wie die von der DB Vermittlung zugewiesenen Beamten werden vorrangig regional eingesetzt, müssen aber bundesweit mobil sein. Durch Erfolge auf dem externen Markt gewinnt die DB Zeitarbeit konzernweite Akzeptanz als leistungsstarker Personaldienstleister.

11.1.4 Erfolge

Vorvermittlung

Im Zeitraum vom 1. 1. 2002 bis 31. 8. 2002 wurde die Vorvermittlung für 2720 Beschäftigte abgeschlossen, davon konnte 1453 Mitarbeitern (über 50%) noch vor Wegfall der Arbeitsplätze eine neue Perspektive geschaffen werden. Ein Wechsel in die DB Vermittlung oder eine Transfergesellschaft wurde in 1167 Fällen realisiert. Gegenwärtig werden knapp 800 Beschäftigte im Rahmen der Vorvermittlung betreut.

Der Erfolg der DB Vermittlung steht in engem Zusammenhang mit der Zeitdauer der Vorvermittlung; je eher sie beginnt, desto erfolgreicher: Für das Jahr 2002 lag die Erfolgsquote bei Projekten mit einem Vorvermittlungszeitraum unter sechs Wochen bei 47%. Bei einer Dauer von mehr als sechs Wochen ist sogar eine beachtliche Erfolgsquote von 69% erreicht worden. Eine frühe Vermittlung vor Verlust des Arbeitsplatzes ist vorteilhaft für die Mitarbeiter und vermindert die Kosten für den Konzern.

Qualifizierungsangebote mit internen und externen Partnern

Mitentscheidend für die Entwicklung ist auch die zielorientierte Nutzung von Bildungsangeboten. Neben »Standards« wie der Ausbildung in eisenbahn-typischen Funktionen werden auch Qualifizierungen angeboten, die die Vermittlungschancen verbessern. Dazu gehören Berufsorientierungstrainings mit einer individuellen Situations- und Potenzialanalyse, sowie Beratung und Training für die Bewerbung. Ergänzend wird allen Mitarbeitern der DB Vermittlung eine 14-tägige Orientierungsphase angeboten, in der sich die Teilnehmer intensiv mit dem »Verlust des Arbeitsplatzes« auseinandersetzen. Damit wollen wir psychologischen Folgen langfristiger Arbeitslosigkeit vorbeugen.

Besondere Angebote entwickeln wir für Mitarbeiter, die sehr lang in der DB Vermittlung verbleiben. Um schleichender Demotivierung und dem Verfall von Qualifikationen entgegenzuwirken, bieten wir Betreuung durch Psychologen und Arbeitsmarktexperten an, erarbeiten individuelle Entwicklungspläne, prüfen die Eignung für nachgefragte Einsatzbereiche, beraten intensiv und empfehlen, Arbeitsmöglichkeiten praktisch zu erproben. Für diese Problemgruppe haben wir 2001 eine Vermittlungsquote von 33% erzielt.

11.1.5 Meilensteine operativer Prozessoptimierung

Um die Erfolge der Vorvermittlung noch weiter auszubauen – zum Vorteil der betroffenen Mitarbeiter und zum Vorteil des Konzerns – müssen vor allem die Rahmenbedingungen stetig und konsequent weiterentwickelt werden.

Stärkung der Zeitarbeit als Vermittlungsoption
Türöffner für einen neuen dauerhaften Arbeitsplatz ist die Zeitarbeit. Mit veränderten Zumutbarkeitsregeln werden wir den Zugang zur DB Zeitarbeit weiter öffnen. Um ihre Leistungen verstärkt auf dem externen Markt anbieten zu können und zur Steigerung der Akzeptanz bei den Nutzern der DB Zeitarbeit, wird die DB Zeitarbeit aus der DB Vermittlung herausgelöst.

Koppelung von Qualifizierung und Vermittlung
Die Qualifizierung muss als Voraussetzung der Vermittlung verbessert werden: Mit einem laufenden Abgleich der individuell mitgebrachten Qualifikationen mit den sich ständig ändernden Anforderungen und mit der Suche nach passgenauen Qualifizierungsangeboten arbeiten wir an dieser Aufgabe.

(Re-)Integration einsatzbeschränkter Mitarbeiter
Eine besondere Aufgabe ist die Re-Integration von Beschäftigten, die ihren Arbeitsplatz nicht durch Rationalisierung sondern aufgrund von, zumeist gesundheitlich bedingten, Einsatzbeschränkungen verloren haben. Die DB Vermittlung sucht hier betriebliche Abläufe in einer Weise neu zu gestalten, dass ein Einsatz möglich wird oder die Einsatzbeschränkungen kompensiert werden. Erzielte Anreize für abgebende und aufnehmende Bereiche fördern die Beteiligung der Bereiche an der Suche nach geeigneten Arbeitsplätzen.

11.1.6 Ausblick – strategische Weiterentwicklung des internen Arbeitsmarktes bei der Deutsche Bahn AG

(Dr. Norbert Bensel, Mitglied des Vorstands der Deutsche Bahn AG)

Die weitere Optimierung des internen Arbeitsmarktes ist ein wesentlicher Meilenstein im Sanierungsprozess der Deutsche Bahn AG. Die Trilogie »Sanieren, Leisten, Wachsen« steht für den Weg, den das Unternehmen auf dem Weg zur Wettbewerbsfähigkeit gegangen ist und noch gehen muss. Der mit der Sanierung verbundene Personalabbauprozess ist demnach kein erklärtes Unternehmensziel und soll auch in Zukunft »entschleunigt« werden, indem die Prozesse der internen Vermittlung von Beschäftigten weiterhin verbessert und effektiver und transparenter gestaltet werden.

Die strategische Entschleunigung des Personalabbaus kann durch Maßnahmen zur Beschleunigung von Personal-Transferprozessen sowie die Steigerung der Effizienz in der DB Zeitarbeit und der DB Vermittlung gelingen. Grundlage dafür muss die Erweiterung der tarifvertraglichen Zumutbarkeitsgrenzen für Mitarbeiter im Konzern-Rationalisierungs-Tarifvertrag (KonzernRatioTV) sein.

Des Weiteren ist die Einführung eines unternehmensbereichsübergreifenden Projektes »JobService« vorgesehen, durch das kündigungsbeschränkte Mitarbeiter, die im Rationalisierungsprozess ihren Arbeitsplatz verloren haben, schneller als bisher ein neues zumutbares Arbeitsvertragsangebot bekommen können, ohne den Weg über die DB Vermittlung gehen zu müssen. Dazu gehört eine bessere Steuerung der Personaltransferprozesse sowie der externen Einstellungen durch eine qualifizierte gesellschaftsübergreifende Prüfung von Besetzungsvorschlägen. Auf diese Weise können Stellen schneller besetzt und die Vorvermittlungsquote erhöht werden.

Eine weitere Maßnahme ist die organisatorische Neuausrichtung der DB Zeitarbeit durch ihre Ausgliederung zu einer selbständigen GmbH zum 1. 1. 2003 mit dem Ziel, durch wertschöpfende Personalüberlassung Beschäftigung innerhalb und außerhalb des Konzerns zu sichern.

Die geplanten Prozessverbesserungen der DB Vermittlung dienen dazu, das strategische Konzept des »Förderns und Forderns« umzusetzen. Neben einem Screening aller betreuten Mitarbeiter in Bezug auf ihre Einsatzmöglichkeiten und Leistungspotenziale wird der Qualifizierungsbedarf erfasst und durch gezielte Qualifikationsprogramme unterstützt. Die Einführung eines E-Matching-Prozesses ermöglich dann den automatischen Abgleich aller freien Arbeitsplätze mit den Kompetenzprofilen der betreuten Mitarbeiter. Darüber hinaus soll ein für alle Unternehmensbereiche zugänglicher Vermittlungspool geschaffen werden, der die schnelle Vermittlung durch die erhöhte Transparenz beschleunigen soll.

Durch die Umsetzung dieser Maßnahmen sind die Rahmenbedingungen zur strategischen Weiterentwicklung und Verbesserung des internen Arbeitsmarktes determiniert. Das Konzept erlaubt eine hohe Flexibilität und dynamische Anpassung an die Entwicklung des Unternehmens. Die Deutsche Bahn AG unternimmt damit einen weiteren zentralen Schritt auf ihrem Weg zu einer kapitalmarktfähigen und »besten Bahn«.

Name des Projekts oder der Maßnahme	**DB Vermittlung GmbH** – Erfolgsinstrument zur reformbedingten Personalanpassung im DB-Konzern
Unternehmen	**Deutsche Bahn AG**
Anlass	Begleitung der reformbedingten Personalanpassungs- und Reorganisationsprozesse der Deutsche Bahn AG
Zielsetzung	Gewährleistung eines sozialverträglichen und kostenbewussten Personalab- und -umbaus
Beschreibung der Maßnahmen	Unterstützung der einzelnen konzerninternen (auch externen) Unternehmen bei reformbedingter Personalanpassung; von der Konzepterstellung bis zur Einzelberatung; Unterstützung der vom Beschäftigungswegfall betroffenen Mitarbeiter des DB-Konzerns; Vermittlung von Arbeit in Arbeit.
Erfolgsfaktoren/ Schwierigkeiten bei der Umsetzung	Im Sinne einer lernenden Organisation ist der Entwicklungsweg der DB Vermittlung von vielen Weiterentwicklungen und Veränderungen geprägt. Dies ist einerseits der Erfolgsgarant, andererseits aber auch eine große Herausforderung für alle Beteiligten.
Beteiligung der Interessenvertretung	Die intensive Einbindung aller Tarifparteien in die Entwicklung des Konzernweiten Arbeitsmarktes und die DB Vermittlung GmbH ermöglichen eine zielorientierte Umsetzung notwendiger Rationalisierungsmaßnahmen bei gleichzeitiger Beschäftigungssicherung.
Ergebnisse/Stand	Der gegenwärtige, zunehmend präventiv ausgerichtete Ansatz führt zu Vorvermittlungserfolgen für teilweise über 65% der vom Beschäftigungswegfall betroffenen Mitarbeiter.
Bewertung	Über ein Jahrzehnt Erfahrung im Bereich von Personalanpassungen in einem ehemals öffentlichen Unternehmen bilden die Grundlage für die erfolgreiche Arbeit.
Perspektive	Weiterer Ausbau der Dienstleistungsangebote mit einem Schwerpunkt in der Präventation

11.2 Das ABB-Transfersystem *(Bernhard John)*

11.2.1 Das Unternehmen

Die heutige ABB AG entstand 1988 durch die Fusion der schwedischen Asea AB und der schweizerischen BBC Brown Boveri & Cie. AG. Der Konzern ABB ist heute ein global tätiges Technologie-Unternehmen mit Niederlassungen in weltweit über 100 Ländern und beschäftigt rund 146 000 Mitarbeiter. ABB bietet Kunden in der Produktions-, Prozesstechnik und Konsumgüterbranche, Energieversorgern, Erdöl- und Erdgasunternehmen und Infrastruktur-Anbietern Produkte, Systeme und Lösungen zum Erhalt und zur Steigerung ihrer Wertschöpfung. Die Schwerpunkte der Produktpalette liegen in der Verteilung und Anwendung elektrischer Energie, der Automatisierungs- und Gebäudetechnik.

Aufgrund der günstigen geographischen Lage, ihrer Größe und des technologischen Know-how hat ABB Deutschland eine besonders große Bedeutung. Sie beschäftigt rund 19 000 Mitarbeiter in 35 Gesellschaften an rund 50 Standorten.

11.2.2 Anlass und Historie

Veränderungswünsche der Mitarbeiter gehörten schon immer zum Alltag im Unternehmen. Das Umfeld passt nicht mehr, die erhofften Entwicklungsmöglichkeiten fehlen, die Motivation sinkt oder man möchte ganz einfach neue Aufgaben kennen lernen, sein Know-how erweitern, eine neue Herausforderung anstreben.

Diese Aspekte waren maßgebend für die »Betriebsvereinbarung (BV) über Auswahlrichtlinien, Personalplanung, innerbetriebliche Stellenausschreibung und die Einrichtung einer **überbetrieblichen Zentralstelle zwecks Verbesserung der Aufstiegsmöglichkeiten** in der Konzerngruppe Deutschland von BBC« vom 14. 11. 1973. Dort stand u. a.:

»Es war von jeher Grundsatz der Unternehmensleitung, den beruflichen Aufstieg ... zu fördern und zu erreichen, dass jeder Betriebsangehörige entsprechend seiner Ausbildung, seinen Kenntnissen, Erfahrungen, Fähigkeiten und Neigungen sowie nach den vorhandenen Möglichkeiten eingesetzt wird.«

Die Betriebsangehörigen haben bei gleicher Eignung grundsätzlich den Vorrang vor fremden Bewerbern. Das sind schon Grundsteine für das heutige **Transfersystem**.

Sich rasch verändernde Märkte zwangen das Unternehmen immer häufiger zu Anpassungsmaßnahmen, teilweise auch zu Personalreduzierungen. Die Pflicht, im Sinne einer glaubwürdigen Führung Beschäftigungsperspektiven aufzeigen zu müssen und damit der Erwartung der Mitarbeiter an die soziale Kompetenz des Unternehmens gerecht zu werden und soziale Härten zu vermeiden, aber auch der Zwang, Umstrukturierungskosten einzusparen, waren immer wieder Vorgaben in Vorstandsschreiben:

»Es ist unbedingt notwendig, dass wir die internen Transfermöglichkeiten vorbehaltlos ausschöpfen.«

Der Ausgleich zwischen suchenden und abbauenden Einheiten hatte oberste Priorität. Dem internen Stellenmarkt und der o. g. Zentralstelle kamen damit besondere Bedeutung zu.

Andererseits stellte die sinkende Zahl qualifizierter und innovativer Mitarbeiter, eine Kombination aus rasant wachsendem Fortschritt und demografischen Veränderungen, das international engagierte Technologie-Unternehmen ABB auch im HR-Bereich vor immer neue Herausforderungen. Konsequentes Personalmanagement, d. h. Investitionen in das Humankapital, vor allem dessen Kompetenz und sein optimaler Einsatz, sind von entscheidender strategischer Bedeutung und stellen einen wichtigen Erfolgsfaktor dar. Es ist auch die Basis einer von den Mitarbeitern akzeptierten und gelebten Unternehmenskultur. Wodurch ein positiver Effekt auf das ebenso entscheidende Commitment, d. h. die Identifikation, Zufriedenheit und Motivation der Mitarbeiter und damit auch auf Bindung und Produktivität entsteht. Das Transfersystem spielt dabei eine bedeutungsvolle Rolle.

Alle Mitarbeiter, die sich verändern wollten und auch jene, die sich verändern mussten, optimal zu unterstützen, war Aufgabe eines sog. Transferteams, das sich aus Personalleitern, Vertretern der Holding und des Betriebsrates zusammensetzte. Zur rationelleren Datenerfassung und besseren Information wurde 1996 eine Datenbank entwickelt. 1998/99 wurden alle Transferprozesse, EDV-Tools praxis- und zukunftsorientiert überarbeitet, die Verfahren gestrafft, flexibel gestaltet, weitgehend automatisiert und auch datensicherer gemacht. Die Tätigkeitsfelder, Funktionalitäten und das Zusammenwirken der Elemente des Systems wurden erweitert. Die vielseitigen Erfolge bestätigen die richtige Strategie und Organisation des nachstehend beschriebenen **DEABB-Transfersystem**.

11.2.3 Ziele

Von den beschriebenen äußeren Einflüssen und aus den daraus resultierenden Notwendigkeiten, flexibel, schnell, intelligent und sozial ausgewogen zu reagieren, können folgende wichtige Ziele und resultierende Anforderungen für das Transfersystem abgeleitet werden.

STRATEGISCHE UNTERNEHMENSZIELE	**ERWARTUNGEN DER MITARBEITER**
• richtiger Mitarbeiter am richtigen Platz zur richtigen Zeit und zu angepassten Kosten, optimale Nutzung der HR-Potentiale durch »Intern vor Extern« • schnelle Stellenbesetzung durch internen Transfer und zentrale Unterstützung bei der Personalsuche und -vermittlung • internes Personalleasing für schnellen, temporären Kapazitätsausgleich • Erhalt, Steigerung und interner Transfer von Kompetenz • Förderung der internen Mobilität und Personalentwicklung • Ausschöpfen der Qualifizierungspotenziale bei Transferkandidaten • Entdeckung interner Talente und deren Bindung an ABB • Verbesserung der Unternehmenskultur und Steigerung des Commitment (u. a. Zufriedenheit, Motivation, Mitarbeiterbindung) und damit der Produktivität • Kosteneinsparungen	• aktuelle Informationen über offene Stellen • Möglichkeit, das Interesse an einer Veränderung – auch anonym – zu bekunden • Informationen über Möglichkeiten der Personalentwicklung und zur Verbesserung der eigenen Qualifikation • soziale Kompetenz, Beratung und Unterstützung bei Restrukturierungsmaßnahmen • vertrauliche, neutrale, ehrliche und kompetente Beratung bei der Suche nach neuen Herausforderungen • Unterstützung beim Stellenwechsel

RESULTIERENDE ANFORDERUNGEN: Ein universelles, benutzerfreundliches EDV-Instrument und Regeln (Tool) als Informations- und Arbeitsplattform für alle Kommunikations-, Transfer- und Recruitment-Prozesse

- Information über alle offene Stellen und Transferkandidaten, deren Kompetenz, Ziele und Wünsche
- klare Transferprozesse und Regeln
- zentrale Steuer-, Koordinations- und Beratungsstelle mit durchgängiger Akzeptanz, klaren Zuständigkeiten und umfassender Kompetenz
- gute, faire und zielorientierte Kooperation aller Unternehmensteile inkl. Interessensvertretung

11.2.4 Schlüsselelemente und Abläufe im System

Das Transfersystem wird von vielen Elementen beeinflusst und getragen. Die wichtigsten Positionen nehmen zwei Teams ein, die Personal-Consult und -Transferstelle (PCT) und das Transferteam. Sie bilden in Verbindung mit den »Tools« die Schlüsselelemente bzw. Säulen des Systems.

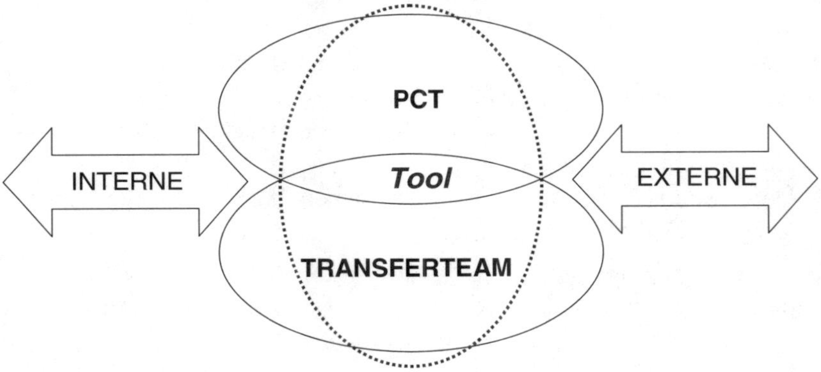

Das Transferteam

Das Transferteam der ABB besteht aus allen am internen Personaltransfer beteiligten Stellen und Einheiten, in erster Linie aus den Vertretern der Personalstellen aller Gesellschaften. Der »Kommunikation-Link« führt über die Human Ressource-Service- Datenbank (HRSDb) und sie verknüpft so die Teammitglieder. Sie treffen sich zur Intensivierung des internen Transfers physisch in sog. Regionalteams. Der intensive Informationsaustausch über offene Stellen und Kandidaten erfolgt stets unter Orientierung an den Zielen. Die Leitung und Koordination des Teams liegt bei Personal-Consult und -Transfer (PCT) und die Team-Mitglieder arbeiten mit ihr in allen Belangen eng zusammen.

Tools

Das verbindende Element innerhalb des Teams und zwischen der Stelle PCT (s.u.) und dem Transferteam bilden die »Tools«, eine auf Lotus Notes basierende *»HR-Service-Datenbank«* und die »Spielregeln«, die *»Transfer Team Rules«*. Die Datenbank ist

- Datenzentrum und Informationsplattform für zugelassene Teammitglieder,

- Kontroll- und Steuerungsinstrument für alle Prozesse im Transfersystem.

Sie ist in Arbeits- und Informationsbereiche gegliedert und beinhaltet im *Sektor*:

- Personalanforderungen (Stellenteil, PA), alle Informationen über aktuell offene Stellen,
- Mitarbeiterprofile (MP), das sind alle Informationen der zum Transfer anstehenden Mitarbeiter,
- Statistik, alle Daten über besetzte Stellen, erfolgte interne Transfers und externe Einstellungen,
- Archiv aller PA und MP, die für kurze Zeit zurückgestellt oder langfristig archiviert werden,
- Datenbankverwaltung, alle erforderlichen Werkzeuge zur Verwaltung der Datenbank und Steuerung des Systems.

Die Datenbank verfügt über alle notwendigen Funktionen, um u. a. Daten einfach und sicher einzugeben, verschiedene Zugangsberechtigungen zuzuteilen, Formulare und Auswertungen auszudrucken, Genehmigungsverfahren durchzuführen und zu steuern, Ausschreibungen, Bewerbungen, Suchprozesse und die erforderliche Verwaltung zu realisieren.

Die Transfer Team Rules beinhalten alle wesentlichen Vorgaben für die Vorgänge in den Transferprozessen und deren Abwicklung.

Personal-Consult und -Transfer (PCT)
Die Stelle erfüllt vielfältige Dienstleistungsfunktionen für alle Mitarbeiter und Stellen der deutschen ABB und arbeitet besonders eng mit den Personalstellen zusammen. Sie leitet das Transferteam, führt spezifische Aktionen durch und ist Verbindungsstelle zu Partnern im Gesamtkonzern. Das Team besteht aus zwei Mitarbeitern, einem erfahrenen Ingenieur und einer Assistentin, verstärkt durch Praktikanten, Auszubildende o.a. Disziplinarisch unterstehen sie direkt dem Leiter des Funktionsbereiches Führungspersonal der ABB AG.

Tätigkeitsfelder von PCT

TT-Zielgruppen	**TT-Dienst-leistungen**	**in den Bedarfsfeldern**
Mitarbeiter	Information, Beratung, Coaching, Vermittlung Unterstützung	• Transfer • Entwicklung, Qualifizierung • externe Möglichkeiten (z. B. Selbständigkeit)
Personalstellen	Beratung Vermittlung Unterstützung Koordination PA-Genehmigungs-verfahren Betreuung/Kontrolle Datenbank – Systeme	• Personalbeschaffung, -transfer • Personaleinsatz, -anpassung, • Outplacement (u. a. Begleitung in die Selbständigkeit) • Personalentwicklung • Führungsfragen, Mitarbeiter-betreuung • Internes Personalleasing • Datenbank- + Informations-Systeme
Vorgesetzte	Beratung Coaching Mediation	• Personaleinsatz • Personalführung, Motivation • Lösungsfindungen im Team
Vorstand, Geschäfts-führungen, Bereichs-leitungen etc.	Beratung Moderation	• Personaleinsatz, Mitarbeiterent-wicklung • Verbesserung von Kommunikation, Führungsvermögen/-verhalten, Zusammenarbeit, Unternehmens-kultur, Commitment
Externe	Beratung, Vermittlung	• Kontaktstelle bei Jobsuche • »One face of ABB«

Personal-Consult ...
Jeder *Mitarbeiter*, der sich verändern will oder auch muss, kann sich an PCT wenden. Es führt deutschlandweit absolut vertrauliche und kompetente Beratung, Unterstützung und Vermittlung bei der Suche und Auswahl neuer Herausforderungen innerhalb des Konzerns durch. Mit dem Mitarbeiter werden dessen betriebliche und persönliche Situation besprochen, seine Ziele und Wünsche erörtert sowie diese und seine Kompetenz an den Möglichkeiten gespiegelt. Wenn immer möglich, werden dabei Qualifizierungspotenziale mit einbezogen.

Personalstellen und Führungskräfte berät PCT in vielschichtiger Weise und unterstützt bei Mitarbeitergewinnung, -qualifizierung und -bindung. Unterstützung erfolgt auch bei gesellschaftsübergreifenden

Maßnahmen zur Personalentwicklung und -qualifizierung sowie bei Outplacement-Vorhaben. *Führungskräften* bietet PCT zudem persönliche Beratung und Unterstützung in Fragen der Personalführung und Zusammenarbeit an. *Externen Bewerbern* gegenüber ist PCT ein zentraler Ansprechpartner. Bewerbungen können koordiniert und kostensparend auch mehrfach genutzt an genehmigte Stellen geleitet werden.

... und -Transfer
Jede offene Stelle muss in die HRS-Datenbank eingegeben werden. PCT prüft diese, fördert, steuert und überwacht alle Stellengenehmigungs- und -ausschreibungsprozesse. Die dort registrierten, geeigneten Mitarbeiter werden zielgerichtet den ausschreibenden Personalstellen empfohlen. Mitarbeiter, die von Restrukturierungsmaßnahmen betroffen sind, haben Vorrang bei der Vermittlung. PCT begleitet die Transferprozesse und ist in diese meist vielfältig eingebunden. Dabei kommt ihre neutrale und von allen Partnern anerkannte Vertrauensstellung zum Tragen. Durch »Internes Leasing« werden bei kurzfristigem Personalbedarf Mitarbeiter von Stellen mit Auslastungsproblemen vermittelt.

11.2.5 Ergebnisse

Das Transfersystem hat sich zu einem belastbaren, durchgängig vom Konsens aller Beteiligten, Organisationsebenen sowie der Interessenvertretung getragenen, wichtigen Teil des Personalmanagements der ABB entwickelt. Es verbindet die Unternehmensziele mit den Erwartungen und Wünschen der Mitarbeiter und ist so in den meisten Fällen ein Beitrag zum kundenorientierten Miteinander und vielschichtigen Erfolg. Dafür sprechen nicht nur die Zahlen der erfolgten Transfers, sondern auch die nichtquantifizierbaren weiteren Resultate.

Interne Transfers und externe Einstellungen

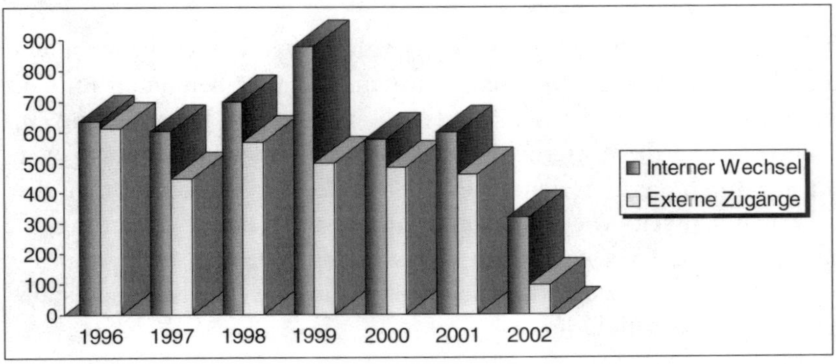

Statistik:

- im Schnitt wurden bisher jährlich über 600 Mitarbeiter transferiert;
- mehr als 50% der offenen Stellen/Jahr konnten intern besetzt werden;
- eingesparte Kosten belaufen sich auf bis zu 15 Mio. € pro Jahr (Basis: 25 000 €/Stelle, ohne Bewertung anderer positiver Einflüsse, s. weitere Ergebnisse);
- zentrale Übersicht über Personal-Bewegungen (wer, woher, wohin, welche Qualifikation).

Weitere Ergebnisse:

- nahezu reibungslos laufende, von PCT gesteuerte Transferprozesse;
- wesentlich bessere Nutzung der HR-Potentiale und kürzere Einarbeitungszeiten;
- temporärer Ausgleich bei Auslastungsdifferenzen durch internes Leasing steigend;
- Qualifizierungspotenziale werden intensiver ermittelt und genutzt;
- auf Eigeninitiative beruhende Personalentwicklung, Steigerung Selbstwertgefühl;
- Förderung von Mobilität, Erhalt und interner Transfer von Know-how, Wissenszuwachs und Steigerung von Kompetenz und Produktivität;
- bedeutender Beitrag zur Verbesserung von Zusammenarbeit, Motivation und Unternehmenskultur;
- wesentlicher Beitrag zum Commitment, insbesondere durch »Retain Talents« und Transfers älterer Mitarbeiter;
- praktisches Beispiel für soziale Kompetenz des Unternehmens, Beitrag zum Unternehmens-Image.

11.2.6 Erfolgsfaktoren

Die positiven Ergebnisse gründen auf zahlreichen Faktoren, vor allem auf der Synergie von Zielen und Erwartungen aller Beteiligter im Unternehmen. Der im Konsens und in konsequenter Orientierung an Erfordernissen des Unternehmens und der Kunden abgesteckte Weg hat nur durch das zielorientierte Miteinander der Menschen, d. h. der Unternehmensseite wie auch der Mitarbeiter und deren Vertretung, zu den genannten Erfolgen geführt. Das positive Denken im System ist dafür der Antrieb. Die Tools sind dabei wichtige Wegweiser und »spurgebende« Hilfsmittel.

Das Miteinander im Transferteam
Ein wesentlicher Erfolgsfaktor ist im Teamverständnis zu finden. Da die Personalstellen der einzelnen Gesellschaften berechtigterweise zunächst die Interessen ihres Teilunternehmens zu beachten haben, war es wichtig, den Blick noch mehr für das Gesamtunternehmen zu öffnen. Die Effizienz gründet heute auf einer guten, fairen, zielorientierten und vertrauensvollen gesellschaftsübergreifenden Zusammenarbeit wie auch auf gegenseitiger Unterstützung, z. B. im gegenseitigen Ausleihen von Personal, um Engpässe zu überbrücken. Die vom Vorstand initiierten Regionalteams zur Förderung des internen Transfers unter Beachtung der meist regional begrenzten Mobilität der Mitarbeiter haben dazu ebenfalls beigetragen. Insofern sind heute etwa zwei Drittel der Personaltransfers auf das »systemorientierte« Denken und Handeln und die gute Zusammenarbeit im Team zurückzuführen.

Das Zusammenwirken mit PCT und dessen Beitrag
Ein gutes Miteinander des Transferteams mit PCT ist ein existenzieller Erfolgsfaktor, was stets gefördert wird. Die Kompetenz von PCT, vor allem aber deren in allen Belangen »kundenorientierte« Unterstützung war und ist das Fundament für dessen Akzeptanz in Leitungs- und Supportfunktionen. Die bedarfs- und zielorientierte Steuerung und Überwachung aller Prozesse, vor allem aber die Mitwirkung von PCT (z. B. Interviews) in den Abläufen, verhalf dem System mit zum heutigen Stellenwert. War es früher teilweise durchaus möglich, dass weniger Qualifizierte »empfohlen« wurden, ist heute Qualität Standard, d. h., es werden ausschließlich motivierte und erfahrene oder förderungswürdige Mitarbeiter transferiert.

Dem hohen Bedarf an kompetentem, vor allem vertraulichen Support entspricht PCT durch seine Beratungstätigkeit (bis zu 600 Gespräche im Jahr) und nachhaltige Betreuung. Neutralität, langjährige vielseitige Erfahrung, ein umfassendes Netzwerk, Menschenkenntnis und auch gutes Einfühlungsvermögen sind wesentliche Voraussetzungen im Prozess einer optimalen Verzahnung von Unternehmenszielen und Mitarbeitererwartungen.

Mitarbeiterakzeptanz
Für die von Restrukturierungsmaßnahmen betroffenen Mitarbeiter sind die erreichten Transfers mit dem Erhalt der Beschäftigung ein besonders spürbarer Erfolgsfaktor. Sie werden wahrgenommen als Ausdruck der in der Unternehmenskultur eingebundenen sozialen Kompetenz. Die Beratung bei der Suche nach einer neuen Herausforderung, beginnend mit der Analyse von Stärken, Schwächen, Fähigkeiten und Qualifikationen bis zur Restabilisierung des Selbstwertgefühles und Selbstbewusstseins, aber auch die vielschichtige Unterstützung in anderen Fällen liefern Gründe für die Anerkennung des Systems.

Unterstützung durch die Unternehmensleitung
Für die Unternehmensleitung ist das Transfersystem ein wichtiger Bestandteil des Personalmanagements. Sie fördert das System nachhaltig durch Maßnahmen zur Intensivierung des internen Personaltransfers, durch Vertrauen zu PCT und weitreichende Übertragung von Verantwortung und Zuständigkeiten auf diese Stelle.

Mitwirkung der Interessenvertretung
Die Betriebsvereinbarung gründet auf die Initiative der Interessenvertretung, die von PCT als Partner im Transfersystem eingebunden und über die Aktivitäten und Ergebnisse informiert wird. Die Zusammenarbeit mit den Betriebsräten ist im Zusammenhang mit dem Transfersystem sehr intensiv.

Tools
Die »HR-Servicedatenbank« ist dank ihrer Logik und Einfachheit ebenfalls einer der Erfolgsfaktoren. Sie erfüllt alle Anforderungen weitgehend automatisiert, ist bedienerfreundlich, universell, datensicher, und zeitsparend. Außerdem hilft sie bei der Personalplanung.

Sie und die Regeln schaffen durch Aktualität Transparenz und sind die Basis für Kommunikation und Prozessführung.

11.2.7 Bewertung und Perspektiven

Fast täglich werden neue Hiobsbotschaften aus der Wirtschaft über Personalreduzierung publiziert. In nicht wenigen Fällen leider eine unumgängliche Maßnahme, um wenigstens den Großteil der Arbeitsplätze in einem Unternehmen zu erhalten. Aber es würde wenig für die Fähigkeit und die soziale Kompetenz des Managements sprechen, wenn nicht zuvor alle Möglichkeiten des internen Potenzialausgleiches ausgeschöpft worden wären. Konsequente interne »Job-Vermittlung« vor allen anderen Maßnahmen kann sicher auch als gesellschaftliche Verpflichtung bezeichnet werden. Bei ABB ist dies Standard, ein Verdienst von Unternehmensleitung, Interessenvertretung und aller Beteiligten gleichermaßen. Das ABB Transfersystem hat in der seit 1999 bestehenden Form ohne wesentliche Korrektur kontinuierlich an Bedeutung gewonnen. Seine Qualität und die konsequente Abdeckung aller Bedarfsfelder, insbesondere seine Nachhaltigkeit, wurde im Herbst 2001 in einem von neutraler Stelle durchgeführten Benchmarking »Interne Jobvermittlung« bestätigt. Das ABB System nahm dabei den ersten Rang ein. Es sind nicht nur die erreichten Kosteneinsparungen, sondern in erster Linie die im System integrierten vielschichtigen Investitionen in das Humankapital und die Umsetzung der Fürsorgepflicht. Zwei wichtige Faktoren, die sich für das Unternehmen, bei Mitarbeitern und schließlich auch am Markt sicher auszahlen.

Das Transfersystem sollte nicht unbedingt auf ABB beschränkt bleiben, sicher auch nicht auf ein Unternehmen allein. Gerade in der Zeit, in der jede Art intelligenter oder alternativer Arbeitsplatzerhaltungs- bzw. -beschaffungsmaßnahmen geprüft werden sollten, hat auch das beschriebene Transfersystem weiterführende Perspektiven. Entsprechende Überlegungen des Verfassers stoßen dank ihrer Schlüssigkeit und Gestaltungsmöglichkeiten bereits auf erstaunlich viel Resonanz. Bleibt zu hoffen, dass möglichst viele Unternehmen und die Interessenvertretungen die Chancen erkennen, überzeugt werden und dann motiviert ihren Beitrag leisten können, Arbeitsplätze zu erhalten und neue zu schaffen.

Name des Projekts oder der Maßnahme	**ABB Transfersystem**
Unternehmen	**ABB AG Deutschland**
Anlass	Intensivierung der Mitarbeiterorientierung, Flexibilität, Fürsorgepflicht, Marktgetriebene erhöhte Anforderungen an die Qualifikation der Belegschaft und sinkende Zahl geeigneter Kandidaten
Zielsetzung	Intensivere Verzahnung von Unternehmenszielen und Mitarbeiterinteressen, Optimierung des Personalmanagements, Förderung der Mitarbeiter und deren Kompetenz, erhöhte Nutzung der HR-Potentiale, Verbesserung der Unternehmenskultur, Steigerung der sozialen Kompetenz und des Commitment, Kostenreduzierungen
Beschreibung der Maßnahmen	Realisierung eines umfassenden Transfersystems zur Information über offene Stellen, für Bewerbungen, vertrauliche, neutrale und kompetente Beratung und Vermittlung. Teamorientierte Zusammenarbeit der Personalstellen, Vernetzung über eine Datenbank, Steuerung der Transferprozesse durch zentrale »Personal-Consult und -Transfer-Stelle«.
Erfolgsfaktoren/ Schwierigkeiten bei der Umsetzung	»Systemorientiertes« Denken und Handeln und die gute Zusammenarbeit im *Transferteam*, eine alle Anforderungen erfüllende *Datenbank* als Informations- und Steuerungsplattform, die zentrale, kompetente und neutrale *Dienstleistungsstelle »Personal-Consult und -Transfer«.*
Beteiligung der Interessenvertretung	Partner im Transferteam, fördert das System und ist über alle Aktivitäten und Ergebnisse informiert.
Ergebnisse/Stand	Das Transfersystem hat sich optimal bewährt, ist ein belastbarer, wichtiger Teil des Personalmanagements der ABB. Es verbindet die Unternehmensziele mit den Erwartungen der Mitarbeiter. Transferzahlen, weitere Resultate und ein Benchmarking bestätigen den Erfolg.
Bewertung	Beispiel für konsequente interne »Job-Vermittlung«, optimierte Nutzung und Förderung des Humankapitals unter weitgehender Einbeziehung der Mitarbeiter.
Perspektive	Hohe Potenziale für Ausbau und Weiterentwicklung, Ausweitung auf andere Unternehmen.

11.3 »Aktiv in die Zukunft« – ein Projekt der swb Synor GmbH & Co. KG für Personalabbau und -entwicklung *(Sabine Lorenz und Gudrun Kwinkenstein)*

11.3.1 Das Unternehmen

Die swb Synor GmbH & Co. KG, eine 100%ige Tochter der swb AG, der ehemaligen kommunal strukturierten Stadtwerke Bremen AG, hat in den letzten Jahren den Weg vom reinen Kraftwerksbetreiber zum Systemdienstleister (Komplett-Dienstleister) für verbrauchs- und kundennahe Energieerzeugungsanlagen beschritten und sich Zukunftschancen auf dem liberalisierten Energiemarkt erarbeitet. Heute konzipiert, finanziert, plant, baut, betreibt und wartet die swb Synor mit 481 Mitarbeitern sowohl Kraftwerke, Heizkraftwerke, Heizwerke, Dampfkesselanlagen als auch Biomasse-, Windkraft- und Photovoltaikanlagen. Die Erzeugung von Strom und Fernwärme in den eigenen Kraftwerken bleibt das Hauptstandbein. 2001 hat die swb Synor über 4,5 Mrd. kWh Strom und fast 1 Mrd. kWh Wärme produziert.

11.3.2 Der Anlass

Die Liberalisierung des Strommarktes bedeutete für die Stadtwerke Bremen AG das Ende einer Monopolzeit, die geprägt war durch kostenbasierte Preisgestaltung, sichere Kunden, abgegrenzte Versorgungsgebiete und bis ins Rentenalter gesicherte Arbeitsplätze. Der »echte« Energiewettbewerb ist seit 1997 spürbar. Aus der Stadtwerke Bremen AG wird 1999 die swb AG als Management-Holding und zentraler Entwicklungs- und Steuereinheit inmitten eines Netzwerkes weitgehend eigenständig in ihren Märkten agierender Tochtergesellschaften.

Das kulturelle Selbstverständnis in der Unternehmensgruppe fordert jetzt, ein System zu installieren, das die zu erwartenden Fragen um Personalentwicklung und -abbau unkonventionell aber zuverlässig lösen kann. Die Konzeptentwicklung für »Aktiv in die Zukunft« startet im November 1999, als das Projekt »Umgang mit Unsicherheiten« (UMU) – ein Subprojekt des »Kulturellen Wandels« der swb AG – ins Leben gerufen wurde. Beteiligte in UMU sind Mitarbeiter aus allen

Unternehmensgruppen und Betriebsräte. Unterstützt wird das Projekt von der Beratergruppe Neuwaldegg aus Wien.

Wie kann die bestehende Unsicherheit der Mitarbeiter produktiv in neue Bahnen gelenkt werden? Das Projekt soll Bewegung erzeugen: Mitarbeiter sollen zur Verantwortungsübernahme für ihre eigene berufliche Zukunft motiviert und beim beruflichen Übergang begleitet werden.

Für die swb Synor, den Kraftwerksbetreiber innerhalb der swb-Gruppe, bedeutet der liberalisierte Markt, dass der Preis für das »Produkt Strom« deutlich sinken wird, die Leistungsfähigkeit gleichzeitig erheblich optimiert werden muss. Schwerpunkt ist die Stabilisierung des Kerngeschäftes der Strom- und Wärmeerzeugung in den eigenen Anlagen. Wichtiger Ansatzpunkt sind die Aufwendungen für die Beschäftigten. Am 1. 1. 2000 sind in der swb Synor 657 Mitarbeiter beschäftigt, davon 472 Mitarbeiter an den drei Kraftwerksstandorten.

Kurzfristig wurde die Stilllegung eines Blockes zum 31. 12. 2001 beschlossen. Weitere Schließungen sollen folgen. Seit August 2000 wird der Kraftwerksbetrieb einem internationalen Benchmarking unterzogen, um den Anpassungsprozess zu beschleunigen. Es werden Maßnahmen zur Optimierung der vier zukunftsfähigsten der acht Kraftwerksblöcke eingeleitet mit dem Ziel einer Kostensenkung um 48%. Ein erheblicher Arbeitsplatzabbau, in einigen Bereichen um etwa 50%, ist notwendig. Betroffen sind größtenteils gewerbliche Mitarbeiter vom Ungelernten bis zum Meister. Dem personellen und sozialen Konfliktpotenzial muss also schnellstens Rechnung getragen werden.

11.3.3 Das Konzept

Innerhalb von nur zwei Monaten verhandeln Geschäftsführung und Betriebsrat der swb Synor einen Interessenausgleich und Sozialplan. Betriebsbedingte Kündigungen sollen vermieden werden. Mit dem Mix aus klassischen Personalinstrumenten wie Vorruhestand und Altersteilzeit sowie Abfindungen und dem innovativen Pilotprojekt »Aktiv in die Zukunft« kann auf Outplacement-Berater verzichtet werden.

Personalstrategisch werden zwei Ziele verfolgt: Zum einen sollen Mitarbeiter zum Verlassen des Unternehmens bewegt und ein Stück auf diesem Weg begleitet werden, zum anderen wird die Mobilität und

Flexibilität der bleibenden Mitarbeiter gefordert und gefördert sowie eine Änderung in der Denkweise angestrebt: Von *»Ich möchte einen sicheren Arbeitsplatz bis zur Rente«* hin zu *»Ich muss mich flexibel den ständig wechselnden Anforderungen stellen.«* Nicht nur die kündigungswilligen Mitarbeiter sollen unterstützt, sondern auch die Perspektiven der bleibenden Mitarbeiter erweitert werden: Es ist absehbar, dass die Umstrukturierungen bei der swb Synor nicht vor den Kraftwerkstoren Halt machen werden, sondern alle Prozesse – und damit alle Arbeitsplätze – auf den Prüfstand kommen werden. Herzstück des Angebotes ist die absolute Freiwilligkeit, niemand wird zur Beteiligung gedrängt. Die eigene Überzeugung soll und muss die Triebfeder für eine erfolgreiche Teilnahme sein. Die Öffnung für alle Mitarbeiter ist ein maßgebliches vertrauenbildendes Element in dem Konzept, da keine Auswahl und damit Stigmatisierung der Mitarbeiter erfolgt.

Im September 2000 startet das Projekt in der swb Synor. Angesprochen sind 629 Mitarbeiter, direkt betroffen sind 185 gewerbliche Mitarbeiter im Kraftwerksbereich, die bis Ende 2003 freigesetzt werden sollen. Eine umfassende und stetige Information über den Anlass des Konzeptes und die klare Zielformulierung sind Grundlage für einen Erfolg. Dafür werden alle Informationswege (Mitarbeiterzeitung, Schwarzes Brett, Veranstaltungen, Schichtbesuche) genutzt. Die offene und klare Personalpolitik ermöglicht die Auseinandersetzung mit der ungewohnten Situation und unterstreicht deren Ernsthaftigkeit. Das Projekt ist klar getrennt von der Führungsebene, um Vertrauen zu schaffen und Vertraulichkeit zu wahren, doch die Führungskräfte als Multiplikatoren müssen das Projekt überzeugend vertreten können. Die Akzeptanz des Angebotes bei den Mitarbeitern kann nur über Ehrlichkeit und Vertrauen in dem Dreieck – Führung, Betriebsrat, Belegschaft – gewonnen werden. Damit sich die Mitarbeiter nicht als bloße Objekte einer Rationalisierung sehen, müssen sie die Notwendigkeit des Personalabbaus und ihre eigenen Chancen erkennen können.

Zentrale Anlauf- und Koordinierungsstelle ist der »Dreh- und Angelpunkt«, ein Projektbüro in einem Baucontainer direkt am Kraftwerk und abseits der Führungsetage. Von hier aus werden alle Aktivitäten rund um das Projekt gesteuert: Mitarbeiterinformation, Beratungsgespräche, Organisation von Trainings, Vermittlung an externe Trainer und Begleiter. Die Kennzeichen des Dreh- und Angelpunktes sind regelmäßige Öffnungszeiten, Besuche nach Vereinbarung (auch während der Spät- und Nachtschicht) und jederzeitige telefonische Erreichbarkeit. Das Team des Dreh- und Angelpunktes besteht aus vier qualifizierten, teilweise freigestellten Mitarbeitern, die aus dem operativen Geschäft kommen und die Nöte der Mitarbeiter nachvollziehen können. Es handelt unabhängig von der Führungsebene und schafft damit die Basis für eine vertrauensvolle und vertrauliche Zusammenarbeit. Das Team kann eigenständig entscheiden und muss nur in Sonderfällen Rücksprache mit der Geschäftsführung halten. Anfängliche Befürchtungen seitens der Mitarbeiter, mit dem Besuch im Container auf eine »Schwarze Liste« zu kommen, konnten durch Geschäftsführung, Betriebsrat, Führungskräfte und das Beraterteam entkräftet werden, die die Seriosität des Anliegens überzeugend vermittelten.

Die Teilnahme an den Bausteinen soll die Anleitung und Hilfe geben, jene Kompetenzen und Fähigkeiten zu erwerben, die eine eigenständige berufliche Neuorientierung erst zum nachhaltigen Erfolg führen. Wichtig: Der Mitarbeiter bekommt keine fertigen Rezepte serviert. Er muss für sich selbst klären, was er von seinem Berufsleben erwartet.

Das Konzept legt besonders Wert auf eine der Zielgruppe angepasste Sprache. Das Angebot ist in seiner Grundform durchaus klassisch, aber in der Flexibilität bei der Gestaltung der Bausteine innovativ. Einzelne Bausteine werden unterstützt durch unabhängige externe Trainer, die einen ganz anderen Blickwinkel vermitteln können. Wichtig bei der Auswahl der Trainer ist, dass sie leicht Zugang zur Zielgruppe finden. Rückmeldungen aus den Trainings und regelmäßige Reviews mit Teilnehmern, Trainern und Projektmitgliedern führen ständig zur bedarfsorientierten Anpassung. Jeder der acht speziell abgestimmten und aufeinander aufbauenden Projekt-Bausteine kann von den interessierten Mitarbeitern nach Bedarf gewählt werden.

11.3.4 Die Durchführung

Hier geht es los! Baustein Einstiegsberatung

Das Erstgespräch im Projektbüro dient dem Mitarbeiter als Orientierung innerhalb des Projektes und hilft dem Beraterteam, die Themen aufzugreifen, die die Belegschaft bewegen. Die Mitarbeiter kommen mit den unterschiedlichsten Ansprüchen: Von *»Na, dann gebt mir mal einen neuen Job«* bis zu der eher seltenen Aussage *»Ich weiß schon, was ich will und freue mich, dass ich jetzt Unterstützung bekomme«*.

Das Team nimmt sich viel Zeit, um die Probleme und Pläne mit den Mitarbeitern individuell und flexibel zu besprechen. Nach Eignung, Interessenschwerpunkt und Erfordernis werden die Bausteine gemeinsam ausgewählt und Inhalte erarbeitet. Die Mitarbeiter werden nicht zur Teilnahme an Bausteinen gedrängt, da der Einstieg jederzeit gleitend möglich ist. So bekommen Ideen Raum zum Wachsen. Das Beraterteam versteht sich nicht als Instrument des Personalabbaus, sondern möchte dem Einzelnen helfen. Es werden unkonventionelle Lösungen ermöglicht, es wird aber auch abgeraten, wenn Ideen keinen Erfolg versprechen. Selbstverständlich hat die absolute Vertraulichkeit der Gespräche immer oberste Priorität.

Was will ich – und was kann ich: Baustein Persönliche Stärken (er)kennen

In kleinen Gruppen werden Talente und Fähigkeiten, Wünsche und Möglichkeiten – aber auch eventuelle Schwächen erarbeitet. »*Wie wirke ich auf andere? Wo sehe ich meine Schwächen, wo meine Stärken?*« Die realistische Einschätzung der persönlichen Ressourcen fällt schwer, und der kompetente Umgang damit ist eine wesentliche Voraussetzung für die Auswahl der anschließenden Aktivitäten. 52 Mitarbeiter nutzen diesen Baustein.

Mit Selbstvertrauen den passenden Job suchen: Baustein Bewerbungstraining

Die letzte Bewerbung ist oft schon zehn bis 20 Jahre her. Viele Mitarbeiter werden durch die schlechte Lage auf dem Arbeitsmarkt beeinflusst und glauben, sie müssen sich selbst und ihre Bedürfnisse bei einer Bewerbung verleugnen. Dabei geht es nicht um einen Job um jeden Preis, sondern um die richtige Aufgabe im Berufsleben. »*Wie bewerbe ich mich heute? Wie lese ich eine Stellenausschreibung? Welche Wege können mich zu einer neuen Stelle führen?*« Richtig telefonieren, kennen und erkennen von »Bewerbungsfallen« sowie das richtige Auftreten und Verhalten gehören zu den Lernthemen. 104 Mitarbeiter profitieren von dem Praxisbezug.

Intensiv die individuelle Situation klären: Baustein Persönliche Beratung

In dieser Phase kann die persönliche Situation untersucht und aktiv verarbeitet werden. Der Baustein ist besonders geeignet für Personen, die das Gefühl haben, mit der Situation nicht allein zurechtzukommen. Angesprochen werden die Vorbereitung der Familie auf die neue Situation, Ängste und Blockaden. 19 Mitarbeiter nehmen die persönliche Beratung an.

Gedanken gemeinsam freien Lauf lassen: Baustein Ideenwerkstatt
Hier ist alles auf Kreativität ausgerichtet. 27 Mitarbeiter lassen ihre »Köpfe rauchen«. In moderierter Form wird nach »der« tragfähigen Idee gesucht. Bereits mitgebrachte Existenzgründungsideen können dabei auf ihre Praktikabilität untersucht und professionell durchgespielt werden. Ob Existenzgründung oder flexible Arbeitsgestaltung – hier finden alle Vorschläge ein entsprechendes Forum.

Für Mitarbeiter, die einem Aufhebungsvertrag bereits zugestimmt haben, sind weitere Bausteine zugänglich:

Einen neuen Weg einschlagen: Baustein Ausbildung
»Wollte ich nicht schon immer was ganz anderes machen? Jetzt habe ich die Chance, eine vollständige berufliche Neuorientierung durchzuführen.« Vom Erwerb eines höheren Schulabschlusses über eine ganz neue Berufsausbildung bis hin zum Hochschulstudium reicht das Spektrum der Ausbildungsangebote. Sieben Mitarbeiter nutzen das Angebot und machen eine Ausbildung zum Tauchlehrer, den Führerschein Klasse 2 und den Mobilkranschein, beginnen ein Studium der Elektrotechnik oder werden Netzwerkadministrator.

Die Perspektive erweitern: Baustein Qualifizierung/Weiterbildung
»Ich weiß, ich will auf meinem Beruf aufbauen und habe auf dem Arbeitsmarkt sehr gute Chancen, wenn ich wesentliche Zusatzqualifikationen erwerbe. Angepasst an die Erfordernisse des heutigen Arbeitsmarktes kann ich direkt auf aktuelle Anforderungen reagieren.« Die swb Synor unterstützt fünf Mitarbeiter z. B. bei der Meisterausbildung oder einer Qualifizierung zum CNC-Dreher/-Fräser.

Selbständigkeit fördern: Baustein Existenzgründung
Das Angebotsspektrum des Konzeptes wird durch den Baustein Existenzgründung abgerundet: Geschäftsidee, Marktanalyse und die detaillierte Untersuchung der wichtigsten Rahmenbedingungen bilden einen Teil dieses Bausteins. Eine weitreichende Unterstützung und Absicherung – als finanzieller Beitrag, aber auch als fachliche Begleitung

– werden dann über eine lange Zeitspanne durch die swb Synor gewährleistet. Vier Mitarbeiter haben bereits neben ihrer Berufstätigkeit bei der swb Synor ein zweites Standbein und bauen jetzt ihr Geschäftsfeld aus.

11.3.5 Bewertung

Weit über die im Vorfeld formulierten Erwartungen hinaus ist die Resonanz bei den Mitarbeitern hervorragend. Viele beginnen mit dem praxisorientierten Bewerbungstraining und entscheiden sich dann für weitere Bausteine. Eine positive »Mundpropaganda« hat geholfen, dass insgesamt 187 Mitarbeiter Kontakt mit dem Projekt haben, dreimal mehr als in der Projektphase prognostiziert. Bis zum Oktober 2001 haben 40 Mitarbeiter einen Aufhebungsvertrag unterzeichnet. Davon sind vier Mitarbeiter innerhalb der Gruppe gewechselt. Dabei wird die Flexibilität von Arbeitgeberseite deutlich, denn es werden auch die Mitarbeiter unterstützt, die vor dem Plan-Freisetzungsdatum gehen wollen, obwohl es so zeitweise zu Personalengpässen kommt. Geholfen hat sicherlich, dass die swb Synor wechselwilligen Mitarbeitern und neuen Arbeitgebern umfassende Unterstützung, z. B. in finanzieller Hinsicht oder durch die Vereinbarung eines Rückkehrrechtes, bietet.

Besonders die gewerblichen Mitarbeiter zeigen sich als sehr interessiert und aufgeschlossen. Durch die Trainings werden ihnen ihre ganz eigenen Entwicklungschancen bewusst. Viele haben erstmals eine Rückmeldung zu ihrer persönlichen Wirkung bekommen. Das wird von der Mehrheit als sehr positiv empfunden. Damit sind erste Ansätze zu einer überfachlichen Personalentwicklung auf der gewerblichen Ebene geleistet.

Seit dem 1. 7. 2001 wird das Projekt »Aktiv in die Zukunft« bei der swb Synor in der Linie fortgeführt. Das Konzept wird zurzeit auch in anderen Unternehmen der swb-Gruppe umgesetzt. 2001 ist das Projekt mit dem »Human Resources Management Award« des Magazins »Personalwirtschaft« ausgezeichnet worden. Die Jury charakterisierte das Projekt mit den Schlagworten innovativer Personalabbau, Kundenorientierung und Initiative von unten.

Das Motto »Aktiv in die Zukunft« kann aus zwei Perspektiven verstanden werden: Einerseits müssen heute Unternehmen aktiv, konsequent und kontinuierlich ihr Handeln verfolgen – gerade wenn sie sich an völlig neuen wirtschaftlichen Maßstäben orientieren müssen. Andererseits sind es dann gerade die Mitarbeiter, die sich unter diesen oft unvermuteten wirtschaftlichen Zwängen plötzlich aufgefordert sehen, sich mit ihrer beruflichen Zukunft auseinander zu setzen. »Aktiv in die Zukunft« – der Name ist Programm. Aktivität und Bewegung wird heute von jedem Arbeitnehmer erwartet. Die swb Synor unterstützt und begleitet ihre Mitarbeiter dabei. Die Initiative liegt beim Mitarbeiter. Diese Erwartungshaltung der Geschäftsführung ist von den Mitarbeitern eindeutig als Vertrauensbeweis verstanden worden. Die swb Synor hat es geschafft, den Mitarbeitern soviel Sicherheit zu geben, dass sie – auf diese Basis vertrauend – selbst die Unsicherheit gewagt haben.

Name des Projekts oder der Maßnahme	**»Aktiv in die Zukunft«**
Unternehmen	**swb Synor GmbH & Co. KG**
Anlass	Wettbewerbsdruck im liberalisierten Energiemarkt, Restrukturierungsmaßnahmen, Schließung von Kraftwerksblöcken verbunden mit Personalfreisetzungen
Zielsetzung	Motivierung von Mitarbeitern, Verantwortung für die eigene berufliche Zukunft zu übernehmen und Unterstützung/Begleitung auf diesem Weg
Beschreibung der Maßnahmen	• »klassisches« Angebot von: Potenzialanalyse, Bewerbungstraining, Ideenwerkstatt, Existenzgründungberatung • »Einstiegsberatung« und weiterführende Gespräche durch ein Beraterteam bestehend aus Mitarbeitern der swb Synor (kein Outplacement) • »Persönliche Beratung«: externe Coaches für alle Bedürfnisse der Mitarbeiter, absolute Vertraulichkeit • Weitreichende Unterstützung bei Aus- und Weiterbildung
Erfolgsfaktoren/ Schwierigkeiten bei der Umsetzung	• Sehr gute personalpolitische Rahmenbedingungen • Unterstützung des Projektes durch Führungskräfte und Betriebsrat, Ehrlichkeit und Flexibilität in der Personal- und Unternehmenspolitik • Freiwilligkeit, die Mitarbeiter ernstnehmen • Vertrauen in die internen und externen Berater/Trainer • Sehr gute Erreichbarkeit, Entscheidungskompetenzen des Beraterteams • Bedarfsorientierte Anpassung der Bausteine, auf die Zielgruppe zugeschnittenes Konzept • Kontinuierliche, ausführliche Information der Mitarbeiter
Beteiligung der Interessenvertretung	Beteiligung an der Erarbeitung und Umsetzung des Projektes und allen Kosteneinsparungsmaßnahmen. Betriebsrat versteht sich als »Mitgestalter«.
Ergebnisse/Stand	Dreimal mehr Teilnehmer als erwartet; erste Ansätze zu einer überfachlichen Personalentwicklung.
Bewertung	erfolgreich, Human Resources Management Award 2001 des Magazins »Personalwirtschaft«
Perspektive	Problemdruck entschärft, Projekt endet zum 31. 12. 2002, Beraterteam weiterhin Ansprechpartner, Einsatz in anderen swb-Unternehmen

11.4 HypoVereinsbank TransFair *(Stefan Merz)*

11.4.1 Ausgangslage

Mit dem drastisch formulierten Vergleich der Banken als Stahlindustrie der 90er Jahre deutete der ehemalige Vorstand der Deutschen Bank, *Ulrich Cartellieri*, bereits vor Jahren eine Entwicklung an, die heute die gesamte Branche betrifft. Die Banken sind einem grundlegenden Strukturwandel unterworfen – scheinbar ohne Not, wenn man auf die Bilanzen der letzten Jahre sieht. Auf den zweiten Blick wird jedoch deutlich, dass sich die Marktsituation spätestens seit Mitte der 80er Jahre schleichend, aber kontinuierlich modifiziert hat. Die vermeintlichen »Booms«, bedingt durch die deutsche Wiedervereinigung, durch die Immobilien- und die Aktienhausse der letzten Jahre verebbten wie sie gekommen waren.

Das Bankgeschäft hat sich verändert: Internet- und Telefonbanking, Standardisierung der klassischen Bankgeschäfte, Verlagerung von Verwaltungsaufgaben in Dienstleistungszentren, qualifiziertere und individuellere Kundenberatung.

Auf internationaler Ebene sind weitere Herausforderungen auf die Banken zugekommen: größere Absatzmärkte, eine im Vergleich sehr hohe Dichte von Geschäftsstellen, wachsender Konkurrenzdruck, Erfordernis hoher Investitionen in moderne Technologien.

Diese Veränderungen stellen hohe Anforderungen an die Beschäftigten und die Personalpolitik der Unternehmen. Qualität der Dienstleistung und flexible Reaktion auf Anforderungen der Kunden ist nur durch leistungsfähige und -bereite Mitarbeiter zu erreichen. Veränderungen innerhalb der Personalstruktur sind unumgänglich. Arbeitsplätze müssen abgebaut werden. Schätzungen sind bereits Mitte der 90er Jahre für den Bankenstandort Deutschland von einem effektiven Personalabbau in der Größenordnung von 100 000 bis 140 000 Stellen ausgegangen. Von den Veränderungen betroffen, sei es durch Versetzungen oder veränderte Arbeitsplatzprofile, sind jedoch wesentlich mehr Mitarbeiter – wahrscheinlich alle.

Die HypoVereinsbank (HVB) wollte den Wandel nicht passiv erleben, sondern aktiv gestalten. 1997 erforderten mehrere Großprojekte zusätzliche personelle Umbesetzungen in erheblichem Umfang. Eine schnelle, sozialverträgliche aber auch unternehmerisch sinnvolle Lösung war das Ziel. Das war die Geburtsstunde von TransFair.

11.4.2 Ein neues Konzept für neue Herausforderungen

Es gilt, für strukturelle Herausforderungen auch strukturelle Lösungen zu finden, die die sozialen und betriebswirtschaftlichen Aufgabenstellungen nachhaltig und strategisch lösen.

Will man Humankapital aktivieren, benötigt man Organisationen und Strukturen, die zwei Aufgaben gleichzeitig erfüllen: Einerseits müssen sie klassischerweise die richtige Person an die richtige Position vermitteln. Andererseits müssen sie auch in turbulenten Zeiten des Wandels für beständige Personalentwicklung sorgen. Flexibilisierung aus Sicht der Arbeitgeber, Individualisierung aus Sicht der Arbeitnehmer sind die entscheidenden Anforderungen. Nur so entwickeln sich Mitarbeiter, die auch vor neuen Herausforderungen nicht scheitern. Heute noch Einsatz in klassischen Geschäftsbereichen, morgen schon Wahrnehmung ganz neuer Aufgaben.

Die 1997 beschlossene Fusion zwischen der Vereinsbank und der Hypo-Bank hatte eine zusätzliche katalytische Wirkung auf das Bewusstsein um den Wert qualifizierter, motivierter und vor allem flexibler Mitarbeiter. Als Bank der Regionen mit über 1000 Standorten muss die HVB Mobilität und Flexibilität als strategische Qualitäten ihrer Mitarbeiter entwickeln. Auffanglösungen für »überflüssige« Mitarbeiter zu suchen, würde kaum ausreichen.

In dieser Situation wurde eine umfassende Produktpalette von Dienstleistungsangeboten von TransFair und HVB Profil erarbeitet, die fester Bestandteil entsprechender Betriebsvereinbarungen geworden sind:

- Beratung von Führungskräften,
- Task-Force-Teams,
- Trainings- und Qualifikationsmaßnahmen,
- transparenter Stellenmarkt – Personalvermittlung,
- berufliche Neuorientierung,
- Unterstützung bei Existenzgründung.

Beratung von Führungskräften
Führungskräfte werden bei der personellen Umsetzung von organisa-

torischen Veränderungen beraten. Die Unterstützung reicht von der Planung der Maßnahme an sich und der Kommunikationsstrategie gegenüber den betroffenen Mitarbeitern bis hin zu deren Umsetzung im Detail. Ziel ist die Vermeidung von unnötigen Reibungsverlusten und Restrukturierungskosten sowie die Vereinbarung konkreter Maßnahmen.

Beispiel:
Die HVB hat ihre Back-Office-Tätigkeiten von vorher 17 Standorten auf fünf Zentren konzentriert. Gut 450 Mitarbeiter sind von dieser Maßnahme unmittelbar betroffen. Das Team von TransFair hat Beratungsleistungen an verschiedenen Stellen erbracht: Beratung der Stabsabteilungen bei der Planung der Maßnahmen, Beratung der Führungskräfte vor Ort bei der Durchführung sowie Information und Vermittlung der Mitarbeiter, schließlich Beratung der Mitarbeitervertretung.

Maßnahmentreppe bei Kapazitätsanpassungen im Unternehmen

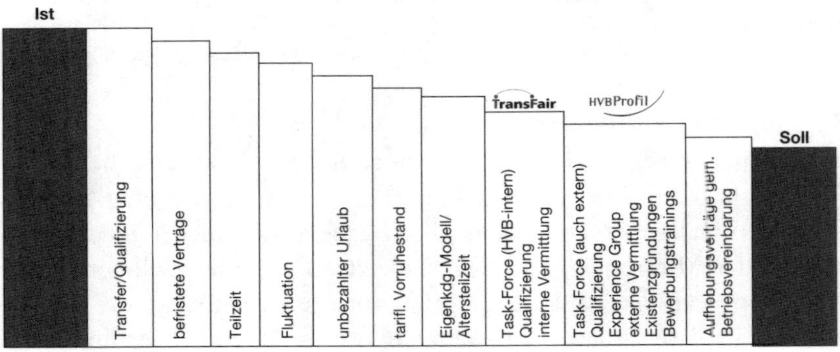

Task-Force-Teams

Flexibilität kann man nicht nur von den Mitarbeitern fordern, man muss auch Strukturen schaffen, die Flexibilität ermöglichen. Im Rahmen der Task-Force werden Mitarbeiter gegen individuelle Verrechnung flexibel und befristet in verschiedenen Organisationseinheiten eingesetzt. Die Einsatzplanung und Auftragsdisposition erfolgt durch TransFair.

Grundsätzlich kommen dafür alle Mitarbeitergruppen in Frage. Mitarbeiter, die sich für die Idee interessieren, können sich auch direkt bewerben. Dem Unternehmen steht damit ein Pool zur Verfügung, der für befristete Tätigkeiten für Projekte oder temporäre Bedarfe hoch qualifizierte Mitarbeiter anbietet. Mitarbeitern in Führungsfunktionen werden über Interimsmanagement neue Möglichkeiten eröffnet; so integriert sich TransFair in das bestehende Management-Entwicklungskonzept der Bank.

Die Task-Force verkörpert damit einen neuartigen Qualifizierungsansatz: Neben den beiden bekannten Konzepten von »Training *on* the Job« und »Training *off* the Job« vermittelt sie »Training *with* the Job«. Denn künftig werden nicht mehr einzelne Positionen und Tätigkeiten über das berufliche Fortkommen entscheiden, sondern die richtige Kombination von »Skills« in einem vielseitigen, zielorientierten Werdegang.

Beispiel:
Frau G. möchte verschiedene Bereiche der Bank kennen lernen. Sie bewirbt sich für die Task-Force. Gemeinsam mit einem Berater bespricht sie die Wünsche und Ziele für ihre künftigen Einsätze und plant eine Entwicklungsstrategie. Die konkreten Einsätze und Qualifikationsmaßnahmen werden nach einem Abgleich mit den Personalanforderungen der verschiedenen Geschäftsbereiche und Abteilungen festgelegt. Die Einsatzdauer variiert zwischen zwei Monaten und zwei Jahren. Ein anschließender Wechsel aus der Task-Force an einen »festen« Arbeitsplatz ist völlig unproblematisch möglich.

Trainings- und Qualifikationsmaßnahmen
Mitarbeiter werden zielgerichtet an neue Arbeitsplatzprofile herangeführt und qualifiziert. Ausbildung und Einweisung orientieren sich an der individuellen Persönlichkeit, ihren Zielen, den bisherigen Erfahrungen der Mitarbeiter und nicht zuletzt an den unternehmerischen Anforderungen der Bank. Die Maßnahmen erfolgen entweder direkt am Arbeitsplatz, in Form von Seminaren oder durch E-Learning.

Transparenter Stellenmarkt – Personalvermittlung
Das große und vielfältige Angebot von Arbeitsplätzen wird durch die Nutzung verschiedener Informationswege optimiert: konzernweite interne Stellenausschreibungen im Intranet, direkte Anforderungen interner und auch externer Kunden, diverse Medien, persönliche Kontakte sowie das Internet. Die Berater helfen den Mitarbeitern, diese Informationsquellen zu erschließen und effektiv zu nutzen.

Berufliche Orientierung
Die Mitarbeiter erfahren Unterstützung bei der Suche und Auswahl eines neuen Arbeitsplatzes. Dies erfolgt in Form von Bewerbertrainings, Hotlines, Coaching in Einzel- oder Gruppengesprächen und

Arbeitsmarktrecherche. Kontakte zu externen Firmen sowie Arbeitsvermittlern runden das Angebot von TransFair ab und leiten zur HVB Profil über.

Beispiel:
Durch eine Umstrukturierung sind Arbeitsplätze weggefallen. Für eine Gruppe von Mitarbeitern blieben vorgeschaltete Maßnahmen und eigenständige Bemühungen erfolglos. Frau S. (46 Jahre) und Frau O. (42 Jahre) nehmen an einem Gruppen-Outplacement teil. Sie erarbeiten mit den Trainern ein Stärken-Schwächen-Profil, gestalten ihre Bewerbungsunterlagen neu und trainieren das Vorstellungsgespräch. Die Betreuer beraten Frau S. und Frau O. bei der Auswahl vakanter Stellen und der Kontaktaufnahme zu den Unternehmen. Vier Wochen nach der Maßnahme haben Frau S. und Frau O. qualifizierte Stellen in zwei mittelständischen Unternehmen angetreten.

Unterstützung bei Existenzgründung
Eine weitere Möglichkeit der beruflichen Neuorientierung ist der Weg in die Selbständigkeit. Hier leistet TransFair durch Beratung, Kontakte zu Franchisegebern und öffentlichen Stellen sowie durch die Bereitstellung eines Finanzpools (Sonderdarlehen statt Abfindung) aktive Unterstützung.

Gerade für langjährige und erfahrene Fach- und Führungskräfte besteht die Möglichkeit, im Konzern und in anderen Unternehmen, anspruchsvolle Aufgaben als Consultant wahrzunehmen.

Beispiel:
Herr S. hat bereits langjährige Erfahrungen im Bankgeschäft gesammelt. Durch eine Umstrukturierung wird es seine derzeitige Position künftig nicht mehr geben. Die Beratung durch TransFair ermöglicht Herrn S., sich als selbständiger Berater Unternehmen anzubieten. Durch die Beraterfunktion bleiben der Bank seine Kenntnisse und Erfahrungen erhalten. Im Gegenzug hat Herr S. individuellen Entscheidungsspielraum gewonnen und seine ersten Aufträge als Berater akquiriert.

Mehr als nur Zeitarbeits- oder Beschäftigungsgesellschaft
Anhand der Zielsetzung all dieser Dienstleistungen wird deutlich, dass TransFair weit davon entfernt ist, bloßer Zeitarbeitsvermittler oder reine Beschäftigungsgesellschaft zu sein. TransFair versteht sich als Dienstleister, der die Interessen der Bank und der Mitarbeiter miteinander verknüpft, so dass beide Seiten Nutzen aus der Zusammenarbeit ziehen.

11.4.3 Verantwortung statt Verwaltung – Interessen vereinen

Profit-Center für den Mitarbeiter
TransFair versteht sich als Profit-Center. Die Einbettung von persönlichen Interessen in betriebswirtschaftliche Strategien ist Prinzip, Fairness oberstes Gebot. Die Maßnahmen sind ausnahmslos Dienstleistungsangebote, die die Mitarbeiter aktiv fordern. Der Auftrag besteht darin, den Entscheidungsspielraum der Mitarbeiter möglichst weit zu fassen, auf der anderen Seite die unternehmerischen Ziele stets vor Augen zu haben. Mitarbeiter, die sich übervorteilt fühlen, wären eine denkbar schlechte Grundlage für ein auf Kooperation und Vertrauen ausgerichtetes Personalkonzept.

Verantwortung durch Förderung
»Self-Leadership« ist für eine solche Zusammenarbeit eine wichtige Voraussetzung. Unser Ansatz besteht darin, die Mitarbeiter in die Lage zu versetzen, sich selbst zu motivieren und so zu Erfolg zu kommen. Mitarbeiter zu verwalten und sie vor externen Einflüssen abzuschotten hilft niemandem wirklich. Wir bereiten die Mitarbeiter auf Veränderungen in ihrer Arbeitsumgebung vor, wir stärken und motivieren sie für neue Herausforderungen.

Wir fördern durch Fordern. Von den Beschäftigten fordern wir, sich neuen Aufgaben zu stellen; von den Führungskräften erwarten wir, den Beschäftigten neue Chancen einzuräumen. Flexible und abwechslungsreiche Einsätze bringen verschüttete Qualitäten der Mitarbeiter an die Oberfläche. Das Unternehmen, seine Führungskräfte und Beschäftigte müssen sich auf eine ständige Dynamik einstellen.

Unternehmerische Verantwortung des Mitarbeiters für sich selbst
Den statischen Erhalt ihres Arbeitsplatzes können Beschäftigte heute nicht mehr erwarten. Sie müssen selbst Verantwortung übernehmen für ihren Arbeitseinsatz, ihre Qualifikation und ihr Leistungsangebot. Das Unternehmen garantiert nicht einen konkreten Arbeitsplatz, sondern versucht, Beschäftigung zu sichern. Es übernimmt Verantwortung für eine Unterstützung bei der Anpassung an den wirtschaftlichen Wandel und bei der Suche nach neuen Möglichkeiten.

Wettbewerbsvorteile

TransFair ist keine rein soziale Maßnahme. Betriebswirtschaftliche Aspekte sind eine Grundlage. Eine Studie von *Jochum* und *Meyer* hat bereits 1995 eingehend den betriebswirtschaftlichen Nutzen verschiedener Personalmaßnahmen wie betriebsbedingte Kündigung, Aufhebungsvertrag, Qualifikationsmaßnahmen und Arbeitnehmerüberlassung untersucht. Die durchgeführte Nutzwertanalyse wie auch der Nutzwert-Kosten-Quotient dieser Maßnahmen zeigen, dass Qualifizierungsmaßnahmen und Arbeitnehmerüberlassung nicht nur den größten Nutzen innerhalb des Unternehmens erbringen, sondern überdies verhältnismäßig die geringsten Kosten verursachen. Der direkte Vergleich ergab folgende Rangfolge:

Nutzwert-Kosten-Quotient der Maßnahmen im Vergleich (Vergleichswertung von 1 bis 4. 1 = max. Quotient; 4 = min. Quotient)

	Betriebsbedingte Kündigung	*Aufhebungsvertrag*	*Qualifikationsmaßnahmen*	*Arbeitnehmerüberlassung*
Nutzwert	4	3	1	2
Kosten	4	2	3	1
Nutzwert/ Kosten	**4**	**3**	**2**	**1**

Eine sinnvolle Kombination von Arbeitnehmerüberlassung *und* Qualifikation ist nicht nur sozial, sondern auch betriebswirtschaftlich geboten. Genau diesen Weg hat TransFair gewählt.

11.4.4 Erfahrungen

TransFair hat in den letzten Jahren mehrere tausend Mitarbeiter betreut. Die Arbeitnehmervertretung war von der Konzeption bis zur Durchführung immer informiert und eingebunden. Sie hat den Ansatz konstruktiv begleitet.

11.4.5 Status und Akzeptanz

TransFair ist seit 1997 ein Baustein für ein neues Personalkonzept. Es trägt dazu bei, dass die Mitarbeiter die Herausforderungen der dynamischen Arbeitswelt nicht als Risiko sondern als Chance begreifen. TransFair bietet keine Standardlösungen an. Stattdessen stellen die Berater für individuelle Problemstellungen die geeigneten Maßnahmen zusammen und suchen die passenden Kooperationspartner für die Umsetzung.

Die Vorteile des flexiblen Dienstleistungsangebotes haben sich herumgesprochen. Drei Ebenen kennzeichnen den Erfolg des Konzepts:

- Akzeptanz bei den *Mitarbeitern*,
- Akzeptanz bei der *Mitarbeitervertretung*,
- Akzeptanz bei den *Führungskräften.*

In zahlreichen Gesprächen und Beratungsterminen lässt sich ein spürbares Interesse der Mitarbeiter feststellen. Sie sehen und nutzen die Chance, sich mit Hilfe von TransFair auf neue Herausforderungen vorzubereiten.

Der Betriebsrat hält TransFair für eine vielversprechende Lösung. Befürchtungen, es werde ein »Abschiebebahnhof für ausrangierte Mitarbeiter«, haben sich nicht bestätigt. Dem Betriebsrat ist wichtig, dass alle TransFair-Mitarbeiter vollwertige Angestellte der Bank bleiben, mit allen Rechten und Pflichten.

Führungskräfte haben TransFair als Instrument angenommen. Zeitweise konnten nicht alle Personalanforderungen aus Vertrieb, Fachabteilungen und Konzernunternehmen durch TransFair erfüllt werden.

11.4.6 Fazit

Anpassungsmaßnahmen von Unternehmen auf neue Marktsituationen mit umfangreichen Restrukturierungen und Personalmaßnahmen in erheblichem Umfang müssen Erfolg bringen. Erste Ergebnisse werden sofort erwartet, entscheidend ist jedoch auch der langfristige Erfolg und die Nachhaltigkeit. Finanzielle Prämien und Anreize sind nicht allein in der Lage, die Mitarbeiter zu motivieren und ihre Anpassungsbereitschaft, ihre Mobilität und ihre Eigeninitiative zu fördern. Organisationsstrukturen werden kurzlebiger sein, die wirtschaftlich-technische Dynamik wird noch zunehmen.

Auch TransFair hat sich weiterentwickelt. Anfang 2000 wurde die HVB Profil Gesellschaft für Personalmanagement mbH (vgl. Kapitel 13.2) gegründet. Damit wurden die Möglichkeiten für das Unternehmen und die Mitarbeiter weiter ausgebaut. HVB Profil bietet seine Dienste allen Konzern-Mitarbeitern und darüber hinaus externen Unternehmen und Mitarbeitern an und erweitert dadurch den internen Arbeitsmarkt.

Literaturhinweise

Arthur D. L. (Hrsg.): Hochleistungsorganisation Kreditinstitut, Wiesbaden 1998.

Cummings, A./Oldham, G. R.: Enhancing Creativity: Managing Work Contexts for the High Potential Employee, in: Harvard Business, 04/1998.

Feix, W. E. (Hrsg.): Personal 2000. Visionen und Strategien erfolgreicher Personalarbeit, Frankfurt am Main 2000.

Jochum, E./Meyer, M.: Evaluation eines Personalfreisetzungsprogramms – Eine Fallstudie, in: Gerpott, Torsten J./Siemers, Sven H. (Hrsg.), Controlling von Personalprogrammen, Stuttgart 1995.

Kirsch, W.: Unternehmenspolitik und strategische Unternehmensführung, Hersching 1990.

Rifkin, J.: Das Ende der Arbeit und ihre Zukunft, Frankfurt/New York 1996.

Senett, R.: Der flexible Mensch, 1998.

Weber, W./Weinmann, J. (Hrsg.): Strategisches Personalmanagement, Stuttgart 1989.

Williams, S.: Personality and Self-Leadership, in: Human Resource Management Review, vol. 7, n° 2, 1997.

Wunderer, R./Kuhn, T.: Unternehmerisches Personalmanagement, Frankfurt am Main/New York 1993.

Emnid-Institut: Studie »Zukunftsfähigkeit der Deutschen«, Süddeutsche Zeitung vom 15. 12. 1999, Deutsche kaum bereit zum Wandel.

Name des Projekts oder der Maßnahme	**TransFair**
Unternehmen	**HypoVereinsbank AG**
Anlass	Strukturwandel der Branche
Zielsetzung	sozialverträgliche und konsequente Realisierung von Umstrukturierungen
Beschreibung der Maßnahmen	• Beratung von Führungskräften, • Task-Force (HVB-intern) • Qualifizierung • Interne Vermittlung • Existenzgründungen • Bewerbungstrainings
Erfolgsfaktoren/ Schwierigkeiten bei der Umsetzung	• Frühzeitige Einbindung der Arbeitnehmervertretungen • Verknüpfung von Unternehmens- und Mitarbeiterinteressen • Strategisch orientiertes Konzept • Praktikabilität • Berücksichtigung schlechter Erfahrungen bei anderen Unternehmen
Beteiligung der Interessenvertretung	• Frühzeitige Einbindung, konstruktive Diskussion, regelmäßiges Reporting • Verankerung in Betriebsvereinbarungen
Ergebnisse/Stand	TransFair ist ein akzeptiertes und häufig genutztes Dienstleistungsangebot für Beratung, interne Personal- und Stellenvermittlung und berufliche Neuorientierung.
Bewertung	Positiv
Perspektive	Weiterentwicklung: HVB Profil Gesellschaft für Personalmanagement mbH

12. Praxisbeispiele: Unternehmensübergreifende Personalentwicklung

12.1 Unternehmensübergreifendes Austauschprogramm der GASAG Berlin mit der Berliner Flughafengesellschaft, der Landesbank Berlin und der Deutsche Bahn AG, Geschäftsbereich Bahnbau
(Marc Hütten und Thomas Lemke)

12.1.1 Das Unternehmen

Die GASAG – ein Unternehmen in der Stadt und für die Stadt – auf dem Weg zu einem modernen Dienstleister-Systemanbieter für Gesamtlösungen. Die GASAG Berliner Gaswerke Aktiengesellschaft gehört seit mehr als 150 Jahren zur Stadtgeschichte Berlins. Die englische Gasgesellschaft, die Imperial Continental Gas Association (ICGA), erhellte durch die Inbetriebnahme der ersten doppelseitigen Straßenbeleuchtung 1826 die Straßen am Brandenburger Tor. Am 1. 1. 1847 wurde die öffentliche Beleuchtung von der GASAG übernommen, die inzwischen eigene Rohrnetze verlegt hatte. Schnell hielt Gas Einzug in Haushalt, Handwerk und Industrie. Die Berliner Gaswerke AG versorgt heute mehr als 700 000 Kunden. Über 600 000 Wohnungen werden mit umweltschonendem und preiswertem Erdgas beheizt. Das Rohrnetz mit mehr als 6800 Kilometern Länge verschafft der GASAG die Position des größten kommunalen Gasversorgungsunternehmens in Europa. Somit gelangen rund 15 Mrd. kWh Erdgas pro Jahr zu den Kunden. Die GASAG hat im Berliner Wärmemarkt seit 1990 beständig Marktanteile hinzugewonnen und liegt heute vor den Wettbewerbern Heizöl und Fernwärme. Heute hat die GASAG bereits einen Marktanteil am Berliner Wärmemarkt von über 40%, mittelfristig wird eine Ausdehnung dieses Anteils angestrebt.

12.1.2 Anlass

Im Zusammenhang mit der Liberalisierung der europäischen Strom- und Gasmärkte befindet sich die GASAG in einem Prozess der Neustrukturierung. Dieser Entwicklungsgang ist mit einer deutlichen Personalreduzierung hin zu international üblichen Größenordnungen sowie der Schaffung moderner Unternehmensstrukturen verbunden.

Die Bedingungen des Marktes und des Wettbewerbs stellen für das Unternehmen sowohl Chancen als auch Risiken dar. Der Kosten- und Wettbewerbsdruck, Kundenorientierung, Erschließung neuer Geschäftsfelder und die Notwendigkeit, strategische Allianzen zu bilden, fordern unternehmerisch denkende und selbständig handelnde Mitarbeiter und Führungskräfte. Deshalb wurde in Zusammenarbeit mit weiteren Berliner Unternehmen ein eigenes Personalentwicklungsinstrument entwickelt und umgesetzt.

Phasenmodell

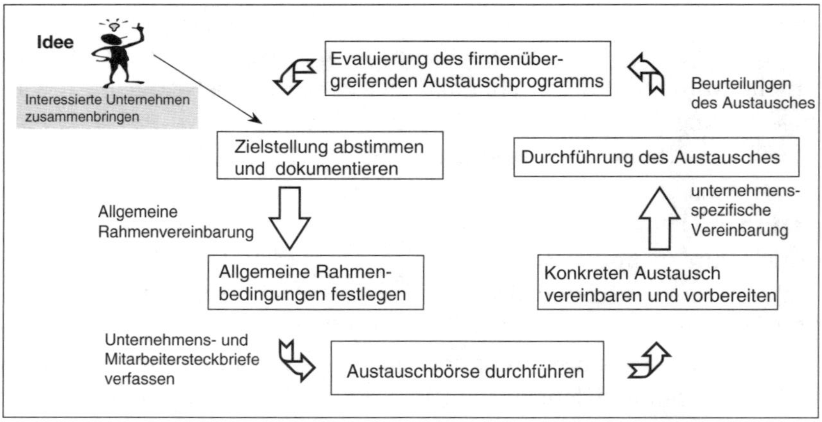

12.1.3 Das unternehmensübergreifende Austauschprogramm

Für die GASAG ist dieses Personalentwicklungsinstrument ein Qualifizierungsangebot für Führungs- und Führungsnachwuchskräfte sowie für spezialisierte Fachkräfte.

Zurzeit wird das Instrument von folgenden Unternehmen eingesetzt:

- die BFG – Berliner Flughafengesellschaft,
- die Landesbank Berlin,
- die Deutsche Bahn, Geschäftsbereich Bahnbau und
- die GASAG Berliner Gaswerke AG.

Natürlich können in das Projekt jederzeit weitere Unternehmen integriert werden. Ziel des Projektes ist es, das Mitarbeiterpotenzial innerhalb des Unternehmens zu verstärken, die Fach-, Führungs- und Sozialkompetenz des Mitarbeiters zu erweitern. Darüber hinaus werden unternehmerisches und vernetztes Denken und das Kennenlernen anderer Unternehmenskulturen und Führungsstile gefördert. Das Bestreben der GASAG für dieses Qualifizierungsangebot ist eine größtmögliche Praxisnähe. Für die Zielsetzung ist die Dauer des Austausches von großer Bedeutung. Diese kann von zwei Wochen bis zu sechs Monaten reichen, was insbesondere bei der Einbindung des Beteiligten in eine Projektarbeit gilt. Das unternehmensübergreifende Austauschprogramm ist eine neuartige, innovative Personal- und Organisationsentwicklungsmaßnahme, die schwerpunktmäßig eine »On the job«-Handlung ist und durch die beteiligten Unternehmen kontinuierlich weiterentwickelt wird.

Die Richtlinien und Ziele des unternehmensübergreifenden Austauschprogramms sowie die Realisierung des Mitarbeiteraustausches wurden in der Rahmenvereinbarung gemeinsam verabschiedet.

Neben der Rahmenvereinbarung wurden eine begrenzte Anzahl von Unterlagen bzw. Formularen entwickelt. Dabei wurde Wert darauf gelegt, den bürokratischen Aufwand möglichst gering zu halten. Somit wurde eine Vereinheitlichung und Erleichterung des Ablaufes gewährleistet. Vorgaben gibt es u. a. für

- die Beschreibung des Mitarbeiterprofils,
- Beschreibung des Unternehmens und der Funktion,
- Unterlagen zur Vorbereitung eines Austausches und
- Bewertungsbögen.

12.1.4 Praktische Umsetzung

Die erste »Austauschbörse« wurde im Oktober 1998 veranstaltet. Im Rahmen dieser Austauschbörse hat jedes Unternehmen seine Angebote und seine Nachfrage mit Hilfe des Mitarbeiterprofils und der

Unternehmensbeschreibung dokumentiert. Aus dieser Börse erfolgten die ersten konkreten Austauschprojekte.

Die Vorarbeit, Realisierung und Nachbereitung eines einzelnen Austausches lagen in der Verantwortlichkeit der jeweils beteiligten Unternehmen. Mit dem einhergehend wurde auch der Betriebsrat als Beteiligung der Interessenvertretung für jeden Mitarbeiter angehört.

Von dem aufnehmenden Unternehmen wurde der Austausch formal als Praktikum bzw. Hospitation und von dem abgebenden Unternehmen als befristete Mitarbeiterentsendung behandelt. Die Bezüge der Mitarbeiter wurden weiterhin vom entsendenden Unternehmen entrichtet.

Vor dem Austausch stehen zwischen den Personalentwicklungs- und Fachbereichen sowie den beteiligten Mitarbeitern das persönliche Kennenlernen sowie die Vereinbarungen von Entwicklungszielen und -möglichkeiten im Vordergrund. Die Lern- und Projektziele können mittels eines Zielvereinbarungsformulars nachweisbar festgehalten werden. Die vorherige Verständigung und die Qualität dieser vorbereitenden Maßnahmen haben nachhaltigen Einfluss auf den späteren Erfolg des Austausches.

Nach einem erfolgten Austausch sollten Feedback-Gespräche zwischen allen Beteiligten geführt werden (Evaluation), um den zurückliegenden Abschnitt zu bewerten und im Sinne eines kontinuierlichen Verbesserungs- und Qualitätssicherungsprozesses Schlussfolgerungen für nachfolgende Austauschprojekte zu ziehen. Um das Erreichen der vereinbarten Entwicklungsziele zu beurteilen, kann ein formalisierter Beurteilungsbogen oder Gesprächsleitfaden eingesetzt werden. Außerdem kann dem Mitarbeiter ein Zeugnis oder Teilnahmenachweis ausgestellt werden.

12.1.5 Bewertung

Ein unternehmensübergreifendes Austauschprogramm als Zusatz oder Vervollständigung zu klassischen Personalentwicklungsmaßnahmen (Seminare, Trainings etc.) bietet gleichermaßen Nutzen für das Individuum, den aufnehmenden bzw. entsendenden Bereich, die initiierenden Personalentwicklungsabteilungen sowie den beteiligten Unternehmensverbund und den Wirtschaftsstandort.

Vorteile des Führungsnachwuchsprogramms

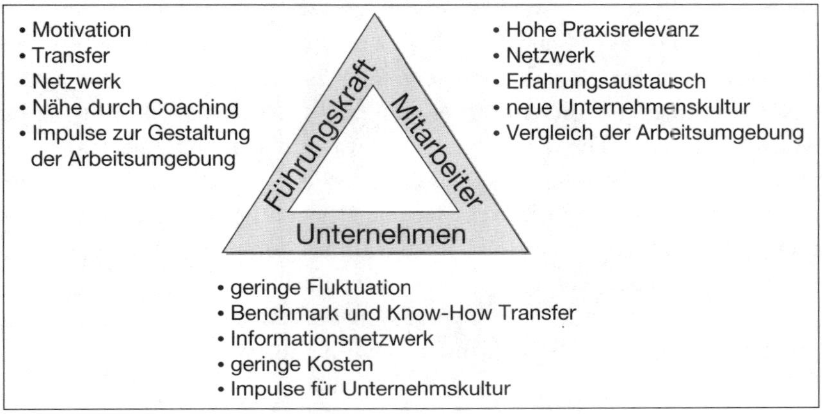

Ein weiterer wesentlicher Lerninhalt ist das Kennenlernen einer anderen Unternehmenskultur. Dieses ist »off the job«, im Seminarraum, kaum vermittelbar, sondern kann nur im unmittelbaren Kontakt erlebt werden. Für den entsendeten Mitarbeiter wechseln mit einem anderen Unternehmen auch die Bezugspersonen und Ansprechpartner. Die damit verbundene Umstellung auf eine neue Arbeitsumgebung fördert insbesondere die Selbständigkeit, Eigeninitiative und Flexibilität. Neben dem »Tapetenwechsel« und dem »Networking« ist der Abbau von »Betriebsblindheit« als positive Besonderheit zu nennen. Mit dem Vergleich diverser Arbeitsumgebungen wird der Blick für betriebliche Zusammenhänge geschärft und somit insgesamt das unternehmerische Denken und Handeln auf allen Hierarchieebenen gefördert. Ferner werden individuelle und fachliche Informationsnetzwerke aufgebaut und über den begrenzten Zeitraum des Austausches hinaus gepflegt.

Das unternehmensübergreifende Austauschprogramm ermöglicht darüber hinaus ein günstigeres Preis-/Leistungsverhältnis im Gegensatz zu kostenintensiven Führungs- und Managementseminaren. Demzufolge werden die Personalentwicklungsbudgets der beteiligten Unternehmen deutlich geringer belastet.

Der betriebliche Vorteil wird nicht nur für die Beteiligten direkt transparent, sondern kommt in Abhängigkeit vom Verwendungsgrad der erzielten Projektergebnisse dem aufnehmenden Unternehmen direkt zu Gute. Für den entsendenden Bereich kann durch die Praxisnähe bei einem gut vorbereiteten Austausch der Lernerfolg als gesichert gelten. Sich in einer neuen Aufgabe zu bewähren und sich in einem neuen Umfeld anzupassen bzw. durchzusetzen, führt zu einem vertieften »How to do«-Wissen, das sich mit traditionellen Personalentwicklungsmaßnahmen oftmals nicht erzielen lässt. Ein wesentlicher Wettbewerbsfaktor für die Unternehmen stellt die Qualifikation ihrer Mitarbeiter dar. Die Erprobung innovativer Personalentwicklungsmaßnahmen ist deshalb dringend erforderlich, um Mitarbeiter schneller und besser zu qualifizieren. Die Berücksichtigung eines unternehmensübergreifenden Austauschprogramms im Leistungsspektrum einer Personalentwicklungsabteilung erweitert deshalb nicht nur deren Handlungsspielraum, sondern verbessert außerdem die interne Marktposition und kann zu einem Imagegewinn führen.

Erfolgsfaktoren

Bei der praktischen Umsetzung eines unternehmensübergreifenden Austauschprogramms können einzelne Faktoren festgehalten werden, die sich förderlich bzw. hemmend auswirken. Für einen erfolgreichen Start ist es von Vorteil, wenn Entscheidungsträger den Prozess von Beginn an unterstützen und ggf. als Promotoren wirken. Um Vertrauen aufzubauen und Widerständen vorzubeugen, sollten möglichst schnell Pilotprojekte realisiert werden. Hierbei ist es empfehlenswert, einen unbürokratischen Prozess anzusteuern, in dem der Austausch vorerst auf kürzere Zeiträume beschränkt ist. Die Vorbereitung und Durchführung wird erheblich durch die kurzen Distanzen zwischen Berlin und Umland erleichtert. Die Zusammenarbeit von Firmen aus verschiedenen Branchen wirkt sich nicht nur für den Lernprozess positiv aus, sondern kann auch dazu beitragen, Schwierigkeiten mit Mitbewerbern im gleichen Marktsegment zu vermeiden. Dies gilt insbesondere für Funktionsbereiche, die hinsichtlich der Unternehmensstrategie kritisch sind, wie z. B. Vertrieb und Controlling.

Perspektive

Sowohl von den Teilnehmern als auch von den Unternehmen gibt es ein positives Feedback zu diesem Instrument der Personalentwicklung, deshalb wird es in der GASAG auch weiterhin angeboten.

Perspektivisch ist das Austauschprogramm der GASAG Teil des Wissensmanagements und damit des organisationalen Lernens. Die Organisation lernt durch den Wissens- und Erfahrungsgewinn des Einzelnen mit. Die Umplazierung eines Mitarbeiters in ein anderes Unternehmen und die Replatzierung nach der Austauschphase macht das Wissen des Mitarbeiters direkt für die GASAG nutzbar. Somit wird der Lernprozess verkürzt und eine Weitergabe der Kenntnisse erfolgt schneller. Diese erweitert die Wissensbasis auf die das Unternehmen zurückgreifen kann.

Gleichzeitig ist die Personalentwicklung der GASAG bestrebt, weitere Unternehmen für dieses Konzept zu begeistern, um die Vielseitigkeit und die Qualität zu erhöhen.

Name des Projekts/ Maßnahme	**Unternehmensübergreifendes Austauschprogramm**
Unternehmen	**GASAG Berliner Gaswerke AG, Berliner Flughafen Gesellschaft, Landesbank Berlin, Deutsche Bahn Bahnbau**
Anlass	• Liberalisierung der europäischen Strom- und Gasmärkte • Neustrukturierung des Unternehmens
Zielsetzung	Personalentwicklung • zur Förderung unternehmerischen und vernetzten Denkens • zur Stärkung des Mitarbeiterpotenzials • zur Erweiterung der Fach-, Führungs- und Sozialkompetenz • zum Kennenlernen anderer Unternehmenskulturen und Führungsstile
Beschreibung der Maßnahmen	• Befristeter Austausch von Mitarbeitern zwischen beteiligten Unternehmen • Austauschbörse zur Vermittlung mittels Mitarbeitersteckbrief und Unternehmenssteckbrief • Vorbereitung des Austauschs durch Vereinbarung von Entwicklungszielen zwischen Unternehmen und Mitarbeiter • Laufende Evaluation und Weiterentwicklung des Austauschprogramms
Erfolgsfaktoren/ Schwierigkeiten bei der Umsetzung	Förderlich sind • deutliche Unterstützung der Entscheidungsträger für das Programm • schnelle Realisierung erster Pilotprojekte • wenig Bürokratie, geringe Fahrzeiten zwischen entsendendem und aufnehmendem Unternehmen
Beteiligung der Interessenvertretung	Zustimmung durch den Betriebsrat des entsendenden und des aufnehmenden Unternehmens
Ergebnisse/Stand	• Programm läuft erfolgreich und ohne Reibungen • Lernerfolge im Bereich Unternehmenskultur, Flexibilität, unternehmerisches Denken, Selbstständigkeit
Bewertung	Positive Bewertung aller Beteiligten bei Entsendern wie aufnehmenden Unternehmen
Perspektive	• Integration des Austauschprogramms ins Wissensmanagement • Erweiterung des Programms durch Gewinnung weiterer Unternehmen

12.2 »Job-Allianz« – Ein überbetriebliches Orientierungs- und Entwicklungsangebot *(Bruno Eichhorn, Fraport AG)*

Die Job-Allianz ist ein unternehmensübergreifendes Kooperationsprojekt der Firmen Degussa AG, Deutsche Bank AG, Fraport AG und Lufthansa AG. Den Rahmen für dieses Projekt bildet die bundesweite Initiative für Beschäftigung mit mittlerweile 19 regionalen Netzwerken.

Der Arbeitsmarkt und die schwierige Beschäftigungssituation in Deutschland sind mit die drängendsten Probleme unserer Zeit. Stetiger und immer schnellerer Wandel in der Arbeitswelt, Globalisierung der Wirtschaft, hohe Arbeitslosenzahlen sind die großen Herausforderungen für alle Beteiligten in diesem Prozess.

Für die Arbeitnehmer wird es zunehmend schwieriger, sich in diesem komplexen Umfeld zu orientieren und frühzeitig kommende Beschäftigungsprobleme zu erkennen. Heute noch sicher geglaubte Arbeitsplätze können morgen schon zur Disposition stehen. Die Beschäftigten sind oftmals nicht in der Lage, mit dem Veränderungstempo am Arbeitsplatz Schritt zu halten. Sicherung und Stärkung der Beschäftigungsfähigkeit werden für jeden arbeitenden Menschen in Zukunft noch wichtiger. Auch von »gestandenen Mitarbeitern« werden zunehmend Eigenschaften wie Eigeninitiative, Selbstorganisation und Flexibilität gefordert, um in der Arbeitswelt mobil zu bleiben und den Anschluss nicht zu verlieren.

Die firmenübergreifende Initiative Job-Allianz – Berufswelt transparent – hat die Stärkung der Eigenverantwortung und die Erhaltung der Employability (Beschäftigungsfähigkeit) als wichtige Ziele in den Vordergrund gestellt. Hierzu haben Mitarbeiterinnen und Mitarbeiter aus dem Personalbereich der beteiligten Unternehmen in vielen Terminen eine Vertrauenskultur zueinander aufgebaut und eine gemeinsame Plattform für alle Maßnahmen und Aktivitäten geschaffen. Positive Begleiteffekte dieser Initiative sind die Vernetzung von IT-Experten zur Gestaltung der gemeinsamen Intranetplattform, die intensive Zusammenarbeit von »Personalern« aus verschiedenen Unternehmen und verschiedene Treffen der Personalentwickler sowie von Betriebsratsmitgliedern der Unternehmen.

Die Beschäftigten der vier Unternehmen (im Rhein-Main-Gebiet ca.

60 000) können sich über die Angebote der Job-Allianz im Intranet informieren. Begleitend hierzu wurde ein Flyer erstellt sowie weitere Informationsmedien wie Mitarbeiterzeitung, Presse und Informationsstände zur Vorstellung der Job- Allianz genutzt.

12.2.1 Leitgedanken der Job-Allianz

Eigeninitiative
Die Eigeninitiative der Mitarbeiterinnen und Mitarbeiter ist die Voraussetzung für die Nutzung der verschiedenen Angebote der Job-Allianz. Durch den Mitarbeiter selbst initiierte Veränderungs- und Entwicklungsprozesse sind am ehesten zielorientiert und erfolgreich und sollen daher unterstützt und gefördert werden.

Beiderseitige Freiwilligkeit
Das Angebot und die Nutzung der Maßnahmen und Instrumente der Job-Allianz gehen von der Freiwilligkeit aller Beteiligten aus. Es besteht weder ein Recht noch eine Pflicht zur Teilnahme.

Vertraulichkeit
Die absolute Vertraulichkeit von persönlichen Daten im Rahmen aller Aktivitäten der Job-Allianz ist jederzeit gewährleistet.

Gemeinsame Verantwortung in Veränderungsprozessen
Die Unternehmen sind verantwortlich für die Schaffung von unterstützenden Rahmenbedingungen und begleitenden Maßnahmen. Die Verantwortung für die persönliche und individuelle Weiterentwicklung liegt bei den Mitarbeitern.

Individueller Entwicklungsansatz
Eine differenzierte Betrachtung der Potenziale und Kompetenzen sowie eine individuelle Beratung ermöglichen einen spezifischen, individuellen Entwicklungsansatz für jeden Mitarbeiter.

Beiderseitiges Engagement
Voraussetzung für den Erfolg ist das persönliche Engagement der Mitarbeiterinnen und Mitarbeiter und die Bereitschaft zur Kompetenzerweiterung. Bei einem Teil der Angebote ist eine zeitliche und finan-

zielle Eigenbeteiligung erforderlich. Die Partnerunternehmen leisten ihren Beitrag durch Entwicklung, Bereitstellung und Begleitung des Projekts Job-Allianz.

12.2.2 Angebote der Job-Allianz

Kompetenzspiegel
Mit Hilfe eines Fragebogens können die Beschäftigten ihre Kompetenzen analysieren lassen. Der Fragebogen des Kompetenzspiegels besteht aus rund 200 Fragen zu den wichtigsten beruflichen Kernkompetenzen und Interessen. Neben den Kompetenzen werden die spezifischen fachlichen Kenntnisse und Fähigkeiten abgefragt. Das Geva-Institut entwickelte den Test im Auftrag der Partnerunternehmen. Die Auswertung wird neutral durch das Geva-Institut durchgeführt und kostet den Beschäftigten 20 €. Dabei enthält die individuelle Auswertung eine Darstellung der Stärken und Schwächen sowie einen Vergleich mit anderen Berufstätigen. Weiterhin erhalten die Teilnehmer Hinweise, wie sie bestimmte Kompetenzen zielgerichtet ausbauen können.

Aufbauend auf dem Kompetenzspiegel bietet die Job-Allianz die Möglichkeit externer Beratung. Die Mitarbeiterinnen und Mitarbeiter können ihre beruflichen Entwicklungsstrategien mit einem neutralen Gesprächspartner entwerfen und besprechen. Dies wird angeboten von der Firma Consult, einem Tochterunternehmen des Bildungswerkes der Hessischen Wirtschaft.

In Form eines eintägigen Workshops können die Beschäftigten in Kleingruppen ihren bisherigen beruflichen Werdegang bilanzieren und eine klare Perspektive für ihre Zukunft gewinnen. Auf Wunsch können sie in einer Einzelberatung eine ganz persönliche Entwicklungsstrategie erarbeiten.

Sprachen-Test
In einer Zeit zunehmender Globalisierung des Wirtschaftsgeschehens, unzähliger Firmenfusionen und länderübergreifender Partnerschaften nimmt die Bedeutung von Fremdsprachenkenntnissen stetig zu. Viele Unternehmen setzen bereits fundierte Englischkenntnisse zwingend voraus, aber auch Spanisch- und Französischkenntnisse werden besonders im europäischen Markt zu gesuchten Qualifikationen. Der von

der Firma Manpower mit renommierten europäischen Universitäten entwickelte Sprachtest zeigt den Beschäftigten schnell und einfach, welches Sprachniveau sie haben. Für die Durchführung des Tests, die detaillierte Auswertung sowie für das Zertifikat zahlen die Teilnehmer einen Sonderpreis von 18 €. Getestet werden können die Sprachen Englisch, Französisch, Spanisch, Niederländisch und Deutsch.

PC-Test
Der PC-Test ermittelt eine realistische Einschätzung des Kenntnisstandes in den Programmen Windows, MS-Word, MS-Excel, MS-Access und MS-Power-Point. Der Manpower-PC-Test wird anhand einer realitätsnahen Arbeitsaufgabe durchgeführt. Während der Testdurchführung steigt der Schwierigkeitsgrad. Die Ergebnisse der einzelnen Arbeitsschritte werden sofort ausgewertet und den Testteilnehmern zurück gemeldet. Für den ersten Test sind 12 €, für jeden weiteren Test 1 € zu bezahlen.

Seminare und Workshops
In den Seminaren der Job-Allianz können die Beschäftigten ihre persönliche, methodische und soziale Kompetenz weiterentwickeln. Gleichzeitig treffen sie auf Kollegen aus den Partnerunternehmen und können berufliche Netzwerke knüpfen und ausbauen. Folgende Seminare/Workshops werden angeboten:

- *Neue Wege:* Das Ziel ist die Förderung der individuellen Beschäftigungsfähigkeit. Es wird eine Standortbestimmung vorgenommen, berufliche Perspektiven werden entwickelt und die Veränderungen thematisiert.
- *Selbstmarketing:* In diesem Workshop steht das Thema Selbstsicherheit und damit verbunden auch die Darstellung der eigenen Fähigkeiten im Mittelpunkt. Den Teilnehmern werden u. a. verschiedene Wege und Möglichkeiten des Selbstmarketings auf Grundlage eines Selbstbild-Fremdbild-Vergleiches aufgezeigt und mit ihnen erprobt.
- *Selbstmanagement:* Hierzu setzen sich die Teilnehmer mit ihren persönlichen Werten auseinander und leiten daraus konkrete Ziele ab.
- *Konfliktfähigkeit:* In den Workshops wird herausgearbeitet, wie Konflikte entstehen und welche Konfliktformen zu beobachten sind. Neben der Darstellung von verschiedenen Kommunikationsebenen in Konflikten werden geeignete Formen für Konfliktlösungen erarbeitet.

Die Teilnahme an den Seminaren/Workshops ist grundsätzlich freiwillig und gilt nicht als Arbeitszeit. Die Gebühr zahlt der Teilnehmer (unterschiedlich je nach Dauer).

Business-Praktikum
Die Partnerunternehmen der Job-Allianz bieten die Möglichkeit, im Rahmen des Business-Praktikums eines der beteiligten Unternehmen kennen zu lernen, sich Einblicke in Abläufe, Strukturen und fremde Unternehmenskulturen zu verschaffen. Wer sich für einen – bis zu vier Wochen dauernden – Einsatz in einem Partnerunternehmen interessiert, soll für sich zunächst die damit verbundenen Ziele und Erwartungen klären. Über einen ausgefüllten Profil- und Bewertungsbogen wird mit der Führungskraft geklärt, ob aus Sicht des Bereiches ein befristeter Einsatz im Rahmen des Business-Praktikums sinnvoll erscheint und die Umsetzung realisierbar ist. Naturgemäß lassen die Arbeitsprozesse oder aktuell ein erhöhter Arbeitsanfall dies nicht immer zu.

Der Einsatz in anderen Unternehmen kann im gleichen Tätigkeitsfeld erfolgen, aber auch in einem ganz fremden Bereich. Im Anschluss an das Praktikum fassen die Teilnehmer die Erfahrungen in einem kurzen Abschlussbericht zusammen.

Stellenmarkt Transparent
Die Anforderungen an neu zu besetzende Stellen sind entscheidende Indikatoren für sich verändernde Berufsbilder. Die Job-Allianz ermöglicht den Beschäftigten den Zugriff auf die Stellenangebote der Partnerunternehmen. Damit können die Beschäftigten ihre Weiterbildungsaktivitäten an den tatsächlichen Anforderungen und Erwartungen der Berufswelt ausrichten. Die Stellenangebote sind nach Tätigkeitsfeldern und Ausschreibungsdatum sortiert. Ein Stellenangebot beinhaltet u. a. die Stellenbeschreibung, die Anforderungen und die Vergütung sowie den Namen des ausschreibenden Unternehmens und eines Ansprechpartners. Wahlweise können sich die Mitarbeiter per E-Mail bewerben oder durch telefonische Kontaktaufnahme im Partnerunternehmen informieren.

Trends in der Arbeitswelt
Auf der gemeinsamen Intranetplattform können sich die Beschäftigten über aktuelle Trends in der Arbeitswelt informieren. Das Beobachten

von Veränderungen und Trends gibt Anhaltspunkte, mit welchen Entwicklungen zu rechnen ist und damit die Möglichkeit, frühzeitig auf anstehende Veränderungen zu reagieren. Die Beschäftigten können sich auf dieser Grundlage rechtzeitig auf die Veränderungen vorbereiten. Außerdem ergeben sich daraus Gedankenanstöße und Lösungswege, die zu größerem Erfolg und höherer Zufriedenheit führen können.

12.2.3 Ergebnis

Die Job-Allianz als unternehmensübergreifende Partnerschaft ist ein zukunftsweisender Ansatz. Wir haben gelernt in Zielen und Lösungen zu denken, nicht in Organisationsstrukturen. Die Vielfalt an Wissen und Sichtweisen, Alters- und Geschlechterzugehörigkeit ist ein Gewinn und eine Bereicherung, auch wenn es den Zeit- und Kommunikationsaufwand teilweise erhöht. Netzwerke schaffen neue Kontakte und eröffnen den Zugang zu Ressourcen. Ein Blick in andere Unternehmen, Branchen und Märkte erweitert den Horizont und führt zu neuen Bewertungen.

Die Job-Allianz wurde am 3. 9. 2001 der Öffentlichkeit vorgestellt. Das Echo ist positiv und die Nutzung der Angebote erfreulich. Organisatorisch unterstützt durch IFOK (Institut für Organisationskommunikation in Bensheim) werden in regelmäßigen Treffen der Vertreter der beteiligten Unternehmen die Angebote überprüft und weiterentwickelt sowie die Intranet-Plattform aktualisiert. Neben der Weiterentwicklung des Projekts auf konzeptioneller Ebene ist es auch Ziel, andere Unternehmen zu gewinnen, die sich als Partnerunternehmen der Job-Allianz anschließen möchten.

Name des Projekts oder der Maßnahme	**Job-Allianz** – Eine überbetriebliche Initiative mit einem exklusiven Angebot an die Mitarbeiter der beteiligten Unternehmen
Unternehmen	**Degussa AG, Deutsche Bank AG, Deutsche Lufthansa AG und Fraport AG**
Anlass	Aktion des Netzwerkes Rhein-Main der bundesweiten »Initiative für Beschäftigung«
Zielsetzung	Unterstützung der Mitarbeiter beim Erhalt und Ausbau ihrer Beschäftigungsfähigkeit, Stärkung der Eigeninitiative, Selbstorganisation und Flexibilität der Beschäftigten
Beschreibung der Maßnahmen	Die Job-Allianz ist ein Netzwerk Rhein-Main der bundesweiten »Initiative für Beschäftigung«. Das Projekt soll Wege aufzeigen, die Beschäftigungsfähigkeit von Mitarbeitern zu erhalten und sieht praxisorientierte Beratung, gemeinsame Seminare, einen vernetzten internen Stellenmarkt und ein Business-Praktikum in Kooperationsunternehmen vor.
Erfolgsfaktoren/ Schwierigkeiten bei der Umsetzung	Konstruktive/vertrauensvolle Zusammenarbeit der Partnerunternehmen. Gemeinsame Intranetplattform zur Information über die Angebote und aktuelle Berichte. Unterschiedliche Kulturen und Informationssysteme in den Partnerunternehmen müssen beachtet werden. Wichtig ist, dass die Informationen die Beschäftigten erreichen.
Beteiligung der Interessenvertretung	Die Einbeziehung und Beteiligung der Betriebsräte ist ein wichtiger Erfolgsfaktor. Gemeinsame, moderierte Treffen von Betriebsratsmitgliedern der beteiligten Unternehmen waren zielführende Maßnahmen.
Ergebnisse/Stand	Die Job-Allianz läuft mehr als ein Jahr. Zwischenzeitlich wurde ein weiteres Unternehmen (FES Frankfurter Entsorgungs-Systeme) aufgenommen. Die Angebote werden unterschiedlich stark genutzt.
Bewertung	Die Initiative ist zwischenzeitlich in den Unternehmen bekannt und etabliert. Dennoch müssen weitere Marketingaktivitäten erfolgen, um die Information über Ziele und Inhalte an alle Beschäftigten heranzutragen.
Perspektive	Über die vorhandenen Angebote können weiter Aktivitäten überlegt und umgesetzt werden. Durch neue Partnerunternehmen kann das Spektrum erweitert werden.

13. Praxisbeispiele: Personalausgleich zwischen Unternehmen

13.1 Personalausgleich zwischen Unternehmen durch Poolmanagement *(Helmut Lutzmann, Vandemoortele Deutschland GmbH)*

Der Nahrungsmittelverbrauch unterliegt innerhalb eines Jahres erheblichen Schwankungen, die sich direkt auf sehr unterschiedliche Anforderungen bei den Herstellern auswirken. Diese nicht neue Erkenntnis hat uns veranlasst, in den letzten Jahren in unserem Unternehmen technische und organisatorische Maßnahmen zu ergreifen, um die Flexibilität zu erhöhen. Die technischen Voraussetzungen durch flexibel einsetzbare Maschinen und Anlagen und eine ökonomisch vertretbare Automatisierung waren die ersten Schritte zur erfolgreichen Umsetzung unserer Flexibilitätsstrategie. Nunmehr musste eine neue Qualität gefunden werden, die es uns ermöglicht, die Einsatzflexibilität unter Berücksichtigung der Qualifizierungsanforderungen deutlich auszubauen. Zu berücksichtigen ist die Struktur des Unternehmens: Wir sind ein mittelständisches Unternehmen, dessen Personalmanagement in Personalunion mit anderen Aufgaben wahrgenommen werden muss. Auf der Grundlage der bisherigen Maßnahmen wurde ein Konzept zum Ausgleich von Personalressourcen mit anderen Unternehmen erarbeitet.

13.1.1 Das Unternehmen

Die Vandemoortele Deutschland GmbH (bis 15.7.2001 Dresdner Margarinewerk GmbH) ist ein Betrieb der Nahrungsmittelindustrie mit ca. 86 Beschäftigten, produziert und vertreibt Margarine für den Endverbraucher überwiegend für Deutschland. Das Unternehmen ist eine Tochter der Vandemoortele Gruppe mit Sitz in Belgien. Vandemoortele ist ein europaweit agierendes Nahrungsmittelunternehmen.

In Dresden wird bereits seit 1920 Margarine hergestellt. Seit dem Kauf des Werkes durch die Vandemoortele Gruppe 1991 wurden über

22 Mio. € investiert. Mit einer 1993 gebauten Produktionsanlage und einem 1997 in Betrieb genommenen neuen Kühllager gehört das Werk zu den modernsten Margarinefabriken in Europa. Mit den neuen Produktionsanlagen wurden an die Mitarbeiter neue hohe Qualifikationsanforderungen gestellt.

Das Unternehmen ist Mitglied im Sächsischen Arbeitgeberverband Nahrung und Genuss und Tarifpartner der Gewerkschaft Nahrung, Genuss und Gaststätten.

Die termin- und qualitätsgerechte Belieferung unserer Kunden ist eine entscheidende Voraussetzung für eine langfristige Zusammenarbeit. Die Bestandshaltung als Korrektiv (Lagerhaltung als Puffer) ist nicht nur aus Kostengründen keine gute Lösung, sondern auch wegen der bei Margarineprodukten festgelegten Mindesthaltbarkeitsdaten. Die Frische der Produkte ist ein wichtiges Qualitätsmerkmal. Die Produktion erfolgt in der Regel auftragsbezogen und unterliegt damit erheblichen und kurzfristigen, saisonalen und nicht voraussehbaren Schwankungen. Dieses hohe Maß an Produktionsflexibilität zu organisieren, ist eine vorrangige Aufgabe in unserem Unternehmen.

13.1.2 Was haben wir bisher erreicht?

Mit den bisherigen Investitionsvorhaben konnten wir die technischen Voraussetzungen für eine äußerst effiziente Produktion schaffen. Es ist nunmehr die gemeinsame Aufgabe von Betriebsrat und Geschäftsleitung, das Potenzial in den Human Resources als Wettbewerbsvorteil zu nutzen. Dazu wurden seit 1997 eine Vielzahl von Projekten realisiert. Die gemeinsame Plattform für alle unsere Aufgaben ist die umfassende Diskussion und Fixierung unserer Unternehmensphilosophie. Für die inhaltliche Umsetzung sind eine offene und kritische Unternehmenskultur und eine konsequente Einbeziehung des Betriebsrates in alle Phasen der Veränderung unabdingbar. Der erreichte Stand zur Umsetzung der Unternehmenskultur wurde durch Mitarbeiterbefragungen analysiert. Uns wurde ein sehr gutes und kooperatives Arbeitsklima bestätigt.

1997 wurde die Jahresarbeitszeit mit Arbeitszeitkonten eingeführt. Dies war der erste Schritt zu einem flexiblen Mitarbeitereinsatz. Damit konnten saisonale Schwankungen teilweise ausgeglichen werden. 1998 haben wir die Jahresteilzeitarbeit eingeführt. Mit ca. 40% der Mitarbeiter haben wir arbeitsvertraglich vereinbart, dass in Phasen verminderter Produktionsanforderungen nur 80% der Jahresarbeitszeit als Soll-Zeit zu Grunde gelegt wird. Die Entlohnung erfolgt auf der Basis der Soll-Zeit-Festlegung.

Zeitgleich mit der Einführung der Jahresarbeitszeit wurde eine ergebnisbezogene Entlohnung eingeführt. Zwei für alle Mitarbeiter des Unternehmens gleiche Kriterien der Effizienz-Bewertung wurden als zusätzliche außertarifliche Entlohnung vereinbart. Etwa 10% des tariflichen Entgelts werden entsprechend der Erfüllung der Effizienzziele zusätzlich gewährt. Definiert sind die Effizienzziele durch Kennziffern für sparsamen Materialverbrauch und produktivitätsbezogenen Personaleinsatz. Die ergebnisbezogene Entlohnung hat zu ausgezeichneten Effizienzverbesserungen geführt.

Seit 1999 arbeiten wir kontinuierlich am Umbau unserer Organisation hin zu einer Prozessorganisation. Das Ziel ist ein ganzheitliches Prozessmanagement (GPM), indem alle Teilaufgaben des Unternehmens in einen Prozessablauf integriert sind. Es sind nicht nur die Bereiche Qualität, Umwelt und Arbeitssicherheit, sondern auch das Organisationsmanagement, Personalmanagement usw. zu integrieren. Damit schaffen wir insbesondere für uns als kleines mittelständisches Unternehmen die organisatorische Möglichkeit, die Vielfalt der Aufgaben in einer ökonomisch vertretbaren Organisation zu realisieren.

Im Jahr 2000 haben wir das Projekt »Interner virtueller Arbeitsmarkt« umgesetzt. Ein wesentlicher Schwerpunkt in diesem gemeinsam mit der Bertelsmann Stiftung durchgeführten Projekt war die Qualifizierung der Mitarbeiter für vorher festgelegte Potenzialgruppen mit dem Ziel, die Mitarbeiter einer Gruppe untereinander sehr flexibel einsetzen zu können. Die in der folgenden Abbildung dargestellte Entwicklung der Mitarbeiterflexibilisierung zeigt drei Ebenen, dabei ist die

Ebene 1 die Flexibilität innerhalb eines spezifischen Arbeitsbereiches,
Ebene 2 die Flexibilität innerhalb einer Struktureinheit mit vergleichbaren Anforderungsprofilen,
Ebene 3 die Flexibilität zwischen den verschiedenen Struktureinheiten im Unternehmen.

Modell »Interner virtueller Arbeitsmarkt«

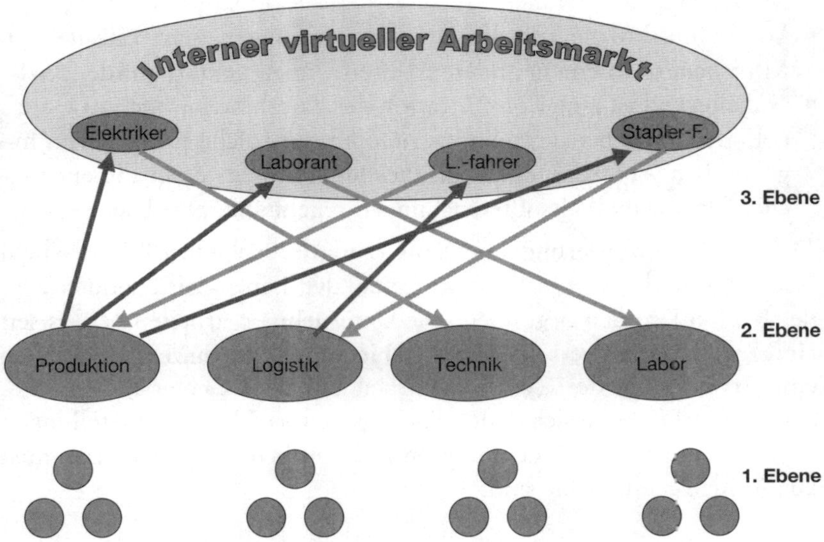

Damit können Arbeitsplätze fest eingestellter Mitarbeiter gesichert werden. Mit dieser Flexibilisierung des Personaleinsatzes ist es möglich geworden, alle erforderlichen Aufgaben auch bei hoher Auslastung mit Fachkräften zu erfüllen. Unterschiedliche Arbeitsanforderungen in verschiedenen Bereichen des Unternehmens können gegenseitig ausgeglichen werden.

Im Zusammenhang mit diesem Projekt wurde bereits die Vision diskutiert, einen »externen virtuellen Arbeitsmarkt« mit Unternehmen der Lebensmittelindustrie in der Region zu installieren. Ohne die Beschäftigungsverhältnisse der Arbeitnehmer in ihren Unternehmen zu verändern oder infrage zustellen, sollen zeitweise Über- und Unterauslastungen in den beteiligten Unternehmen durch »Verleih« von Arbeitskräften ausgeglichen werden. Die Eckpunkte waren:

- Ziel ist der Ausgleich unterschiedlicher Auslastung, der »Verleih« von Beschäftigten eines aktuell minder ausgelasteten Unternehmens an ein Unternehmen mit zeitgleich hoher Auslastung.
- Zweckmäßig scheint der Zusammenschluss von Unternehmen mit sehr unterschiedlichem Bedarf, z. B. mit unterschiedlichen Saisonspitzen wie Getränke- und Margarine-Industrie.
- Angestrebt wird eine Zusammenarbeit von zunächst 3 bis 5 Unternehmen.

- Die Koordination soll ein vom Unternehmensverbund beauftragter Mitarbeiter übernehmen.
- Vorab müssen die rechtlichen Voraussetzungen zum Einsatz von Mitarbeitern in einem anderen Unternehmen geklärt werden.
- Naheliegend ist eine Konzentration der Zusammenarbeit auf Unternehmen der Lebensmittelindustrie oder auf solche mit gleichen hygienischen Anforderungen (da die Beschäftigten dann die entsprechenden Gesundheitsuntersuchungen regelmäßig absolvieren).

Mit der Konkretisierung und Umsetzung haben wir 2002 in einem losen Verbund von fünf Unternehmen der Lebensmittelindustrie in der Region Dresden begonnen. Die Unternehmen arbeiten bereits seit einigen Jahren auf verschiedenen Gebieten zusammen. Daher bot sich eine Erweiterung der Zusammenarbeit auf dem Gebiet Human Resources an. Es zeigte sich dann allerdings, dass nicht alle Vorstellungen nach den angedachten Eckpunkten mit den beteiligten Unternehmen auf Anhieb realisierbar sind.

13.1.3 Projekt Poolmanagement

Was verstehen wir unter Poolmanagement? In einem Pool sind Mitarbeiter, die bei einer Zeitarbeitsfirma angestellt sind und im Regelfall nur in bestimmten, am Poolmanagement beteiligten Unternehmen, eingesetzt werden. Der Einsatz der »Pool-Mitarbeiter« erfolgt durch einen Poolmanager der Zeitarbeitsfirma in Abstimmung mit den am Pool beteiligten Firmen. Damit kann das Poolmanagement alternativ zu befristeten Arbeitsverträgen und zur traditionellen Zeitarbeit eingesetzt werden.

Eine wichtige Veränderung in der Phase der Projektvorbereitung gegenüber den Visionen von 2000 über den »externen virtuellen Arbeitsmarkt« ist unsere Einsicht, dass wir die Koordinierung nicht in eigener Regie übernehmen. Für diese Aufgaben sind professionelle Kenntnisse und Erfahrungen erforderlich, die in der Regel in den kleineren und mittleren Unternehmen der Lebensmittelindustrie nicht vorhanden sind. Daher haben wir uns entschieden, mit professionellen und kreativen Zeitarbeitsfirmen zusammenzuarbeiten. Mit dieser Entscheidung sind auch weitere Veränderungen verbunden. So wird der vorgesehene virtuelle Pool ein tatsächlicher Mitarbeiterpool unter Verantwortung der Zeitarbeitsfirma sein. Die Mitarbeiter für den Pool sollten vorzugsweise aus den beteiligten Unternehmen kommen.

Begleitend zum Projekt sind der Betriebsrat, die Mitarbeiter und die Führungskräfte in alle Phasen einzubeziehen.

1. Der in der Abbildung auf Seite 285 dargestellte Ablauf erwies sich als erfolgreich für die Organisation des Poolmanagements. Das Poolmanagement soll wachsen, wir haben daher erst in kleineren Bereichen mit seinem Aufbau begonnen. Aus unserer Erfahrung sind kleinere Zeitarbeitsunternehmen kreativer. Um das Risiko zu verteilen und die Flexibilität und Leistungsfähigkeit zu gewährleisten, können mehrere kleine Zeitarbeitsunternehmen einbezogen werden.
2. Um den Ausgleich der Personalbedarfe sicherzustellen, sollten mehrere Nutzerunternehmen den Pool beanspruchen.
3. Chancen, Risiken, Verfahren und Perspektiven müssen im Vorhinein ausführlich besprochen und abgestimmt werden.
4. Optimal wäre, wenn sich die Personalbedarfe der am Pool beteiligten Unternehmen ergänzen. Personalüberhänge und -bedarfe sollten sich im Zeitablauf ausgleichen, wie es in der Abbildung auf Seite 286 idealisiert dargestellt ist. Ein vollständiger und im Zeitablauf steter Ausgleich wird real kaum zu erreichen sein. Zudem muss der Pool auch unvorhergesehene Ausfälle z. B. durch Krankheit ausgleichen, er muss also auch eine Reserve bereit halten.
5. Die Anforderungsprofile in den Nutzerunternehmen sind auf Basis von Arbeitsplatzbeschreibungen zu ermitteln und mit den Bedarfen der anderen Unternehmen abzugleichen. Durch Gruppierung von Arbeitsplätzen mit ähnlichen Anforderungen in verschiedenen Unternehmen können Personalüberhänge und -bedarfe auch qualitativ zum Ausgleich gebracht werden. Das erfordert erhebliche Vorarbeit, macht aber den Unterschied aus zum klassischen Einsatz von Zeitarbeit.
6. Die Ergebnisse der Schritte 4. und 5. ermöglichen erst die Auswahl und Zusammenstellung von Unternehmen, deren Bedarfe sich gegenseitig qualitativ und quantitativ ergänzen. Erst dann sind geeignete Partner gefunden.
7. Anschließend ist das koordinierende Zeitarbeitsunternehmen und die Person des Koordinators zu bestimmen.

8. Es besteht ein erheblicher Regelungsbedarf zwischen den Nutzerunternehmen und gegenüber dem oder den Zeitarbeitsunternehmen. Wichtiger noch als eine vertragliche Fixierung ist ein ausgeprägtes Vertrauensverhältnis und die Bereitschaft der Beteiligten, aufkommende Fragen und Schwierigkeiten flexibel und unter Berücksichtigung der Interessen aller Beteiligten zu lösen.
9. Weitere Abstimmungen sind mit den betroffenen Arbeitnehmern und ihren Interessenvertretungen zu treffen. Arbeitsvertragliche, betriebliche und möglicherweise tarifliche Regelungen sind zu treffen, damit Flexibilität nicht zu Unsicherheit und Überforderung wird. Schulungen, Unterweisungen sowie die erforderlichen Einarbeitungen sind abzustimmen und durchzuführen.
10. Regelmäßige Abstimmungen und Austausch von Erfahrungen ist eine normale Aufgabe bei partnerschaftlicher Zusammenarbeit. Hier bildet sie zudem die Grundlage, dass aus Erfahrungen gelernt werden kann, der Pool weiter entwickelt und neu auftretende Hindernisse ausgeräumt werden können. Intensiver vertrauensvoller Austausch ist der Erfolgsfaktor.

Prozessablauf zum Aufbau eines Poolmanagements

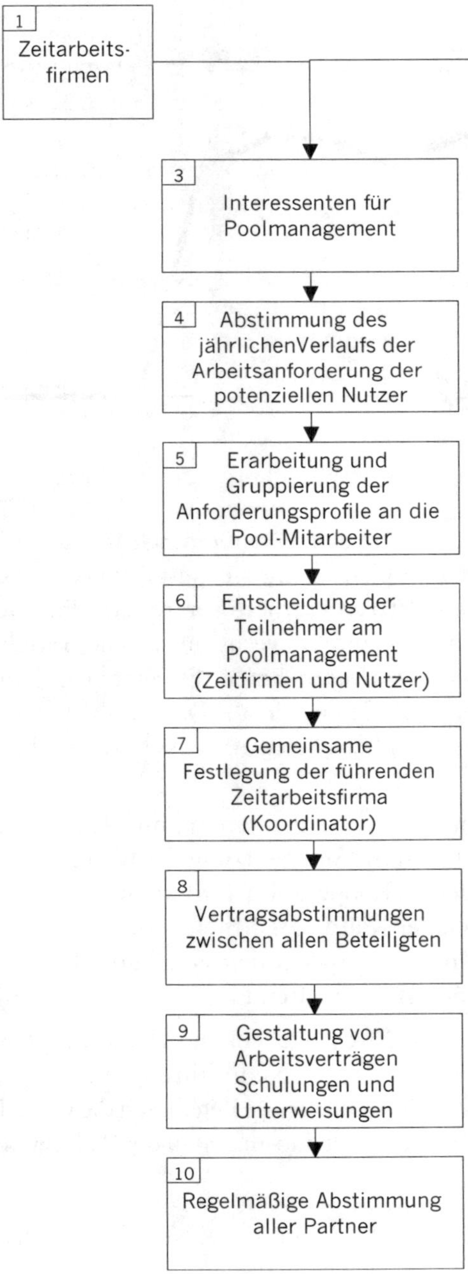

Bedarf aus dem Pool

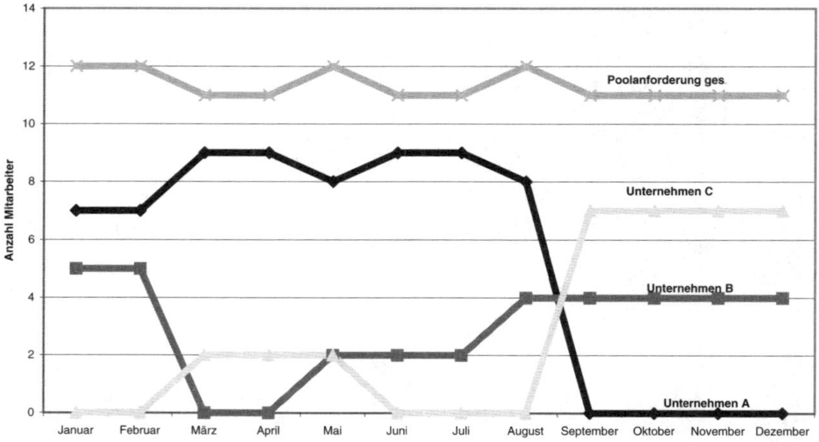

13.1.4 Ergebnis

Mit diesem Projekt wollen wir einen weiteren Schritt zur Flexibilität im Unternehmen gehen und gleichzeitig die Gestaltungsmöglichkeiten durch Einbeziehung von weiteren Partnern vergrößern. Für die Mitarbeiter bietet der Pool interessante abwechslungsreiche Tätigkeiten in einer begrenzten Anzahl von Unternehmen. Er setzt sich damit deutlich von einer traditionellen Zeitarbeit ab. Das Poolmanagement ist eine positive Alternative zum befristeten Arbeitsvertrag und zur traditionellen Zeitarbeit.

Eine frühzeitige Information und Abstimmung mit den Betriebsräten der beteiligten Unternehmen ist Voraussetzung des Erfolgs. Eine solche unternehmensübergreifende Kooperation fordert in ganz besonderer Weise die Entwicklung einer Kultur des Miteinanders und vertrauensvoller Interessenabstimmung zwischen den beteiligten Unternehmen, den Führungskräften, den Betriebsräten und den Mitarbeitern.

Noch sind die Erfahrungen frisch und eine abschließende Bewertung nicht zu treffen. Allerdings lassen uns die Erfahrungen in der Vorbereitungsphase hoffen, dass die Vorteile für alle Beteiligten die Grundlage für kreative und einvernehmliche Problemlösungen in der Zukunft schaffen.

Literaturhinweis

Bertelsmann Stiftung (Hrsg.): Leitfaden Systematisches Beschäftigungs-Management, Gütersloh 2001, S. 268–276

Name des Projekts oder der Maßnahme	**Personalausgleich zwischen Unternehmen durch Poolmanagement**
Unternehmen	**Vandemoortele Deutschland GmbH** (vorher Dresdener Margarinewerke GmbH)
Anlass	Ausgleich von Auslastungsschwankungen mit qualifiziertem Personal
Zielsetzung	Optimierung des Personaleinsatzes, Ausgleich schwankender Personalbedarfe, Verbindung betrieblicher Flexibilität mit persönlicher Beschäftigungssicherheit
Beschreibung der Maßnahmen	Interner Personalausgleich durch Bildung qualifizierter und zur gegenseitigen Vertretung geeigneter Gruppen von Beschäftigten, Personalausgleich zwischen Unternehmen durch Bildung eines Personalpools, Zuordnung quantitativer und qualitativer Personalbedarfe und -überhänge im Zeitablauf
Erfolgsfaktoren/ Schwierigkeiten bei der Umsetzung	Einbeziehung der Interessenvertretung, vertrauensvolle und unterschiedliche Interessen berücksichtigende Zusammenarbeit, flexible Lösung von Fragen statt Festlegung starrer Regelungen
Beteiligung der Interessenvertretung	Frühzeitige Information, Einbeziehung bei Vorbereitung, Gestaltung von Regeln, Verträgen und Betriebsvereinbarungen und bei der konkreten Durchführung
Ergebnisse/Stand	Mit fünf Unternehmen und einem Zeitarbeitsunternehmen entwickeln wir den Personalpool, erste positive Erfahrungen, Ansatz ist gut, abschließende Bewertung noch nicht möglich
Bewertung	Weiterentwicklung, Optimierung etc.
Perspektive	Ausdehnung der unternehmensübergreifenden Zusammenarbeit

13.2 HypoVereinsbank Profil GmbH *(Stefan Merz)*

13.2.1 Flexibilität im virtuellen Zeitalter

Ein Zeitsprung: Frühmorgens, im Jahre 2010. Aus dem Internet holt sich Heinz B. die neuesten Informationen zu seinem 2-monatigen Projekteinsatz in einem Unternehmen, das er bis dahin nur aus den Medien kannte. Nach kurzer Video-Konferenz mit seinen Associates der Personalgesellschaft macht er sich gut vorbereitet und bestens gelaunt auf den Weg: eine neue Stadt, ein neues Unternehmen, ein neues Projekt.

Kann man sich so New Work, die Arbeit der Zukunft, vorstellen? Vielleicht.

13.2.2 New Work – die Arbeit der Zukunft

Die Arbeitswelt befindet sich im Umbruch. Unser Zeitalter ist vom Prozess der Virtualisierung, einer zunehmenden Digitalisierung und Vernetzung von Daten und Medien geprägt. Hinzu kommen die Veränderungen auf den Märkten und in den Unternehmen. Der Wettbewerbsdruck steigt weiter an und verlangt die Erhöhung der Produktivität und der Anpassungsgeschwindigkeit. Unternehmensgrenzen weichen auf: Fusionen, Joint-Ventures, Kooperationen, Ausgliederungen sind an der Tagesordnung. Neue Berufsbilder und Einsatzmöglichkeiten entstehen. Der Arbeitsmarkt stellt hohe Anforderungen an die Menschen.

Die Dynamik der wirtschaftlichen Entwicklung fordert Flexibilität: zu arbeiten, wann der Kunde es erwartet; Tätigkeiten zu übernehmen, die aktuell benötigt werden; sich neue Qualifikationen anzueignen; dort zu arbeiten, wo sich Erwerbsmöglichkeiten bieten.

Employability hat zwei Seiten

Die Phase tiefgreifender ökonomischer und sozialer Veränderungen hat längst begonnen. Insbesondere im Bereich der Arbeit kommt es zu einschneidenden Verschiebungen. Während viele Arbeitnehmer und Arbeitgeber auf diese neue Beschäftigungsfähigkeit (employment ability) nicht vorbereitet zu sein scheinen, suchen andere bereits intensiv nach Lösungen.

Das »Fähigkeitenportfolio«, das sich ein Mitarbeiter im Laufe seines beruflichen Werdegangs erworben hat, steht dabei im direkten Zusammenhang zu seiner Beschäftigungsfähigkeit. Je breitgefächerter die Fähigkeiten und Erfahrungen, desto leichter wird er seine Arbeitskraft am Arbeitsmarkt platzieren können und um so mehr verschiedene Tätigkeitsbereiche stehen ihm offen.

Heute fordern viele Unternehmen von ihren Mitarbeitern Flexibilität und Mobilität. Können aber die Unternehmen mit diesen »veränderten« Mitarbeitern auch umgehen und sie an ihr Unternehmen binden? Employability hat zwei Seiten. Sind die Unternehmen mit ihren Strukturen auf die demographischen und gesellschaftlichen Veränderungen eingestellt? Häufig zeigte sich in den letzten Jahren, dass Unternehmen mit flexibler Projektorganisation das beste Image als Arbeitgeber haben, also über die besten Chancen bei der Anwerbung hochqualifizierter Arbeitnehmer verfügen. Der Wandel von der Industrie- zur Dienstleistungsgesellschaft ist auch hier erkennbar.

Karriereplanung im Wandel

Vielfach wird vom »Ende der monogamen Arbeit« gesprochen. Das bedeutet, dass die Menschen in Zukunft nicht mehr erwarten können, ihr Arbeitsleben lang bei einem Arbeitgeber beschäftigt zu sein und den einmal erlernten Beruf »lebenslang« ausüben zu können oder auch zu wollen. Vielmehr muss damit gerechnet werden, bei einer Vielzahl von Unternehmen und in verschiedenen Berufen zu arbeiten. Verbunden wird das sein mit einer Zunahme wechselnder, projektbezogener Aufgabenstellungen in Teams unterschiedlicher Zusammensetzung, ständiger Weiterqualifizierung und schwankender Beschäftigungsintensität.

Während die Bedeutung von Vollzeitbeschäftigung und Normalarbeitsverhältnissen stetig abnimmt, steigt die Zahl der Selbständigen und auch Zeitarbeit und Interimsmanagement setzen sich immer stärker durch.

Innerhalb der Unternehmen ist Projektarbeit bereits gelebter Alltag. Ein wechselnder Arbeitseinsatz in Projekten auch über Unternehmensgrenzen hinweg wird vielfach noch kritisch gesehen. Wechselt ein Mitarbeiter mehrmals seinen Arbeitgeber und die Branche, wird ihm das von manchen Personalern als Unstetigkeit und Nachteil ausgelegt. Solche »Patchworkbiografien« werden in Zukunft keine Ausnahme mehr sein. Schon heute wechseln Young Professionals alle drei Jahre ihren Job. Auch bedingt durch die aktuell hohe Zahl von Insolvenzen und Personalentlassungen wird diese Tendenz weiter zunehmen. Die Märkte gestalten neue Lebensläufe, mit denen die Menschen lernen müssen umzugehen. Die Vernetzung durch das Internet ermöglicht zudem Arbeitseinsätze ohne räumliche und zeitliche Bindung. Unabhängig von der jeweiligen Branche wird der »Job fürs Leben« mit exakt planbarer Karriere, festen Arbeitszeiten und traditionellen, hierarchischen Strukturen immer schwieriger zu realisieren sein.

Veränderung als Chance
Derartige Umbrüche verändern nicht allein die Arbeitswelt, sondern gleichzeitig das gesamte Alltagsleben. Sie bergen Chancen, erzeugen aber ebenso Zukunftsängste. Eine Veränderungsbereitschaft zur Mobilität, Flexibilität und zunehmender Eigenverantwortung ist ein Prozess, der es dem Menschen in der modernen Gesellschaft ermöglicht, zur »One-Person-Company« (Ich-AG) zu werden und als Unternehmer seiner Arbeitskraft zu fungieren, ergo sein (Arbeits-)Leben selbstverantwortlich zu managen. Da der Mensch jedoch auf Kontinuität sozialer Beziehungen setzt und an Gewohnheiten hängt, kann er dies mitunter als Vereinsamung und soziale Bedrohung erleben. Die Herausforderungen und Veränderungen sind enorm und rufen bei vielen Menschen Kritik und Unbehagen hervor. Da die wirtschaftliche Entwicklung der letzten Jahre nicht umkehrbar und nur bedingt zu beeinflussen ist, liegt es nun an der individuellen Persönlichkeit eines jeden, sich auf die Arbeit der Zukunft vorzubereiten. Diese Veränderungen nicht als Bedrohung, sondern als Chance zu verstehen, ist ein erster Schritt in die richtige Richtung. Wer sich schon heute ernsthafte Gedanken macht, wird morgen einige Schritte voraus sein und den bestmöglichen Nutzen aus der neuen Arbeitswelt ziehen.

Diese langfristig strukturverändernden Entwicklungen stehen allerdings häufig noch im Widerspruch zur momentanen Anpassungsfähigkeit zumindest eines Teils der Deutschen. Eine Studie des EMNID-Instituts zum Thema »Zukunftsfähigkeit« belegt, dass die deutsche Bevölkerung in Hinblick auf Flexibilität, Mobilität, Weiterbildung und Technikakzeptanz einerseits zwar »Weltmeister in der Erkenntnis, mitunter aber Nachzügler im Handeln« ist. Was beispielsweise das Handlungsfeld Arbeitswelt betrifft, stimmen zwar 84% der Deutschen der Aussage zu, dass der globale Wettbewerb, der wirtschaftliche

Strukturwandel und die digitale Technik in der Arbeitswelt große Veränderungen auslösen, allerdings glauben nur 44% der Deutschen, davon persönlich betroffen zu sein. Zwar glauben 90%, dass Mobilität immer wichtiger werde; praktisch wolle die Mehrheit aber den Wohnort nicht wechseln.

Stabilität versus Flexibilität

Es bleibt also die Frage: Wie gelingt es, in diesen Situationen die Betroffenen (Mitarbeiter und Unternehmen) zu stabilisieren und sie in die Lage zu versetzen, diese Veränderungen mitzugestalten, sie bewusst für sich zu nutzen und als Chance zu begreifen? Unternehmen, die werteorientiert und sozialverantwortlich handeln, müssen sich diesen Verunsicherungen annehmen und diesbezüglich Perspektiven aufzeigen, auch unter betriebswirtschaftlichen Aspekten.

13.2.3 Antworten der HypoVereinsbank auf die Veränderungen

Die HypoVereinsbank (HVB) befindet sich inmitten einer tiefgreifenden Umgestaltung und Veränderung. Um die Veränderungen in den Personalstrukturen zugleich sozial, effizient und wirtschaftlich zu gestalten, wurde 1997 TransFair (siehe Seite 253) gegründet. Mit TransFair wurde es möglich, die betroffenen Beschäftigten mitzunehmen und für eine aktive Auseinandersetzung mit den neuen Herausforderungen und Chancen zu gewinnen.

Die Gründung von HVB Profil im Jahr 2000 als nächster Schritt zielte auf eine weitere Flexibilisierung der Beschäftigung und der Organisation für den Konzern und über die Konzerngrenze hinweg.

Überschreitung von Unternehmensgrenzen

Durch Kooperationen, Projekte und Reorganisation verschwimmen Unternehmensgrenzen innerhalb von Konzernen, gelegentlich auch zwischen Konzernen. Selbstverständlich kann die Optimierung des Personaleinsatzes nicht an den Unternehmensgrenzen Stopp machen. HVB Profil geht einen Schritt weiter und arbeitet mit Unternehmen auch außerhalb des HVB-Konzerns zusammen und vermittelt geeignete Mitarbeiter auf Zeit oder auf Dauer.

Durch anspruchsvolle und vielfältige Einsätze innerhalb wie außerhalb des HVB-Konzerns können die Mitarbeiter ihre Erfahrungen, Fähigkeiten und Qualifikationen erweitern und ihre Potenzial ausbauen.

Die beteiligten Unternehmen, mittelständische Unternehmen und Konzerne, haben den Vorteil, gut qualifizierte und motivierte Mitarbeiter zu bekommen, u. a. in Qualifikationsprofilen, die von Personaldienstleistern bisher nicht angeboten werden.

Personaleinsatz und Personalentwicklung
HVB Profil bietet seine Dienste nicht nur Mitarbeitern an, die von organisatorischen Veränderungen betroffen sind. Es ist ein Angebot an alle, die Flexibilität und Veränderungen suchen, die sich weiter entwickeln oder neue Erfahrungen machen wollen. Derzeit umfasst HVB Profil insgesamt ca. 500 Mitarbeiter, z. B. die gestandene Sekretärin, die in einem Start-up hilft, die Teamassistentin, die in ihrem ersten Projektoffice mitarbeitet, der Kundenbetreuer, der beim Kunden mitarbeitet, der Bankkaufmann, der in Abteilungen arbeitet, die er nur aus der Theorie der Berufsausbildung kennt, der BWLer, der im Controlling seinen Einstieg sucht usw. Alle Einsätze dauern meist mehrere Monate und werden mit dem Stärken-Schwächen-Profil und den beruflichen Zielen des Mitarbeiters verknüpft.

Flexibilität keine Frage des Alters und der Zeit
An dieser Stelle sei auch betont, dass Flexibilität, Kreativität und die Aufgeschlossenheit gegenüber Neuem keine Fragen des Alters, sondern eher der Einstellung sind. Das Alter der von HVB Profil vermittelten Mitarbeiter umfasst eine Spanne von 20 bis 60 Jahren, seitens der Qualifikation reicht die Spannweite von der Assistenz, dem Young Professional bis zur Führungskraft.

Rund ein Drittel der Mitarbeiter von HVB Profil arbeitet in Teilzeit; ein flexibles Jahreszeitkonto ist für sie selbstverständlich. Veränderungen in der Arbeitszeit können helfen, den Arbeitsmarkt zu entspannen. Sie tragen gleichzeitig dazu bei, die Lebensqualität der Mitarbeiter durch flexiblere, individuellere Arbeitszeiten zu erhöhen. Das Unternehmen profitiert durch höhere Effizienz und höhere Zufriedenheit der Mitarbeiter ebenfalls.

13.2.4 Erfahrungen

HVB Profil besteht seit drei Jahren. Ca. 3000 Mitarbeiter haben bereits mit HVB Profil gearbeitet und die Dienstleistungen und Möglichkeiten kennen gelernt.

Beispiel Auszubildende:
Petra K. möchte nach Abschluss ihrer Ausbildung verschiedene Bereiche und Aufgabenfelder im Finanzsektor kennen lernen. Sie ist unbefristet angestellt und wechselt dennoch regelmäßig ihre Aufgabe, bevor sie sich später möglicherweise für eine »feste« Position entscheidet.

Beispiel Quereinsteiger:
Thomas S., ausgebildeter Einzelhandelskaufmann, hat sich bei HVB Profil beworben. Zusammen mit seiner Beraterin wurde ein Entwicklungsplan speziell für ihn aufgestellt. Über Seminare und Learning-by-Doing kann er in die Bankbranche hineinwachsen. In wenigen Wochen ist er ein Jahr in einer Filiale und wird dann übernommen. Weitere berufliche Entwicklungsschritte sind ihm bereits in Aussicht gestellt.

13.2.5 »Fullserviceprovider« für Mitarbeiter und Unternehmen

HVB Profil hat Projekte und Maßnahmen wie Unternehmensgründung, Unternehmensverkauf, Standortverlagerung und Standortschließung begleitet und unterstützt.

Zu den Leistungen von HVB Profil zählen neben der Arbeitnehmerüberlassung und Personalvermittlung u. a. Interimsmanagement und die Task-Force, Trainings- und Qualifizierungsmaßnahmen, Consulting von Führungskräften sowie Bewerbungscoaching. HVB Profil wendet sich damit nicht nur an den HVB-Konzern, sondern bietet ihre Dienste auch anderen Unternehmen an.

Beispiel Personalabbau:
Bei einer Fusion zweier Unternehmen sollen Stellen reduziert werden. Durch Beratung des Managements, Untersuchung der Einsatzmöglichkeiten, Vermittlung und Beratung bei der Vertragsgestaltung wird es möglich, dass die Mitarbeiter innerhalb weniger Wochen wissen, wie ihr neues berufliches Ziel aussieht.

Beispiel Personalaufbau:
Für eine neue Geschäftsidee müssen 40 qualifizierte und engagierte Mitarbeiter gefunden werden. HVB Profil berät bei der Recruiting-Strategie, nimmt Kontakt zu anderen Unternehmen auf, recherchiert im Mitarbeiter- und Bewerberpool. Drei Wochen nach Projektbeginn arbeiteten die ersten Mitarbeiter im Projekt. Nach drei Monaten ist das Team komplett. Die Mitarbeiter sind hochmotiviert und begeistert. Das Unternehmen kann an den Start gehen.

13.2.6 Status und Akzeptanz

Der Auftrag von HVB Profil, Mitarbeiter und Führungskräfte bei Veränderungen in der Arbeitswelt zu begleiten, wird von der HypoVereinsbank und den beteiligten externen Unternehmen wie auch von den Mitarbeitern und Führungskräften positiv aufgenommen.

»Die Anderen reden immer nur von Flexibilisierung. Ihr bietet Lösungen an.«

So das Zitat einer Mitarbeiterin. Zum Erfolg beigetragen hat die konstruktive Mitarbeit der Arbeitnehmervertretung.

Die Akzeptanz zeigt sich an der Zahl der Personalanforderungen und an der Einbindung von HVB Profil in Projekte. Die Zahl der Unternehmen, die Mitarbeiter auf Zeit oder auf Dauer anfordern oder gemeinsame Projekte mit HVB Profil abwickeln, wächst und lässt so das Netzwerk wachsen. Zukunftsorientierte Personaleinsatz- und -entwicklungspolitik und betriebswirtschaftliche Interessen kann man verknüpfen. HVB Profil ist heute ein Unternehmen mit ca. € 15 Mio. Umsatz und einem Kernteam von 20 Mitarbeitern geworden. Diverse Vergleichsuntersuchungen (Benchmarking) bestätigen den Erfolg.

13.2.7 Fazit

Veränderungen bieten immer auch Chancen. Aufgabe moderner Personalarbeit ist es, die Trends zu erkennen und Konzepte im Sinne des Unternehmens und der Mitarbeiter zu entwickeln. Maßstab müssen neben der Praktikabilität selbstverständlich kaufmännische Anforderungen, aber auch die Sorgen und Ängste sowie die Ziele der Menschen sein. HVB Profil ist es gelungen diesen Maßstäben gerecht zu werden. Aus dem internen Arbeitsmarkt ist ein die Konzerngrenzen überschreitender intermediärer Arbeitsmarkt geworden.

Name des Projekts oder der Maßnahme	**HVB Profil Gesellschaft für Personalmanagement mbH**
Unternehmen	**HypoVereinsbank Group**
Anlass	Strukturwandel der Branche, Veränderung der Arbeitsmärkte, der Arbeitsstrukturen und Anforderungen
Zielsetzung	• Sozialverträgliche und wirtschaftliche Umsetzung von organisatorischen Veränderungen und Projekten • Personalentwicklung • Flexibilisierung des Personaleinsatzes • Aufbrechen der Unternehmensgrenzen • Unternehmerische Personalarbeit
Beschreibung der Maßnahmen	• Beratung von Führungskräften • Personalvermittlung • Arbeitnehmerüberlassung, Task-Force (auch extern) • Qualifizierung • Bewerbungstrainings • Karriere-Coaching • Existenzgründungen
Erfolgsfaktoren/ Schwierigkeiten bei der Umsetzung	• Weiterentwicklung der Erfahrungen mit TransFair • Begleitung durch Arbeitnehmervertretung • Vermeidung des schlechten Images von Zeitarbeit
Beteiligung der Interessenvertretung	• Frühzeitige Einbindung vor Beginn der Gründung • Verankerung in Betriebsvereinbarungen
Ergebnisse/Stand	HVB Profil macht einen Umsatz von € 15 Mio. mit einem Kernteam von 20 Mitarbeitern. Über 500 Beschäftigte aus den beteiligten Unternehmen werden über HVB Profil eingesetzt.
Bewertung	Positiv, fester Bestandteil der Personalpolitik
Perspektive	Ausbau des Netzwerkes mit anderen Unternehmen

13.3 Bayer AG, Job@ctive GmbH *(Gudrun Ihling)*

Strukturelle Änderungen zwingen die Unternehmen häufig zu schnell umsetzbaren personellen Maßnahmen. Nicht immer stehen ausreichend Instrumentarien zur Verfügung, um allen Mitarbeitern den Arbeitsplatz zu erhalten. Dies fordert flexible Lösungen. Firmenübergreifende Job-Rotation ist ein Ansatz. Aus Unternehmenssicht kann sie als neues Instrument der Beschäftigungssicherung und -förderung gezielt genutzt werden. Insbesondere bei vorübergehenden Beschäftigungsengpässen, die es abzufangen gilt. Wenn die Mitarbeiter während solcher Phasen in anderen Unternehmen eingesetzt werden können, ergibt sich für den Arbeitgeber ein Bündel von Vorteilen: Die Mitarbeiter erweitern ihr Know-how durch einen passenden Einsatz in einem anderen Unternehmen. Der Arbeitgeber kann sie bei Bedarf wieder zurückholen. Die durch Ausbildung oder Einarbeitung getätigte Investition geht nicht verloren. Auch das aufnehmende Unternehmen profitiert durch frischen Wind, den neue Mitarbeiter in ein Unternehmen hineinbringen. Bei dauerhaftem Interesse steht einem regulären Jobangebot nichts im Weg und die Kosten für ein Stelleninserat werden gespart.

13.3.1 Ausgangssituation bei der Bayer AG

Unternehmensübergreifender Personalausgleich hat bei Bayer als international operierendem Konzern mit Stammsitz in Leverkusen und vielen Tochtergesellschaften in Deutschland und in aller Welt eine lange Tradition. Aus verschiedenen Gründen. Einerseits wird unternehmensübergreifende Job-Rotation als Instrument der Personalentwicklung eingesetzt, um frühzeitig Nachwuchskräfte mit hohem Potenzial identifizieren zu können. Aber auch gerade in schwierigeren Zeiten helfen sich die Konzern-Gesellschaften im ersten Schritt untereinander, wenn es gilt, Restrukturierungsmaßnahmen sozialverträglich durchzuführen. Erst im zweiten Schritt, wenn innerhalb des Konzerns keine Einsatzmöglichkeiten bestehen, wird der Blick auf den Markt gerichtet.

Eine straffe Koordinierung mit definierten Verantwortlichkeiten bildet die Basis für erfolgreiche und insbesondere zügige Umsetzung. Vermittlungsaktivitäten für den Bayer-Konzern steuert die **Abteilung**

Personalmarketing im Human Resources-Bereich der Bayer Business Services (BBS). Dort laufen die Fäden zusammen, um z. B. bei Strukturmaßnahmen die einzelnen Aktivitäten der Konzerngesellschaften im Sinne der mit den Arbeitnehmervertretern getroffenen Absprachen umzusetzen. Ergänzt wird diese Funktionalität durch die 2001 gegründete BBS-Tochtergesellschaft Job@ctive GmbH. Sie zählt den konzernübergreifenden Personalausgleich zu ihren Aufgaben und kümmert sich um Stellenakquise bei Unternehmen, die nicht zum Bayer-Konzern zählen.

Nachfolgend ein Überblick über die Voraussetzungen und die Funktionsweise der Zusammenarbeit bei unternehmensübergreifenden Einsätzen, die aus strukturellen Gründen erforderlich werden.

Bayer-Gesamtbetriebsvereinbarung für Standort- und Beschäftigungssicherung
Alle unbefristet beschäftigten Mitarbeiterinnen und Mitarbeiter der Bayer AG genießen bis Ende 2004 Schutz vor betriebsbedingten Kündigungen. Dies ist Bestandteil einer Ende 2000 geschlossenen Gesamtbetriebsvereinbarung für Standort- und Beschäftigungssicherung bei der Bayer AG in Deutschland.

Dieser Kündigungsschutz ist nicht neu. Er war schon Bestandteil der im Jahr 1997 abgeschlossenen ersten Standortsicherungsvereinbarung der Bayer AG.

Durch diese Vereinbarungen werden aber nicht nur die Arbeitsplätze für die Beschäftigten der Bayer AG gesichert. Sie enthalten auch die Zusage, ein Ausbildungsplatzangebot auf hohem Niveau von rund 800 Stellen pro Jahr bereit zu stellen und an den inländischen Standorten für neue Anlagen und den Kapazitätsausbau sowie für Instandhaltung und Forschung bis zum Jahresende 2004 mindestens 8 Mio. € zu investieren.

13.3.2 Abteilung »Bedarfsgerechte Einsätze«

Unternehmensleitung und Gesamtbetriebsrat der Bayer AG haben Einvernehmen darüber hergestellt, dass eine wirksame Zukunftssicherung die wettbewerbsfähige Gestaltung aller erfolgsrelevanten Faktoren und Ressourcen im Unternehmen voraussetzt. In Bezug auf die Beschäftigten bedeutete dies, Maßnahmen zu ergreifen, um die Wettbewerbsfähigkeit insbesondere hinsichtlich der Personalkosten, der bedarfsgerechten quantitativen und qualitativen Personalausstattung und der Arbeitseffizienz zu verbessern.

In diesem Zusammenhang sind Abläufe und Spielregeln vereinbart worden, die dann greifen, wenn im Unternehmen Stellen wegfallen. Mitarbeiter, die ihren Arbeitsplatz aufgrund von Strukturmaßnahmen verloren haben, sollen auch über die Standortgrenzen hinweg dort eingesetzt werden, wo sie gebraucht werden – immer mit der Perspektive, sie möglichst rasch wieder auf einen festen Arbeitsplatz und möglichst standortnah zu vermitteln.

Eine zur Umsetzung dieser Ziele erforderliche Maßnahme besteht in der Unterstützung einer bedarfsgerechten Vermittlung von Beschäftigten, deren Arbeitsplatz aufgrund von Strukturmaßnahmen entfallen ist. Zielsetzung ist, aktuelle Beschäftigungslücken zu schließen, Know-how zu nutzen, die Qualifikation zu erhalten und zu fördern sowie eine bedarfsgerechte Versetzung der Mitarbeiter auf andere Stellen in Unternehmensbereiche mit Personalbedarf zu erleichtern und damit die Beschäftigung zu sichern.

Geschützter Personenkreis

Die Standortsicherungsvereinbarung schützt die unbefristet beschäftigten Tarifmitarbeiter, deren Arbeitsplatz aufgrund von Strukturmaßnahmen weggefallen ist. Diese werden durch Unternehmensleitung und Betriebsrat gemeinsam ausgewählt. Ihr Arbeitsverhältnis bleibt bestehen und wird durch eine Zusatzvereinbarung ergänzt, mit der die Mitarbeiter ihrer Versetzung in die Abteilung »Bedarfsgerechte Einsätze« zustimmen. Diese hat im Mai 2001 innerhalb der Abteilung BBS HR Services Personalmarketing ihre Funktion aufgenommen und zählt mit Stand September 2002 rund 150 Mitarbeiter.

Die Beschäftigten werden bis zu einer Vermittlung auf einen neuen, festen Arbeitsplatz in der Abteilung »Bedarfsgerechte Einsätze« an ihrem jeweiligen Werksstandort geführt. Sie sind jedoch nach der Eigenart ihrer Arbeitseinsätze üblicherweise nicht ständig an einem bestimmten Arbeitsplatz beschäftigt, sondern werden – der Name ihrer Abteilung sagt es – bedarfsgerecht eingesetzt.

Die Hauptaufgabe der Abteilung »Bedarfsgerechte Einsätze« besteht darin, passende Einsätze für die Mitarbeiter zu finden, diese zu koordinieren und dabei die Übernahmeperspektive für die einzelnen Mitarbeiter stets im Blick zu halten. Längerfristige Einsätze haben Priorität gegenüber kurzfristigen, qualifikationsbezogene Einsätze sind sinnvoller als qualifikationsfremde Einsätze. Immer dann, wenn Stellen in einer zum Bayer-Konzern gehörenden Gesellschaft an welchem Werksstandort auch immer entfallen, wird die Einsatzmöglichkeit für die Mitarbeiter nach einem definierten Ablaufschema geprüft.

Vertragliche Regelung

Alle Beschäftigten der Abteilung »Bedarfsgerechte Einsätze« behalten ihren originären Arbeitsvertrag bei Bayer, die Eingruppierung ins Entgelt-System des Chemietarifs und damit zumindest das Grundentgelt bleiben für das erste Jahr unverändert.

Um zu vermeiden, dass Beschäftigte zeitweise gar nicht eingesetzt werden, wird immer wieder überprüft, welche Einsatzmöglichkeiten in Frage kommen. Ein Einsatz der Mitarbeiter aus der Abteilung »Bedarfsgerechte Einsätze« hat dabei grundsätzlich Vorrang vor Einsätzen

- von Mitarbeitern aus dem Ausgebildeten-Pool,
- von übernommenen Ausgebildeten,
- von Werkstudenten,
- von Leiharbeitnehmern,
- von befristet Beschäftigten,
- von Fremdfirmen außerhalb des Konzernverbundes.

Vorrang haben diese Mitarbeiter auch dann, wenn für den Einsatz zusätzliche Fachkenntnisse erforderlich sind. Diese werden über geeignete Qualifizierungsmaßnahmen schnellstmöglich vermittelt. Gerade bei Mitarbeitern, die viele Jahre ohne Ausbildung in demselben Job tätig waren, sind sinnvolle Zusatzqualifikationen unabdingbar für eine längerfristige berufliche Perspektive. Dafür werden passende Seminare und Fortbildungsangebote vermittelt.

Spielregeln für Entgelt und Einsatzort

Die tarifliche Eingruppierung der in die Abteilung »Bedarfsgerechte Einsätze« versetzten Mitarbeiter bleibt in den ersten zwölf Monaten zunächst unverändert – schichtabhängige sowie arbeitsplatzbezogene Zulagen und Zuschläge werden jedoch nach der tatsächlich geleisteten Arbeit gezahlt. Erst nach Ablauf von einem Jahr kann es – wenn bis dahin kein neuer, fester Arbeitsplatz gefunden wurde – zu Rückgruppierungen kommen. Hierfür gibt es mit der Arbeitnehmervertretung getroffene Vereinbarungen.

Zumutbar sind dabei auch Einsätze, die um bis zu zwei Entgeltgruppen niedriger bewertet sind als die aktuelle Eingruppierung nach dem Bundesentgelttarifvertrag für die Chemische Industrie. Und ein kurzfristiger Einsatz ist auch dann zumutbar, wenn im Einzelfall eine mehr als zwei Entgeltgruppen niedriger bewertete Tätigkeit erledigt werden soll.

Die Einsätze der Beschäftigten erfolgen innerhalb des Konzernverbundes und in konzernfremden Unternehmen unter Berücksichtigung des jeweiligen Standorts. Nach drei Monaten ohne Einsatz ist auch eine Tätigkeit in einem Umkreis von mehr als 100 Kilometern zumutbar.

Rahmenbedingungen
Im Wesentlichen gelten die gleichen Rahmenbedingungen wie bei Mitarbeitern in einem festen Einsatzbereich. Die Mitbestimmungsrechte sind gewahrt. Die Mitarbeiter erhalten während ihrer Zeit in der Abteilung »Bedarfsgerechte Einsätze« variable übertarifliche Zahlungen wie die übrigen Bayer-Mitarbeiter.

Kommt es zu Einsätzen bei konzernfremden Unternehmen, so sind diese nach Maßgabe der gesetzlichen Bestimmungen abzuwickeln, insbesondere sind die Vorschriften des Arbeitnehmerüberlassungsgesetzes (AÜG) zu berücksichtigen. Bayer ist im Besitz einer von der Landesarbeitsverwaltung Nordrhein-Westfalen für alle inländischen Standorte gültigen Erlaubnis zur Arbeitnehmerüberlassung. Diese ist erforderlich für den »Verleih« von Arbeitskräften, die in Unternehmen außerhalb des Konzerns zum Einsatz kommen.

Ausgebildeten-Pool
Ähnlich organisiert ist der Pool für die frisch übernommenen Bayer-Ausgebildeten, denen nach bestandener Prüfung noch kein unbefristeter Arbeitsplatz im Bayer-Konzern angeboten werden kann. Sie werden in den Ausgebildeten-Pool übernommen. Ihr Vertrag beinhaltet die Bereitschaft zu wechselnden Einsätzen im Beruf sowie zu berufsnahen und -fremden Einsätzen in Voll- oder Teilzeit.

Diese Einsätze können im Bayer-Konzern oder in konzernfremden Unternehmen erfolgen. Vorrangiges Ziel ist auch hier die Übernahme auf einen dauerhaften Arbeitsplatz im Bayer-Konzern.

13.3.3 Konzernübergreifender Personalaustausch: Job@ctive GmbH

Die BBS-Tochtergesellschaft »Job@ctive GmbH« unterstützt die Suche nach einer geeigneten Stelle auf dem konzern-externen Markt. Die Gründung des Unternehmens geht ebenfalls auf die derzeit laufende Vereinbarung zur Standortsicherung zurück und auf erste Erfahrungen mit Internet-Jobbörsen. Ergänzend zur Abteilung »Bedarfsgerechte Einsätze« und »Ausgebildeten-Pool« blickt »Job@ctive« aber ausschließlich auf den konzernexternen Markt und kümmert sich um Vermittlung der Bayer-Mitarbeiter auf gemeldete Stellen im Job@ctive Internet-Portal. Durch kontinuierliches Screening externer Stellenangebote im Markt sucht Job@ctive passende Einsatzmöglichkeiten für die bei Job@ctive gemeldeten Mitarbeiter am Markt.

Hierfür hat das Unternehmen im Internet ein eigenes Portal mit einem Job- und Kandidaten-Markt eingerichtet, auf den auch andere, mit Job@ctive kooperierende Unternehmen zugreifen können. Das sind außer Bayer zum Beispiel die Wacker-Chemie, Schwarz Pharma, Dynamit Nobel und die Lufthansa. Ziel ist es, die Stellen-Anbahnung zu beschleunigen und die Kontaktaufnahme zu erleichtern. Die Daten sind im Internet nur anonymisiert hinterlegt, die Herstellung des Kontaktes zwischen einem interessierten Unternehmen und einem Kandidaten erfolgt über Job@ctive.

Parallel dazu wird intensive Netzwerk-Pflege betrieben. D.h. die Kontaktaufnahme zu Unternehmen, die offene Stellen zu besetzen haben und erste erfolgreiche Vermittlungen mittels Job@ctive ebnen den Weg für dauerhafte Geschäftsbeziehungen. Sorgfalt ist oberstes Gebot. Glückt ein erster Vermittlungsversuch mit einem neuen Unternehmen nicht, ist die Chance auf einen zweiten Versuch kaum mehr zu bekommen. Job@ctive kann daher langfristigen Erfolg nur durch Qualität erreichen.

Ursprünglich wollte sich Job@ctive auf das Makeln, das Zusammenführen von Personalbedarfen und -überhängen beschränken. Die aktuelle Entwicklung ließ die Beschränkung nicht zu. Bewährt hat sich die Vermittlung auf dem konventionellen Weg, d. h. Job@ctive berät die zu vermittelnden Personen, bereitet diese auf Vorstellungsgespräche vor, prüft Mitarbeiter- und Stellenprofil auf Passgenauigkeit und stellt Bewerber erst dann vor, wenn die Chance auf einen Einsatz oder eine Übernahme realistisch eingeschätzt wird. Andernfalls hätte man die stellensuchenden Personen und die personalsuchenden Unternehmen als Kunden enttäuscht, das Image von Job@ctive als kompetenter Vermittler beschädigt und damit die eigenen Leistungsmöglichkeiten vermindert. Wenn Partnerunternehmen sich der Unterstützung von Job@ctive bedienen, um für Mitarbeiter neue Erwerbsmöglichkeiten zu suchen, ist eine offene, ehrliche und partnerschaftliche Kommunikation unverzichtbar. Dabei können Schwächen der zu vermittelnden Kandidaten nicht ausgeklammert werden.

Im Idealfall kann so z. B. ein Bayer-Mitarbeiter bei einem Job@ctive-Partnerunternehmen für einen definierten Zeitraum arbeiten und kehrt anschließend auf einen neuen Arbeitsplatz in seinem Heimatunternehmen zurück. Der gewonnene Erfahrungszuwachs ist ein durchaus beabsichtigter Nebeneffekt. Wer sich in einem temporären Einsatz so wohlfühlt, dass er auf Dauer bleiben möchte, wird keine Steine in den Weg gelegt bekommen. Dennoch bleibt das erklärte Langzeitziel ein neuer und dauerhafter Arbeitsplatz in einem Bayer-Unternehmen.

13.3.4 Resümee

Erfolgsfaktor für einen funktionierenden unternehmensübergreifenden Personalaustausch sind neben der Motivation der Mitarbeiter die Schnelligkeit und Professionalität der Institutionen, die in das Geschehen um die Human Resources eingebunden sind. Stetiger Informationsaustausch, kontinuierliches Suchen nach neuen oder vakant werdenden Stellen und der systemisch unterstützte Gesamtüberblick über die zu vermittelnden Mitarbeiter mit ihrem Qualifikationspotenzial stellen sicher, dass die richtigen Leute auf passende Stellen kommen – und mit etwas Glück sogar bleiben können.

Name des Projekts oder der Maßnahme	Konzerninterne und -übergreifende Personalvermittlung durch – **»Bedarfsgerechte Einsätze«** – **»Ausgebildeten-Pool«** – **»Job@ctive GmbH«**
Unternehmen	**Bayer AG**
Anlass	Sicherung der Wettbewerbsfähigkeit der inländischen Bayer-Standorte, im Gegenzug Verzicht auf betriebsbedingte Kündigungen
Zielsetzung	Flexibilisierung des internen Arbeitsmarktes bei gleichzeitiger Beschäftigungssicherung
Beschreibung der Maßnahmen	Bereitstellung neuer innovativer Instrumentarien zur Koordinierung von konzernbezogenen und -übergreifenden Vermittlungsaktivitäten
Erfolgsfaktoren/ Schwierigkeiten bei der Umsetzung	Alle Mitarbeiter aus »Bedarfsgerechte Einsätze« sind aktuell im Einsatz Job@ctive baut parallel dazu Netzwerk zu Unternehmen außerhalb des Konzerns auf Gesamtwirtschaftliche Situation erschwert aktuell die konzernexternen Vermittlungschancen
Beteiligung der Interessenvertretung	Basis für »Bedarfsgerechte Einsätze« ist eine Gesamtbetriebsvereinbarung für Standort- und Beschäftigungssicherung Vermittlungsaktivitäten werden unter Berücksichtigung der Mitbestimmungsrechte realisiert
Ergebnisse/Stand	250 Mitarbeiter bei »Bedarfsgerechte Einsätze« 40 Vermittlungen über Job@ctive, 60 eigene Mitarbeiter in Einsätzen nach Arbeitnehmerüberlassungs-Gesetz
Bewertung	Insgesamt positiv, alle Mitarbeiter aus »bedarfsgerechte Einsätze« und dem Ausgebildeten-Pool sind im Einsatz
Perspektive	Insgesamt positiv, die Instrumentarien bilden eine Basis für evtl. zukünftige personelle Anpassungsmaßnahmen Job@ctive etabliert weitere Geschäftsfelder (z. B. Outplacementberatung)

14. Gestaltung des internen Arbeitsmarktes durch betriebliche Vereinbarungen

(Hartmut Klein-Schneider, Hans-Böckler-Stiftung)

Betriebliche Interessenvertretungen können unternehmens- oder verwaltungsinterne Arbeitsmärkte durch Regelungsabsprachen, die Mitarbeit an Richtlinien oder den Abschluss einer formellen Betriebsvereinbarung oder Dienstvereinbarung mitgestalten.

Im Folgenden werden solche Vereinbarungen auf betrieblicher Ebene ausgewertet und dargestellt. Die Auswertung fragt danach, welche Gegenstände und wie diese Gegenstände in den Vereinbarungen geregelt sind. Den betrieblichen Praktikern, den Interessenvertretungen und Personalverantwortlichen, wollen wir aufzeigen, welche Gestaltungsbedarfe die betrieblichen Parteien gesehen haben und durch welche Regelung sie die Chancen wahrnehmen und die Gefahren interner Arbeitsmärkte vermeiden wollen.

Es geht nicht darum, die vorliegenden Vereinbarungen zu bewerten oder daraufhin zu prüfen, ob die Mitbestimmungsmöglichkeiten genutzt wurden. Aussagen über die Umsetzung dieser Vereinbarungen und ihre Auswirkungen sind nicht möglich.

Die Auswertung ist eine qualitative. Es interessieren die einzelnen Lösungen für einen erkannten Gestaltungsbedarf, nicht die Häufigkeit ähnlicher Lösungen. Inwieweit solche Lösungsvorschläge übertragbar sind, müssen die Leserinnen und Leser selbst entscheiden. Wir bieten keine Mustervereinbarungen an, wir betrachten die folgende Auswertung nicht als Checkliste, anhand derer zu prüfen wäre, ob in einer Vereinbarung alle notwendigen Regelungen getroffen wurden. Betriebliche Vereinbarungen sind Ausdruck und Ergebnis einer Betriebsorganisation und industrieller Beziehungen, einer Unternehmenskultur und von Erfahrungen der Betriebsparteien miteinander. Die Darstellung der Auswertung kann weder beanspruchen, alle Gestaltungsbedarfe abzudecken noch, für diese Gestaltungsbedarfe immer praktikable Lösungen vorzuschlagen.

Den wissenschaftlich Interessierten zeigt sich ein spannendes Forschungsfeld mit vielen innovativen Ideen und Ansätzen, das es wert wäre, erforscht und in wissenschaftlich begründete Instrumentarien für Personalwirtschaft und Human Resource Management umgesetzt zu werden.

14.1 Die Datengrundlage

Basis der Auswertung sind 56 betriebliche Vereinbarungen:

Art der Vereinbarung

	absolut	in %
Betriebliche Vereinbarungen, Gesamt-, Konzernbetriebsvereinbarung	34	61
Dienstvereinbarungen, Gesamtdienstvereinbarungen	10	18
Regelungsabsprachen	2	4
Richtlinien	6	11
Sonstiges	4	7
Summe	**56**	**101**

Die uns vorliegenden Vereinbarungen kommen vorwiegend aus privatwirtschaftlichen Unternehmen. 18% sind Dienstvereinbarungen, kommen also aus der öffentlichen Verwaltung, und 11% sind Richtlinien. Richtlinien können einseitig von der Leitung vorgegeben sein. Einige Richtlinien sind mit der Interessenvertretung abgestimmt, die Interessenvertretung hat sie mit unterzeichnet.

39% der Vereinbarungen sind nicht älter als vier Jahre. Möglicherweise hat die Diskussion über betriebliche Bündnisse für Arbeit zu neuen Initiativen auf dem Gestaltungsfeld »interner Arbeitsmarkt« geführt.

Vereinbarungen zu betrieblichen Bündnissen sind von *Heidemann* (1999) ausgewertet worden, sie sind, wenn sie als solche erkennbar waren, nicht in diese Auswertung einbezogen worden.

Jahr des In-Kraft-Tretens der Vereinbarung

	absolut	in %
Vor Ende 1990	5	9
1991 bis 1994	6	11
1995 bis 1998	11	20
1999 bis 2001	22	39
ohne Angaben	12	21
Summe	**56**	**100**

Die meisten Vereinbarungen liegen uns aus der Metall- und Elektroindustrie vor, an zweiter Stelle folgt der Öffentliche Dienst einschließlich öffentlicher Einrichtungen wie Theater und Krankenhäuser. Weitere, jeweils nur wenige Vereinbarungen stammen aus dem Verkehrsgewerbe, von Finanzdienstleistern, Chemie-, Energie-, Verlags- und Druck-, Datenverarbeitungs- und anderen Unternehmen.

Branchenherkunft der Vereinbarungen

	absolut	in %
Metall- und Elektroindustrie	21	38
Öffentliche Verwaltung, Theater, Krankenhäuser	17	30
Verschiedene Industrien und Gewerbe	17	30
Ohne Angabe	1	2
Summe	**56**	**100**

Eine Gruppierung der Vereinbarungen nach ihrem zentralen Inhalt erweist sich als schwierig. Die Vereinbarungen verfolgen zumeist mehrere Ziele und enthalten eine Kombination verschiedener Instrumente. Unterscheiden lassen sich grob sechs Gruppen von Vereinbarungen (siehe hierzu Abbildung Seite 308).

Die erste Gruppe gestaltet vor allem interne Stellenausschreibungen und Auswahlrichtlinien. Sie sind eine Ausübung der Mitbestimmungsrechte nach §§ 93 und 95 BetrVG bzw. der entsprechenden Regelungen in den Personalvertretungsgesetzen. Bei der Gestaltung der internen Stellenausschreibungen, Auswahlrichtlinien und Auswahlverfahren trifft sich das Interesse der Beschäftigten an beruflicher Entwicklung und an Chancen auf höher bezahlte Positionen mit dem Interesse der Unternehmen, das personelle Wertschöpfungspotenzial zu entwickeln, die Menschen zu motivieren und im Unternehmen zu halten. Interne Bewerbungen erhalten bei den Auswahlkriterien häufig einen Vorrang, interne Arbeitsmärkte werden auf diese Weise gegen externe Bewerbungen abgeschottet.

Eine zweite Gruppe von Vereinbarungen regelt die Verfahren und Bedingungen für Versetzungen. Versetzungen sind mitbestimmungspflichtig. Zu finden sind Regelungen über das Versetzungsverfahren, über den Umgang mit erworbenen Ansprüchen und über das Entgelt bei Versetzung auf niedriger bewertete Arbeitsplätze.

Die dritte Gruppe von Vereinbarungen setzt vor allem auf Personalentwicklung und Qualifizierung. Es geht um Stärkung der Wettbewerbsfähigkeit und des Wertschöpfungspotenzials durch Bildung von Humankapital.

Sehr viel häufiger sind die Vereinbarungen der vierten Gruppe. Mit zunehmender Schärfe des Wettbewerbs und dem Zwang zu Rationalisierung, Produktivitätssteigerung und Personalkostenreduzierung werden Personal- und Stellenbörsen ausgebaut, um den vom Arbeitsplatzverlust Betroffenen Beschäftigung an einem anderen Arbeitsplatz anzubieten.

Die fünfte Gruppe von Vereinbarungen organisiert Flexibilisierung. Unternehmensintern wird die Flexibilisierung des Personaleinsatzes forciert, sei es übergangsweise, um Beschäftigte sinnvoll einzusetzen, deren bisheriger Arbeitsplatz entfallen ist, sei es als längerfristige Strategie, um das personale Potenzial ständig in der produktivsten Verwendung einzusetzen. Beschäftigungssicherheit wird als Anreiz eingesetzt, um die Bereitschaft zu zeitlicher, örtlicher, aufgabenbezogener Flexibilität zu fördern. Die Flexibilität wird noch erweitert durch flexiblen Einsatz auch außerhalb des Unternehmens, bei dem das Beschäftigungsverhältnis besteht.

Schließlich lässt sich eine sechste und letzte Gruppe von Betriebs- und Dienstvereinbarungen unterscheiden, die Beschäftigten, deren Arbeitsplatz entfällt, Hilfe bei beruflicher Neuorientierung anbietet. Die Beschäftigten werden dabei unterstützt, sich mit Eigeninitiative neue Beschäftigungen in anderen Unternehmen zu suchen. Gefördert wird das u. a. durch Beratung, Bewerbungstraining, Qualifizierung und flexiblen Einsatz auch außerhalb der Unternehmensgrenzen, durch probeweises Arbeiten in Form von Praktika und Hospitation.

Die herausgestellten Gruppierungsmerkmale finden wir in den Vereinbarungen kaum in reiner Form. Die Gruppierung ist der Versuch einer groben Charakterisierung nach Schwerpunkten (vgl. folgende Übersicht):

Inhaltliche Schwerpunkte der betrieblichen Vereinbarungen

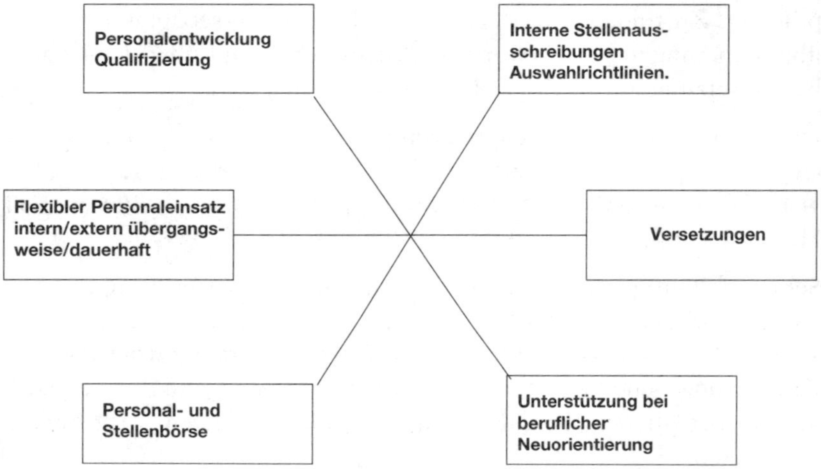

14.2 Zielsetzungen der Vereinbarungen

In vielen Vereinbarungen einigen sich Leitung und Interessenvertretung auf gemeinsame Ziele. Zwar sind die Ziele nicht einklagbar, sie bieten jedoch eine Basis für Vertrauen und einen Maßstab für die Beurteilung der konkreten Umsetzung der Vereinbarungen. Nur wenn beide Betriebsparteien, für die jeweils andere Partei erkennbar, die Vereinbarung im Sinne der gemeinsamen Ziele interpretieren und ihren Beitrag zur Zielerreichung leisten, wird die Vereinbarung Bestand haben.

Eine Dienstvereinbarung aus einem Versorgungsunternehmen nennt

- Entwicklung und Sicherung zukunftsorientierter Arbeitsplätze,
- zielgerichtete Qualifizierung und Ausbildung unter Wahrung der Chancengleichheit,
- flexibler und bedarfsgerechter konzernweiter Personaleinsatz« (Energiedienstleister 010900/36).

Damit sind die zentralen Ziele beschrieben, mit denen betriebliche Vereinbarungen zum Ausbau des internen Arbeitsmarktes abgeschlossen werden. Ähnliche Ziele finden sich in unterschiedlicher Zusammenstellung und Formulierung nahezu in jeder der hier ausgewerteten Vereinbarungen wieder.

Andere Vereinbarungen konzentrieren sich auf die sozialverträgliche Gestaltung der Reorganisation, auf wirtschaftlichen Einsatz der von Reorganisation Betroffenen oder auf die Verbesserung der individuellen beruflichen Chancen:

»Zum Schutz der Beschäftigten (...), um die Folgen der Umorganisation (...) sozial und verträglich zu gestalten« (Öffentliche Verwaltung 020200/101).

Einige Vereinbarungen konzentrieren sich stark auf einzelne Ziele, z. B.

»Ziel des (...) ist der wertschöpfende und kostendeckende Einsatz aller Beschäftigten« (Fahrzeughersteller 010900/15)

oder

»(...) die (Verbesserung der) individuellen Entwicklungschancen der Beschäftigten (...), die rasche Wiederbelebung der beruflichen Mobilität und die (...) Personalentwicklung (...)« (Öffentliche Verwaltung 010900/11)

14.3 Instrumente des internen Arbeitsmarktes

Das Instrumentarium des internen Arbeitsmarktes ist in den letzten Jahren erheblich erweitert und ausgebaut worden. Genutzt wurden und werden Maßnahmen und Konzepte aus sehr unterschiedlichen Zusammenhängen, aus der Personalentwicklung, der Beschäftigungsförderung und der aktiven Arbeitsmarktpolitik. Beratung, Stärken-Schwächen-Analyse und persönliche Entwicklungspläne sind Instrumente der Personalentwicklung innerhalb von Unternehmen und des Transfers, d. h. der Förderung der beruflichen Neuorientierung außerhalb des Unternehmens. Interne und externe Zeitarbeit wird genutzt, um Beschäftigte im Personalüberhang zumindest zeitweise produktiv einzusetzen. Die Betroffenen können damit neue Tätigkeiten erkunden und gleichzeitig können die (neuen) Arbeitgeber die Leistungsbereitschaft dieser Beschäftigten vor einer Festanstellung prüfen.

14.3.1 Interne Stellenausschreibungen, Auswahlrichtlinien und Auswahlverfahren

Ausgangspunkt der internen Arbeitsmärkte sind die internen Stellenausschreibungen und Stellenbesetzungs- oder Auswahlverfahren. Die Betriebsräte haben hier die ihnen aus dem Betriebsverfassungsgesetz zustehenden Mitbestimmungsmöglichkeiten genutzt und interne Ausschreibungen aller interessanten und Aufstiegspositionen verlangt. Sie wollten damit den Beschäftigten berufliche Entwicklungsmöglichkeiten bieten. Die Leitungen der Unternehmen und Verwaltungen haben dies nicht selten gern mitgetragen. Sie versprachen sich Bildung von Humankapital, Vermeidung von Fehlbesetzungen, Motivation und Leistungsanreize von den internen Stellenausschreibungen. Zu finden sind Vereinbarungen, die sich auf die Verpflichtung zu internen Ausschreibungen beschränken, und andere Vereinbarungen, die Form und Inhalt der Stellenausschreibung, Art und Ort der Bekanntmachung, Dauer der Fristen für Aushang und Bewerbung sowie den Umfang vorzulegender Bewerbungsunterlagen bestimmen.

»Jeder (neu oder zu besetzende) Arbeitsplatz (…) muss durch eine innerbetriebliche Stellenausschreibung bekannt gemacht werden.« (Druckindustrie 010900/21)

»Neue oder freiwerdende Stellen (Teilzeit/Vollzeit) werden vor einer Neubesetzung in den Betrieben ausgeschrieben. (…) Die interne Stellenausschreibung beinhaltet folgende Punkte:

(1) Den Betrieb und die Abteilung, in der ein Arbeitsplatz zu besetzen ist
(2) Die Bezeichnung der Position
(3) Die Beschreibung der wichtigsten Aufgaben
(4) Die fachlichen und persönlichen Voraussetzungen, die an die Bewerber gestellt werden
(5) Die Angaben der Tarifgruppe sowie aller eventuellen Prämiensysteme, die für den Arbeitsplatz gezahlt werden sollen
(6) Die Arbeitszeiten und den Zeitpunkt der Arbeitsaufnahme
(7) Die Bezeichnung der Bewerbungsunterlagen (…)
(8) Den Einsendeschluss für die Bewerbungen.

Die internen Stellenausschreibungen werden an den Info-Tafeln aller Betriebe ausgehängt. Zusätzlich werden die Stellenausschreibungen im Betriebsinfoblatt (…) veröffentlicht. Zwischen dem Zeitpunkt des Aushangs/der Veröffentlichung und dem Einsendeschluss soll eine Frist von mindestens 14 Tagen liegen.« (Kfz-Handel und Handwerk 010900/46)

Zweierlei Ausnahmen von der generellen Pflicht zur internen Ausschreibung finden sich in vielen Vereinbarungen. Zum einen werden bestimmte höhere Führungspositionen, z. B. Positionen für leitende Angestellte, herausgenommen. Zum zweiten verzichten die Interessenvertretungen dann auf interne Ausschreibungen, wenn fachlich und persönlich geeignete Beschäftigte im Personalüberhang vorhanden sind, Beschäftigte z. B., deren Arbeitsplatz durch Rationalisierung entfallen ist oder die ihre Ausbildung im Unternehmen gerade abschließen.

Das Betriebsverfassungsgesetz macht Auswahlrichtlinien von der Zustimmung des Betriebsrates abhängig. Durch Festlegung von Auswahlkriterien werden Vorrangrechte bei gleicher Qualifikation für interne vor externen Bewerbungen (Maschinenbau 010900/47) sowie für schwerbehinderte oder leistungsgeminderte Bewerberinnen und Bewerber vereinbart. Die Diskussionen und Bestrebungen, geschlechtliche Diskriminierung zu verhindern und Gleichberechtigung auch bei der Besetzung von Aufstiegs- und Führungspositionen durchzusetzen, haben ihren Niederschlag ebenfalls in Vorrangregelungen gefunden:

»Bei gleicher Qualifikation und persönlicher Eignung sind (...) Bewerberinnen bevorzugt zu berücksichtigen, wenn die Frauenquote nach dem Gleichstellungsgesetz noch nicht angemessen erfüllt ist.« (Gesundheitswesen 010900/38)

Zusätzlich zu diesen Regelungen integrieren einige Vereinbarungen einen Vorrang für Bewerberinnen und Bewerber, deren Arbeitsplatz durch Reorganisation oder Rationalisierung entfallen ist:

»Bei der Personalauswahl sind Beschäftigte, soweit eine vergleichbare Qualifikation vorhanden ist oder mit einer Qualifizierungs(...)maßnahme (...) erworben werden kann, in folgender Reihenfolge zu berücksichtigen:

(1.1) Beschäftigte aus dem eigenen Unternehmen, möglichst vorrangig aus definierten Personalumbaubereichen;

(1.2) Beschäftigte aus Personalumbaubereichen anderer Konzerngesellschaften;

(1.3) weitere Beschäftigte anderer Konzerngesellschaften (einschließlich der (...) Personalservice (...)

(1.4) Schwerbehinderte werden bei gleicher Eignung – innerhalb der einzelnen Beschäftigtengruppen des Absatzes 1 – bevorzugt.

(1.5) Bei der konzerninternen Personalauswahl (...) gilt die Besetzungsreihenfolge des Absatzes 1 unter dem Vorbehalt des (...)-Gleichstellungsgesetzes. (...)« (Wasserversorgung 010900/36).

In diesem Beispiel haben die Betriebsparteien verschiedene Vorrangregelungen für interne Bewerbungen, Bewerbungen von Beschäftigten aus Bereichen mit Personalumbau, Leistungsgeminderte und Frauen integriert.

Schließlich legen die Betriebsparteien in einigen Vereinbarungen auch das Auswahlverfahren fest. Bestimmt wird beispielsweise, wer auf welche Weise eine Vorauswahl der Bewerbungen trifft, welche Bewerberinnen und Bewerber zu einem Vorstellungsgespräch einzuladen sind, wer am Vorstellungsgespräch teilnimmt und wer die Entscheidungskompetenz für die Besetzung der Stelle hat (Öffentliche Verwaltung 010900/37).

Um ihrer Aufgabe nachzukommen, Benachteiligungen von Bewerbungen zu verhindern, haben sich einige Betriebs- und Personalräte ein Vorschlagsrecht zusichern lassen, welche Bewerberinnen und Bewerber zum Auswahlgespräch eingeladen werden. Darüber hinaus werden Betriebs- oder Personalräte nicht selten unmittelbar an den Vorstellungsgesprächen beteiligt. Sie erhalten so aus erster Hand Informationen über das Auswahlverfahren und die Auswahlentscheidung.

Eine neue Qualität entsteht durch Regelungen, die nicht nur der Besetzung von Stellen dienen, sondern auf Vermittlung von Angebot und Nachfrage abzielen.

14.3.2 Personal- und Stellenvermittlung

Erst wenn die Stellenangebote (Stellenausschreibungen) systematisch um Informationen über die Stellennachfrage ergänzt werden, kommt es zum Ausbau interner Arbeitsmärkte. Wie können diese Arbeitsmärkte gestaltet werden? Welche Aufgaben werden ihnen zugewiesen, und mit welchen Regelungen können sie diese Aufgabe lösen?

In 14 der 56 ausgewerteten betrieblichen Vereinbarungen ist von einer Personal- und Stellenbörse, einer Jobbörse, einer Personalagentur oder Personalvermittlung ausdrücklich die Rede. In den Beschreibungen der Aufgabe des internen Arbeitsmarktes steht die Personalentwicklung (seltener) oder die Weiterbeschäftigung von Beschäftigten, deren Stelle durch Reorganisation entfallen ist, (häufiger) im Vordergrund. Gemeinsam ist den meisten Vereinbarungen, dass die Veränderungswünsche der Beschäftigten und die Personalbedarfe der Betriebe zusammengestellt und miteinander vermittelt werden. Die Veränderungswünsche entstehen nicht immer freiwillig, sondern häufig durch betriebliche Entscheidungen.

Zunächst bedarf es zur Erfüllung dieser Aufgabe der Information über Veränderungswünsche und Personalbedarfe. Beschäftigte können ihre Veränderungswünsche freiwillig und häufig unter dem Schutz zugesicherter Vertraulichkeit dem internen Arbeitsmarkt melden. In mehreren Vereinbarungen werden die Beschäftigten dann, wenn ihr Arbeitsplatz in naher Zukunft entfällt, einer bestimmten Stelle, einem sog. Arbeitsmarktbüro gemeldet oder sogar dem internen Arbeitsmarkt »zur Verfügung gestellt«. (Dieser Aspekt, dass eine besondere Einrichtung oder Organisationseinheit, das »Arbeitsmarktbüro«, auch über den kurz- oder mittelfristigen Personaleinsatz der Betroffenen entscheidet, wird im Kapitel 14.3.4 dargestellt.) Die Erfassung der Veränderungswünsche geschieht zum Teil formlos, zum Teil auf Formblättern und zu einem weiteren Teil durch Aufnahme eines Mitarbeiterprofils durch Gespräche, Tests und Unterlagen. Gleichzeitig werden die Betriebe, Fachbereiche oder Organisationseinheiten verpflichtet, alle Personalbedarfe dem internen Arbeitsmarktbüro zu melden. Um die Vermittlungschancen zu verbessern, sind die operativen Bereiche gefordert, in Zukunft entfallende Arbeitsplätze und davon betroffene Beschäftigte frühzeitig zu melden.

Veröffentlicht werden diese Informationen üblicherweise anonym. Das heißt, zum Schutz der Betroffenen dürfen ihre Veränderungswünsche den betrieblichen Führungskräften nur in einer Form zur Verfügung gestellt werden, die keine Rückschlüsse auf die Person erlaubt. Der Wunsch oder die Bereitschaft eines/einer Beschäftigten, ihren Arbeitsplatz zu wechseln, soll dem Vorgesetzten nicht frühzeitig bekannt werden (Realistisch kann das nur in Großbetrieben funktionieren).

Aus marktliberaler Sicht wäre es nun optimal, wenn – eben wie auf einem Wochenmarkt für Gegenstände des täglichen Bedarfs – Anbieter und Nachfrager freiwillig und nur gesteuert vom eigenen Interesse die passende Nachfrage bzw. das passende Angebot suchen würden. Auch diese Variante finden wir in den betrieblichen Vereinbarungen. In diesen Vereinbarungen werden lediglich Informationen über Arbeitsangebote und offene Stellen bereit gestellt. Die Bewerber müssen sich der internen und externen Konkurrenz stellen, die Leitungskräfte entscheiden allein nach betrieblichen Kriterien über die Stellenbesetzung.

Die beabsichtigte Sicherung der bestehenden Beschäftigungsverhältnisse ließe sich damit allein vermutlich nicht erzielen. Verschiedene Vereinbarungen geben den Verantwortlichen des internen Arbeitsmarktes deshalb zusätzliche Handlungsmöglichkeiten an die Hand. Die Organisationseinheit, die die »Personal- und Stellenbörse« durchführt, veröffentlicht Informationen über zu besetzende Stellen und stellensuchende Beschäftigte. Sie kann den stellensuchenden Beschäftigten eine Bewerbung auf eine passende Stelle empfehlen. Sie kann den für die Stellenbesetzung Verantwortlichen Vorschläge für die Besetzung machen. Sie prüft, ob das vorgesehene Besetzungsverfahren eingehalten wurde. D. h. sie prüft, ob die Vorrangregelungen bei mehreren Bewerbungen mit gleicher Qualifikation berücksichtigt wurden. Die Entscheidung über die Stellenbesetzung verbleibt in den meisten Vereinbarungen letztlich bei den Betrieben oder Fachbereichen. In einer Vereinbarung wird diese Kompetenz deutlich eingeschränkt: Eine freie Stelle vom externen Arbeitsmarkt zu besetzen, ist erst zulässig nach schriftlicher Bestätigung durch das interne Arbeitsmarktbüro, dass für die Stelle kein geeigneter Bewerber auf dem internen Arbeitsmarkt vorhanden ist. In einigen wenigen Vereinbarungen ist darüber hinaus festgelegt, dass die für die Stellenbesetzung entscheidungsbefugten Führungskräfte die Ablehnung eines Besetzungsvorschlages vom internen Arbeitsmarkt ausdrücklich begründen müssen.

Zusätzlich wird die Organisationseinheit »interner Arbeitsmarkt« befugt, durch Qualifizierungsmaßnahmen und Praktika oder Hospitationen die Voraussetzungen für eine erfolgreiche Vermittlung zu verbessern. Damit ist bereits die Schnittstelle zwischen Vermittlung von Arbeitsangebot und -nachfrage und Personaleinsatz angesprochen.

In dem bisher Dargestellten ging es vornehmlich um berufliche Entwicklungsmöglichkeiten für (aufstiegs- oder veränderungs-)interessierte Beschäftigte oder um neue, dauerhafte Arbeitsplätze für vom Personalumbau Betroffene. Einige betriebliche Vereinbarungen bestimmen ausdrücklich als Ziel, die Beschäftigten

»in neue dauerhafte Beschäftigungen (...) zu vermitteln.« (Nahverkehr 010900/34)

Aus den Beschäftigungs-, Qualifizierungs- und Vermittlungsgesellschaften und ihrer Weiterentwicklung, den Personaltransfergesellschaften, ist das Instrument der »Schnupperarbeit«, der Hospitation oder des Praktikums bekannt. Mit diesen kurzfristigen und unverbindlichen Beschäftigungsformen wird es den betroffenen Arbeitnehmerinnen und Arbeitnehmern und dem neuen Arbeitgeber möglich, sich gegenseitig kennen zu lernen und zu erproben, ob man zueinander passt und die gegenseitigen Erwartungen erfüllt werden. Mit der Einführung dieses Instruments übernimmt der interne Arbeitsmarkt eine weitere Aufgabe: den produktiven Personaleinsatz von Beschäftigten, deren bisheriger dauerhafter Einsatz durch Reorganisation entfallen ist. Bevor wir auf den kurzfristigen Personaleinsatz eingehen, bedarf es noch einiger Bemerkungen zu den Versetzungen.

14.3.3 Versetzungen und die Sicherung sozialer Besitzstände

Die Vereinbarungen zum internen Arbeitsmarkt verzichten meistens auf die Regelung der Arbeits- und Entgeltbedingungen nach erfolgreicher Vermittlung. Sicherlich ist es heute angesichts großer Entlassungswellen vorrangig, (überhaupt) ein Beschäftigungsverhältnis zu sichern. Dennoch ist zu fragen, inwieweit Betroffenen Gefahren drohen und wie diesen Gefahren begegnet werden kann. Verlust eines konkreten Arbeitsplatzes kann bedeuten, dass Qualifikationen und Erfahrungen ihren Wert verlieren, dass Senioritätsrechte entfallen, dass die Betroffenen ein vermindertes Entgelt, geringere betriebliche Leistungen und schlechtere Arbeitsbedingungen hinnehmen müssen, dass der einmal erreichte Status in Frage gestellt wird und sie nicht eine ihrer Qualifikation entsprechende Arbeitsaufgabe übertragen bekommen.

Sucht ein Beschäftigter auf dem internen Arbeitsmarkt tatsächlich freiwillig eine neue Stelle, bedarf es der Regelung für die o.g. Gefahren nicht. Ist eine Beschäftigte/ein Beschäftigter vom Personalumbau betroffen, stellt sich die Frage, ob die Gefahren durch die betriebliche Vereinbarungen begrenzt werden können.

Uns liegen einige Vereinbarungen zu Versetzungen vor, die Anregungen zu der Frage geben können. Versetzungen, wie sie in diesen Vereinbarungen geregelt sind, finden aus persönlichen und betrieblichen Gründen statt, z. B. gesundheitlichen oder Rationalisierungsgründen. Auch bei der Versetzung geht es darum, Betroffene nicht zu entlassen, sondern ihnen andere Aufgaben und Arbeitsplätze anzubieten.

Ein Versetzungsverfahren kann aus drei Teilen bestehen. Zunächst ist zu entscheiden, wer versetzt wird, wem eine Versetzung zugemutet werden kann. Dann ist zu entscheiden, auf welchen Arbeitsplatz der Betroffene versetzt wird, welcher Arbeitsplatz ihm zugemutet werden kann. Schließlich müssen die Arbeits- und Entgeltbedingungen am zukünftigen Arbeitsplatz geregelt werden. In den vorliegenden Vereinbarungen wird ein Verfahren, zum Teil unter Beteiligung der Interessenvertretung, und werden soziale Kriterien festgelegt, für die Entscheidung, wem eine Versetzung am ehesten zugemutet werden kann. Anschließend werden Kriterien für die Entscheidung bestimmt, welche neuen Arbeitsplätze als zumutbar gelten. Die Betroffenen werden in den meisten Vereinbarungen zwar nach ihrer Zustimmung gefragt. Sie können aber meist nur ein Mal, maximal zwei Mal einen zumutbaren Arbeitsplatz ablehnen. Als Konsequenz einer häufigeren Ablehnung wird die Kündigung genannt:

»Sofern Werksangehörige ein zumutbares Beschäftigungsangebot im Rahmen dieser Vereinbarung nicht annehmen, werden die entsprechenden arbeitsrechtlichen Möglichkeiten ausgeschöpft.« (Fahrzeughersteller 010900/04)

»Mitarbeiter haben das Recht, eine erste und zweite angebotene zumutbare Beschäftigung jeweils in einer Frist (...) abzulehnen. (...) ein drittes Angebot einer zumutbaren Beschäftigung ist anzunehmen. Kommen (...) Mitarbeiter dieser Pflicht nicht nach, kann arbeitgeberseitig die Kündigung nach Maßgabe der (...) ausgesprochen werden.« (Nahverkehr 010900/34)

Ein weiterer wichtiger Regelungsgegenstand der betrieblichen Vereinbarungen zu Versetzungen ist die Sicherung des Besitzstandes und seine Abschmelzung. In einigen Fällen ist das Entgelt und sind die anderen Besitzstände in voller Höhe für die Zukunft gesichert, manchmal wachsen sie mit den Tariferhöhungen mit. Häufiger jedoch werden Besitzstände mit Tariferhöhungen verrechnet und zeitlich befristet.

Interessant scheint das in einigen Vereinbarungen eingerichtete »Rückkehrrecht« zu sein. Aus »schwerwiegenden persönlichen oder betrieblichen Gründen« kann eine Rückversetzung eingeleitet werden (Chemieindustrie 010900/17)

14.3.4 Personaleinsatz

Bei den unter 14.3.1 und 14.3.2 dargestellten Instrumenten des internen Arbeitsmarktes ging es vornehmlich um eher langfristigen Aufbau von »Humankapital« oder »Arbeitsvermögen« und Sicherung bestehender Beschäftigung. In der Praxis zeigt sich ein wachsendes Interesse der Unternehmen, kurzfristige Personalbedarfe mit qualifiziertem, eingearbeitetem Personal zu besetzen. Diese Personalbedarfe entstehen bei ungeplanten Ausfällen von Personal, der Verringerung vorgehaltenen Ersatzpersonals und – als jüngere Tendenz – aus befristeten Sonderaufgaben und verstärkter Nutzung der Projektarbeit. Gerade für Projektaufgaben werden unternehmenserfahrene, gut qualifizierte Arbeitskräfte gebraucht, die ohne Einarbeitung kurzfristig eine hohe Leistung bringen.

Mit dem flexiblen Personaleinsatz sind auch Chancen auf berufliche Entwicklung oder das Finden einer neuen dauerhaften Beschäftigung verbunden. Gleichwohl können die betroffenen Beschäftigten ein erhebliches Maß an Unsicherheit empfinden. Für die – am flexiblen Einsatz interessierten – Unternehmensleitungen und mehr noch für die betrieblichen Interessenvertretungen, ergibt sich daraus ein erheblicher Gestaltungsbedarf.

Vermutet werden kann ein Interesse aller Beteiligter, Beschäftigte, deren Arbeitsplatz durch Reorganisation, Rationalisierung oder technisch-wirtschaftlichen Wandel entfällt, auch kurzfristig produktiv einzusetzen. Dadurch lassen sich die Kosten einer wahrgenommenen Beschäftigungsverantwortung gering halten.

Aus diesen Gründen ist es naheliegend, Bemühungen um Vermittlung von Beschäftigten auf neue, dauerhafte Arbeitsplätze zu verbinden mit einem eher kurzfristigen, übergangsweisen produktiven Einsatz. In einigen betrieblichen Vereinbarungen steht der flexible Personaleinsatz im Vordergrund. Die »feste Vermittlung auf einen neuen Arbeitsplatz« (Chemieindustrie 100100/129) oder die »Vermittlung auf einen Arbeitsplatz mit längerem Zeithorizont« (Fahrzeughersteller 010900/15) bleibt das Ziel.

In den uns vorliegenden Vereinbarungen werden für diesen flexiblen Personaleinsatz nicht-selbständige Abteilungen genutzt. Sie werden Personaleinsatzbetrieb, Pool oder interne Zeitarbeit genannt. (Aus der Praxis sind auch rechtlich selbständige Organisationsformen bekannt, vgl. auch die betrieblichen Beispiele aus Kapitel 9–13. Bei der Überleitung von Beschäftigten in solche rechtlich selbstständigen Unternehmen muss die Interessenvertretung besondere Aufmerksamkeit auf die Folgen dieser Überleitung für Beschäftigungssicherheit, erworbene Ansprüche, soziale Besitzstände und die Interessenvertretung der Betroffenen richten.)

In einen solchen Pool oder Personaleinsatzbetrieb kommen z. B.:

- Beschäftigte, deren Arbeitsplatz betriebsbedingt entfallen ist,
- Rückkehrerinnen und Rückkehrer aus Elternzeit,
- nach der Ausbildung Übernommene,
- befristet Beschäftigte und
- weitere Personengruppen.

Eine Vereinbarung legt ein Auswahlverfahren fest für den Zugang zum Personaleinsatzbetrieb: In den Personaleinsatzbetrieb können Beschäftigte nur übergeleitet werden, wenn eine Sozialauswahl durchgeführt wurde, wenn keine Möglichkeit besteht, den Betreffenden auf einem anderen dauerhaften Arbeitsplatz innerhalb der Abteilung oder des Betriebes einzusetzen und wenn eine sozialverträgliche Beendigung des Beschäftigungsverhältnisses ausgeschlossen ist. Zusätzlich bedarf die Versetzung der Betroffenen in den Einsatzbetrieb laut dieser Betriebsvereinbarung der Zustimmung des Betriebsrates. Damit kann die Interessenvertretung einer willkürlichen Ausdehnung des flexiblen Personaleinsatzes auf immer mehr Beschäftigte entgegenwirken. Eine weitere Möglichkeit dafür bietet die zeitliche Befristung der »Mitgliedschaft« im Einsatzbetrieb.

Wie lässt sich der Einsatz der Beschäftigten gestalten? Hier stehen sich die Interessen des Unternehmens an möglichst unbeschränktem flexiblen Einsatz und die Interessen der Betroffenen gegenüber, nicht jeden Einsatz unterhalb der Qualifikation und zu schlechteren Arbeitsbedingungen akzeptieren zu müssen. Eine Vereinbarung legt eine Pflicht fest, während der Zugehörigkeit zum Einsatzbetrieb alle Tätigkeiten auszuführen, die in der für die Betreffenden gültigen Tätigkeitsbeschreibung enthalten sind. Die meisten der vorliegenden Vereinbarungen schützen die Betroffenen vor einer Verschlechterung der Arbeitsbedingungen und vor einem minderqualifiziertem Einsatz durch eine oder gleichzeitig mehrere der folgenden Bestimmungen:

- Freiwilligkeit, Zustimmungsbedürftigkeit des konkreten Einsatzes,
- Vorrang eines berufs- oder qualifizierungsverwandten vor einem berufs- oder qualifizierungsfremden Einsatz, Vorrang bereichs- und betriebsinterner vor externen Einsätzen,
- Ankündigungsfristen,
- Befristung der Einsatzdauer, Begrenzung der Einsatzhäufigkeit,
- ausdrückliche Zusicherung des Statuserhaltes oder des Einsatzes nur entsprechend der Qualifikation und bisherigen Einstufung,
- Entgeltsicherung,
- Rückkehrrecht zum vorherigen Arbeitsplatz (nur möglich, wenn der vorherige Arbeitsplatz nicht entfallen ist!),
- Vorrang bei der Besetzung freier Stellen am ursprünglichen Einsatzort.

Die Vereinbarungen lassen in dieser Frage deutliche Unterschiede erkennen: Ein Teil der Vereinbarungen bietet eine gute Absicherung gegen minderqualifizierten Einsatz und andere Verschlechterungen und erwartet im Gegenzug, dass die Beschäftigten zu hoch flexiblem Einsatz bereit sind. In einem anderen Teil der Vereinbarungen werden die Beschäftigten gegen den Verlust ihrer Beschäftigung abgesichert. Dafür wird von ihnen nicht nur die Bereitschaft zu flexiblem Einsatz verlangt, sondern auch die Akzeptanz minderqualifizierten Einsatzes und schlechterer Arbeitsbedingungen.

»Die kurzfristige Versetzung darf nicht länger als drei Arbeitstage andauern. (...) Der/ die Betroffene muss seine Zustimmung zu dieser kurzfristigen Versetzung erteilen, damit sie (...). Es findet der Tarifvertrag über Lohn- und Gehaltssicherung Anwendung.« (Fahrzeughersteller 010900/03)

»Für die gesamte Dauer der Zugehörigkeit (zum flexiblen Einsatzbetrieb) erhält der Mitarbeiter eine Verdienstsicherung. (...) Die tariflichen Bestandteile sind dynamisiert. Für die Dauer der Verleihung (an eine andere Abteilung) erhält der Mitarbeiter das Entgelt entsprechend der ausgeübten Tätigkeit, mindestens jedoch das Entgelt in Höhe der Verdienstsicherung. (...) Die Verdienstsicherung verlängert sich um eine Nachwirkzeit, wenn (...).« (Chemieindustrie 100100/129)

»Die zu Versetzenden sind unter Einschaltung des zuständigen Personalwesens an einen gleichwertigen Arbeitsplatz zu vermitteln, soweit solche Plätze zur Verfügung stehen. Bei der Versetzung soll möglichst keine Minderung der Bezüge eintreten. Die Wünsche des Mitarbeiters sind zu berücksichtigen. (...) Stellt sich während der Einarbeitungszeit heraus, dass der Fortsetzung der Tätigkeit im neuen Arbeitsbereich schwerwiegende persönliche oder betriebliche Gründe entgegenstehen, wird (...) die Versetzung in die frühere oder eine andere Abteilung einleiten.« (Chemieindustrie 010900/17)

Zusätzlich zur Absicherung haben die Betriebsparteien finanzielle und andere Hilfen zum Ausgleich von Nachteilen und/oder als Anreiz für die Bereitschaft zum flexiblen Personaleinsatz vereinbart:

- Entgeltausgleich, Entgeltsicherung bei Einsatz auf niedriger eingestuftem Arbeitsplatz, zum Teil dynamisch steigend entsprechend Tarifentgelt, zum Teil zeitlich befristet, zum Teil abschmelzend durch Anrechnung von Tariferhöhungen,
- Vergütung erhöhter Wegezeiten wie Arbeitszeit, Anerkennung von Reisezeit als Arbeitszeit,
- finanzieller Ausgleich für höhere Fahrtkosten zur Arbeitsstelle,
- Übernahme von Umzugskosten, Maklergebühren, Trennungsentschädigung, Unterbringungskosten und Familienheimfahrten (wenn durch Umzug flexibler Einsatz an zwei Orten möglich wird),
- Firmendarlehen zum Erwerb von Wohneigentum,
- individuelle Arbeitszeitgestaltung.

Abschließend ist noch auf die Möglichkeit einer Härtefallklausel hinzuweisen:

»Härtefälle werden einvernehmlich zwischen Personalwesen und Betriebsrat geregelt.« (Fahrzeughersteller 010900/15)

14.3.5 Qualifizierung und Personalentwicklung

Qualifizierung und Personalentwicklung werden häufig in eigenständigen betrieblichen Vereinbarungen von den Betriebsparteien gestaltet.[109] Im Zusammenhang von internen Arbeitsmärkten, beruflicher Entwicklung und Neuorientierung nach Wegfall des Arbeitsplatzes und Sicherung der Beschäftigungsfähigkeit kann auf Instrumente der Personalentwicklung und Qualifizierung kaum verzichtet werden. Viele der hier ausgewerteten betrieblichen Vereinbarungen betonen daher die Bedeutung von Personalentwicklung und Qualifizierung bereits in ihrer Präambel.

In der konkreten Gestaltung lassen sich zwei Herangehensweisen nach dem Stellenwert unterscheiden, den sie der Personalentwicklung und Qualifizierung zuweisen: In der Minderheit der Vereinbarungen werden Personalentwicklung und Qualifizierung als wichtige Instrumente hervorgehoben. In der Mehrheit der Vereinbarungen dagegen werden Personalentwicklung und Qualifizierung als zusätzliche Instrumente mit eher geringerer Bedeutung eingeführt. In einer Vereinbarung sind Personalentwicklung und Qualifizierung nur das letzte Mittel, das eingesetzt wird, wenn sonst keine Aussicht auf eine Vermittlung oder Versetzung auf einen neuen Arbeitsplatz besteht.

»Entwicklungsmaßnahmen sollen den (...) Arbeitnehmer dazu befähigen, geänderten auch höherwertigen Tätigkeitsanforderungen zu entsprechen. Erforderliche (...) Entwicklungsmaßnahmen werden vom Unternehmen angeboten.« (Energiedienstleister 010900/19)

Die folgende Vereinbarung stellt die Bedeutung und Notwendigkeit von Personalentwicklung und Qualifizierung deutlich heraus.

»Der permanente Fortschritt der Technik erfordert eine ständige Anpassung der Verfahrens- und Anlagentechnik sowie der Betriebsstrukturen. Unmittelbar hiermit verbunden besteht die Notwendigkeit, die Belegschaftsmitglieder frühzeitig für die neuen Anforderungen zu qualifizieren.« (Metallerzeugung und -bearbeitung 010900/13)

---

109 Vgl. *Heidemann*, 1999.

Welche Maßnahmen sehen die betrieblichen Vereinbarungen nun vor? Einige Vereinbarungen verzichten auf die Konkretisierung, möglicherweise, weil die Personalentwicklungs- und Qualifizierungsmaßnahmen in diesen Unternehmen bereits in anderen Vereinbarungen umfassend gestaltet wurden. Andere Vereinbarungen bestimmen z. B. folgende Maßnahmen:

- Beratung, Eignungstests, persönliche Entwicklungspläne, Ermittlung des individuellen Qualifizierungsbedarfs,
- Ermittlung des Qualifizierungsbedarfs des Unternehmens, ausgehend vom gegenwärtigen und zukünftigen Personalbedarf des Unternehmens,
- Erprobung, Praktika,
- »Qualifikationsmaßnahmen im ausgeübten Beruf, sofern für dieses Berufsbild Bedarf bei (...) besteht« (Chemieindustrie 100100/120),
- Qualifikation für neu zu übernehmende Aufgaben (Chemieindustrie 100100/129),
- Qualifizierungsmaßnahmen in Seminarform, berufsbegleitend oder mit längerer Abwesenheit vom Arbeitsplatz (Öffentliche Verwaltung 020200/101),
- Projektarbeit (Öffentliche Verwaltung 020200/101).

Einzelne Vereinbarungen regeln zudem

- die Finanzierung/Kostenübernahme der Qualifizierungsmaßnahmen durch das Unternehmen,
- die Teilnahme an den Maßnahmen während der Arbeitszeit,
- Entgeltfortzahlung bei längerem Besuch einer außerbetrieblichen Schulungseinrichtung (Energiedienstleister 010900/19),
- Einbringung von Freizeit und Engagement bei umfangreichen Qualifizierungsmaßnahmen (Öffentliche Verwaltung 020200/101).

Auf der anderen Seite wird in einigen Vereinbarungen auch eine Pflicht zur Teilnahme an zumutbaren Qualifizierungsmaßnahmen bestimmt (Energiedienstleister 010900/19).

Abschließend möchten wir drei betriebliche Vereinbarungen, die Qualifizierung und Personalentwicklung in besonderer Weise fördern, ausführlich darstellen.

In einem Unternehmen der Metallerzeugung und -verarbeitung (010900/13) wird der flexible Personaleinsatz durch Qualifizierung und Lohn-Zulagen gefördert. Das Unternehmen verpflichtet sich, Qualifizierungsmaßnahmen anzubieten, um den Beschäftigten – die zeitweise – Übernahme anderer Aufgaben auch außerhalb ihres »Stammbereichs« zu ermöglichen. Wenn Beschäftigte diese Qualifizierungsmaßnahmen erfolgreich abschließen und daraufhin in einem oder mehreren organisatorischen Bereichen eingesetzt werden, erhalten sie eine vom Ausmaß der Flexibilität und der Qualifizierung abhängige Prämie.

Eine Dienstvereinbarung aus einer öffentlichen Verwaltung (020200/101) begründet die Einrichtung einer »Jobbörse« vor allem als Personalplanungs- und -entwicklungsinstrument. Es geht auch um die »nachsorgende« Vermittlung in neue Tätigkeiten für Beschäftigte, deren Arbeitsplatz neuen Strukturen zum Opfer fällt. Vor allem zielt die Vereinbarung auf Mobilisierung und Qualifizierung als Grundlage der Modernisierung der Verwaltung und der individuellen Beschäftigungsfähigkeit. Die Jobbörse wird der Personalentwicklungsabteilung zugeordnet. Ihre Hauptaufgaben liegen in der Entwicklungsberatung, in der Qualifizierung und erst an dritter Stelle in der Vermittlung.

Ebenfalls aus der öffentlichen Verwaltung kommt eine dritte Vereinbarung (010900/11). Die vertragschließenden Parteien wollen die berufliche Mobilität und Entwicklung fördern. Die für das Personal verantwortliche Organisationseinheit berät und unterstützt Beschäftigte bei der Realisierung ihrer individuellen Mobilitätsinteressen. Beschäftigte können für die Dauer von bis zu drei Jahren in andere operative Bereiche abgeordnet werden, um dort vorher genau zu definierende Qualifizierungs- und Entwicklungsschritte zu realisieren. Die Personalabteilung berät und fördert gleichermaßen die Organisationsbereiche, die Einsatz- und Verwendungsmöglichkeiten für solche »abgeordnete Beschäftigte« anbieten.

14.4 Mitbestimmung und Interessenvertretung

Die Verhandlung und Umsetzung einer betrieblichen Vereinbarung ist selbst eine wichtige Form der Mitbestimmung und Mitgestaltung. Im Folgenden ist darzustellen, welche besonderen Rechte sich die Betriebs- und Personalräte in den uns vorliegenden Vereinbarungen haben einräumen lassen in Bezug auf unternehmens- oder verwaltungsinterne Beschäftigungspolitik und Arbeitsmärkte.

Die betrieblichen Vereinbarungen nehmen häufig Bezug auf tarifliche oder gesetzliche Regelungen, z. B. auf Rationalisierungsschutztarifverträge. Das kann ein Hinweis sein, dass mit der betrieblichen Vereinbarung die tariflichen oder gesetzlichen Regelungen konkretisiert und ausgefüllt werden sollen. Möglicherweise werden die tariflichen oder gesetzlichen Standards zum Ausgangspunkt für weitergehende Regelungen auf betrieblicher Ebene genommen.

Häufig sind Regelungen folgender Art zu finden:

»Die Mitbestimmungsrechte des Betriebsrates werden durch die Vereinbarung (...) nicht berührt.« (Fahrzeughersteller 100900/03)

Interessenvertretungen wollen vermeiden, dass ihre Mitbestimmungsrechte durch die Vereinbarung als ausgeschöpft gelten. Im konkreten Konfliktfall möchten sie auf ihre gesetzlichen Rechte zurückgreifen können.

Der interne Arbeitsmarkt kann weiterhin als unsicheres Gelände betrachtet werden. Viele der vorliegenden Vereinbarungen sind ausdrücklich als Erprobung gestaltet. Die betrieblichen Parteien befristen die Geltung der Vereinbarungen und verabreden, bestimmte Daten zu erfassen und Erfahrungsberichte zu erstellen als Grundlage einer gemeinsamen Bewertung der erzielten Ergebnisse und einer – ebenfalls gemeinsamen – Weiterentwicklung ihres internen Arbeitsmarktes.

Betriebliche Vereinbarungen gründen auf Vertrauen. Betriebs- und Personalräte sind offenbar bereit, einen Vertrauensvorschuss zu gewähren. Sie ermöglichen den Unternehmen und Verwaltungen schnelle Entscheidungen, indem sie auf die Durchführung eines Mitbestimmungsverfahrens **vor** der Entscheidung verzichten. Sie behalten sich dennoch ihre Mitbestimmungsrechte vor, indem sie **nach** der Entscheidung Einspruch erheben oder ihre im Vorfeld gegebene Zustimmung rückwirkend widerrufen können. Weitere Instrumente in diesem Sinn sind die nachträgliche Zustimmungsbedürftigkeit definierter Entscheidungen und die Möglichkeit (fristloser) Kündigung der Vereinbarung bei groben Verstößen gegen vereinbarte Bedingungen. Mitbestimmung bleibt handlungsfähig, ohne betriebliche Entscheidungsabläufe zu verzögern.

Vereinbarungen zum internen Arbeitsmarkt sind zu einem erheblichen Anteil Verfahrensregelungen. Zur Erprobung wie auch zur Lösung von Auslegungs- und Konfliktfragen werden häufig Ausschüsse, Arbeitsgruppen oder Kommissionen eingesetzt. Paritätisch besetzt von Arbeitgeber und Interessenvertretung sind die Kommissionen vor allem dann, wenn sie mitbestimmungspflichtige Angelegenheiten behandeln und als Entscheidungsinstanz bei Konflikten eingesetzt sind.

Nicht paritätisch besetzte Beiräte oder Ausschüsse dienen – in den dieser Auswertung zugrunde liegenden Vereinbarungen – zumeist der Begleitung der Umsetzung des internen Arbeitsmarktes. Sie tragen Erfahrungen zusammen, beraten die betrieblichen Führungskräfte bei der Umsetzung, besprechen neu auftretende Fragen und sprechen Empfehlungen zur Weiterentwicklung des internen Arbeitsmarktes aus.

Von besonderer Bedeutung ist die Gewährleistung einer betrieblichen Interessenvertretung für alle Beschäftigten. Nicht selten vereinbaren Arbeitgeber und Betriebsrat, dass die vorhandenen Gremien die Interessenvertretung für Beschäftigte mit übernehmen, für die oder für deren Organisationseinheit (noch) keine eigene Interessenvertretung gewählt ist. Betriebsräte lassen sich zudem ausdrücklich Vertretungsbefugnisse für Beschäftigte aus Zeitarbeits- oder Subunternehmen bestätigen. (Das BetrVG in der Fassung nach der Reform vom 23. 7. 2001 sieht in § 7 ein aktives Wahlrecht bei der Betriebsratswahl für die o. g. »zur Arbeitsleistung überlassenen« Arbeitnehmerinnen und Arbeitnehmer vor, wenn sie länger als drei Monate in dem Betrieb eingesetzt sind.)

14.5 Chancen und Gefahren auf den internen Arbeitsmärkten

Interne Arbeitsmärkte bieten Chancen auf interessante Aufgaben, berufliche Entwicklung, Aufstieg, besser bezahlte Positionen und höhere Verantwortung. Bei einem Arbeitsplatzwechsel oder bei dem Verlust des konkreten Arbeitsplatzes im Rahmen eines internen Arbeitsmarktes kann das Beschäftigungsverhältnis aufrechterhalten werden. Die Sicherheit eines Beschäftigungsverhältnisses ist ein hoher Wert. In vielen Fällen, in denen es um Rationalisierung, Restrukturierung, Aufgabe von Geschäftsfeldern und Personalabbau geht, werden mit dem Angebot der Sicherung des Beschäftigungsverhältnisses gleichzeitig andere Rechte, Erwartungen und erworbene Ansprüche der Betroffenen in Frage gestellt. Mit dem Argument, anders die Beschäftigung nicht sichern zu können, wird die Bereitschaft zum Wechsel auf geringer entlohnte oder Arbeitsplätze mit niedrigeren Anforderungen an die Qualifikation, auf Arbeitsplätze an anderen Standorten oder mit schlechteren Arbeitsbedingungen gefordert. In einer dynamischen, global konkurrierenden Wirtschaft werden sich einschneidende Veränderungen auf der Arbeitsplatzebene kaum ausschließen lassen. Umgekehrt können in einer hochproduktiven Wirtschaft nicht alle, durch langjährigen Einsatz erworbenen Rechte und Ansprüche immer wieder in Frage gestellt werden. Dies gilt insbesondere für Beschäftigte – und Arbeitssuchende – deren individuelle Handlungsmöglichkeiten aufgrund fortgeschrittenen Alters, beeinträchtigter Gesundheit und Leistungsfähigkeit oder veralteter Qualifizierung vermindert sind.

Betriebliche Interessenvertretung und Personalverantwortliche der Unternehmen oder Verwaltungen stehen gemeinsam in der Verantwortung. Sie müssen die Chancen des internen Arbeitsmarktes für berufliche Entwicklung und optimierten Personaleinsatz ausloten. Sie müssen dabei auch die Gefahren sehen und – durch die Ausgestaltung – vermeiden oder vermindern.

Gefahren bestehen in der Entwertung von Qualifikation und Erfahrungen, im Verlust erworbener Ansprüche und Eingruppierung, in der Verschlechterung der Arbeitsbedingungen, im Verlust der Interessenvertretung, in der wachsenden Unsicherheit und in dem Verlust von Planbarkeit. Neben diesen individuellen Gefahren bestehen weitere Probleme, die sich nachteilig auf die Arbeitnehmerinnen und Arbeitnehmer insgesamt und darüber wieder nachteilig auch für den Einzelnen auswirken: das Unterlaufen gesetzlicher und tariflicher Standards, die Segmentierung, die Benachteiligung oder der Ausschluss bestimmter Gruppen der Arbeitnehmer vom (internen) Arbeitmarkt oder die Verdrängung von Stamm- durch ungesicherte Beschäftigungsverhältnisse.

Die vorgefundenen Regelungen aus den ausgewerteten betrieblichen Vereinbarungen sind in der folgenden Tabelle stichwortartig aufgezählt. Selbstverständlich kann diese Darstellung keine Vollständigkeit beanspruchen. Die vorgefundenen und hier genannten Regelungen wirken unterschiedlich stark, es sind Absichtserklärungen und einklagbare Zusagen darunter. Einige Regelungen passen nur in ganz bestimmte betriebliche Situationen. Ein Rückkehrrecht nach Vermittlung auf einen neuen Arbeitsplatz beispielsweise ist nur sinnvoll und nutzbar, wenn der vorherige Arbeitsplatz noch besteht.

Gefährdungen und Schutzregelungen

Gefährdung	Schutzregelungen
Verlust der Beschäftigung	• Verzicht auf betriebsbedingte Kündigungen • Kündigung nur als letzte Möglichkeit, Vorrang flexibler Personalpolitik und anderer Maßnahmen mit geringeren sozialen Auswirkungen vor einer Kündigung • Pflicht des Arbeitgebers, vor einer betriebsbedingten Kündigung (mindestens) einen zumutbaren Arbeitsplatz anzubieten • Vorrang interner Bewerbungen bei Stellenbesetzungen • Vorstellungsgespräche mit allen internen Bewerbungen
Entwertung von Qualifikation und Erfahrung	• Zusage, der Qualifikation und Einstufung entsprechend eingesetzt zu werden • Vorrang der Vermittlung in Arbeitsplätze mit gleich hoher Qualifikation • Vorrang des berufsnahen Einsatzes • Zustimmungsvorbehalt der Betroffenen, Freiwilligkeit • Vorrang bei Rückvermittlung (in früheren Arbeitsbereich) • Vereinbarungen von Zumutbarkeitskriterien • Auswahlrichtlinien • Rückkehrrecht (auf vorherigen Arbeitsplatz)
Verlust erworbener Ansprüche – Entgelt	• Zusage, keine Nachteile hinnehmen zu müssen • Absicherung des Status vorhandener Beschäftigung • Besitzstandssicherung, Verdienstsicherung • Zusage, der Qualifikation und Einstufung entsprechend eingesetzt zu werden
– Materielle und sonstige Leistungen des Unternehmens	• Besitzstandssicherung, Verdienstsicherung
Verschlechterung der Arbeitsbedingungen und sonstige Nachteile	• Freiwilligkeit, Zustimmungsvorbehalt der Betroffenen • Zusage, keine Nachteile hinnehmen zu müssen • Zumutbarkeitskriterien • Nachteilsausgleich, Finanzielle Hilfen, Mobilitätshilfen, Ausgleich für höhere Kosten • Rückkehrrecht • Vorrang bei Rückvermittlung • Bezahlung von Fahrzeit als Arbeitszeit, • Anerkennung von Fahrzeit als Arbeitszeit

Gefährdung	Schutzregelungen
Überforderung durch neue Aufgabe	• Pflicht des Unternehmens, entsprechende Qualifizierungsmaßnahmen anzubieten • Freiwilligkeit, Zustimmungsvorbehalt der Betroffenen • Vorrang bei Rückvermittlung • Rückkehrrecht
Fehlende Berücksichtigung sozialer Kriterien	• Zumutbarkeitskriterien • Auswahlkriterien
Benachteiligung gegenüber anderen Gruppen – insbesondere Benachteiligung von Frauen, Leistungsgewandelten, Älteren	• Ausschluss der Verdrängung von Stammarbeitsplätzen durch Zeitarbeit, geringfügige Beschäftigung, befristete Beschäftigung • Auswahlrichtlinien • Gleichbehandlungsgrundsatz • Verpflichtung auf Frauenförderplan • Beteiligung der Frauenbeauftragten an Ausschreibungs- und Stellenbesetzungsverfahren, an Auswahlkommission, an paritätischen Konfliktkommissionen • Einspruchsrecht für Frauenbeauftragte • Geschlechtsparitätisch besetzte Auswahlkommissionen • Geschlechtsneutrale Formulierung von Ausschreibungen • Vorrang bei Stellenbesetzungen für Frauen bei gleicher Qualifikation • Aufforderung an Frauen zur Bewerbung • Stellenausschreibungen auch für Teilzeit • Verpflichtung auf Integrationsvereinbarung zugunsten von Leistungsgeminderten • Vorrang bei Stellenbesetzungen für Leistungsgewandelte oder andere benachteiligte Gruppen
Verlust, Fehlen der betrieblichen Interessenvertretung	• Zuständigkeit bestehender Interessenvertretungsgremien, z. B. Gesamt- oder Konzernbetriebsrat, für Beschäftigte in Organisationseinheiten ohne Interessenvertretung • Rechte für Beschäftigte ohne Interessenvertretung auf Zugang zu einer bestehenden Interessenvertretung, z. B. Gesamt- oder Konzernbetriebsrat, Beschwerderecht, Anspruch auf Hilfe durch bestehende Interessenvertretung
Verdrängung durch andere Arbeitnehmer	• Ausschluss der Verdrängung von Stammarbeitsplätzen durch Zeitarbeit, befristete oder geringfügige Beschäftigung

Gefährdung	Schutzregelungen
Verstetigung von Unsicherheit, Verlust von Planbarkeit	• Vorrang flexibler Personalpolitik oder alternativer Maßnahmen vor Überleitung der Betroffenen in flexible Beschäftigung, in Personalbörse • Freiwilligkeit, Zustimmungsvorbehalt der Betroffenen • Ankündigungsfristen für flexiblen oder externen Personaleinsatz • Begrenzung der Häufigkeit und Dauer flexibler Einsätze
Verletzung der Vertraulichkeit	• Vertrauliche Behandlung von Bewerbungen, anonymisierte Bearbeitung von Bewerbungen
Missbrauch von Daten	• Datenschutz • Verbot der Nutzung anderer Daten im internen Arbeitsmarkt • Verbot der Nutzung der Daten des internen Arbeitsmarktes für andere Zwecke
Unterlaufen tariflicher oder anderer Standards	• Ausschluss betriebsbedingter Kündigungen in Folge der Beschäftigung von Zeitarbeit • Begrenzung der Anzahl und Dauer der Beschäftigung von Leiharbeit, befristeten Aushilfskräften • Vereinbarung von Bedingungen für den Einsatz von Leiharbeit, befristeter Beschäftigung, u. a. Einhaltung von Tarifverträgen, Gewährleistung des Arbeitsschutzes und der Abführung von Sozialversicherungsbeiträgen, • Ausschluss der Zusammenarbeit mit illegalen Verleihunternehmen, • Ausschluss der Beschäftigung von Scheinselbständigen • Zugangsrechte der Leiharbeitskräfte zur Interessenvertretung, zu Betriebsversammlungen • Geltung betrieblicher Regelungen auch für Zeitarbeit, befristete Beschäftigung
Beschäftigungssicherheit auf Kosten Dritter/peripher Beschäftigter	• Zugang der peripher Beschäftigten zum internen Arbeitsmarkt, Weitergabe von Stellenangeboten an peripher Beschäftigte, Recht der Bewerbung auf interne Ausschreibungen
Ausschluss externer Arbeitssuchender	• Parallelität interner und externer Ausschreibungen • Jobrotation, Beteiligung an Programmen zur Vertretung von sich extern weiterbildenden Beschäftigten durch Bewerber vom externen Arbeitsmarkt • Vorbehalt eines Teils der Stellenangebote und Ausbildungsplätze für externe Bewerbungen • Beteiligung an Förderprogrammen der Bundesanstalt für Arbeit für benachteiligte Arbeitssuchende • Quotierung benachteiligter Bewerbergruppen bei Einstellung und Ausbildungsplatzvergabe

Gefährdung	Schutzregelungen
Verdrängung von Stamm-, Regel- oder tariflicher Arbeit durch ungeschützte Arbeitsverhältnisse	• Ausschluss betriebsbedingter Kündigungen in Folge der Beschäftigung von Zeitarbeit, befristeter Beschäftigung • Begrenzung der Anzahl und Dauer der Beschäftigung von Leiharbeit, befristeten Aushilfskräften • Geltung betrieblicher Regelungen auch für Zeitarbeit, befristete Beschäftigung • Vereinbarung von Bedingungen für den Einsatz von Leiharbeit, befristeter Beschäftigung, u. a. Einhaltung von Tarifverträgen, Gewährleistung des Arbeitsschutzes und der Abführung von Sozialversicherungsbeiträgen
Benachteiligung bestimmter Gruppen von Arbeitnehmerinnen und Arbeitnehmern	• Ausschluss der Verdrängung von Stammbeschäftigten durch Zeitarbeit, geringfügige Beschäftigung, befristete Beschäftigung • Auswahlrichtlinien • Gleichbehandlungsgrundsatz • Verpflichtung auf Frauenförderplan • Beteiligung der Frauenbeauftragten an Ausschreibungs- und Stellenbesetzungsverfahren, an Auswahlkommission, an paritätischen Konfliktkommissionen • Einspruchsrecht für Frauenbeauftragte • Geschlechtsparitätisch besetzte Auswahlkommissionen • Geschlechtsneutrale Formulierung von Ausschreibungen • Vorrang bei Stellenbesetzungen für Frauen bei gleicher Qualifikation • Aufforderung an Frauen zur Bewerbung • Stellenausschreibungen auch für Teilzeit • Verpflichtung auf Integrationsvereinbarung zugunsten von Leistungsgeminderten • Vorrang bei Stellenbesetzungen für Leistungsgewandelte oder andere benachteiligte Gruppen (bei gleicher Qualifikation)
Allgemeine Gefährdungen	Härtefallklausel

Möglicherweise kann eine Schritt- oder Rangfolge für die Bestimmung des auf einem internen Arbeitsmarkt notwendigen Schutzes hilfreich sein:

1. An erster Stelle steht die Sicherheit des Arbeitsplatzes oder zumindest eines Beschäftigungsverhältnisses.

2. An zweiter Stelle ist an den Schutz gegen Entwertung von Qualifikation und Erfahrung und zugleich an den Schutz gegen erhebliche Verschlechterungen der Arbeitsbedingungen zu denken. Der Schutz gegen diese Gefahren wird zumeist über die Festlegung von Kriterien für Zumutbarkeit geschaffen. Was, welche verringerten Qualifikationsanforderungen und welches Ausmaß an Verschlechterungen der Arbeitsbedingungen müssen Beschäftigte hinnehmen? Ab wann, unter welchen Bedingungen ist ein angebotener Arbeitsplatz mit geringeren Qualifikationsanforderungen und schlechteren Arbeitsbedingungen nicht mehr zumutbar? An welchen Kriterien macht sich Zumutbarkeit fest? Bei welchem Ausmaß der Kriterien endet die Zumutbarkeit? In den vorliegenden Vereinbarungen werden als Kriterien die Qualifizierungsstufen, die Entgeltgruppen, die Verlängerung der Fahrtzeiten und Fahrtwege und das Vorliegen anderer, außerberuflicher Verpflichtungen wie die Versorgung von Kindern oder Pflegebedürftigen bestimmt. Festgelegt werden außerdem die Konsequenzen für die Fälle, in denen ein zumutbarer Arbeitsplatz vom Arbeitgeber nicht angeboten wird und – umgekehrt – für die Fälle, in denen Betroffene einen oder zwei zumutbare Arbeitsplätze ablehnen. Die meisten vorliegenden Vereinbarungen sind so angelegt, dass ein Abdrängen in Tätigkeiten mit geringeren Qualifikationsanforderungen, das möglicherweise in eine Abwärtsspirale führt, nur die letzte Alternative sein kann.
3. An dritter Stelle sehen wir die erworbenen Rechte, die Eingruppierung und den Anspruch auf finanzielle und andere Leistungen des Arbeitgebers. Für die – zumindest befristete – Absicherung dieser Besitzstände finden sich sehr viele Regelungen in den betrieblichen Vereinbarungen. Sie können tarifdynamisch, statisch oder – in Anrechnung auf andere Leistungen – abschmelzend und befristet ausgestaltet sein.

Zusätzlich ist darauf zu achten, die Chancen zu realisieren, die in einem Arbeitsplatzwechsel oder in Veränderungen an den Arbeitsplätzen stecken. Die Beschäftigten sollten die Möglichkeit bekommen und dabei unterstützt werden, ihr Arbeitsvermögen und ihre Qualifikationen weiter zu entwickeln und sich an neue und gestiegene Qualifikationsanforderungen anzupassen.

Bei der Ausgestaltung von Chancen und der Verminderung der Gefahren des internen Arbeitsmarktes stehen nicht nur die einzelnen

Beschäftigten im Blickpunkt. Es bedarf auch eines Vergleichs der Chancen und Auswirkungen auf verschiedene Gruppen von Arbeitnehmerinnen und Arbeitnehmern und der Berücksichtigung der Wirkungen auf Arbeitsuchende. Die Chancen und die Absicherung für die einen können leicht zu Gefahren und wachsender Unsicherheit für die anderen werden. Vorrangrechte für die bereits Beschäftigten beispielsweise können sich negativ als Ausschluss externer Bewerberinnen und Bewerber auswirken.

Hier sollen nicht alle Gefährdungen dargelegt werden. Wir verfügen auch nicht über Regelungsvorschläge für alle denkbaren Folgewirkungen. Wichtig scheint der Hinweis auf die Gefährdung durch ständige Unsicherheit und verringerte Planbarkeit. Flexibilität ist positiv für den, der sie in seinem Sinne nutzen kann. Flexibilität kann auch als ständiger Zwang zur Anpassung an fremde Anforderungen erlebt werden und damit zu einer Belastung werden. Ziel kann nicht die Verhinderung von Flexibilität oder Verzicht auf die Anpassung an die Anforderungen des Unternehmens, der Kunden oder des Marktes sein. Ziel muss die Gestaltung von eigenen Handlungsmöglichkeiten für die Arbeitnehmerinnen und Arbeitnehmer sein. In einer vom Markt und damit fremdbestimmten Arbeitswelt können Ankündigungsfristen, individuelle Einspruchsrechte, Anreize für freiwillige Bereitschaft zu Flexibilität oder die Begrenzung der Häufigkeit und Dauer flexibler Einsätze Handlungsmöglichkeiten für die Menschen verbessern, ohne die Anpassungsfähigkeit insgesamt in Frage zu stellen.

Mit der Betrachtung der kollektiven Gefährdungen des internen Arbeitsmarktes schließt sich in gewisser Weise der Kreis zu den ersten Beiträgen dieses Buches. Mit dem internen Arbeitsmarkt und seiner Ausgestaltung können gesetzliche, tarifliche und andere Arbeitnehmerrechte unterlaufen werden, kann Beschäftigungssicherheit der einen, der Stammbelegschaft, auf Kosten der anderen, der ungesicherten, flexiblen Randbelegschaft erreicht werden. Interne Arbeitsmärkte können segmentierend wirken: Sie teilen die Beschäftigten möglicherweise in solche mit nachgefragten Qualifikationen und hoher Leistungsbereitschaft und andere, deren Leistungsfähigkeit eingeschränkt ist durch geringe Qualifikation, gesundheitliche Beeinträchtigung oder begrenzte Verfügbarkeit, z. B. auf Grund familiärer Verpflichtungen. Interne Arbeitsmärkte können sog. »Outsider« ausschließen, die ihre Leistungsfähigkeit und Leistungsbereitschaft gar nicht erst zeigen und beweisen können.

Ob diese Probleme auf der Ebene der Betriebe, Verwaltungen und Konzerne letztlich zu lösen sind, bleibt eine offene Frage. Aber selbst für diese im vorigen Absatz benannten, kollektiven Gefährdungen haben Betriebs- und Personalräte Lösungsansätze entwickelt und in die Praxis umgesetzt (vgl. Tabelle auf Seite 326 ff.). Von ihnen können andere lernen. Interessenvertretungen und Personalleitungen können gemeinsam Verantwortung auch für diese Fragen übernehmen und realistisch und kreativ Gestaltungsvorschläge erproben. Das gilt für die Verringerung der genannten Gefährdungen ebenso wie für die Ausarbeitung der großen Chancen, die interne Arbeitsmärkte bieten.

14.6 Zusammenfassung

Interne Arbeitsmärkte bieten gute Chancen für Beschäftigungssicherung und persönlich-berufliche Entwicklung, für die Entwicklung des Arbeitsvermögens oder des Personalpotenzials (Human Resources) und für einen flexiblen und an der Wertschöpfung orientierten Personaleinsatz. Gleichwohl sind die Gefährdungen nicht unbeachtlich: Wertverlust von Qualifikationen, Verlust erworbener Rechte und Ansprüche, Segmentierung und Ausschluss. Interne Arbeitsmärkte werden vor allem auf der Ebene der Betriebe, Verwaltungen, Unternehmen und Konzerne gestaltet. Wir haben die Gestaltung interner Arbeitsmärkte, wie sie sich in betrieblichen Vereinbarungen niedergeschlagen hat, ausgewertet. Praktiker können Gestaltungsbedarfe und Gestaltungsmöglichkeiten erkennen und für die eigene Praxis nutzen. Wissenschaftler können Anregungen für weitere Untersuchungen finden, um die Arbeitsmarkt- und Beschäftigungspolitik auf allen Gestaltungsebenen mit neuen Erkenntnissen zu befruchten. Verantwortliche in Verbänden und Unternehmen können Gestaltungsbedarfe erkennen, die auf der betrieblichen Ebene nicht zu lösen sind, möglicherweise aber durch Tarifverträge oder gesetzliche Initiativen erfüllt werden können.

Literaturhinweise

Heidemann, W.: Betriebs- und Dienstvereinbarungen Beschäftigungssicherung, Analyse und Handlungsempfehlung, edition 8 der Hans-Böckler-Stiftung (Hrsg.), Düsseldorf 1999.

Heidemann, W.: Betriebs- und Dienstvereinbarungen – Betriebliche Weiterbildung – Analyse und Handlungsempfehlung, edition 13 der Hans-Böckler-Stiftung (Hrsg.) Düsseldorf 1999.

Ansprechpartner und Kontaktadressen

ABB Group Services Center GmbH Personal-Consult und -Transfer
Bernhard John (Leitung Transferteam)
GSC/HR-TT
Kallstadterstraße 1
68309 Mannheim
Tel.: 06 21/3 81 67 60
Fax: 06 21/3 81 70 90
E-Mail: bernhard.john@de.abb.com

BASF Aktiengesellschaft
GPP/WW – Z016
Fritz Krieg
Tel.: 06 21/60-4 07 32

Bayer AG
Günter Rehbach
Leiter BBS-HR Services Personalmarketing
Hauptstraße, Geb. 4809
51368 Leverkusen
Tel.: 02 14/30-7 14 26
Fax: 02 14/30-7 20 96
E-Mail: guenter.rehbach.gr@bayer.de

Bundesvereinigung der Deutschen Arbeitgeberverbände
Rainer Schmidt-Rudloff, Stellvertretender Abteilungsleiter
Abteilung Betriebliche Personalpolitik/Berufliche Bildung
Tel.: 0 30/20 33 17 02
Fax: 0 30/20 33 17 05
E-Mail: r.schmidt-rudloff@bda-online.de

Cartoon: André Sedlaczeck
Woldemarstr. 49
32756 Detmold
Tel.: 0 52 31/2 63 73
Internet: http://www.grafisches-mit-biss.de

Degussa AG – Personal-Zeit-Service (PZS)
Rudolf Rother
Gebäude 1425, Postbereich 18
Paul-Baumann-Str. 1
45764 Marl
Tel.: 0 23 65/49-26 79
E-Mail: rudolf.rother@degussa.com

Deutsche Bahn, DB Vermittlung GmbH
Geschäftsführung
Ruschestr. 104
10365 Berlin
Tel.: 0 30/29 72 66 21

DB Zeitarbeit GmbH
Geschäftsführung
Ruschestr. 104
10365 Berlin
Tel.: 0 30/29 72 66 09

Deutsche Bank AG
Ralf Brümmer
Personal/Beschäftigungsmodelle
Bockenheimer Landstr. 42
60323 Frankfurt
E-Mail: ralf.bruemmer@db.com

Deutscher Gewerkschaftsbund, Bundesvorstand
Dr. Wilhelm Adamy
Abteilung Arbeitsmarkt- und Internationale Sozialpolitik
Henriette-Herz-Platz 2
10178 Berlin
E-Mail: wilhelm.adamy@bundesvorstand.dgb.de

Deutsche Telekom AG
Dirk Schulte
Personalservice-Agentur
Kooperationsmanagement, Fachkommunikation und
Sozialpartnerkontakte; PSA 112
Reuterstraße 122
53113 Bonn
Tel.: 02 28/1 81-7 61 10
Fax: 0 21 51/36 60-37 71
Mobil: 01 70/7 98-98 73
E-Mail: SchulteD@telekom.de

GASAG Berliner Gas AG –
Unternehmensübergreifendes Austauschprogramm
Thomas Lemke
Reichpietschufer 60
10785 Berlin
Tel.: 0 30/78 72-46 12
E-Mail: tlemke@gasag.de

Hans-Böckler-Stiftung
Hartmut Klein-Schneider
Referat Betriebliches Personal- und Sozialwesen
Hans-Böckler-Str. 39
40476 Düsseldorf
Tel.: 02 11/77 78-1 85
E-Mail: Hartmut-Klein-Schneider@boeckler.de

HypoVereinsbank HVB Profil GmbH und TransFair
Stefan Merz
Arabellastraße 12
81925 München
Tel.: 0 89/3 78-2 84 29
Fax: 0 89/3 78-3 32 84 29
E-Mail: stefan.merz@hvbprofil.de
Internet: www.hvbprofil.de

Institut für Arbeitsmarkt- und Berufsforschung

Dr. Lutz Bellmann
Regensburger Str. 104
90327 Nürnberg
Tel.: 09 11/1 79-30 46
E-Mail: Lutz.Bellmann@iab.de

Holger Alda
Regensburger Str. 104
90327 Nürnberg
Tel.: 09 11/1 79-31 38
E-Mail: Holger.Alda@iab.de

Job@ctive GmbH
Gudrun Ihling
Geschäftsführerin
Hauptstraße 101
51368 Leverkusen
Tel.: 02 14/30-3 27 77
Fax: 02 14/30-3 27 79
E-Mail: gudrun.ihling.gi@jobactive.de
Internet: www.jobactive.de

Job-Allianz:

Degussa AG
Micaela Oldorf
Tel.: 0 69/2 18 36 35
E-Mail: micaela.oldorf@degussa.com

Deutsche Bank AG
Christine Szogas
Tel.: 0 69/91 03 39 86
E-Mail: christine.szogas@db.com

Deutsche Lufthansa AG
Manfred Beimann
Tel.: 0 69/6 96-9 56 28
E-Mail: manfred.beimann@dlh.de

Fraport AG

Marina Michel
Tel.: 0 69/6 90-6 12 82
E-Mail: m.michel@fraport.de

Bruno Eichhorn
Tel.: 0 69/6 90-7 02 60
E-Mail: b.eichhorn@fraport.de

Merck KGaA
Hartmut Sperber
Leiter Merck Zeitservice
Frankfurter Straße 250
64293 Darmstadt
Tel.: 0 61 51/72-68 71
Fax: 0 61 51/72-89 03

Stadt Detmold
Astrid Diekmann
Zentrale Aufgaben, Personal & Organisation
Tel.: 0 52 31/9 77-2 83
Fax: 0 52 31/9 77-2 38
E-Mail: a.diekmann@detmold.de
Informationsmaterial erhältlich über den Kooperationspartner: Stadt Detmold

DetCon GmbH – Detmolder Gesellschaft für Beteiligungscontrolling und Consulting
Herr Düll
Marktplatz 5
32756 Detmold
Tel.: 0 52 31/9 77-6 32
Fax: 0 52 31/9 77-5 01
E-Mail: d.duell@detmold.de

Stadt Dortmund

Personalamt, Eva-Maria Müller
Hansastr. 95
44122 Dortmund
Tel.: 02 31/5 02-45 76

Andrea Zeuch
Hansastr. 95
44122 Dortmund
Tel.: 02 31/5 02-27 10

Eberhard Lerche
Hansastr. 95
44122 Dortmund
Tel.: 02 31/5 02-21 14

swb AG, Projekt FUTURA
Dr. Jens Rose
Theodor-Heuss-Allee 20
28215 Bremen
Tel.: 04 21/3 59-31 34
Fax: 04 21/3 59-23 55
E-Mail: jens.rose@swb-AG.de
Internet: www.swb-futura.de

swb Synor GmbH & Co. KG »Aktiv in die Zukunft«
Team Dreh- und Angelpunkt
Gudrun Kwinkenstein
Theodor-Heuss-Allee 20
28215 Bremen
Tel.: 04 21/3 59-62 00
E-Mail: gudrun.kwinkenstein@swb-Synor.de

Begleitet bei der Entwicklung des Konzeptes hat
KÖNIGSWIESER & NETWORK
Systemische Beratung und Entwicklung GmbH
Hofzeile 29
A-1190 Wien
E-Mail: info@koenigswieser.net
Internet: www.koenigswieser.net

Als Trainer und Coach haben die Umsetzung des Projektes begleitet:
PROKompetenz GmbH
Dipl.-Soz. Andreas Wehowsky
Hakenweg 17
26349 Jaderberg
E-Mail: info@prokompetenz.de
Internet: www.prokompetenz.de

Seminare – Coaching
Anke Brandt
Lindenallee 16
24105 Kiel
Tel.: 04 31/8 88 23 88
E-Mail: anke.brandt@seminare-coaching.com
Internet: www.seminare-coaching.com

Büro für Organisationsberatung
Dipl.-Psych. Nicole Fierek
Eduard-Grunow-Str. 4
28203 Bremen

üstra Hannoversche Verkehrsbetriebe AG – ProMobil
Arnd Brinkmann
Postfach 2540
30025 Hannover
Tel.: 05 11/16 68-22 94
Fax: 05 11/16 68-26 32
E-Mail: Arnd.Brinkmann@uestra.de

Universität Mannheim, Lehrstuhl und Seminar für Allgemeine Betriebswirtschaftslehre, Personalwesen und Arbeitswissenschaft
Prof. Dr. Walter A. Oechsler
Schloss Ostflügel
68131 Mannheim
Tel.: 06 21/1 81-15 06
Fax: 06 21/1 81-15 05

Vandemoortele Deutschland GmbH
Helmut Lutzmann, Geschäftsführer
Pirnaer Landstr. 192
01257 Dresden
Tel. 03 51/20 77-4 30
Fax: 03 51/20 77-4 70
E-Mail: helmut.lutzmann@vandemoortele.com

Volkswagen AG
Dr. Martin Bargmann
Labour Relations (K-SZ-1)
Brieffach 1870/1
38436 Wolfsburg
Tel.: 0 53 61/9-7 34 06
Fax: 0 53 61/9-2 14 64
E-Fax: 0 53 61/9-57-2 92 83
E-Mail: martin.bargmann@volkswagen.de

Degussa AG, Personal-Zeit-Service (PZS)
Rudolf Rother
Gebäude 1425,
Postbereich 18
Paul-Baumann-Str. 1
45764 Marl
Tel.: 0 23 65/49-26 79
E-Mail: rudolf.rother@degussa.com

Literaturverzeichnis

Arbeitsgemeinschaft Engere Mitarbeiter der Arbeitsdirektoren Stahl: Personalanpassung unter den neuen gesetzlichen Voraussetzungen, Hans Böckler Stiftung (Hrsg.) Manuskripte 249, Düsseldorf 1998

Arbeitsgemeinschaft Engere Mitarbeiter der Arbeitsdirektoren Stahl: Transfergesellschaften weiterentwickeln, Arbeitspapier 11, Hans-Böckler-Stiftung (Hrsg.), Düsseldorf 2000

Bertelsmann Stiftung (Hrsg.): Systematisches Beschäftigungs-Management in der Praxis, Kosten senken – Beschäftigung sichern, Verlag Bertelsmann Stiftung, Gütersloh 1999

Bertelsmann Stiftung (Hrsg.): Methoden und Instrumente erfolgreicher Beschäftigungspolitik – Dokumentation zur internationalen Recherche, Verlag Bertelsmann Stiftung, Gütersloh 1999

Bertelsmann Stiftung/Fauth-Herkner & Partner/Oechsler (Hrsg.): Leitfaden Systematisches Beschäftigungs-Management in der Praxis, Hilfestellung für ein modernes Personalmanagement, Verlag Bertelsmann Stiftung, Gütersloh 2001

Bosch, Gerhard: Qualifizieren statt entlassen – Beschäftigungspläne in der Praxis, Reihe Sozialverträgliche Technikgestaltung 9, Westdeutscher Verlag, Opladen 1990

Büttner, Renate/Kirsch, Johannes: Bündnisse für Arbeit im Betrieb – Betriebsvereinbarungen zur Beschäftigungssicherung in der Praxis, edition Nr. 61 der Hans-Böckler-Stiftung (Hrsg.) Düsseldorf 2002

Döhl, Volker/Deiß, Manfred: Strategien überbetrieblicher Personalflexibilisierung, Schriftenreihe des Bundesinstitut für Berufsbildung, Der Generalsekretär (Hrsg.), Bertelsmann Verlag, Bonn, Bielefeld 2002

Deutscher Gewerkschaftsbund, Abt. Arbeitsmarktpolitik (Hrsg.): Wenn Personalabbau droht – Hilfe des neuen Arbeitsförderungsrechts bei betrieblichen Krisen, Düsseldorf 1998

Deutscher Gewerkschaftsbund, Abt. Arbeitsmarktpolitik (Hrsg.): Mit 33 Tipps zum neuen Job – Ratgeber zur Selbstsuche und zu Hilfen des Arbeitsamtes, 2001

Förderverein gewerkschaftlicher Arbeitslosenarbeit e.V.: IdeenBörse, Handlungshilfe zur präventiven Arbeitsmarktpolitik + JobAQTIV-

Gesetz, Koordinierungsstelle gewerkschaftlicher Arbeitslosengruppen, Bielefeld 2001

Friedrich-Ebert-Stiftung (Hrsg.): Wege zu mehr Beschäftigung im deutsch-amerikanischen Vergleich, Nr. 93 der Reihe Wirtschaftspolitische Diskurse, Bonn 1996

Gansmann, Heiner/Haas, Michael: Flexibilität und Rigidität auf den Arbeitsmärkten in Deutschland, Japan und den USA, Schüren Verlag, Marburg 1999

Gansmann, Heiner/Haas, Michael: Flexibilität und Rigidität auf den Arbeitsmärkten in den Niederlanden, Dänemark und Schweden, Schüren Verlag, Marburg 2001

G.I.B. Gesellschaft für innovative Beschäftigungsförderung (Hrsg.): Trend Report: Unternehmensbefragung NRW (2002) in www.gib.nrw.de/allgemeines/trend_report.html (Ergebnisse einer repräsentativen Befragung der Unternehmen in NRW zur Beschäftigungsentwicklung, Einstellungspotential, betriebliche Weiterbildungs- und Modernisierungsaktivitäten und der Nutzung arbeitsmarktpolitischer Förderhilfen)

Harder, Dieter/Sass, Erich: Beratungsangebote zu Transfergesellschaften und Transferagenturen in Deutschland, Hans-Böckler-Stiftung (Hrsg.), Arbeitspapier 35, Düsseldorf 2001

Heidemann, Winfried/Kamp, Lothar/Kirsch, Johannes/Klein-Schneider, Hartmut/Knuth, Matthias/Müller, Susanne Gesa: Mitbestimmung bei betrieblicher Beschäftigungssicherung, Hans-Böckler-Stiftung (Hrsg.), Die novellierte Betriebsverfassung, Band 5, Düsseldorf 2002

Heidemann, Winfried: Bündnisse für Ausbildung und Weiterbildung in Deutschland, Hans-Böckler-Stiftung (Hrsg.), Arbeitspapier 34, Düsseldorf 2001

Heidemann, Winfried (1999): Beschäftigungssicherung, Betriebs- und Dienstvereinbarungen, Analyse und Handlungsempfehlungen, edition der Hans-Böckler-Stiftung (Hrsg.) Nr. 8, Düsseldorf 1999

Heidemann, Winfried: Betriebliche Weiterbildung, Betriebs- und Dienstvereinbarungen, Analyse und Handlungsempfehlungen, edition der Hans-Böckler-Stiftung (Hrsg.) Nr. 13, Düsseldorf 1999

Horejs, Irene: JobTransfer – frühzeitige und betriebsnahe Arbeitsmarktpolitik, Modelle und Fallbeispiele aus fünf europäischen Ländern, deutsche Kurzfassung, ÖSB-Unternehmensberatung GESMBH (Hrsg.), Wien 1998

Klein-Schneider, Hartmut: Betriebs- und Dienstvereinbarungen Personalplanung Analyse und Handlungsempfehlung, edition der Hans-Böckler-Stiftung (Hrsg.) 47, Düsseldorf 2001

Klenner, Christina (Hrsg.): Mehr Beschäftigung durch Überstundenabbau und flexible Arbeitszeitmodelle? Workshop-Dokumentation, edition der Hans-Böckler-Stiftung (Hrsg.) Nr. 15, Düsseldorf 1999

Koch, Johannes/Kraak, Ralf/Heidemann, Winfried: Mitbestimmung bei betrieblicher Weiterbildung, Band 3 der Reihe »Die novellierte Betriebsverfassung« der Hans-Böckler-Stiftung (Hrsg.), Düsseldorf 2002

Ministerium für Arbeit und Soziales (...) des Landes NRW (Hrsg.): START Zeitarbeit – sozialverträgliche Arbeitnehmerüberlassung als arbeitsmarktpolitisches Instrument, Abschlußbericht der wissenschaftlichen Begleitforschung, 1995

Ministerium für Arbeit und Soziales (...) des Landes NRW: Unternehmenssicherung und Beschäftigungstransfer – Chancen und Perspektiven, Dokumentation, Gemeinnützige Werkstätten Neuss 2000

Ministerium für Arbeit und Soziales (...) des Landes NRW (Hrsg.): Beschäftigungsorientierte Unternehmensfortführung – Leitfaden für betriebliche Akteure im Fortführungsmanagement, Veröffentlichungs-Nr.: 1054, Gemeinnützige Werkstätten Neuss 2000

Ministerium für Arbeit und Soziales (...) des Landes NRW (Hrsg.): Sanierungsstrategien und Arbeitsmarkthilfen bei Beschäftigungskrisen – ein Handlungsleitfaden, Fax-Nr.: (02 11) 86 18-45 66/44 44, 1998

Müller, Angelika: Personalentwicklung und Beschäftigungstransfer bei betrieblichen Umstrukturierungen, Das Beispiel BASF Köln-Bickendorf, Hans-Böckler-Stiftung (Hrsg.), Arbeitspapier 15, Düsseldorf 2000

Müller, Hans-Erich/Martin, Annette: Beschäftigen statt entlassen, Betriebswirtschaftliche Handlungshilfen, edition Nr. 29 der Hans-Böckler-Stiftung (Hrsg.), Düsseldorf 2000

Rose, Jens: Weiterbildung peripher Beschäftigter im Arbeitskräfte- und Wissenspool – Auf dem Weg zu einer FlexStAbility, Centaurus Verlag, Herbolzheim 2001

Rürup, Bert/Sesselmeier, Werner: Mitbestimmung und Beschäftigung, aus der Reihe »Mitbestimmung und neue Unternehmenskulturen«, einem Projekt der Bertelsmann Stiftung und der Hans Böckler Stiftung, Verlag Bertelsmann Stiftung, Gütersloh 1998

Sesselmeier, Werner/Blauermel, Gregor: Arbeitsmarkttheorien – ein Überblick, Physica-Verlag Heidelberg 1998
Thannheiser, Achim: Arbeitsplatzsicherung, Reihe Schwerpunkte der Betriebsratsarbeit, Bund-Verlag, Frankfurt am Main 2002
Trabert, Heidi, Arbeitsvermittlung als Nebengeschäft, in: Personalwirtschaft 1/2003 (über Personalagenturen in Konzernen)
Welslau, Dietmar/Frings, Dietmar: Personalservice-Agentur Telekom, in: Personalwirtschaft 1/2003

Verzeichnis der Autorinnen und Autoren

Dr. Wilhelm Adamy, Deutscher Gewerkschaftsbund, Bundesvorstand, Abteilung Arbeitsmarkt- und Internationale Sozialpolitik, Lehre zum Speditionskaufmann, Studium der Volks- und Betriebswirtschaft sowie der Sozialpolitik in Saarbrücken und Köln; Dissertation über Finanzierungsprobleme des Sozialstaates in der Beschäftigungskrise; seit 1984 beim DGB Bundesvorstand als Referatsleiter für Grundsatzfragen der Arbeitsförderung, seit 1995 Leiter der Abteilung Arbeitsmarkt- und Internationale Sozialpolitik. Vertreter des DGB im Verwaltungsrat der Bundesanstalt für Arbeit, beim Europäischen Gewerkschaftsbund und der Internationalen Arbeitsorganisation.

Ingo Ahrens, Dipl.-Kfm., Volkswagen AG, Studium der Wirtschaftswissenschaften an den Universitäten in Braunschweig und Göttingen. Seit 1990 arbeitet er in verschiedenen Funktionen im Personalwesen der VOLKSWAGEN AG, seit 1992 im Zentralen Personalwesen.

Holger Alda, Institut für Arbeitsmarkt- und Berufsforschung, Nürnberg. Er ist wissenschaftlicher Mitarbeiter und betreut die Schaltstelle für die Nutzung der Daten des IAB-Betriebspanels für externe Wissenschaftler. Schwerpunkte seiner derzeitigen Forschungstätigkeit sind Fragen der betrieblichen Berufsausbildung und der sozio-ökonomischen Berichterstattung.

Dr. Martin Bargmann, Volkswagen AG, Ausbildung zum Bankkaufmann bei der Deutschen Bank, Studium der Wirtschaftswissenschaften und Promotion an der Universität Hannover. Seit 1992 bei Volkswagen beschäftigt, verschiedene Aufgaben im Werk Wolfsburg, in Mosel/Zwickau und im Werk Salzgitter, seit 1998 Leiter des Personal Service Center Komponentenfertigung in Wolfsburg. Dr. Bargmann ist seit 2002 Leiter der Konzernstelle Labour Relations.

Dr. Lutz Bellmann, Institut für Arbeitsmarkt- und Berufsforschung, Nürnberg, leitet den Arbeitsbereich »Betriebliche Arbeitsnachfrage und Innovationsforschung« und das IAB-Betriebspanel. Er ist Lehrbeauftragter für Personal- und Industrieökonomie der Universitäten Würzburg und Trier. Seine Forschungsschwerpunkte liegen im Bereich der empirischen Wirtschaftsforschung v.a. bei Fragen der Lohn- und Beschäftigungsstruktur sowie der Aus- und Weiterbildung.

Dr. Norbert Bensel, Mitglied des Vorstandes der Deutsche Bahn AG, verantwortlich für den Bereich Personal; Mitglied der Hartz-Kommission. Wichtigste Stationen: Leiter der Personalentwicklung der Schering AG; Leiter Personal- und Sozialwesen der R+V Versicherung; Vorstandsmitglied und Arbeitsdirektor der Daimler-Benz InterServices (debis) AG; Vorstandsmitglied der DaimlerChrysler Services AG, verantwortlich für den Bereich Human Resources.

Arnd Brinkmann, Dipl.-Soz., üstra AG, Programm Marktorientierte Beschäftigung intern leisten (Pro MoBil), ist seit 1999 Referent des Betriebsrats der üstra Hannoversche Verkehrsbetriebe AG. Brinkmann studierte Soziologie an der Universität Bielefeld mit dem Schwerpunkt Organisation und Personalwesen. Er war anschließend Wissenschaftlicher Mitarbeiter des Lehrstuhls Arbeitsorganisation und Arbeitsgestaltung am Institut für Arbeitswissenschaft der Ruhr-Universität Bochum. Seine Arbeitsschwerpunkte sind: Co-Management-Beratung, betriebliche Beratung zu Fragen der Organisations- und Personalentwicklung sowie zu Arbeitszeit- und Entgeltfragen.

Ralf Brümmer, Deutsche Bank AG, Ressortleiter Personal/Beschäftigungsmodelle bei der Deutsche Bank AG, Zentrale Frankfurt. Bankkaufmann, Studium zum Bankfachwirt, seit 1983 Angestellter der Deutschen Bank, zunächst als Kundenberater Privatkunden/Anlagegeschäft, seit 1987 im Personalbereich, verschiedene Aufgaben im Ausbildungsbereich, in der Personalbetreuung und -entwicklung sowie als Personal- und Innenleiter einer Filiale. Von November 1998 bis März 2000 leitete Herr Brümmer das Inhouse Zeitarbeitsunternehmen Bankforce, einen zentralen Baustein des Deutsche Bank-Mosaiks für Beschäftigung.

Astrid Diekmann, Stadtinspektorin/Diplom-Verwaltungswirtin, Stadt Detmold, Ausbildung, Tätigkeit im Bereich Arbeitsberatung/-vermittlung des Arbeitsamtes, Studium an der Fachhochschule für öffentliche Verwaltung, aktuelle Aufgabenschwerpunkte: Aufbau und Weiterentwicklung der Job-Börse, Personal- und Organisationsentwicklung, Konzeption und Organisation hausinterner Fortbildung und Qualifizierungsmaßnahmen, Moderation/Trainings.

Bruno Eichhorn, Diplom-Volkswirt, Fraport AG, Job-Allianz, Leiter des Bereiches Tarif- und Grundsatzfragen, Lohn- und Gehaltsabrechnung, ServiceCenterSoziales, Arbeitszeitsysteme, Organisationsmanagement, Arbeitsinteressen: Arbeitszeitfragen, Vergütungssysteme, Kennzahlen.

Dr. Ulrich Fischer, üstra AG, Programm Marktorientierte Beschäftigung intern leisten (Pro MoBil), seit 2002 Assistent des Arbeitsdirektors der üstra Hannoversche Verkehrsbetriebe AG. Dem Abschluss zum Diplom-Kaufmann im Jahre 1983 folgte eine mehrjährige Lehrtätigkeit an der Universität Trier sowie eine langjährige Tätigkeit als Berater, Trainer und Gutachter für Betriebs- und Personalräte bei der Beratungsstelle für Technologiefolgen und Qualifizierung Niedersachsen in Oldenburg. Seine Arbeitsschwerpunkte liegen im Bereich des Personalmanagements. Er ist Autor zahlreicher handlungsorientierter Veröffentlichungen für Betriebs- und Personalräte.

Marc Hütten, Dipl.-Kfm. und MBA, GASAG, seit April 2002 Mitarbeiter der GASAG. Er ist verantwortlich für die Organisations- und Personalentwicklung. In seinen bisherigen Aufgabenbereichen im Gesundheitswesen und in der Finanzdienstleistungsbranche hat er vielfältige Erfahrungen im Personalmanagement und in der Organisationsberatung gesammelt.

Gudrun Ihling, Volljuristin, Job@ctive GmbH, seit 1987 im Bayer-Konzern tätig, in unterschiedlichen Linien- und Project-Manager-Funktionen im Human-Resources-Bereich der Bayer AG und Bayer-Beteiligungsgesellschaften, seit März 2001 Geschäftsführerin der Bayer-Tochtergesellschaft Job@ctive GmbH, Leverkusen, Interessengebiete: Neukonzeption und Vermarktung von Human-Resources-Services unter Berücksichtigung von Unternehmens- und Mitarbeiterinteressen.

Bernhard John, ABB Transfersystem, Studium der Elektrotechnik an der TU Karlsruhe, seit 1973 bei der ABB Deutschland, tätig und verantwortlich in verschiedenen Funktionen: als Projektierungs- und Verkaufsingenieur, Assistent, Projektleiter, Hauptreferent für Personalmanagement und -entwicklung, Leiter einer Niederlasssung, Geschäftsgebietsleiter, Unternehmensberater, seit 1997 Leitung der Zentralstelle »Personal-Consult und -Transfer« mit den Aufgaben: Beratung, Vermittlung und Unterstützung in den Gebieten der Rekrutierung, des Einsatzes, des Transfers, der Entwicklung, dem internen Leasing und bei Outplacement von Personal, außerberuflich engagiert in einer Kirchengemeinde, humanitären Organisationen, als Jugendtrainer und als Juror bei »Jugend forscht«.

Hartmut Klein-Schneider, Dipl.-Volkswirt sozwiss. R., Hans-Böckler-Stiftung, lange Jahre Tätigkeit in Forschung, Schulung und Gestaltungsprojekten zu humaner Arbeit, Beteiligung und Arbeitsschutz, seit 1991 Leitung des Referates Betriebliches Personal- und Sozialwesen in der Mitbestimmungsförderung der Hans-Böckler-Stiftung, Analyse, Beratung und Entwicklung von Handlungskonzepten in Fragen des betrieblichen Personal- und Sozialwesens, flexibler Arbeitszeit, Leistungsentgelten, Personalplanung, unternehmensbezogener Beschäftigungspolitik, unternehmensinterner Arbeitsmärkte.

Dr. Heinz Klinkhammer, Vorstand Personal und Organisation, Deutsche Telekom AG, Studium der Rechtswissenschaft und Betriebswirtschaftslehre. Zunächst tätig am Institut für Deutsches und Europäisches Arbeits-, Sozial- und Wirtschaftsrecht in Berlin, anschließend Richter an den Arbeitsgerichten in Krefeld und Oberhausen. Von 1979 bis 1990 leitende Funktionen im Ministerium für Arbeit, Gesundheit und Soziales des Landes NRW. 1991 Arbeitsdirektor der Hüttenwerke Krupp Mannesmann GmbH, ab April 1992 Arbeitsdirektor und Vorstandsmitglied der Mannesmann Röhrenwerke AG. Seit 1996 Personalvorstand und Arbeitsdirektor der Deutsche Telekom AG.

Stefany Krath, Redaktionsleiterin »die-journalisten.de GmbH«, Studium der Politischen Wissenschaften, Französisch und Spanisch, Abschluss zum Magister, volontierte bei einer freien TV-Produktionsfirma. Tätigkeit bei der Deutsch-Amerikanischen Handelskammer in San Francisco, USA, arbeitete als freie Journalistin für Zeitungen in Kalifornien und nach ihrer Rückkehr für verschiedene ARD-Hörfunkprogramme, u.a. Deutsche Welle, Hessischer Rundfunk und NDR, langjährige Tätigkeit als Unternehmenssprecherin bei einem TV-Sende- und Produktionszentrum der Bertelsmann-Gruppe. Frau Krath ist heute bei »die-journalisten.de GmbH«, einer Agentur für journalistische Dienstleistungen. Sie hat Erfahrungen als Co-Moderatorin im TV.

Fritz Krieg, BASF AG, Personalwesen: Beschaffung und Personalwirtschaft, nach Chemielaborantenlehre und FHS-Studium Eintritt in BASF-Gruppe (1974) als Laborleiter. Ab 1980 Ausbildungsleiter für naturwissenschaftlich-technische Berufe bei BASF-Gruppengesellschaft. 1984 Übertritt ins Personalwesen als Personalreferent und von 1991 bis zum Übertritt in BASF AG (2000) unterschiedliche leitende Tätigkeiten im Personalwesen von BASF-Gruppengesellschaften; zuletzt Personalleiter für 2 Gruppengesellschaften.

Gudrun Kwinkenstein, swb Synor, »Aktiv in die Zukunft«, Industriekauffrau, Tätigkeit in verschiedenen Bereichen bei der Stadtwerke Bremen AG (heute swb AG), seit 1996 im Bereich Energieerzeugung, seit Ende 1999 Referentin des Bereichsleiters Kraftwerke und Anlagenbetrieb. Ihre Arbeitsschwerpunkte liegen in der Steuerung von Kommunikationsprozessen, Ablauforganisation, Projektbegleitung und Veranstaltungsplanung, Gudrun Kwinkenstein studiert an der Fern-Universität Hagen Literaturwissenschaft, Geschichte und Philosophie.

Thomas Lemke, Dipl.-ing., GASAG Berliner Gas AG, langjähriger Mitarbeiter der GASAG, tätig in der Technischen Planung, Bauleitung und als Technischer Trainer in der Beruflichen Bildung. Auf Grundlage dieser Kenntnisse und Erfahrungen ist er seit längerem zuständig für die Personalentwicklung im Technischen Bereich der GASAG.

Sabine Lorenz, swb Synor, »Aktiv in die Zukunft«, Bürokauffrau, Personalsachbearbeiterin und -kauffrau, Systemische Prozessmoderatorin, Tätigkeit in verschiedenen Unternehmen in den Bereichen Personalabrechnung und -verwaltung, seit 1992 in der swb-Gruppe, zunächst als Referentin für Personalbeschaffung, -planung und -entwicklung tätig, später im Personalmanagement der Tochtergesellschaft swb Synor. Die Arbeitsschwerpunkte sind die Gestaltung und Begleitung von Personalentwicklungs- und Personalfreisetzungsprozessen. Zurzeit studiert Sabine Lorenz Psychologie und Soziologie an der FernUniversität Hagen.

Helmut Lutzmann, Dipl.-Biologe, Geschäftsführer Vandemoortele Deutschland GmbH, Weiterbildung zum Personalmanagement, Geschäftsführer der Vandemoortele Deutschland GmbH, verantwortlich für die Restrukturierung des Unternehmens nach der Vereinigung, für Prozessoptimierung, Personalorganisation und Einführung neuer Management-Methoden, interessiert und engagiert bei der unternehmensübergreifenden Kooperation und der Entwicklung guter Management-Methoden, speziell für kleinere und mittlere Unternehmen.

Stefan Merz, HypoVereinsbank, Projekt TransFair, Geschäftsführer HVB Profil GmbH, Jahrgang 1962, Banklehre, Trainee im Firmenkundengeschäft, seit mehr als zehn Jahren unterschiedliche Tätigkeiten in der operativen und der strategischen Personalarbeit, u.a. Führungskräfteauswahl und -entwicklung, Mitprojektleiter von TransFair seit 1997, seit 2000 Geschäftsführer HVB Profil GmbH.

Eva-Maria Müller, Interne Personalvermittlung der Stadt Dortmund, Verwaltungsangestellte, seit mehr als 25 Jahren im Personalamt der Stadt Dortmund für verschiedene Aufgaben verantwortlich, aktuell für Beförderungen von Beamtinnen und Beamten, Koordination von Einstellungsverfahren für HochschulabsolventInnen und die Umsetzung der »Gemeinsamen Grundsätze für das sozialverträgliche Umsetzen der personellen Folgen aus den Maßnahmen der Haushaltskonsolidierung und anderer organisatorischer Maßnahmen«.

Dieter W. Noth, Dipl. Sozialwirt, DB Vermittlung GmbH, u.a. Personaldirektor eines Handelsunternehmens; Arbeitsdirektor der MAN-TAKRAF GmbH, Leipzig, Gesellschafter einer Unternehmens- und Personalberatung, heute Geschäftsführer der DB Vermittlung GmbH.

Prof. Dr. Walter A. Oechsler, Universität Mannheim, ist Inhaber des Lehrstuhls und Seminars für Allgemeine Betriebswirtschaftslehre, Personalwesen und Arbeitswissenschaft der Universität Mannheim. Seit 1997 ist er Mitglied des Vorstands der Deutschen Gesellschaft für Personalführung (DGFP) und seit November 1998 Prorektor der Universität Mannheim.

Rolf Reihsner, Dipl.-Kfm., üstra AG, Programm Marktorientierte Beschäftigung intern leisten (Pro MoBil), seit 1999 Leiter des Service-

Centers Organisation und Personal der üstra Hannoversche Verkehrsbetriebe AG. Nach dem Studium der Betriebswirtschaftslehre mit den Schwerpunkten Arbeit, Personal und Organisation an der Universität Trier arbeitete Reihsner als Organisator und Systemanalytiker. Nach Tätigkeiten als wissenschaftlicher Mitarbeiter an der Universität Trier und als geschäftsführender Berater in einer gewerkschaftlichen Technologieberatungsstelle wurde Reihsner Referent des Betriebsrates bei der üstra mit den Schwerpunkten Arbeitsstrukturierung und Co-Management-Beratung.

Claudia Rohde, Dipl.-Kffr., Volkswagen AG, Ausbildung zur Bankkauffrau, mehrjährige Tätigkeit im Bankwesen, Studium in International Business Studies in Paderborn. Seit 2000 ist sie im Zentralen Personalwesen der VOLKSWAGEN AG tätig.

Dr. Jens Rose, Projekt Futura der swb AG, Diplom-Ökonom, Studium der Wirtschaftswissenschaften an der Universität Hannover, Schwerpunkte: Personal & Arbeit, Arbeitsökonomie, Berufspädagogik; Diplomarbeit über »Entwicklung und Bestimmungsgründe der Mitgliedschaft in Arbeitgeberverbänden«, Wissenschaftlicher Mitarbeiter im Institut für Institutionelle und Sozial-Ökonomie (iiso) an der Universität Bremen, Dissertationsthema: »Weiterbildung peripher Beschäftigter im Arbeitskräfte- und Wissenspool – Auf dem Weg zu einer FlexStAbility«, seit Dezember 2000 Mitarbeiter der swb AG im Projekt FUTURA.

Rudolf Rother, Dipl. Ing., Degussa AG, seit 1977 bei der Hüls AG, heute Degussa AG, zunächst Mitarbeiter, später Leiter der Stabsabteilung Arbeitstechnik, 1992 bis 1994 Leiter einer Instandhaltungswerkstatt, danach Mitarbeit in verschiedenen Reengineering-Projekten, beteiligt am Aufbau des Geschäftsfeldes »Organisation und Reengineering«, seit 1996 Leiter Personal-Zeit-Service.

Rainer Schmidt-Rudloff, Dipl.-Kfm., Bundesvereinigung der Deutschen Arbeitgeberverbände, Studium der Betriebswirtschaftslehre an der Universität Bamberg mit den Schwerpunkten Personalwirtschaft und Europäisches Management, sieben Jahre Tätigkeit im HR-Management eines global operierenden Technologiekonzerns in Deutschland und Frankreich. Schmidt-Rudloff beschäftigte sich insbesondere mit Fragen der Personalbeschaffung und -entwicklung sowie des internationalen Personalmanagements. Seit Juni 2001 in der Bundesvereinigung der Deutschen Arbeitgeberverbände, Berlin. Dort ist er heute stellvertretender Abteilungsleiter der Abteilung Betriebliche Personalpolitik/Berufliche Bildung.

André Sedlaczeck, Cartoonist, zeichnet u.a. für das Satiremagazin Eulenspiegel und hat mehrere Bücher veröffentlicht (Internet: www.grafisches-mit-biss.de).

Dr. Josef Fidelis Senn, Volkswagen AG, Studium der Verwaltungswissenschaften und Promotion an der Universität Konstanz sowie Studium der Betriebs- und Volkswirtschaftslehre an der Universität Sankt Gallen, Tätigkeit beim Arbeitgeberverband Stahl e.V. in Düsseldorf, zuletzt als Hauptgeschäftsführer des Arbeitgeberverbandes Stahl e.V. Seit 1998 bei Volkswagen, zunächst als Personalleiter im Werk Kassel, danach als Leiter der Konzernstelle Zentrales Personalwesen in Wolfsburg. Dr. Senn ist gleichzeitig Verhandlungsführer für den Haustarifvertrag der Volkswagen AG.

Hartmut Sperber, Merck KGaA, Industriekaufmann, Diplom-Betriebswirt, zunächst tätig bei Time Power Personaldienstleistungen GmbH als Vertriebsdisponent und Geschäftsstellenleiter für die Bereiche Zeitarbeit, Outsourcing, Personalvermittlung, seit 1998 bei der Merck KGaA im Bereich Personalmarketing und Entwicklung als Leiter Hochschulmarketing, Projektmanager und Leiter »Merck Zeitservice«, verantwortlich für die interne Verleihung, Qualifizierung und Versetzung von betriebsbedingt freigestelltem Personal.

Stichwortverzeichnis